몬테베리타,
지와 사랑의
고독한
방랑자들

몬테베리타, 지와 사랑의 고독한 방랑자들

초판 발행 2018년 3월 20일

지은이 박홍규

디자인 정재완

펴낸곳 영남대학교출판부

펴낸이 서길수

출판등록 1975년 9월 5일 경산 제16-1호

주소 경북 경산시 대학로 280

전화 053) 810-1801~3

FAX 053) 810-4722

홈페이지 book.yu.ac.kr

ISBN 978-89-7581-571-3 03100

이 도서의 국립중앙도서관 출판예정도서목록(CIP)은
서지정보유통지원시스템 홈페이지(http://seoji.nl.go.kr)와
국가자료공동목록시스템(http://www.nl.go.kr/kolisnet)에서
이용하실 수 있습니다. (CIP제어번호 : CIP2018004186)

값은 표지 뒷면에 있습니다.
잘못 만들어진 책은 바꾸어 드립니다.

몬테베리타,
지와 사랑의
고독한
방랑자들

박홍규 지음

열린시선

◈ 일러두기

1. 외국 인명, 지명, 작품명 및 독음은 외래어 표기법을 따르되 관용적인 표기와 동떨어진 경우 절충해서 실용적 표기에 따랐다.
2. 국내 소개된 작품명은 번역된 제목을 따랐고, 국내에 소개되지 않은 작품명은 원어 제목을 독음대로 적거나 우리말로 옮겼다.
3. 영화와 신문·잡지·영화·오페라 명은 < >로, 단편·논문·시 등의 제목은 「 」로, 책 제목은 『 』로 표기했다.

머리말

우리 귀에 익은 헤르만 헤세, D. H. 로렌스, 제임스 조이스, 라이너 마리아 릴케, 프란츠 카프카, 막스 브로트, 프란츠 펨벨, 게르하르트 하웁트만, 슈테판 게오르게와 같은 문학인들, 이사도라 덩컨, 루돌프 폰 라반, 마리 비그만과 같은 무용가들, 칼 구스타브 융, 루트비히 비트겐슈타인, 루돌프 슈타이너, 마르틴 부버, 빌헬름 라이히와 같은 학자들이 살았거나 머물거나 다녀가면서 영감을 얻거나 창조한 곳이 있다. 게다가 크로폿킨을 비롯한 아나키스트들은 물론 베벨과 레닌과 트로츠키 같은 사회주의자들도 그곳을 다녀갔다. 그곳을 찾지는 않았지만 간디나 카펜터처럼 그곳 사람들과 똑같이 산 사람들도 적지 않았다. 그 모두의 스승이었던 톨스토이의 야스나야폴랴나는 러시아의 그곳이었다.

그야말로 20세기 문학사, 무용사, 미술사, 사상사, 문화사, 예술사, 정치사, 혁명사, 사회사가 그곳에 살았던 방랑자들, 그리고 그들과 관련된 사람들에 의해 이루어졌다. 프로이트와 베버 형제막스 베버와 알프레드 베버 등이 그들과 관련되어 그들을 거부하면서도 그들을 도우기 위해 찾고 교류하여 서로 영향을 주고받은 곳이기도 했다. 그러나 구스타프 그레저나 오토 그로스를 비롯한 그곳의 방랑자들에 대해서는 알려진 바가 거의 없다. 그레저가 『데미안』을 비롯한 여러 헤세 소설의 모델이고 그로스가 로렌스 소설에 나오는 여러 인물들의 모델이었듯이 그들은 많은 예술 작품에 등장했지만 그 사실조차 우리에게는 알려져 있지 않다. 그리고 그들과 함께 베버나 로렌스 같은 남자들을 사랑하고 그들에게 중대한 영향을 미친 프리다 폰 리히트호펜과 엘제 폰 리히트호펜 자매 같은 수많은 여인들도 우리는 모른다. 그곳에는 20세기 초엽의 문화와 예술과 정치를 꽃피운 수많은 지성인들, 그리고 그들과 사랑을 나눈 여인들의 열정이 있었다.

그곳, 스위스 아스코나에 있는 작은 동산 몬테베리타의 방랑자들은 1900년부터 20년간 낮에는 농사를 지어 자급자족하고 밤에는 호숫가에 모여 지를 탐구하고 예술을 창조하며 나체로 춤을 추고 꾸밈없는 사랑으로 살았다. 그러나 20년 동안 자유롭게 오가는 방랑의 삶이었으니 사실 정착 공동체 생활이라고 하기는 힘들었다. 그 뒤에도 뿔뿔이 흩어져 평생 방랑을 했지만 가끔은 그곳을 찾기도 했다. 그야말로 '소유'가 지배하는 세상에 섞여서 함께 살지 않고 자신만의 '존재'를 지키기 위해 고행과 같은 고독한 방랑의 삶을 살았다. 그들 몬테베리타 방랑자들은 그 긴장된 존재의 외로운 방랑 속에서 자연주의, 자연요법, 정신요법, 채식주의, 정신분석, 아나키즘, 성해방, 페미니즘, 생태주의, 반전주의, 비폭력주의, 평화주의, 표현주의, 다다, 초현실주의, 모던댄스 등등, 20세기의 거의 모든 반反문화운동counterculture—이제는 모두 기성의 문화운동으로서 역사를 장식하고 있지만—을 처음으로 모색했다. 물론 그 위대한 창조를 단지 고독한 방랑의 결과라고만 할 수는 없다. 그 방랑자들은 모두 당대의 가장 뛰어난 지성이자 감성으로서 기성의 체제와 학문과 예술에 철저히 반항했다. 몬테베리타는 그런 천재들의 정열이 만들어낸 지적 생활의 고향이자 그들의 사랑이 맺은 방랑의 유토피아였다. 그들은 기존의 모든 권위를 거부했다. 그래서 비트겐슈타인은 순수한 금욕을 추구하기 위해 철학을 포기한 아나키스트로 평생을 살았고, 마찬가지로 살면서 문학에 대해 죄의식을 느낀 카프카는 죽어가면서 자기 작품을 모두 태우라는 유언을 했다.

그런 방랑은 사실 어제오늘의 일이 아니라 수천 년 전 부처나 예수에게서도 볼 수 있는 고행인데도, 그들을 믿고 산다는 오늘날 우리에게 방랑이란 그런 긴장과는 무관한 값비싼 패키지 여행의 구호가 되어버렸거나, 기껏 신비를 찾아 이국으로 떠나는 배낭여행사의 상표가 되어버렸다. 30여 년 전 그곳 몬테베리타를 찾은 이래 오랫동안 그곳 방랑자들과 그들 주변에 대해 관심을 가져왔으나, 내가 처음 찾았을 때부터 그곳은 헤세 등이 찾았던 방랑자들의 고향이 아니라 그들이 너무나도 싫어했던 천박한 관광지로 변해있었고, 나도 그런 천박함을 소비하는 관광객의 하나에 불과해 수치감에 치를 떨어야 했다. 그래서 그 뒤에는 그곳을 다시 찾기 싫었다. 몇 번이나 그 주변을 헤매기도 하고 가보고도 싶었지만 그럴 때마다 항상 몬테베리타 방랑자들의 눈총이 가슴을 찔러 그들에 대한 추억으로 아픈 마음을 달래야 했다. 그렇게 언제나 기가 죽어 그곳에 대한 책이나 읽으면서 누군가 그곳에 대한 최초의 한글 책을 내주기를 학수고대했지만 지금까지 그런 책을 보지 못했다. 이제는 1세기 전에 시작된 20세기 현대문명의 오아시스이자 메카였던 그곳의 이야기를 더 이상 묻어둘 수 없다는 생각이 들어 이 책을 내게 되었다.

그보다 더 현실적인 이유도 있다. 그곳 몬테베리타의 방랑자들은 무엇보다도 아버지와 문명이라는 권위를 거부하고 자유롭고 평등하게 자연 속에서 살고자 했다. 독재와 억압과 투쟁 등을 먹고 사는 그 권위에 그들은 철저히 저항했다. 사춘기의 일시적 반항이 아니라 평생 일관되게 거부했다. 정치가나 군인이나 관료는 물론, 교수나 사장이나 예술가, 아버지나 형이나 남편이 지배하는 세상에 그들은 철저히 반항했다. 가령 헤세의 『데미안』은 그런 반항의 상징인 몬테베리타의 방랑자 그레저를 상형화한 걸작이었다. 그렇지만 지금 우리에게 데미안은 출세를 위한 힐링의 상징으로 부각되고 있다. 어느 유명한 군인이 육사에 가서 출세를 한 계기로 『데미안』 독서를 꼽고 있는 정도이니 말이다. 껍질을 깨니 뭐니 하는 구절을 읽고서 공부를 열심히 하게 되어 한국에서 최고의 권력에 이르는 출세까지 했다는 것이다. 그래서 우리나라는 그런 군인들이 지배하는 군사문화의 나라일지 모른다. 군인독재자가 사라졌다고 군사문화가 끝난 것이 아니다. 그들이 뿌린 군사문화의 씨앗은 군대는 물론 사회 전반, 특히 대학이나 문화에도 튼튼하게 뿌리를 내리고 있다. 그 속에서 헤세는 군인 헤세다.

한국에서는 헤세 이해가 고작 그 정도일지 모른다. 헤세의 진면목인 반체제적 저항은 전혀 이해되지 않는다. 헤세의 출세만이 아니다. 로렌스도 고작 군대식의 강력한 성욕으로만 소비될 뿐 그의 반문명적 저항은 제대로 이해되지 않는다. 헤세와 로렌스 소설의 모델이었고 그들보다 더 저항적이었던 그레저나 그로스는 한국에 아예 알려지지도 않았다. 모던댄스의 창시자인 덩컨이나 라반은 한국에서는 보기 드문 몇 권의 서양무용사에 그 이름이 나오기는 하지만, 그들이 몬테베리타의 자연에서 춤을 추었기에 모던댄스의 창시자가 되었다는 점은 전혀 소개되지 않는다. 그래서 그들이 타파하고자 한 무대 발레 무용이 한국에서는 여전히 모던댄스다. 그것 뿐만이 아니다. 그런 문화적 저항과 함께 나타난 채식주의나 생태주의는 한국에서 그냥 고급백화점의 비싼 건강식일 뿐이고 성해방이나 페미니즘도 재벌가 유한마담의 나들이 기분풀이 불륜 취미의 가면일 뿐이다. 자연요법이나 정신요법이나 정신분석도 돈 걱정뿐인 부르주아의 건강을 위한 값비싼 치료법이고, 아나키즘은 무국적 자본의 상표이며, 그 모든 것은 그것들과 뿌리가 같았던 반전주의나 비폭력주의나 평화주의와는 철저히 무관하다. 한국의 문화란 그렇게도 지극히 피상적인 것이고 외국산 명품처럼 고급스러운 사치에 불과할지도 모른다. 그 본질인 반항은 자각으로 경험되기는커녕 제대로 이해되지도, 모방조차 되지 않는지도 모른다. 그래서야 예술을 한다고 할 수 없다. 문학도, 사상도, 무용도, 미술도, 음악도 진보할 수 없다. 이제는 체제와 문명과 계급을 뛰어넘는 근본적인 반항이 필요하다. 그래야 예술이나 사상이 가능하다. 지금 우리에게 필요한 것은 그런 문화의 혁명, 예술의 민주화다. 그러나 그것은 이미 죽은 지 오래인 헤세나 로렌스 등의 모방만으로는 이루어지지 않는다. 그들은 서양문화를 비판했지만 동시에 비서양문화를 멸시한 오리엔탈리스트였고 파시스트적인 요소까지 가졌다. 그들과 대결했던 막스 베버 같은 경우에는 더욱 심했다. 그 점에서 그들은 몬테베리타의 배신자들이다. 그들에 대해 우리는 비판적 성찰을 가할 필요가 있다. 더 이상 그들을 일방적으로 숭상만 해서는 안 된다. 특히 군인으로 바뀐 그 변태를 본래의 모습으로 되돌려야 한다. 그들의 지독한 이기적 영웅주의가 이 땅에서는 똑같이 생긴 개인들의 집단주의, 아니 전체주의로 변한 것을 그 본래 모습으로 되돌려야 한다. 영웅주의와 전체주의는 종이 한 장 차이다. 따라서 항상 긴장해야 한다. 문화의 타락은 일순간이다. 정신의 타락은 한순간에 이루어진다. 몬테베리타도 마찬가지다. 그들의 일부도 히틀러 전체주의에 봉사했다. 이는 물론 19~20세기 독일권을 지배한 거대하고도 뿌리 깊은 반동적 모더니즘의 보수혁명 속에서 생겨난 것이었다. 전근대적 전통인 비이성과 수입된 근대적 기술이 선택적으로 야합한 독일 내셔널리즘은 일본에 그대로 이식되었고, 이는 다시 20~21세기의 한국에서도 그대로 재현되고 있다. 독일권에서 산업기술이 소위 게르만-독일적 정신이나 민족공동체 사상과 결합하여 전체주의를 낳았듯이, 일본과 한국의 기형적 근대화도 유교적 전통의 변태인 서구적 비합리주의와 산업기술주의의 야합이 낳은 전체주의적인 것이었다. 그런 점에서 나는 비합리주의의 원조인 니체 따위를 철저히 비판하면서, 독일을 중심으로 한 서구의 타락은 이성의 과잉 때문이 아니라 이성의 부족 때문이라고 생각해왔다. 그 결과 생겨난, 에른스트 브로흐가 말한 '비동시대적인 것들의 동시대적 혼재'는 19~20세기 독일권만이 아니라 한국을 비롯한 동아시아권에도 존재하며, 특히 한국의 급속한 독일-일본식의 근대화 현상에서 더욱 뚜렷하게 나타난다. 이는 경제적, 과학적, 기술적 성장의 차원에서는 근대화되었음에도 불구하고, 전통적인 반근대적이고 반자유주의적인 이데올로기가 여전히 강력한 과거 독일과 일본, 그리고 현재 한국의 유사성을 보여준다. 그런 흐름 속에 있는 몬테베리타도 마냥 예찬이나 숭배의 대상일 수는 없으나, 독일-일본-한국식의 왜곡된 근대화에 대한 하나의 반성일 수는 있다.

나는 2000년이 시작되기 직전 시골에 들어가 우리 역사상 최초의 그런 반항이라고 생각된 소위 참여정부 시절 이 책을 조금씩 쓰기 시작했지만 얼마지나지 않아 곧 중단했고, 그 뒤 괴상한 보수정권들이 등장한 뒤에는 이 책의 원고를 아예 잊고 지냈다. 그 사이 내가 평생 반항했던 아버지가 사망하는 등 몇 가지 가슴 아픈 일들이 이어졌다. 특히 청년문화를 상실한 대학이 군사문화로 젖고 취업전장으로 타락하는 꼴을 지켜보아야 했던 나 자신이 용케도 참고 버틴 치욕의 30여 년 대학 생활을 그만둘 나이가 되었다. 좌우상하로, 동서남북으로 군사학과가 차지한 연구실을 박차고 나서야 한다고, 항상 그만두어야 한다고 생각하면서 헤세의 그곳 방랑자들처럼 자유롭게 살고 싶어 했지만, 결국 스스로 너무나도 싫어했던 아버지이자 남편이자 교수로 30여 년을 살아야 했다. 그 30여 년이 무엇보다도 괴로운 것은 현실에 대한 최소한의 반항에서조차 투항해야 했던 점이다. 조금이나마 바꾸고자 노력했지만 한국의 체제와 문명과 계급의 틀은 수백 년, 아니 수천 년을 이어온 너무나도 강력한 지배계급에 의해 철저하게 유지되기에 항상 무기력함을 느낄 수밖에 없었다.

오직 절망 속에서 살다가 이 책을 다시 쓰기 시작한 것은 2016년 말부터 벌어진 촛불집회에 참석한 뒤였다. 그때 나는 1871년의 파리코뮌과 1894년의 동학혁명을 다시 떠올릴 수 있었다. 1900년 헤세의 방랑자들은 파리코뮌의 꿈을, 1919년 의열단을 비롯한 우리의 아나키스트들은 민란의 꿈을 각각 좇았음을 나의 추억으로 공감할 수 있었다. 물론 그들은 실패하여 무참하게 학살되었고 이름조차 남아있지 않다. 다행히도 헤세나 로렌스의 글로 그들의 치열한 삶은 그 편린이나마 남아 있다. 그 뒤로도 그들의 꿈은 이어졌고, 지금도, 그리고 앞으로도 이어질 것이다. 이 책이 그런 이어짐의 하나이기를 빈다. 참담했던 교수짓을 그만두며 30여 년 만에 제대로 된 몬테베리타 방랑에 나서기 전에 겨우 완성한 원고를 오랫동안 기다려주었을 뿐 아니라, 대학문화의 터전이어야 할 출판사가 폐망하기 직전인 최악의 조건 속에서도 기꺼이 출판을 맡아준 영남대출판부의 이종백 씨에게 진심으로 감사한다.

2018. 3

박홍규

차례

1장 세기말 유럽

세기말 유럽

이제 환경오염의 위험이 일상이 되었다. 얼마 전까지만 해도 먹고 사는 게 바쁜데 무슨 사치스러운 이야기냐고 타박을 했지만 이제는 먹고 사는 것 자체를 위협하는 것임을 누구나 알고 있다. 그러나 먹고 사는 게 중요하다고 여기는 욕망의 이기주의는 여전히 변하지 않고 있다. 농부는 자기 식구를 위해서는 완전한 유기농사를 지으면서도 팔기 위한 '친환경' 농사는 그 대량생산을 위해 온갖 수단을 벌이는 '반환경'으로 짓는다. 입으로는 미세먼지니 대기오염을 말하면서도 식구 수대로 고급 자가용을 굴리고, 에비앙 생수를 비롯하여 값비싼 '친환경' 식품을 먹고 마시며, '친환경'이라는 고급 아파트에서 살고 있지만 그것들의 생산이 오염을 더욱 강화한다는 것을 모르고 다시 부수고 지어 값이 오르기만을 학수고대한다.

환경오염의 주범인 자가용은 더욱더 늘어나고, 관심의 욕망을 극대화하는 인터넷에 모두들 머리를 처박고 회색 하늘이나 고층 아파트는 물론 바로 자기 앞에 있는 사람조차 바라보지 않고 있다. 지하철에도 강의실에도 심지어 거리에도 핸드폰 파시즘이라는 획일적 기계주의에 젖은 얼굴 없는 사람들만이 좀비처럼 흐느

적거릴 뿐이다. 이제 환경오염이 아니라 인간오염이 일상이 되었다. 이는 세계 공통의 현상이지만 유독 대한민국에서 극심하다.

우리는 서구가 200년 걸린 산업화를 20년 만에 해치우고 세계의 가난뱅이에서 벼락부자가 되었다고 자랑하지만 그 후유증은 실로 엄청나다. 무엇보다도 200년 동안 서구에서는 산업화에 대한 반성이 계속 있었지만 우리는 그것을 국가대사업에 대한 방해라고 하면서 범죄 취급까지하며 막았다. 서구에서의 반성은 특히 세기말 유럽에 뚜렷이 나타났다. 19세기말 유럽은 여러 가지 얼굴을 하지만 그 기본은 문명에 대한 위기의식이었다.

유럽에서 산업화가 늦었던 독일의 경우, 1871년에는 국민의 3분의 2가 지방 중소도시나 전원지대에 살았으나 제1차 대전 전후로 그 비율은 역전되었다. 1871년 5%에 불과했던 대도시 인구가 1890년대에는 21%에 이르렀다. 당시 대도시는 베를린과 함부르크 정도였다. 급격한 인구 증가로 도시에는 방대한 빈민가가 생겨났다. 1860년대의 물가에 비해 50배 이상 폭등한 1898년의 물가로 인해 땅값 역시 폭등하여 부동산투기가 만연했다. 빈부격차, 환경오염, 주택문제, 전염병, 알코올 중독, 매춘, 성병, 근친상간, 낙태, 아동학대, 청소년범죄 등등, 지금 우리가 경험하고 있는 심각한 문제들이 이미 100년도 더 전에 유럽을 휩쓸었다.

이를 해결하고자 사회주의를 비롯한 여러 가지 대안이 모색되었다. 이미 1848년에 발표된 『공산당선언』*Manifest der Kommunistischen Partei*을 비롯하여 여러 가지 새로운 사상과 운동이 생겨났지만, 『공산당선언』은 오랫동안 우리에게 금지도서였을 정도로 사회주의는 물론 반문명의 사상도 우리에게는 금기시되었다. 또한 당시 독일에는 전원에서 유기농업에 의한 자급자족을 추구한 생활개선 운동Lebensform도 있었음을 우리는 몰랐다. 오늘날 에콜로지 운동의 선구라고 할 만한 그것은 토지개혁, 주거개혁, 교외이주, 스포츠 체조 운동, 나체주의, 자연치유 등을 주장한 다양한 운동으로 나타났다. 물론 오늘날 생태운동처럼 당시의 그 운동도 널리 보급된 것은 아니었다.

그 중에서 가장 먼저 나타난 것은 자연치유 운동이었다. 이미 대규모의 자연요법 시설인 새너토리엄Sanatorium이 19세기 초엽에 유럽 각지에 등장하여 19세기 후반에는 미국에까지 확산되었다. 1891년에는 독일에서만 131개소의 시설이 생겨났다. 그것을 다룬 소설이 토마스 만Thomas Mann, 1875~1955의 『마의 산』*Der Zauberberg*, 1924이었다. 그의 형 하인리히 만Heinrich Mann, 1871~1950을 비롯하여 많은 작가들이 새너토리엄을 다녀갔다. 특히 의사를 혐오하여 전원 농사와 자연요법에 열중한 카프카Franz Kafka, 1883~1924가 유명하다.

우리가 이 책에서 보고자 하는 몬테베리타Monte Verita도 그런 운동의 하나인 자연치료와 채식주의 중심의 공동체운동이었다. 그러나 그런 실용적 이유에서만 몬테베리타가 시작된 것은 아니었다. 그것은 문명 전체에 대한 반성에서 비롯되었다. 이른바 산업혁명 이후 시작된 근대화라는 거대한 변동의 파도에 대한 거역으로 시작되었다. 그래서 정치, 경제, 사회, 문화 전반에 걸쳐 새로운 변화가 모색되었다. 몬테베리타는 그 하나의 상징이었다. 그러나 그것은 우리에게 거의 알려져 있지 않다. 이는 우리가 아직도 근대화의 파도에 휩쓸려 정신을 차리지 못하고 있다는 증거다.

지와 사랑의 방랑자들

'지知와 사랑'이란 이 책의 부제 앞부분은 헤르만 헤세Hermann Hesse, 1877~1962의 소설 『나르치스와 골드문트』*Narziß und Goldmund*, 1930를 우리말로 옮긴 번역본의 제목이다(사실은 일본식 번역을 따른 것이었다). 우리말로 70회 이상 번역된 『데미안: 에밀 싱클레어의 젊은 시절 이야기』*Demian : Die Geschichte von Emil Sinclairs Jugend*, 1919와 함께 가장 많은 독자의 사랑을 받는다는 이 소설의 주제가 창백한 지성과 분방한 사랑의 대립구도라고 하여 붙여진 것이라지만, 더욱 정확하게는 '지와 성性'이라고 해야 할지 모른다. 사랑이라는 말에는 너무나도 많은 뜻이 있고, 특히 오늘날의 사랑은 막장드라마의 그것마냥 돈으로 짝짓기를 하는 타락한 세속의 것이기 때문이다. 어디 사랑만이 그런가? 지성이라는 것은 더 썩지 않았는가? 겨우 지극히 이기적인 욕망의 대학 입시와 취업시험을 위한 암기용 지식이지 않는가? 그 두 가지가 끝나면 지식도 끝나고 야만의 정글을 헤매지 않는가? 그래서 처음부터 우리는 지성의 연마가 아니라 지식의 경쟁으로 출세와 섹스를 소비하는 지극히 천박한 세상을 살고 있는 것은 아닌가? '지와 사랑'의 고뇌가 아니라 '지식과 섹스'의 소비로 사는 하루살이 꼴이 아닌가? 그러나 이 책에서 말하는 '지와 성'은 그런 타락한 지식과 섹스가 아니라 순수하고 자유로운 '지와 성'이다.

'지와 사랑'이라는 제목으로 이야기되는 것은 수없이 많을 것이지만, 이 책은 그 중에서도 20세기 초 아스코나Ascona라는 작은 스위스 마을에 있는 몬테베리타라는 '20세기 에덴' 동산에서 벌어진 지와 사랑의 고독한 방랑에 대한 이야기를 하고자 한다. 머리말에서도 말했듯이 수많은 예술가와 사상가들이 그곳에서 지의 영감을 얻고 열렬히 사랑을 했다. 그러나 그것은 우리의 자가용이 딸린 고급 전원주택과 같은 상품화된 부르주아 생활의 그것과는 전혀 반대의, 거의 원시적이라고 할 정도의 자급자족 농촌 생활이었다. 그야말로 자연 그 자체로서의 삶이었다. 그들은 당대의 문명을 거부하고 그런 삶을 택했다. 그래서 거기에서 새로운 삶과 문화가 생겨났다. 20세기 초엽에 시작된 그들의 지와 사랑의 방랑과 모험은 20세기 후반기에 새로운 문화로 거듭났다. 그 이름이 포스트모더니즘이든 무엇이든 관계는 없다. 반면 우리는 20세기 후반기에 그들이 거부한 19세기까지의 서양 근대문명을 모방하는 것에 급급하여 '민족의 역사적 사명을 근대화'라고도 했다. 그리고 그 결과로 외제 자가용이 딸린 고급 전원주택에서 헤세의 책을 소비하는 것에 우리는 만족하고 있는 것은 아닐까?

아스코나

헤세 소설의 모델 이자 몬테베리타의 주인공들인 방랑자들인 구스타프 그레저Gustav Gräser, 1879~1958나 오토 그로스Otto Gross, 1877~1920[1] 등은 우리에게 소개된 적이 거의 없다. 그레저는 골드문트나 데미안을 비롯한 많은 헤세 소설 주인공들의 모델이었지만 우리에게는 그 사실이 알려진 바 없다. 20세기 지의 혁명아라고 하는 프로이트Sigmund Freud, 1856~1939의 애제자이자 반역자인 카를 구스타프 융Carl Gustav Jung, 1875~1961의 쌍둥이 같은 친구였다고도 하는 그로스도 마찬가지다. 그로스는 프로이트와 마찬가지로 20세기 최고의 지성 중 한 사람인 막스 베버Max Weber, 1864~1920와 그의 동생인 알프레드 베버Alfred Weber, 1868~1958 형제 그리고 D.

H. 로렌스David Herbert Lawrence, 1885~1930가 사랑했던 프리다 폰 리히트호펜Frida von Richthofen, 1879~1956과 엘제 폰 리히트호펜Else von Richthofen, 1874~1973 자매의 애인이기도 했다. 그 사랑은 베버 형제와 D. H. 로렌스의 지성을 바꾸었다.

이 책의 두 주인공인 그레저와 그로스의 모습은 헤세가 『나르치스와 골드문트』 제13장 첫머리에서 다음과 같이 방랑자를 묘사한 바로 그 모습이다.

> 누구한테도 순종하지 않고 오직 날씨와 계절에만 의존하며, 앞날에 어떤 목표도 없이 하늘을 지붕 삼아 아무것도 소유하지 않고 그때그때 닥치는 온갖 우발적 상황에 자신을 내맡긴 채 정처 없이 떠도는 나그네들은 순진하고도 용감한, 가련하고도 굳센 삶을 영위하는 것이다. 그들은 낙원에서 쫓겨난 아담의 후예들이며, 순진무구한 동물들의 형제인 것이다. 그들은 하늘이 직접 주시는 것들을 시시각각으로 받아들인다. 그들에게 주어지는 태양과 비, 안개와 눈, 따스함과 추위, 평온함과 곤경 따위는 때를 맞추어 찾아오지 않는 법이다. 거기엔 그 어떤 인위적 노력도 없으며, 집을 가진 사람들이 너무나 절망적으로 매달리는 발전과 진보라는 기이한 우상도 존재하지 않는다. 방랑자 가운데는 섬세한 사람도 있고 거친 사람도 있다. … 그렇지만 어느 경우든 그들은 하나같이 마음속으로는 어린아이와 같다. 언제나 세상에 처음 태어난 어린이처럼, 태초의 인간처럼 살아가는 것이다. 방랑자는 언제나 최소한의 단순한 욕구와 필요에 따라 살아간다. … 어느 경우든 방랑자는 뭔가를 소유하면서 정착해 있는 사람

> 에 맞서는 적대자이다. 뭔가를 소유하면서 정착해 살아가는 사람들은 방랑자를 미워하고 경멸하며 두려워한다. 그런 사람들은 모든 존재가 덧없고 일체의 생명이 끊임없이 시들어 간다는 사실을 상기하고 싶지 않고, 우리를 둘러싼 우주를 가득 채우고 있는 가차 없이 냉혹한 죽음을 상기하고 싶지 않기 때문이다.[2]

헤세는 그 방랑자들을 "낙원에서 쫓겨난 아담의 후예들"이라고 하지만, 몬테베리타는 아담이 쫓겨난 제2의 에덴동산으로 다시 되돌아간 곳이었다. 위 글에 이어 헤세는 방랑을 "천진함과 모성적 근원, 법칙과 정신으로부터의 일탈, 그리고 자기 자신을 버리고 늘 은밀하게 죽음에 가까워지려는" 것이라고 요약하는데 그것은 방랑의 정신이자 방랑 후 새롭게 깨달아 돌아온 새로운 에덴동산의 정신이기도 했다.[3] 그것이 바로 이 책의 주제다.

나는 그런 고독한 방랑을 위해 이 책을 쓴다. 그러니 최소한 헤세가 말하듯이 방랑을 미워하거나 경멸하기나 두려워하지 말기를 바란다. 물론 헤세의 나라와 달리 그 정도로 끝나지 않고 아예 '위험한' 존재로 법적 처리 대상이 될 수도 있다. 방랑자들을 삼청교육대라고 하는 끔찍한 군대식 교정시설에 강제로 집어넣고 인간개조를 시킨답시고 설친 자들이 아직까지도 존재하는 나라다. 그것은 참으로 '위험한 방법'이었다. 그러나 이 책의 주인공인 방랑자 그로스가 제시한 '위험한 방법'은 지와 사랑의 자유를 외친 것이었다.

<데인저러스 메소드>

앞에서 나는 그로스나 그레저가 소개된 적이 거의 없다고 했다. 내가 영화에서 그로스를 본 것은 데이빗 크로넨버그David Cronenberg, 1943- 감독의 영화 <데인저러스 메소드>A Dangerous Method, 2011에서였다.[4] 우리에게는 너무나도 유명한 프로이트와 융, 그리고 프로이트가 융에게 치료를 부탁하는 '미친' 그로스는 각자 애용하는 담배로 그들의 다름을 보여준다. 즉 프로이트의 시가는 남성적 권위, 융의 파이프는 남성적 회의, 그로스의 궐련은 자유를 각각 상징한다. 성적인 것에만 집착하는 프로이트, 그를 의심하며 신비주의에 기우는 융, 그리고 그들의 지식을 부정하며 사랑의 자유를 외치는 그로스의 이야기는 이 책의 3장 이하에서 상세히 설명하지만 여기서는 그 맛보기로 기본적인 몇 가지를 설명하고자 한다. 이 책은 남성적인 프로이트와 융이 아니라 그 둘이 공유하는 남성적인 권위와 체계에 반발한 그로스의 자유에 대한 책이고, 그런 권위와 체계에 대한 반발인 자유가 이 책의 주제이기 때문이다.

융

프로이트

한스 그로스

프로이트는 우리에게도 워낙 유명하니 여기서 굳이 설명할 필요가 없겠다. 그의 책은 대부분 우리말로 번역되었고 관련 서적도 많이 나왔다. 영화로도 이미 1962년에 존 휴스턴 감독, 몽고메리 클리프트 주연으로 나왔다. 그러나 퇴겔*Christopher Tögel*, 1953~이 그의 『프로이트』*Freud fur Eilige*, 2005 첫 문장에서 다음과 같이 말했듯이 그에게는 근본적인 문제가 있었다.

> 인간의 무의식과 성적 욕망을 파헤친 프로이트는 성에 관해서는 오히려 보수적이었다. 동료에게 보내는 편지에서 프로이트는 다음과 같이 밝혔다. "나는 자유로운 성생활을 주장함에도 불구하고 그러한 자유를 거의 누릴 수 없었다네."[5]

자신은 "이론적으로만 자유로웠을 뿐"[6]이라고 한 그는 이론이 아니라 행동으로 사랑의 자유를 실천하는 그로스를 부러워하기는 커녕 도리어 적대적이었다. 그로스는 프로이트의 이론에 대해서도 의문을 가졌다. 아들이 어머니에게 성적 욕망을 느끼고 아버지를 살해해야 할 적으로 본다는 '오이디푸스 콤플렉스'를 비롯하여 프로이트가 말한 것들에 저항을 느꼈다. 아버지에 대한 반항이 그런 식으로 성의 차원으로만 설명되는 것에 찬성할 수 없었기 때문이다. 이는 최근 프로이트가 여성 혐오와 남성 우월주의에 기초한 '권력의 화신'이자 '트라우마로 가득 찬 한 인간'이었다고 밝힌 미셸 옹프레Michel Onfray, 1959~의 프로이트 평전 『우상의 추락』*Le Crepuscule D'une Idole: L'affabulation Freudienne*, 2010에서 프로이트가 베니토 무솔리니 등의 파시스트를 찬양하기도 했다고 한 점과도 결코 무관하지 않다.

프로이트는 파시스트들만이 아니라 모든 위대한 영웅이나 위인을 믿어야 한다고 주장했다. 그리고 공산주의, 볼셰비즘, 사회주의, 사회민주주의 등에 반대하고 불평등주의와 인종차별주의를 찬양했다. 그는 엘리트 중심, 소수 지도자가 다수 대중을 통제하는 사회를 이상적 사회로 보았다. 그리고 미개인이 문명인보다 많아지면 그들을 없애야 한다고도 주장했다.[7] 그럼에도 그를 평화주의자니 20세기 최고의 지성이니 하며 찬양한다니 참으로 끔찍한 일이 아닐 수 없다.

반면 융은 프로이트와 달리 동양사상에 대해서도 관심이 커서 한국을 비롯한 동양에서도 인기가 높지만, 그런 탓인지 그가 나치와 깊이 연관되었다는 점은 그다지 소개되지 않았다.[8] 융은 유대인이었던 프로이트와 달리 순수한 아리안계였다. 그는 1907년 프로이트와 만났으나 프로이트는 융의 종교에 대한 관심을 위험하다고 보고 융은 프로이트의 성욕설에 불만을 가졌기 때문에 그들의 관계는 1916년에 끝났다.

그 후 '집합 무의식'이나 '원형' 등의 기본개념을 중심으로 한 독자적인 분석심리학을 수립한 융은 1932년 나치가 권력을 잡자 '새로운 지도자 대망론'을 전개하여 히틀러를 찬양했고, 1933년의 끔찍한 분서 사건에서 다른 많은 지성의 책들과 함께 프로이트의 책들이 불태워지자 정신분석에 반대한다는 글을 신문에 싣기도 했다. 이는 자신의 이론과 무관한 정치적 일탈이 아니라 그의 '집합 무의식'이니 '원형'이니 하는 것들이 나치스의 전체주의나 집단우위주의 및 민족주의와 통했기 때문에 가능한 일이었다. 또 융이 신화를 강조한 점도 나치와 같았고 그의 심리학적 유형이라는 개념도 나치의 민족차별주의와 일치했다.

이러한 프로이트와 융의 학문적 업적을 상세히 소개하는 반면 그로스를 오로지 "굉장한 색마"로만 소개하는 책[9]을 무시하기 어려운 이유는, 그 책이 그나마 그로스를 언급하는 몇 안 되는 책이기 때문이다. 그런데 같은 나라인 독일의 다른 저자가 비슷한 시기에 쓴 다른 책에서는 그로스가 막스 베버와 함께 다루어지고 그에 대한 평가도 다음과 같이 달라서 신기하다.

> 막스 베버는 어떤 이론에 대해서나 까다로운 근거를 요구하는 사람이었다. 바로 그런 까다로움이 그로 하여금 그로스의 이론을 끈질기게 거부할 수 있도록 도와주었다. 마침내 그가 생애의 마지막에 이르러 두 팔을 들고 항복하며 그로스가 옳았음을 인정하게 되는 순간까지.[10]

막스 베버도 프로이트와 함께 20세기 지성을 대표하는 대학자이다. 반면 그로스는 '지와 사랑', 아니 '지와 성'의 '성'을 대표하는 사람이다. 베버는 여성해방운동을 하는 아내와의 '동반자로서의 결혼'을 자랑했고 그것이 지금까지 그 위대한 학자의 사랑에 대한 정설이지만, 사실 그는 죽을 때까지 다른 여성들과의 성적 자유를 누렸다. 바로 그로스의 성해방 주장에 따른 것이었다. 그래서 생애 마지막에는 그로스가 옳았음을 인정했다는 것이다.

그로스는, D. H. 로렌스의 스승이었던 교수의 부인으로 로렌스와 함께 도망치기 전의 프리다 위클리에게 보낸 편지에서 다음과 같이 그녀를 찬양했다.

> 인류의 미래와 나 자신의 투쟁과 관련하여 나를 꼼짝 못하게 했던 의구심은 이제 사라졌소, 왜냐하면 내가 이제는 그런 것들로 인해 더 이상 상처를 받지 않을 것이기

> 때문이오. 이제 나는 다가올 미래를 위해 꿈꾸어왔던 여인을 알게 되었고 사랑했기 때문이오. … 내가 증오했고 저항했던 것들로 더럽혀지지 않은 인간은 어떤 모습을 지녔는지 이제 분명히 알고 있소. 도덕적 규범과 기독교, 그리고 정치제도 같은, 그 모든 난센스에 물들지 않고 순결함을 간직한 유일한 인간인 당신으로 인해 나는 그것을 알게 되었소.[11]

위 편지에서 불륜을 인류의 미래라고 한 것을 대단한 거짓 유혹이라고 욕할 분이 계실지도 모르지만, 위 편지를 쓴 사람이나 그것을 받은 사람에게는 자신들의 사랑이 불륜, 즉 윤리에 반한다는 생각이 전혀 없었고, 도리어 그것이 자유로운 사랑을 추구하는 그들의 윤리였다. 그래서 앞에서 본 영화에서 <데인저러스 메소드>라고 불린 그로스의 성해방은, 파트너 선택과 동거의 형식이 개성적이고 합리적인 이유를 지닌 두 사람만의 구상에 따르는 '지성인의 사랑'을 처음으로 보여준 원형으로 찬양되었다. 그 20년 뒤에 사르트르와 보부아르의 '계약결혼'으로 나타나는 그것은 1960년대에 다시 서양을 풍미했고, 21세기에 와서는 동양을 포함한 범세계적인 현상이 되고 있다. 물론 최근에 유행하는 '혼전 동거'가 일시적인 성의 방종인지, '지성인의 결혼'인지에 대해서는 논란이 있을 수 있다.

그러나 적어도 이제 결혼은 더 이상 삶의 필수가 아니라 선택적 결단이라고 생각하는 사람들이 늘고 있는 것이 사실이다. 그래서 결혼이 아니라 동거, 파트너, 반려자, 동반자, 생활공동체, 계약결혼 등이 새로운 사랑의 이름으로 등장하고 있다. 그것은 적어도 당사자 사이의 자유와 신의를 전제하는 한 성적 방종이 아니라 참된 사랑의 모습일 수 있다. 그런 자유와 신의를 존중하는 사람들에게는 그레저와 그로스가 실천하고 베버가 고뇌한 '지성인의 사랑'이 하나의 모델일 수 있다.

물론 아직도 전통적인 결혼 양식조차 충분히 인간적이지 않고, 물물 교환식 시장경제의 법칙에 따르고 있는 사람들이 대부분인 현실에서 동거는 그런 법칙에서 벗어난 일탈일 수도 있다. 따라서 그런 법칙에서 완전히 벗어나는 '지성인의 사랑' 운운함은 지적 사치일 수도 있다. 그럼에도 불구하고 자유롭고 평등한 '지성인의 사랑'은 이제 우리의 절실한 과제이기도 하다. 이 책에서 말하는 사랑의 방랑은 바로 그런 것이다. 그리고 그것은 삶의 모든 영역에 종래의 전통이나 제도를 넘는 새로운 자유의 개방성을 초래할 수도 있다.

나는 몬테베리타의 모험이 그 하나의 선례일 수 있다고 생각하기에 이 책을 쓴다. 지와 사랑의 자유를 추구하기 위해 몬테베리타의 방랑자들을 우리의 선배로 생각해보자는 것이다. 그러나 숭배나 숭상만으로는 안 된다. 우리보다 앞선 선구자이기에 존중되어야 하지만 그들에게는 비판받아야 할 잘못도 당연히 있다. 그런 잘못을 정확하게 알고 뛰어넘어야 그들은 우리의 진정한 선배일 수 있다.

유럽과 알프스

나는 평생 몬테베리타의 방랑자들처럼 자유롭고 평등하게 '지와 사랑의 방랑'을 추구하고자 했다. 그동안 내가 가장 자주 방랑한 곳은 유럽이었다. 물론 유럽 밖에서도 방랑을 했고, 여러 곳에서 그 자연과 지혜와 사랑의 방랑을 맛보았지만[12] 여기서는 유럽 이야기에 한정하도록 하자.

유럽은 하나가 아니다. 독일이나 북유럽 쪽에서 남쪽으로 기차 여행을 할 때 그야말로 키가 크고 눈이 푸르고 머리가 노란, 지극히 무뚝뚝한 사람들과 같은 칸에서 몇 시간이나 침묵으로 여행하다가(항상 말을 걸었지만 거의 답이 없었다), 만년설 알프스를 넘어 이탈리아로 오면 키는 약간 작고 눈과 머리는 검은 사람들을 만나게 되어 금방 친구처럼 지낸 경험을 여러 차례 했다. 사람들만이 아니다. 하늘도 마을도 풍경도 바뀐다. 어둡고 흐린 하늘이 밝고 푸른 하늘로, 회색 집들이 붉은 지붕에 노란 벽으로, 검은 땅이나 숲이 적토색 구릉지의 올리브 숲으로 바뀐다. 색채도 형태도 없다가 별안간 그것들이 뚜렷이 나타난다. 그래서 주로 남쪽을 방랑하게 된다. 로렌스도 알프스 입구인 뮌헨에서 다음과 같은 감회에 젖었다.

> 보라, 눈으로 창백한 알프스의 기다란 망보는 능선이, 우리가 남쪽의 천국으로 가는 것을 막으려고 멀리서 불타는 칼을 가지고 줄 서 있는 천사 같이 솟아 있다. 보라, 오늘 아침 녹고 있는 눈으로 덮인 땅이 녹옥수처럼 호수를 향해 북쪽과 서쪽으로 뻗어있는 것을, 알프스의 작은 언덕들과 독일의 기복이 진 평야와 서쪽의 섬들을.[13]

체코나 헝가리 등의 동유럽 쪽에서 알프스를 넘어 이탈리아로 가는 경우에도 마찬가지다. 이탈리아만이 아니라 스페인이나 그리스 같은 남쪽은 어디나 마찬가지다. 나는 북쪽보다 남쪽을 더 좋아한다. 아니, 그 어느 쪽보다 남쪽을 좋아한다. 유럽만이 아니라 세계 전역에서도 마찬가지다. 추운 곳보다는 따뜻한 곳이 좋다. 의식주 고민 없이 방랑할 수 있기 때문이다. 아무 걱정 없이 떠다닐 수 있기 때문이다. 그리고 아무 걱정 없이 훌훌 떠날 수 있기 때문이다. 그야말로 방랑하기에 좋기 때문이다.

알프스가 프랑스, 스위스, 이탈리아, 오스트리아에 걸쳐져 있음은 누구나 아는 사실이다. 동서로 길이가 600km이고 높이가 4,000m에 이르는 알프스는 유럽을 동서남북으로 나눈다. 먼저 남북에 차이가 있다. 남쪽은 밝고 따뜻한 풍광의 이탈리아와 그리스, 북쪽은 어둡고 추운 나머지 북방의 나라들이다(영국도 포함된다). '더 많은 빛을'이라고 말하며 죽었다고 하는 괴테를 비롯하여 수많은 북쪽 사람들은 언제나 남쪽을 그리워했다. 모차르트의 밝은 음악도 남쪽을 다녀와서 생겨났다. 기후만이 아니다. 북쪽은 인조자연이라고 할 정도이지만 남쪽은 순수 자연이다. 북쪽은 너무나도 청결하고 질서가 철저하지만, 남쪽은 적당하게 더럽고 질서도 자유로움 속에서 자연스럽게 추구된다. 그래서 남쪽이 더 인간적이다. 북쪽보다 남쪽이 경제적으로 더 어렵다고 하지만 그게 무슨 대수인가? 남쪽 정도의 경제도 이미 과도한 것이 아닌가?

이처럼 유럽을 알프스 중심으로 남북으로 나누는 것은 대체로 서유럽을 대상으로 한 문화적인 것이다. 실제로 북유럽이나 남유럽이라고 하는 구분과는 다르다. 한편 유럽의 동서 구분은 알프스 같은 지형이 아니라 역사적으로 중세의 동로마와 서로마로 구분된 것의 계승이지만 역시 알프스가 경계다. 즉 서로마는 로마가톨릭을 믿고 라틴어에서 나온 로망스어를 쓰는 라틴족 중심이고, 동유럽은 그리스정교를 믿고 그리스알파벳(키릴문자)을 쓴다. 서로마에서는 포교를 위해 성상(이콘)을 제작했지만 동유럽에서는 우상숭배를 금지한다. 따라서 동유럽에는 서유럽보다 더 순수한 측면이 있다. 그보다 더 중요한 차이는 경제다. 요컨대 동쪽은 서쪽보다 가난하다. 가난하기에 더 순수하고 아름답다.

서유럽에 들어가는 독일-오스트리아-스위스 일부나 북유럽은 라틴족이 아니라 게르만족이다. 그 중 북유럽을 뺀 독일 등을 중부유럽이라고도 한다. 이 중부 유럽에는 동유럽의 폴란드, 체코, 헝가리가 포함되기도 하지만, 이는 중세 때였고 지금은 그 지역이 동유럽에 포함된다.

몬테베리타 방랑자들은 대부분 서유럽이나 동유럽에서 와 알프스를 넘어 남쪽인 그곳으로 왔다. 이 책의 주인공들인 그레저나 그로스 그리고 라반Rudolf von Laban, 1879~1958은 모두 동유럽 출신이다. 더 가난하기 때문에 더 자연적이고 덜 인공적인 곳에서 왔다. 그러나 그들은 부유한 서유럽을 좋아하며 그곳에 동화되기는커녕 풍요한 그곳에 불만을 품고 다시금 동유럽의 자유와 자치와 자연의 정신을 불러일으켜 서유럽을 바꾸고자 했다. 그런 점에서 동유럽이 몬테베리타 정신의 기본이다. 그러나 동유럽은 19세기말부터 많이 변했고, 지금은 더욱더 많이 변했다. 그렇게 20세기는 타락했다.

19세기 말의 체코나 헝가리는 오스트리아-헝가리제국에 속했다. 그 제국의 수도는 빈이었다. 몬테베리타가 있는 아스코나와는 달리 빈(Wien 또는 영어식 표기인 비엔나)을 모르는 사람은 없다. 여기서 그런 빈에 대해 굳이 언급하고자 이유는 몬테베리타에 살았던 사람들이 그곳을 찬양하기는 커녕 적대시했기 때문이다. 따라서 빈에 대한 설명 없이 몬테베리타를 말할 수 없다. 빈의 역사는 길지만 여기서는 13세기부터 합스부르크 왕가의 중심지였고 15세기 이후에는 신성 로마 제국의 수도로서 발전하였다는 점만 기억하도록 하자.

오스트리아, 사운드 오브 뮤직?

오스트리아라고 하면 금방 <사운드 오브 뮤직>이라는 영화를 떠올리게 되는 것은 나 혼자만일까? 1966년에 제작된 영화이지만 한국에서는 1969년에 개봉된 뒤로 TV 등을 통해 여러 번 재상영된 탓에 거의 세 시간에 이르는 긴 영화임에도 그 장면 장면과 '도레미 송'을 비롯한 노래들을 지금까지도 생생이 기억한다. 신년음악회 등과 함께 오스트리아와 빈과 알프스의 이미지를 형성하는데 상당한 기여를 했을 것이다.

<사운드 오브 뮤직>에는 주인공 트렙 대령(사실은 소령이지만)이 나치에 반대하여 나치가 오스트리아에 진주하자마자 알프스를 넘어 탈출했다고 되어 있다. 그러나 실제 트렙 대령은 오스트리아 파시스트였고, 나치와의 대결은 파시즘 세력 사이의 주도권 투쟁에 불과했다. 따라서 '반나치' 운운하면서 트렙 일가를 미화한 것은 사실과 전혀 달랐고, 그 영화는 결국 오스트리아의 나치 협력을 은폐하려는 수작에 불과했다.

당시 오스트리아 사람들은 트렙 대령과 달리 나치를 열광적으로 환영했다. 1938년 3월 15일, 빈 왕궁 앞 영웅광장에 50만 명 이상의 군중이 모여 히틀러 환영 집회를 열었고, 같은 해 4월 10일의 국민투표에서는 99.73%가 독일과의 병합에 찬성했다. 이런 사실을 숨기려는 어처구니없는 일이 <사운드 오브 뮤직> 촬영 시에도 일어났다. 영화 마지막 부분에 나오는 잘츠부르크 시의 광장에 나치깃발이 나부끼는 것을 촬영하려 하자 시 당국이 오스트리아인들은 나치를 지원한 적이 없다고 하며 촬영을 막은 것이었다.[14] 그러나 히틀러는 물론 아이히만도 오스트리아인이었고 유대인 처형장 직원의 40%가 오스트리아인이었다.

이 영화가 주장하는 메시지, 오스트리아가 히틀러에 의한 최초의 희생자라는 것은 사실이 아님을 한참 뒤에서야 알고 정말 놀랐다. 제1차 대전 후, 합스부르크 왕조가 쓰러지고 공화제가 성립되는 정치적 혼란 속에서 대두한 기독교사회당을 중심으로 한 보수세력이 파시즘으로 나아갔다. 그 정당 출신의 수상으로 1932년 집권한 돌푸스Engelbert Dollfuß, 1892~1934가 1934년 나치스 당원에게 암살되자 정권을 이어받은 슈슈니크Kurt Schuschnigg, 1897~1977는 이탈리아 무솔리니와의 동맹에 의해 나치스 독일을 견제하고 오스트리아 독립을 지키고자 한 파시즘 정책을 수립했으나, 히틀러와 무솔리니가 접근하여 결국 오스트리아는 독일과 통합하게 되었다.

영화에서 군복을 입고 나오는 트렙 대령은 1986년 오스트리아 대통령에 선출된 발트하임Kurt Waldheim, 1918~2007을 생각나게도 한다. 1972년부터 81년까지 유엔 사무총장을 지낸 그는 1986년 대통령선거 과정에서 그가 제2차 대전 동안 독일 육군 장교였다는 사실이 폭로되었음에도 대통령에 당선되어 1992년까지 재임했다. 그 선거 과정에서 대다수 오스트리아 사람들은 발트하임을 옹호하고 그에 대한 반대를 국제 유대세력의 음모라고 비난했다. 이는 그동안 오스트리아가 <사운드 오브 뮤직> 같은 영화로 뒤엎은 추악한 과거가 폭로되고, 오스트리아인들의 반유대주의가 여전히 뿌리 깊다는 것을 보여주는 계기가 되었고, 동시에 그것을 다시 뒤엎는 과정에 의해 오스트리아에 극우파가 등장하는 계기를 만들어주었다.

히틀러Adolf Hitler, 1889~1945는 1889년 오스트리아의 프라우나우에서 태어나 그곳 초등학교를 마치고 1900년 린츠의 실업학교에 들어갔다. 그리고 1907년 화가가 되고자 빈에 왔으나 두 번이나 조형미술학교 시험에 불합격하고 약 5년을 빈에서 '고독과 좌절' 속에서 살았다. 뒤에 그는 『나의 투쟁』*Mein Kampf*, 1925에서 "이 사치스러운 도시 속에서 나는 5년간 빈곤에 시달리며 비참함 시절을 보냈"[15]고 "이 시기에 나의 세계관과 세계상이 이루어졌다"[16]고 회상했다. 그 비참한 생활 속에서 유대인과 마르크스주의에 대한 반발이 생겼다는 것이다. 이처럼 빈은 히틀러 사상의 인큐베이터였다.

1867년 유대인 거부제한이 철폐되면서 러시아에서 박해받던 유대인이 대량 유입되어 1910년에는 빈 인구 210만 명 중 10%가 유대인이었는데 이는 유럽의 다른 도시 유대인 인구 비율보다 월등히 높은 것이어서 반유대인운동이 생겨나기 쉬웠다. 게다가 그 전에는 지배계층에 속한 유대인과 달리 새로 유입된 동방 유대인들은 가난하고 비위생적인 검은 옷의 무리였다. 당시 빈 시장 루에거Karl Lueger, 1844~1910가 유대인을 오스트리아 경제의 기생충이라고 비난하면서 반유대주의를 선동한 것에 히틀러가 심취했음을 『나의 투쟁』이 여실히 보여준다.

따라서 히틀러는 돌연변이의 광인이 아니라 어디까지나 시대와 환경의 산물이었다. 게다가 그가 미워한 마르크스주의라는 것도 제1차 대전 후 오스트리아에서 발생한 보수정권인 기독교사회당에 대항한 진보 세력이었던 사회민주당이었다. 민족정화를 위해 유대인을 격리하여 절멸한다는 발상도 결코 히틀러의 독창이 아니라, 유대인을 열등하다고 비난하고 아리안인종의 보호를 위해서는 유대인의 거세와 강제적 배제가 필요하다고 주장한 아돌프 란츠Adolf Lanz, 1874~1954와 같이 세기말 빈에서 활동한 반유대주의자들의 영향을 받은 것이었다.

향락과 퇴폐의 도시, 빈

서울이 세계에 유례없는 궁궐도시라는 말이 있지만(이를 대단한 자랑거리라고 말하는 사람들도 있지만 나에게는 정말 이상하게 보인다. 한 나라의 수도가 오로지 왕을 위한 것이었다니 얼마나 황당무계한 일인가!), 빈 시내의 쇤브룬 궁전, 벨베데레 궁전, 호프부르크 궁전을 비롯하여 제국이 남긴 수많은 문화 시설의 화려한 사치의 극치를 보노라면 서울은 새발의 피다. 그것들 앞에서 사람들이 들끓는 것을 보면, 특히 한국인을 비롯한 동양인들이 궁전들을 넋을 잃고 바라보는 꼴을 볼 때면 아예 울고 싶기도 하다. 나는 베르사유니 하는 궁전은 보러 가지 않는다.

빈은 그나마 베토벤을 비롯한 모차르트, 슈베르트, 브람스, 하이든 그리고 말러Gustav Mahler, 1860~1911 등의 음악가들이 활약한 음악의 도시라서 다행이지만 그곳의 예술가들도 대부분 궁정에 봉사했다. 우리나라에도 신년음악회 등으로 유명한 빈 필하모닉 오케스트라와 빈 소년 합창단이 아직도 있다. 무엇보다도 빈을 상징하는 것은 신년음악회에 반드시 등장하는 요한 슈트라우스의 왈츠다. 나에게는 사치스러운 센티멘털리즘으로밖에 들리지 않는 그것은 세기말 빈의 사치스러운 분위기를 전해준다.

이를 우리는 1890년 전후에 성장기를 보낸 스테판 츠바이크 Stefan Zweig, 1881~1942의 『어제의 세계: 한 유럽인의 회고』*Die Welt von Gestern*, 1944에서도 읽을 수 있다. 그 '어제의 세계'는 모든 것이 밝고 분명했다. 1815년 이래 전쟁다운 전쟁도 없이 전기나 가스, 전화나 자전거와 같은 문명의 혜택은 너무나도 희망에 찬 세계를 보여주었다. 제1차 대전이 터졌어도 사람들은 용기와 신념으로 위기를 극복할 수 있다고 믿었다.

츠바이크는 희망에 찬 찬란한 도시라고 노래했지만 빈은 타락한 향락의 도시로 비춰지기도 했다. 이미 독일 시인 실러Johann Christoph Friedrich von Schiller, 1759~1805는 1797년에 쓴 시 「그곳 도나우…」에서 빈 사람들을 "향락의 민족"이고 빈에서는 "늘 휴일이요, 벽난로에는 구이 꼬챙이가 항상 돌고 있구나."[17]라고 풍자했다.

그런 향락이 창조성을 자극했고, 사람들은 연극과 흥밋거리로 소일을 했고, 카페는 문화적 제도로 번창했다. 19세기에서, 그 마지막 세대에서 새로운 사상과 예술이 싹텄다.[18] 철학에서는 후설과 비트겐슈타인이, 종교에서는 부버가, 경제학에서는 슘페터가, 사회학에서는 만하임이, 미술에서는 클림트와 실레가, 문학에서는 카프카와 무질이, 음악에서는 쉔베르크와 말러가 주목된다. 그 밖에도 70여 명 이상의 사상가와 예술가들이 등장했다. 그러나 오스트리아 시인 그릴파르처Franz Seraphicus Grillparzer, 1791~1872는 1847년 「빈과의 이별」이라는 시에서 그 도시에 대한 애증을 다음과 같이 노래했다.

> 너는 아름답지만 위험하기도 하구나
> 네 여름 냄새가
> 신경을 마비하듯
> 선생과 학생 모두에게 불어 닥치는구나
> 너 유령들의 카푸아.[19]
>
> 마치 나무에서 새들의 합창이라도 있듯
> 음악은 늘 있으나
> 사람들은 말이 없고, 생각도 거의 않으며
> 그리고 반쯤 생각한 것을 느낄 뿐이구나.
>
> 하지만, 너무나 많은 아름다움으로 가득 차 있어
> 우리는 숨만 쉬면 그것뿐
> 가슴 속에서 치솟는 것을

또한 다시 토해내야 함을 망각하는구나.[20]

왈츠로 상징되는 오스트리아를 대표하는 극작가 슈니츨러Arthur Schnitzler, 1862~1931의 희곡 『윤무』*Reigen*, 1897는 창녀가 만나는 군인이 다시 하녀, 하녀가 남자, 남자가 여자, 여자가 남편, 남편이 소녀, 소녀가 작가, 작가가 여배우, 여배우가 백작, 백작이 창녀를 만나 왈츠 같은 윤무처럼 성행위를 계속 한다는 이야기이다. 마지막 장면에서 백작은 다음과 같이 웅얼거린다.

> 순간에 헌신하지 않으면, 그러니 나중을 생각한다든지 아니면 옛날을 생각한다든지…, 글쎄, 그렇지만 당장 끝이 나지. 나중에는… 슬프고…. 옛날에는 불확실하고…. 한 마디로… 사람은 뒤죽박죽이지.[21]

무질의 오스트리아

20세기 초 "먼 타국에서 이 나라를 떠올릴 때마다, 눈앞에는 행군과 우편마차 시대의 희고 넓은 유복한 거리가 떠오르곤 했다"[22]는 오스트리아 소설가 무질Robert Musil, 1880~1942의 묘사처럼 우리가 떠올리는 빈의 화려한 궁궐이나 비엔나커피 등은 적어도 20세기 초엽 빈의 참 모습은 아니었다. 무질은 『특성 없는 남자』*Der Mann ohne Eigenschaften*, 1930/32에서 오스트리아를 카카니엔으로 불렀다. 이는 헝가리 왕국königlich과 합스부르크 왕가의 제국kaiserlich-königlich의 3k를 뜻했는데 카카라는 말에는 배설물이라는 뜻의 암시도 있었다. 무질은 다음과 같이 그곳 정치를 말한다.

> 규약에 의하면 자유로웠지만, 그것은 가톨릭 교회식으

> 로 다루어졌고, 가톨릭 교회식으로 다루어지긴 했지만, 사람들은 자유롭게 생활했다. 법 앞에선 모든 시민이 평등했지만, 그 모두가 시민인 것은 아니었다. 의회가 있었고, 그 의회가 너무도 강력히 시민의 자유를 주장했기 때문에, 늘 문을 닫고 있었다. 그러나 긴급조항이라는 게 있어서 의회 없이도 그럭저럭 정부를 유지해 나갈 수 있었고, 모든 사람이 절대주의를 선호하게 될 경우, 왕권은 다시 의회의 통치를 받아야 함을 선포하곤 했다.[23]

위 인용은 2013년 번역본의 인용이다. 그러나 오역 투성이다. 가령 첫 줄은 "헌법에 의하면 자유국가이지만, 교회에 의해 다스려졌고"로 바꾸어야 한다. 무질의 책은 오랫동안 번역되지 않아서 문제였는데, 번역이라고 최근에 나온 것이 겨우 이런 수준이니 참으로 가관이다. 이런 엉터리 번역으로는 유럽을 제대로 방랑할 수 없다. 19세기말 오스트리아는 얼마 전 한국 이상으로 엉터리 거짓의 나라였다. 민주국가라면서 독재국가였고, 법치-자유국가라면서도 신성-전제국가였고, 평등국가라면서도 사실은 계급국가였다. 학교에서는 과학을 가르치면서 거리에는 점집이 즐비했고, 종교조차 기복의 무당들이 지배했다. 예술이나 문화는 극소수 지배층의 오락취미였고, 대다수 피지배층은 야만의 생존 욕망에 허덕였다.

그곳에서는 이웃 나라인 독일과 경쟁적으로 황제 즉위를 기념하는 축제를 벌였다. 사실 20세기 초에 오스트리아는 '지는' 제국이고 독일은 '뜨는' 제국이었다. 오스트리아는 독일이 200년도 더 전에 버린 봉건의 정치적 태도와 전근대의 사회적 태도를 그대로 답습하고 있었다. 즉, 배타적 지방주의, 가족애, 국가의식의 결핍,

그리고 비능률적인 흐리멍덩함 등이었다. 그런 것들에 의해 중화된 절대주의가 오스트리아 제국의 본질이었다.

그래서 오스트리아적이라는 것은 모든 부정적인 것을 뜻하는 모욕어였고, 독일적이라는 것은 그 반대로 모든 긍정적인 것을 뜻하는 찬양어였다. 그러니 경쟁이 될 수가 없었다. 그 경쟁에 참가하는 사람들도 앞에서 본 나라 꼴처럼 이중적이었다. 고상한 체하지만 지극히 속물적이었다. 성적으로도 지극히 도덕적이고 엄숙한 체 하지만 매춘이 들끓었고 불륜이 부의 상징이 되었다. 그런 이중성과 허위성은 베토벤과 같은 위대한 음악을 비롯한 문화도, 찬란한 궁궐도, 엄숙한 교회도 예외가 아니었다.

이는 당연히 사회적 변화와 무관하지 않았다. 1870년 이전의 오스트리아는 그야말로 공동사회Gemeinschaft였으나 이제 빈을 비롯한 오스트리아 도시는 이익사회Gesellschaft로 변했다. 공동사회는 경쟁을 피하고 상부상조하며 공동의 원칙을 지켰으나, 이익사회는 경쟁으로 인해 개인이 등장하고 과거의 긴밀한 관계를 해체하여 불안을 야기했다.

우리는 게마인샤프트를 가족과 같은 공동사회, 게젤샤프트를 학교와 같은 이익사회라고 배웠으나, 이러한 구분은 올바른 구분법이 아니다. 도리어 게젤샤프트는 현대사회처럼 균일의 대규모 관료제를 뜻하나, 게마인샤프트는 매우 보수적인 시골교사가 사는 시골을 말한다. 이 시골교사는 당시 독일의 어느 작가가 창조한 비더마이어Biedermeier 선생으로 통했다(영국의 칩스Chips 선생과 같았다). 그에게는 로마 가톨릭적인 경건함, 정치적 무관심 내지 국가에 대한 충성, 그 지방의 관습과 전통의 중시하는 분위기가 흐른다.

이런 구분을 한 사회학자 퇴니스Ferdinand Tönnies, 1855-1936는 농촌지역인 슐레스비히 출신으로서 베를린에서 살았지만 자신은 공동사회를 선호했다. 공동사회와 이익사회라는 구분은 영어의 community와 society의 구분에 대응된다. 이런 사회의 변화에서 새로운 지식인들이 나타났다. 그들의 입장은 다양했다. 그 중에서 몬테베리타로 간 방랑자들은 근대화나 산업화의 상징인 프로이센의 길을 택하지 않았다. 오스트리아 독일도 아닌 제3의 길을 택했다.

비스마르크와 히틀러의 남성적 독일

위에서 오스트리아를 독일과 비교한 부분에 대해 오해가 없도록 하기 위해 19세기 후반 비스마르크의 제2제정 독일에 대해 설명을 보탤 필요가 있다. 그것은 프로이센 병사국가, 즉 철저한 남성 중심 국가였다. 당대의 전형적인 프로이센 기질은 적과 동지를 엄격히 구별하는 진영 논리에 철저하고, 적의 진영에 대해 확고한 결의로 항상 독일의 사명에 투철해야 한다고 주장하면서, 민족 고유한 것이나 자국민의 특별한 것을 항상 강력하게 내세웠다. 그러나 그 고유성이나 특별성이란 적에 대한 불관용과 공격성을 내용으로 하는 강렬한 남성성의 망상에 불과하고, 그 언어의 형식은 지극히 감정적이었다. 그것은 반자유주의적인 정동을 지적하는 것으로 충분하지 않고, 반여성주의적이고, 반사회주의적이고, 반유대주의적인 것이었다. 더 일반적으로는 반사회적이고 인종차별적이며 영웅주의적인 것이었다.

먼저 반여성적인 프로이센 기질을 가장 잘 보여주는 것은 다음과 같은 히틀러의 말이다.

> 여성과 비교해볼 때 남성의 세계는 거대하다. 남성은 스스로의 의무를 가지고 있으며 가끔씩 자신의 생각을

> 여성 쪽으로 기울이기도 한다. 그러나 여성의 모든 세계는 남성이며 여성은 남성 이외의 것에 대해서는 거의 생각하지 않는다.[24]

> 남성이 자신의 민족을 위한 투쟁에 희생하는 것처럼 여성은 단일조직으로서 민족의 부양을 위한 투쟁에 희생해야 한다. 그리고 남성이 전쟁터에서 영웅적인 용기를 보여주는 것처럼 여성은 영원히 인내하고 헌신하며 또 영원히 그 고통을 참아야 한다.[25]

여성의 투쟁이란 아이를 출산하여 민족을 존속하게 하는 것이었다. 따라서 히틀러 시대에 여성 해방은 결핵과 같은 망국의 병으로 간주되었고 여성에 대한 교육은 출산정책이 성공하는 곳에서만 행해졌다. 결혼을 하려는 여성은 직업과 직책을 포기해야 했고, 여자 대학생의 숫자는 10%로 제한되었다. 정치사회적 측면의 역할도 제한되고 선거권이나 피선거권이 박탈되었다. 히틀러는 "만일 독일 여성이 한번 국회에 좌석을 차지하고 의회 진행에 참석했다고 하면 그녀는 여성에게는 그 자리가 맞지 않는다고 하는 사실을 당장 알 수 있을 것"[26]이라고 했다. 심지어 "의회의 소모적 투쟁은 여성의 부드러운 신경조직에 적합한 것이 아니"라고도 주장했다.

반면 주부와 모친으로서의 역할은 확대되었다. 여성 교육은 "그녀들의 장래 삶의 의무와 과제가 되는 어머니의 역할을 잘 해낼 수 있도록 엄격한 신체적 단련을 통하여 그들의 혈통과 영혼을 건강하고 즐겁게 만드는 것"[27]으로 주장되었다. 나치는 '우량종 출생'을 위한 결혼과 모성을 권유하고 그러한 가족정책을 지지하는 방법의 하나로 건강한 여성의 누드화와 함께 우아한 어머니의 모습도 많이 그리게 했다. 아울러 가족이 찬양되었다.

> 남성과 여성이 서로 생의 반려자이자 일하는 동료로서 한 가정을 이루는 그 가능성이야말로 앞으로 우리가 해결해야 할 가장 중요한 과제이다. 그렇기 때문에 이러한 가정을 끊임없이 파괴한다는 것은 지고한 인간 정신의 종말을 의미하는 것이 될 것이다.[28]

그러나 그 가정은 남녀평등이 아니라 지극히 가부장적인 것이었다. 아버지는 가족의 '지도자'로서 권위주의의 중심 표상이었다. 비스마르크로부터 히틀러에 이르는 프로이센 병사문화의 특징은 무엇보다도 전쟁을 수행할 군대의 남성성에 대한 찬양이었다.

> 파시즘에 있어서 군대는 단순히 정치적이거나 사회적인 조직 형태에 대한 모범적인 전형이 아니다. 군대는 도리어 이상적인 인간상Idealbild으로서 기능하며 그렇기 때문에 전쟁은 또한 인간적 자아실현의 최고의 장이다. 최고의 능력과 최고의 우수성, 엄격함과 양보, 남성적인 용기, 영웅적인 것과 죽음에 대한 준비, 훈육과 복종, 그리고 무력과 지배에 대한 표상은 어쩌면 가장 순수하게 표현된 파시즘의 본질적인 가치 이념과 연결된 것이다.[29]

그런 남성적 군사문화의 표상으로서 고대 그리스 로마의 것들과 같은 거대한 근육질의 남성상이 조각되고 그려졌다.

나치시대의 누드조각과 회화

세기말 빈 문화와 크라우스

최근 우리나라에도 적극적으로 소개되고 있는 19세기말 빈 문화라는 것은 프로이트, 비트겐슈타인, 클림트, 실레, 말러 등등으로 대표되는 철학, 심리학, 미술, 음악에서의 수많은 천재들이 창조한 것으로 하나의 시대, 하나의 도시에서 창조된 보기 드문 문화로 주목되어 왔다. 그러나 사실 그 문화 자체가 당시 빈의 지배계급에게 환영된 것이 아니라 도리어 그것과는 대립된 것임을 주의할 필요가 있다. 그럼에도 불구하고 그들은 빈에서 살며 빈 문화의 범주에서 활약했으나 이 책에서 소개하는 사람들은 그런 빈을 거부하고 스위스의 산 속 몬테베리타로 숨은 자들이었다.

세기말 빈 문화를 찬양하는 것에 대해 굳이 반대할 필요는 없지만 그것이 매우 특수한 환경에서 생겨난 것임을 이해할 필요가 있다. 특히 18세기 빈에서 음악이 융성하게 된 것부터 19세기 후반에 클림트 등의 회화나 왈츠 등의 무용이 발달한 것은 모두 정치적 억압으로 인해 시민의 에너지가 사생활에 집중된 탓이었다.

빈 자유주의 시대의 부패를 비판한 크라우스Karl Klaus, 1874~1936는 앞에서 본 “빈을 휘젓고 있는 비인간화의 힘을 슈니츨러나 무질보다 좀 더 예리하게 감지하고 있었다. 그러나 그는, 그들과는 달리 단지 증세를 판단하는 것에만 만족하지 않았으며, 오로지 목숨을 건 수술만이 이 사회를 구할 수 있다고 믿었다."[30]

그는 프로이트와 마찬가지로 어린 시절에 모라비아에서 빈으로 이주한 유대인이었다. 빈 대학교에서 철학과 문학을 공부한 뒤 언론계에 뛰어든 그는 명예훼손 등으로 재판에 여러 차례 걸리면서도 부패 세력과 치열하게 싸웠다. 특히 그의 언론 활동은 1899년부터 1934년까지 <횃불>Fackel이라는 개인잡지를 통한 것이었다. 크라우스의 초기 저서인 『도덕과 범죄』*Sittlichkeit und Kriminälitat,* 1902는 매춘이 사회적으로 인정되면서도 여성만을 처벌하는 형법의 부패를 폭로한 책이었다. 즉 그에게 부패란 단순한 위법행위가 아니라, 행위와 언론의 위선과 이중도덕 및 이중기준의 존재를 뜻했다. 자유주의 시대에 들어와 언론과 표현의 자유가 확대되는 것처럼 보였지만 크라우스가 보기에 그것은 부패한 것이었다. 이러한 부패는 최소한 1945년까지 이어졌다. 아니, 어쩌면 발트하임 문제를 거쳐 지금까지도 이어지고 있는지도 모른다.

하웁트만이나 입센의 자연주의 문학은 자본주의의 폐해나 가부장적 시민사회의 문제점을 생생하게 묘사하고 비판하기 때문에 위대한 문학이라고 찬양한 크라우스는 빈 모더니즘은 사회로부터 고립된 채 주관적 심미주의에 갇혀 사회에 아무런 영향력을 발휘하지 못하기 때문에 부정적으로 평가했다. 나아가 그는 과학과 기술을 맹신하면서 인류의 '진보'를 위해 노력한다는 신념의 자유주의적 세계관이 유럽 문화를 타락시키는 주범이라고 비판했다. 삶의 모든 영역이 상업화되어 예술과 상업, 사랑과 거래가 뒤범벅되고 모든 가치가 상업이라는 절대적 권위 앞에 무릎을 꿇게 되었기 때문이었다. 그 증거가 제1차 세계대전이었다. 언론인, 사업가, 투기꾼, 암거래상, 전쟁으로 치부한 자, 비밀정보원 등이 그 전쟁을 일으켰다.

"공사의 혼동과 언어의 이중기준이 존재하는 빈에는 참된 공공사회가 성립할 수 없다"고 한 크라우스는 위선자와 위선적인 행동, 심리분석을 빙자한 학자들, 합스부르크 제국의 부패 관료, 국수주의자, 범독일 운동, 자유방임주의적 경제정책 등을 비판했다. 특히 "정신분석학은 그것이 정신질환의 치료법이라고 생각하는 유형의 정신질환이다."라는 말은 가장 유명한 그의 말이다. 즉 프로이트 등을 "성욕에 관한 부르주아들의 전통적인 유대-기독교적 신화를 정신분석이라는 형태의 또 다른 신화로 대체하고 있는 것에 불과했다"고 보았다.[31] 크라우스에 의하면 "정신분석학은 여성과 남성, 이성과 환상, 의식과 무의식 사이의 균형을 더욱더 왜곡시키려" 하는 것이었다.[32]

코코슈카가 그린 크라우스

루에거와 아들러

앞에서 말한 프로이트는 1860년, 3세의 나이로 빈에 와서 1938년 나치스에 의한 오스트리아 병합으로 인해 영국으로 망명할 때까지 78년을 빈에서 살았다. 그가 11세였던 1876년 빈에 자유주의 내각이 성립되고 그 속에 유대계 각료가 4명이나 포함되었을 때만 해도 그를 포함한 유대인들에게 빈은 희망의 도시였다. 그러나 그가 1930년 공산당 측의 서명 요청을 거부하면서 자신은 자유주의자라고 했을 때 자유주의는 이미 낡은 것이었다.

그 사이 1907년부터 1913년까지 히틀러가 빈에 살았고 당시 빈의 시장은 앞에서 말한 루에거였다. 그는 1844년 빈 공과대학의 수위의 아들로 태어나 빈 대학 법학부를 다니고 빈 시장이 된, 그야말로 개천에서 난 용으로 대단한 출세를 한 사람이었다. 당시 빈 대학생의 다수는 자유주의를 지향했으나 루에거는 그것에 반대하고 합스부르크 제국과 황제를 지지하고 반유대주의를 표방했다. 1895년 루에거가 이끄는 기독교사회당이 시의회의 다수를 차지하고 그를 시장으로 뽑았을 때 당연히 프로이트는 실망했다.

1910년 루에거가 죽었을 때 히틀러는 그의 죽음을 크게 슬퍼한 반면 프로이트는 안도의 한숨을 쉬었다. 당시 그는 새로운 것을 창조하는 베를린에 비해 빈에는 낡은 것뿐이라고 개탄했지만, 사실은 자신의 정신분석학을 비롯하여 빈에서 창조된 것이 더 많았다. 세기말 빈의 문화 창조 배경에 대해서는 여러 가지 논의가 있지만, 가장 중요한 것은 빈의 자유주의가 가톨릭과 민족주의에 의해 좌절되면서 내면의 정신문화로 파고들어 전통적 귀족문화의 퇴폐와 결부된 점이었다.

프로이트의 초기 동료 중 한 사람인 아들러Alfred Adler, 1870~1937 역시 유대인으로 빈 대학교 의학부를 졸업하고 내과 의사를 지내다가 프로이트의 『꿈의 분석』*Die Traumdeutung*, 1900을 읽고 프로이트의 동료가 되었으나, 1911년부터는 프로이트를 떠나 독자적인 개인심리학을 수립했다. 성본능을 중시하는 프로이트에 반대하여 오이디푸스 콤플렉스는 중산 계급 남자에게만 타당하다고 본 아들러는 인간의 행동과 발달은 인간 존재에 보편적인 열등감과 무력감 그리고 그것을 보상 내지 극복하려는 우월의 요구라고 생각했다.

이러한 아들러의 주장은 그가 젊은 시절부터 사회주의자였던 점과 관련되었다. 그의 아내는 러시아 혁명가였고 그녀의 소개로 혁명가들이 아들러의 치료를 받기도 했다. 혁명가들은 열등감 극복을 주장한 아들러의 심리학을 쉽게 받아들였다. 그들은 제1차 대전 후 빈에서 터진 혁명의 중심이 되었다.

제1차 대전 후 사회주의가 지배한 '붉은 빈'에서는 여러 가지 개혁이 실험되었다. 그 중 성인교육에 아들러와 같은 유대인 학자들이 적극 참여했다. 아들러만이 아니라 수많은 심리학자들이 사회개혁에 참여해 빈은 세계에서 가장 열성적으로 심리학을 연구하는 곳이 되었다. 제국 해체의 혼란과 기아와 곤궁을 배경으로 하여 수많은 사람들이 '어제의 세계'가 소멸됨에 의해 깊은 상실감에 젖었고, 전쟁에 의한 가치 변화가 청소년들에게 자아 상실과 혼란을 초래했기 때문이었다. 그로 인해 1930년까지 빈은 세계 최고의 자살률을 자랑했다(그 뒤로는 부다페스트가 세계 최고였지만 최근에는 한국이다). 그러나 심리학에 대해서는 보수파의 저항도 강렬했다.

여하튼 당시 교육개혁에는 프로이트가 아니라 아들러가 더욱 중요했다. 당시 빈 시에서는 보수파가 석권한 연방에 반대하여 2년제의 교원양성기관으로 1923년 교육아카데미를 설립했다. 철학의 예루살렘Wilhelm Jerusalem 1854-1923, 법학의 켈젠Hans Kelsen 1881-1973과 함께 아들러가 교수로 취임했다. 그리고 몬테소리 학교나 슈타이너 학교와 같은 새로운 실험학교들이 세워졌다.

제1차 대전 종료 직후 갈리시아 출신의 의학도 라이히Wilhelm

Reich, 1897~1957가 프로이트를 찾아왔다. 아들러가 정신분석학의 2세대라면 라이히는 3세대에 해당되었다. 성적 요소를 다시 강조한 라이히의 학설은 비판도 많았지만 그의 견해는 당시의 페미니스트 여성들에게 통했고 특히 마르크스주의와 결합되었다. 그러나 이 모든 실험은 1938년 히틀러가 오스트리아를 병합하며 끝났다.

루에거

아들러

라이히

2장 몬테베리타

아스코나

그레저를 비롯한 방랑자들은 19세기 마지막 해인 1900년 아스코나Maggiore에 왔다. 스위스와 이탈리아 국경 지대에 있는 알프스 끝자락 마조레 호수의 스위스 쪽 마을인 아스코나는 지금은 골프, 테니스, 나이트클럽, 수상스키, 가을 음악제 등으로 유명한 리조트이지만, 19세기 후반 아스코나는 인구 1천 명 정도의 농어민이 사는 작고 조용한 마을이었다. 그 옆에는 우리에게 국제영화제로도 유명한 로카르노Locarno라는 도시가 있지만, 당시 아스코나는 그런 도시와는 전혀 다른 시골이었다.

로카르노는 1925년 로카르노 조약이 체결된 곳으로도 유명하다. 1914년에 터져 1919년에 끝난 제1차 세계대전의 정리를 위한 그 조약이 체결되기 전에 방랑자들은 아스코나를 떠나 다시는 돌아오지 않았다. 세속적인 재산을 버리고 완전히 청빈한 생활을 했던 아시시의 프란치스코Francesco d'Assisi, 1182~1226 성인이 성모 마리아의 계시를 받아 지었다는 마돈나 델 사소Madonna del Sasso 성당이 로카르노의 상징인데, 프란치스코 성인이 그곳에 왔을 때에는 인적이 드문 산골이었다. 그 프란치스코를 잇는 사람들이 몬테베리타의 방랑자들이었다.

유럽 북쪽 사람들은 알프스의 높은 산들 사이의 고개들을 지나 남쪽으로 갔다. 그 고개 중 가장 중요한 것이 스위스의 바젤이나 취리히에서 남하하여 루체른Luzern을 거쳐 이탈리아의 루가노Lugano와 코모Como 호수 그리고 밀라노에 이르는 장크트 고트하르트St. Gotthard 고개다. 13세기에 개통된 그 고개는 유럽 남북을 잇는 대동맥 같은 교통의 요충지다. 이를 둘러싸고 신성로마제국의 합스부르크 왕가의 학정에 대항해 싸운 스위스 민중들이 스위스를 건국했다는 이야기가 실러의 『빌헬름 텔』*Wilhelm Tell*, 1804이다. 많은 사람들이 빌헬름 텔을 실존인물로 알고 있지만 사실은 가상 인물이다. 그래도 그 고개를 넘을 때면 빌헬름 텔을 생각하지 않을 수 없다. 그런 조상에 비하면 시계나 만지고, 외국의 부정한 돈이나 세고 있는 오늘날의 스위스인들은 얼마나 한심한가!

고개에서 내려가면 거대한 호수가 셋 있는데 그 중 하나가 이탈리아와 스위스 국경에 있는 마조레 호수이고 그곳에 이르는 강이 만드는 삼각주 양쪽에 로카르노와 아스코나가 있다. 이 지역 사람들은 오래 전부터 이탈리아어를 사용했고, 로마 가톨릭을 신봉했다. 20세기 초 그곳 주민들은 주로 포도를 재배하고 어업을 했지만, 국경 지대이고 호수와 동굴이 있어서 밀수도 했다. 당시 토지는 황폐하고 값도 싸서 그곳 사람들은 틈만 나면 생산성이 낮은 소작제 농업을 그만 두고 도시로 나가거나 아메리카로 이민을 떠났다. 그래서 20세기 초 그곳에 남아있는 것이라고는 폐가와 버려진 토지뿐이었다.

그곳은 독일어나 프랑스어로 테신Tessin 또는 이탈리아어로 티치노Ticino라고 불리는 주에 속했는데 19세기 초에 스위스에 편입되었다. 따라서 빌헬름 텔로 상징되는 스위스의 공화주의와 애국주의나, 칼뱅과 루소의 제네바를 비롯하여 유명한 프로테스탄트 전통이나 민주주의 전통과도 무관했으며, 문화적으로 그곳은 그야말로 불모지였다. 빌헬름 텔은 독일어권 스위스인, 칼뱅과 루소는 프랑스어권 스위스인이었다. 아스코나가 있는 이탈리아어권 스위스에 남은 것이라고는 그야말로 빈곤과 정체와 인습 외에 아무것도 없었다. 발전과 번영과 개발은 없었다. 진보가 아닌 퇴영, 희망이 아닌 절망의 동네였다. 흔히 말하는 저개발지였고 미발달지였다. 단 기온은 매우 온난하여 추위나 더위와는 상관이 없었다.

그곳 사람들은 방랑자들을 처음 보았을 때 당연히 놀랐다. 긴 소매 상의와 긴 치마, 검은 옷밖에 모르는 그들이 맨발의 장발을 보고 놀란 것은 지극히 당연했다. 그러나 마을 사람들은 방랑자들을 배척하지는 않았다. 그곳을 담당하는 취리히 경찰은 그들을 감시했고, 1921년에 추방된 그레저처럼 쫓아내기도 한 경우도 있지만 대부분의 사람들은 20년 이상 그곳에서 무사히 살았다.

몬테베리타

1900년 최초로 아스코나에 이주한 7명의 방랑하는 젊은이들은 이탈리아인도, 프랑스인도, 독일인도 아니었다. 로마 가톨릭도 프로테스탄트도, 농민도, 어민도, 밀수꾼도, 관광객도 아니었다. 그들은 그 지역과는 아무런 관련이 없었다. 그들은 그저 방랑하는 빈민이었다. 방랑자라고 해도 낭만의 유랑객은 아니었다. 그곳 사람들이 대부분 가난한 농어민이었지만 1900년에 그곳에 온 젊은이들은 주민들보다 더욱 더 빈곤했다. 지금 화려한 리조트로 변한 그곳을 방문할 때 우리가 받는 거리감과 반대의 거리감을 당시 그곳을 찾은 방랑자들도 분명히 느꼈으리라.

그들이 그곳의 한 동산을 자신들의 아지트로 정한 것은 그곳의 알프스와 호수로 둘러싸인 자연 풍광이 너무 아름답고 기후가 온화하여 벗고 살기에 적절하며 그곳의 가난한 농민들이 낭만적인 지식인인 그들에게 멋지게 보인 탓이었다. 어쩌면 약간의 역사적 연혁도 작용했을지 모른다. 가령 이탈리아 독립운동의 기수들이었던 가리발디Giuseppe Garibaldi, 1807~1882와 마치니Giuseppe Mazzini, 1805~1872 세력이 바로 그곳을 통해 오스트리아령 이탈리아로 도망쳤다. 1869년에는 러시아의 위대한 아나키스트 바쿠닌Mikhail Alexandrovich Bakunin, 1814~1876[1] 이 몬테베리타 바로 곁 로카르노에서 살았고,[2] 1889년에는 교육개혁과 신지학[3]에 열중한 피오다Alfredo Pioda, 1848~1909가 그곳에 신지학자들의 공동체를 만들고자 했다. 이를 위해 피오다는 주식회사를 세웠으나 실패했다. 그 찬동자들은 특히 힌두교의 경전인 『바가바드 기타』Bhagavad Gītā[4] 를 좋아해 번역해 출판했는데 그 부근에 살았던 헤르만 헤세도 그 책에 열광했다. 레닌과 트로츠키도 몬테베리타 부근에 살았던 적이 있었다. 조이스James Joyce, 1881~1941도 로카르노에 살았었다.[5]

방랑자들은 모네시아Monescia라는 산을 사서 자신들이 보금자리로 정한 동산을 몬테베리타라고 이름 붙였다. 영어로는 Mountain of Truth, 즉 '진리의 산' 또는 '진실의 산'으로 허위의 세상에 대해 진실을 지킨다는 뜻이었다. 그러나 내 생각에는 '평화의 산'이라고 하는 것이 더 적합했을 것 같다. 당시 세상의 허위 중에서도 가장 심각한 것이 투쟁이고 전쟁이었고, 톨스토이의 정신을 잇는 몬테베리타 사람들은 무엇보다도 평화주의자였기 때문이다. 여하튼 그것은 산이라기보다도 지표에서 300미터, 마조레 호수에서는 150미터 정도의 높이인 동산이었다.

앞에서도 말했듯이 몬테베리타에 대한 우리말 문헌이 거의 없다. 유일한 예외는 영국 소설가 대프니 듀 모리에Daphne du Maurier, 1907~1989가 1952년에 쓴 동명의 단편소설이지만, 거기에 묘사된 몬테베리타는 이 책에서 다루는 몬테베리타의 동산이 아니라, 알프스 산맥 속에 있는 매우 높은 쌍둥이 산봉우리다. 그러나 "본능을 거부하는 우울하고 억압적인 질서가 없"고, "삶은 충만하고 활기차며 힘이 넘"치고 "태양의 열기가 혈관으로 들어갔고 차가운 공기가 육신과 폐를 씻어내며 힘을 북돋"[6] 아주며 "열정과 즐거움, 웃음, 태양의 열기, 달빛, 감정의 동요 없는 사랑, 악몽 없는 깊은 잠을"[7] 자는 곳이기는 마찬가지다.

또한 일상을 버리고 떠나는 주인공 애나와 그렇지 못한 나, 그리고 애나를 그리워하며 일상을 버리는 빅터라는 등장인물들도 이 책의 몬테베리타에 살았던 사람들의 이야기일 수도 있다. 물론 등산이 취미인 빅터와 만나 사랑에 빠져 결혼한 애나가 결국은 몬테베리타라는 산 정상에 있는 원시종교 집단으로 향한다는 점은 다르다. 이처럼 종교적 이상향을 다루었다는 점에서는 제임스 힐튼James Hilton, 1900~1954이 쓴 『잃어버린 지평선』*Lost Horizon*, 1933과 유사하다. 거기 나오는 샹그릴라Shangri-La를 듀 모리에는 몬테베리타로 그렸는지도 모른다. 그러나 듀 모리에의 그 소설은 힐튼의 소설과 달리 그다지 많이 팔리지도 않았고 영화화되지도 못했다.

위에서 언급한 영국의 대중 소설가들에게 더 이상 관심을 가질 필요는 없지만, 알프레드 히치콕Alfred Hitchcock, 1899~1980이 감독한 영화 <레베카>Rebecca, 1940와 <새>The Birds, 1963의 원작자가 듀 모리에인 것은 기억할 만하다. 특히 <레베카>는 최근 한국에서 뮤지컬로 상연되어 크게 인기를 끌었지만 『제인 에어』를 연상하게 하는 점에서, 『잃어버린 지평선』을 연상하게 하는 『몬테베리타』와 같다. 여하튼 듀 모리에의 『몬테베리타』는 몬테베리타의 참모습을 찾으려고 하는 우리에게 큰 도움이 되지 못한다.

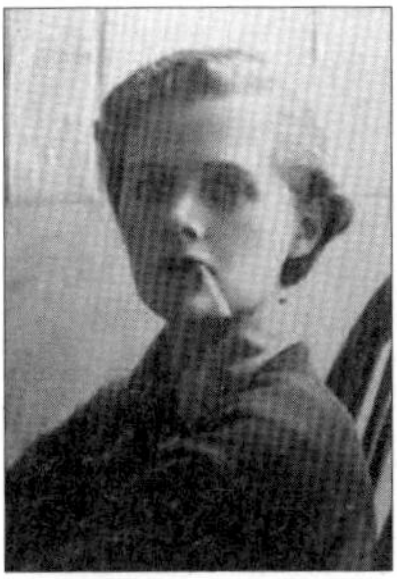

듀 모리에

힐튼

히치콕

『소아나의 이교도』

듀 모리에의 소설에 나오는 것과 달리 몬테베리타는 기껏 3백 미터 높이에 불과했지만 그곳은 19세기 말에 그곳을 찾은 방랑자들에게 히말라야 산맥과 같은 성지였다. 루소, 워즈워스, 바이런, 셸리 등은 알프스 산맥에서 히말라야를 찾았었다. 그들은 기원후 1천 년경 천년왕국을 바라며 산 속에 들어간 수도사들과 같았다.

물론 몬테베리타 방랑자들은 그 수도사들의 기독교를 완벽하게 부인하고 새로운 종교를 찾기 위해서이기는 했지만 세상을 등지고 산으로 들어간 것은 마찬가지였다. 즉 그들은 근대 유럽의 과학과 연결된 아버지 신과 금욕과 십자가 숭배를 부인하고, 근대 유럽 이전의 어머니신과 자연, 그리고 에로스와 태양을 숭배했다. 그러나 이는 서양의 기독교를 완전히 부정한 것이 아니라 도리어 기독교적인 성모 숭배이자, 동시에 이교적인 것이기도 했다. 따라서 문제는 기독교냐 반기독교냐, 서양이냐 동양이냐가 아니라, 에로스와 자연 그 자체라는 점을 주의할 필요가 있다.

이를 문학적으로 가장 화려하게 표현한 사람이 D. H. 로렌스임은 물론이지만, 그 밖에도 같은 영국의 몸William Somerset Maugham,

1874~1965이 타이티로 간 화가 폴 고갱Paul Gauguin, 1848~1903의 생애를 모델로 한 『달과 6펜스』*The Moon and Six Pence*[8]를 통해, 그리고 독일의 하웁트만Gerhart Johann Robert Hauptmann, 1862~1946 등이 여러 작품을 통해 같은 주제의 작품을 썼다. 특히 하웁트만의 『소아나의 이단자』*Der Ketzer von Soana*, 1918[9]는 몬테베리타를 연상하게 하는 스위스의 소아나라는 곳에서 벌어지는 이야기다.

소설의 줄거리는 소아나의 젊고 근엄한 가톨릭교의 성직자 프란치스코(아시시의 프란치스코와는 다르지만 그를 연상시킨다)가 육신의 형제이면서 부부생활을 하고 있는 죄지은 남녀를 구제하려고 하다가 그 부부의 딸인 소녀의 육체적 마력에 끌려, 성직을 버리고 주교를 배반하며, 에로스를 찬미하기에 이른다는 것이다. 알프스의 대자연을 배경으로 하여 심리 해부와 관능 묘사에 뛰어난 작품으로 1925년까지 14만 부나 팔린 베스트셀러였고, 그 후 지금까지 끝없이 유행하고 있으며, 파계 소설의 원형이 되었다.

소설의 처음에 등장하는 목자가 과거에 사제였던 사람이다. 그의 "얼굴은 햇빛에 그슬린 피부임에도 불구하고 교양 있는 사나이라는 것을 알아차릴 수가 있었다. 그는 시에나의 대성당에 있는 도나텔로의 작품인 세례자 요한의 청동상과 닮은 데가 없지도 않았다. 그의 머리카락은 검었고, 갈색이 된 양쪽 어깨 위로 곱슬곱슬하게 늘어져 있었으며 그 옷은 산양의 가죽으로 지어입고 있었다."[10] 이러한 모습은 앞에서 본, 헤세가 묘사한 방랑자 모습과 흡사하다. 그러나 그보다도 더 생생한 묘사는, 소설의 마지막에서 작가(소설에서는 출판자로 나온다)가 사제의 이야기를 듣고 산을 내려오다가 사제를 유혹한 여인을 처음 만나 다음과 같이 느끼는 것이다.

어떠한 방어도, 어떠한 무기도 이 목덜미와 이 어깨와

생명의 호흡으로 축복되어 요동하고 있는 이 가슴에서 발하고 있는 요구에 대해서는 도저히 반항을 할 수 없었다. 여인은 이 세상의 아랫대 세상으로부터 올라와서 놀라운 눈을 휘둥거리고 있는 사나이의 곁을 지나가버렸다. 그리고 그 여자는 영원한 경지를 올라가고 또 올라갔다. 한 점의 은총도 없는 그 손아귀 속에 천국도 지옥도 간직하고 있는 여자로서.[11]

위 구절의 바로 앞에서 그녀를 '시리아의 여신'Syria Dea이라고 한 것은 그 소설의 초기판에 부제로 붙여진 것이었는데, 이는 당시 대모 칭호의 하나로 유포되었다. 여성이 신성하다는 생각은 몬테베리타 사람들이 공유한 것이었다. 그들은 성모가 갖는 이교도적 의미도 마찬가지로 역설했다. 그것에 의해 기독교적 엄격주의가 이교도적 생명 숭배로 변했다. 하웁트만의 소설에는 대모 숭배의 변형인 성모 숭배에 대한 언급이 자주 나온다. 로렌스도 몬테베리타의 영향을 받아 1920년에 쓴 『사랑에 빠진 여인들』*Women in Love*에서 '시리아의 여신'에 대해 말했다. 그로스는 죽기 직전인 1918년부터 1920년까지 아스타르테Astarte 숭배의 부활을 시도했다. 아스타르테Astarte[12]는 셈족의 풍요 다산의 여신이다. 메소포타미아 신화의 인안나, 이슈타르, 그리스 신화의 아프로디테 등과 기원이 같은 여신으로 간주되고 있다. 그런 여인들은 이 책에 등장하는 이사도라 덩컨 등 여러 여성들의 모습이기도 하다.

다시 『소아나의 이단자』 앞부분에 나오는 사제의 말을 들어보자.

에로스가 크로노스보다 연장이고 역시 힘도 세다는 것은 알고 계시겠지요. 우리들의 주의에 이 무언의 열화를

> 느끼십니까? 에로스입니다! 귀뚜라미의 줄을 쓰는 듯한 소리가 들리십니까? 에로스죠![13]

그는 산양들이 치열하게 싸우는 것을 보고도 에로스라는 말을 계속 외친다. 여기서 산양은 디오니소스를 상징한다. 이어 사제는 "살아 있는 수컷 양이나 살아 있는 수컷 소를 숭배하고 싶습니다. 십자가에 못 박힌 자를 숭배하기보다는 말입니다. 그러나 내가 살고 있는 이 시대에는 그러한 짓은 하지 않습니다. 나는 이 시대를 증오하고 멸시하고 있습니다."라고 말한다.[14] 그의 말을 좀 더 들어보자.

> 태양신 미트라는 수컷 소의 모습으로 그려져 있습니다. 모든 인민은 수컷 소나 수컷 산양이나 수컷 양을 숭상하고 있어서, 희생을 바칠 때에는 그것들의 신성한 피를 흘리게 하였던 것입니다. 이 일에 대해서 나는 진심으로 찬성을 표합니다. 왜냐하면 생식의 힘은 최고의 힘인 것이고, 생식의 힘은 창조의 힘인 것이며 생식과 창조는 동일하기 때문입니다.[15]

하웁트만

하웁트만은 1897년 몬테베리타 부근의 로비오Rivio라는 마을을 찾았다. 그 해 하웁트만은 처와 세 아이를 버리고 다른 여성을 사랑했으나 이혼을 거절당하여 그 뒤 7년간 정식으로 결혼하지 않고 동거해야 했다. 그 후 1900년에 얻은 사생아를 그는 이탈리아식으로 벤베누토라고 불렀고, 1907년에는 그리스를 찾아 디오니소스를 발견했음을 당시 그가 쓴 『그리스의 봄』*Greichischer Frühling*

에서 읽을 수 있다. 이 디오니소스로부터 당장 니체Friedrich Wilhelm Nietzsche, 1844~1900를 떠올리는 사람이 있을지 모르지만 도리어 하웁트만은 니체가 "가장 위대하고, 강력하고, 심오한 신비"와 "성취된 사랑"을 인식하지 못한 점을 알고 좌절했다.[16]

하웁트만이 1897년에 쓴 『가라앉은 종』*Die versunkene Glocke*은 당시의 자신처럼 예술가가 가족을 버리고 숲속의 요정에게 도망가지만 비극으로 끝나는 이야기였다. 반면 『소아나의 이교도』는 해피엔딩이었다. 그 사이 네 차례나 로비오를 방문한 덕에 그는 건강을 되찾았고 1911년부터 1917년 사이에 로비오를 배경으로 한 소설을 썼다.

하웁트만

하웁트만이 몬테베리타에 왔었다는 기록은 없지만, 그는 그곳 사람들과 공통된 점이 많았다. 먼저 그가 지금은 폴란드 땅인 실레지아 지방의 작은 도시인 오버잘쯔브룬Obersalzbrunn 출신인 점이 대부분 동유럽 출신인 몬테베리타 사람들과 같았다. 학교생활이 "강요이며 감옥"[17]이어서 즐겁지 못했던 점도 헤세를 비롯한 몬테베리타 사람들의 학교 경험과 유사했다. 조각에 뜻을 두어 독일과 이탈리아의 미술학교에 들어갔으나 오토 브람Otto Brahm, 1856~1912

의 '자유무대'Freie Bühne에 자극을 받아 극작을 시작한 예술가라는 점도 같았다.

그의 최고 걸작인 『직조공들』*Die Weber,* 1892이 실레지아 지방에서 실제로 일어난 1844년 폭동을 생생하게 묘사한 자연주의 연극으로서 처음에는 정치적 이유로 인하여 상연이 금지되었다는 점도 몬테베리타 예술가들의 반체제 정신과 통하는 점이었다. 특히 제1차 세계대전 동안에 평화주의자였다는 점도 공통적이었다. 나아가 1918년 바이마르공화국에 대해 그가 작가와 예술인들의 지지 성명서 작성을 주도하여 프리드리히 에버트Friedrich Ebert, 1871~1925 대통령에게 '독일 국민의 정신적 대변인'이라는 찬사를 받고 토마스 만이 '공화국의 황제'라고 그를 찬양한 데서 볼 수 있는 민주주의라는 점도 공통적이었다.

그러나 만년의 그가 나치스에 협력했다거나 거대한 저택에서 호화 생활을 했다는 점은 몬테베리타 사람들과 달랐다. 몬테베리타의 변혁은 하웁트만 작품과 같은 소설류의 소박하고 감상적인 이야기와는 달리 더욱 지적이고 실험적이며 과격했다는 점도 차이점이라고 볼 수 있다. 특히 남성성에 대한 근본적인 부정이 몬테베리타의 특징이었다. 그래서 몬테베리타는 페미니즘의 땅이 되었다. 반면 하웁트만에게는 여전히 독일적인 남성 가부장사회의 흔적이 묻어 있다.

몬테베리타의 창립자 중 한 사람인 이다 호프만Ida Hofmann, 1864~1926은 『우리 여성에게 조화롭고 건강한 생활조건은 무엇인가?』*Wie gelangen wir Frauen zu harmonischen und gesunden Daseinbedingungen?* 1902에서 법과 교회에 근거한 결혼을 공격하고 아이들을 자연 속에서 키워야 한다고 주장하며 학교교육을 부정했다. 그리고 당시 유럽에서는 거의 알려지지 않았던 미얀마 여성에 대한 책을 소개하고 그들의 자유를 힌두교와 기독교 및 유대교가 여성을 강제한 속박과 비교하여 전통적인 종교를 부권적이라고 비판했다.

이후 몬테베리타의 대표가 된 그로스는 야심적인 남성이 순수한 여성을 지배함으로써 세계의 역사가 변했다고 생각했고, 그런 남성의 대표가 자신의 아버지를 비롯하여 당시 가슴에 훈장을 단 전쟁광인 관료나 교수라고 비판했다. 그의 아버지 한스 그로스Hans Gross, 1847~1915는 저명한 범죄학자로서 제1차 세계대전이 터지자 60세의 나이에도 불구하고 병역에 지원했을 정도로 열렬한 군국주의자였다. 몬테베리타 사람들은 이를 1914년 무용극으로 공연하여 풍자하고 비판했다. 당시 지배자인 남성역을 한 사람은 페미니스트 모던 댄서였던 마리 비그만Mary Wigman, 1886~ 1973이었다.

7명의 자연주의자들

1900년에 몬테베리타에 온 젊은이들의 중심은 벨기에에서 온 웨던코번Henry Oedenkoven, 1875~1935과 몬테네그로 출신의 호프만이었다. 1900년 당시 20세였던 웨던코번은 부유한 사업가의 아들이었으나 오랫동안 병석에 있었을 정도로 건강이 나빴다. 그 전해 그는 오스트리아의 자연요법 요양지 벨데스Veldes 호수에서 11세 연상의 음악교사이자 페미니스트인 호프만을 만났다.

두 사람은 11살의 나이 차이에도 불구하고 뒤에 자유롭게 동거하다가 헤어졌다. 그들은 톨스토이와 다윈의 영향을 받고 생활의 개선과 변혁을 추구했다. 특히 결혼을 국가나 교회가 공인하는 것 자체를 거부하고 특히 결혼 후 여성의 성이 남편의 것으로 바뀌는 것을 거부했다. 물론 그러한 자유 동거는 당시에 금기로서 부모는 물론 사회로부터 인정받지 못하고 부도덕한 일로 비난받았다. 심지어 협박을 당하기도 했다.

벨데스에는 자연요법 이론가인 아르놀트 리클리Arnold Rikli, 1823~1906가 1855년에 세운 요양원이 있었다. 리클리는 '태양박사'로 불린 태양숭배자로 그곳에서 맨발로 일광욕을 즐기며 자기가 개발한 독특한 식사를 하면 장수한다고 주장했다. 그런 그를 의학자들은 사기꾼이라고 매도했지만 자연치료법에 매료된 많은 환자들이 그곳을 찾았다. 웨던코번과 호프만도 그런 사람들이었다.

두 사람은 자신들의 병이 문명병이고 이를 치유하려면 자연식인 채식이 필요하다고 믿었다. 이는 지금의 채식주의자와 다름이 없지만 동시에 그들은 진화론에 심취하여 자기 변혁과 생활방식의 개선이 필요하다고 믿었다는 점에서 조금은 다를지 모른다. 당시 독일에서는 동물학자 에른스트 헤켈Ernst Haeckel, 1834~1919이 나름으로 해석한 진화론이 유행했다. 그는 『생명의 신비』*Die Lebenswunder*, 1904라는 책에서 서양사상은 기독교를 배경으로 하여 신체와 영혼을 나누고 신체를 원죄로 해석하여 갈등과 죄악의 관념을 심은 것이 잘못이었고, 신체와 정신 및 우주는 모두 하나라고 주장했다. 나아가 자연의 섭리에 따라 인간에게 주어진 도태라고 하는 소외를 넘어서기 위해서는 외적 환경보다도 내면의 인격을 닦고 이상에 따라 발전하며 자연에 따라 채식을 하며 살아야 한다고 주장했다. 그것이 그가 최초로 말한 에콜로지였다. 그러니 그는 오늘날 우리가 말하는 에콜로지의 시조인 셈이다. 독일에서 채식주의는 1848년 무렵부터 루소의 영향에 의해 시작되었고 그 뒤로 오스트리아와 스위스로 퍼졌다. 벨데스 요양원도 그 영향에 의해 설립되었다.

웨던코번은 기존의 사회체계 속에서는 개인의 마음의 움직임도, 소외된 사람들의 천성도, 권력자에게 복종하지 않을 수 없고, 자유의 의사나 진보, 그리고 해방을 요구하는 자에게 기존의 사회는 참을 수 없는 곳이므로, 전적으로 새로운 기반을 전제로 하여 새로운 토지에서 활동을 일으키고, 이전부터 생각해온 계획을 실천할 때라고 생각했다.

오스트리아 육군 중위 칼 그레저Karl Glaser 1875~1915도 벨데스에 요양 차 와 있다가 웨던코번과 호프만을 만났는데, 판사의 아들이었던 칼 그레저는 자기 부대에서 "강제는 그만"이라는 슬로건을 내건 클럽을 만든 '이상한' 아나키스트 군인이었다. 그런 군인이 지금 대한민국에 있을 수 있을까? 만일 있다면 요양지가 아니라 영창에 가지 않았을까? 게다가 그는 부대가 있는 곳의 대공大公을 설득하여 그를 클럽의 회장에 앉혔다. 그 뒤 대공은 병역을 거부하고 신분을 버리고서 서민 여성과 결혼한 뒤 이름을 바꾸고 몬테베리타에 거주했다. 칼 그레저도 재산의 소유는 죄악이라고 생각하여 부모로부터 물려받은 상당한 재산을 포기하고 몬테베리타에 기부했다.

칼 그레저와 웨던코번과 호프만은 1900년 10월, 뮌헨에서 다시 만나 대도시에서 탈출하는 것을 토의하다가 마침내 탈출을 결행했다. 거기에는 호프만의 여동생인 가수이자 교사인 예니 호프만Jenny Hofmann, 칼의 동생인 공예가 구스타프 그레저, 신지학자인 페르디낭트 브륜느Ferdinand Brune와 10대 소녀 로테 하테머Lotte Hattemer도 참여했다. 하테머는 프로이센 고급관리의 딸로서 부모의 보수적인 생활을 혐오하여 집을 탈출했다.

그들 7명은 모두 유럽 여러 곳 출신이었으나[18], 지식계급으로서 예술을 좋아하는 반면 과학이나 의학에는 혐오감을 가졌고 반체제적인 것이 공통점이었다. 또 과거에 신경증이나 정서불안을 경험한 적이 있거나 그럴 가능성 있을 정도로 감수성이 예민한 점도 공통되었다.

그 전에 웨던코번은 1900년 파리에서 열린 만국박람회를 구경했다. 문명의 진보를 자랑한 것들이었지만 그에게는 도리어 유럽과 결별하자는 결심을 더욱 강하게 하게 했다. 이는 간디가 톨스토이 책을 읽은 뒤 에펠탑을 보고 느낀 것과 같았다.[19] 또는 어린 윌리엄 모리스William Morris, 1834~1896가 1851년 런던에서 열린 제1회 세계박람회 입장을 거부한 것과도 같았다. 그곳이 너무나도 추악하다는 이유에서였다.[20]

서양문명에 절망한 그들에게 남은 단 하나의 선택은 남양의 섬이나 남아메리카 등에 공동체를 건설하는 것이었다. 실제로 브룬느는 몬테베리타에 계속 머물지 않고 인도로 갔다. 이런 장소들은 서로 연락망으로 엮어져 몬테베리타에 머물다가도 파푸아 같이 다른 곳으로 이동하는 경우는 자주 있었다. 웨던코번과 호프만은 몬테베리타에 살다가 이혼했지만 자연주의자로서의 신념은 변하지 않아 뒤에 브라질에서 함께 생애를 마쳤다.

그러나 그것은 뒷날의 이야기였다. 1900년의 그들은 먼저 스위스에서 적당한 토지를 찾아 나섰다. 그나마 당시 유럽에서는 땅값이 가장 쌌던 스위스가 그들에게 가장 알맞았다. 그리고 그들이 추구하는 자연주의 생활, 즉 채식과 야외 체조, 몸에 붙지 않는 양복을 개량한 헐렁한 의복, 장발, 나체생활 등에 적당한 곳이어야 했다.

웨던코번

호프만

리클리

헤켈

구스타브 그레저

톨스토이

모리스

몬테베리타 만들기

방랑자들은 걸어서 이상적인 땅을 찾았다. 당시에는 남자가 반바지로 무릎을 내놓고 걸어 다니거나 여자가 코르셋 없이 걷는 것이 이상했지만 그들은 그런 차림이었다. 특히 그레저는 장발을 묶고 로마인 풍의 긴 코트에 반바지를 입고 샌들을 신거나 맨발로 걸었다. 그리고 자기 시집을 넣은 가방을 등에 지고 길에서 만나는 사람들에게 시집을 팔면서 생활을 꾸렸다.

몬테베리타를 발견한 것은 그레저 형제였다. 모네샤 산의 3.5헥타르(약 1만 평)를 15만 스위스 프랑으로 사서 몬테베리타라고 불렀다. 뒤에 땅은 늘어났다. 그런데 그곳을 어떻게 만들 것이냐에 대해서는 처음부터 의견이 갈렸다. 건설 자금의 대부분을 부담한 웨던코번과 호프만은 그들이 처음 만난 곳처럼 자연요법 요양소를 세워 부자들을 수용하여 경제적으로 자립하고, 학교, 예술학교, 과수원, 생활개혁운동을 위한 제품공장을 세우려고 했다.

그러나 그레저 형제는 이에 반대했다. 그들에게는 웨던코번과 호프만의 태도가 독단으로 보였다. 그래서 공동출자자로서의 공동 관리의 권리를 주장했다. 그레저 형제는 군사령관, 탐욕의 정치가, 태만한 관료들이 자연을 멸시하고 파괴하며 전원생활을 파괴했고, 농업은 기술의 발전에 따라야 하는 것이 아니라 문화와 종교를 합체하는 것이어야 한다고 주장하면서 둘의 현실주의적 사업 계획에 반대했다. 특히 그레저는 샤를 푸리에Charles Fourier, 1772~1837와 같은 아나키스트들이 주장한 협동주의 사회를 목표로 하여 모든 문명과 기술을 거부하고 개인의 재산 소유를 부정하며 엄격한 정신주의에 의해 세계를 해방해야 한다고 주장했다.

그러나 웨던코번 부부는 생활개선의 의사와 신지학적 이념에 입각한 자연요법을 주장하고 혁명이나 아나키즘 또는 공산주의적 이념을 거부했다. 결국 웨던코번 부부의 주장에 따라 몬테베리타 사람들은 1901년, 몬테베리타에 요양원과 주택을 지었다. 돌투성이 산을 개척하기란 엄청난 중노동이었다. 대부분 노동을 한 경험이 없는 사람들에게는 더욱 힘들고 괴로운 일이었다. 그런 그들이 하루 13시간 이상 일하여 돌덩이를 치우고 나무를 캐내어 평지를 만들어 식량을 확보하기 위한 농장을 만들었다. 이어 여러 과일 나무를 심어 과수원을 만들고 주거용 오두막을 짓고 길까지 닦았다.

그리고 밤이 되면 폐가의 오두막에서 쓰러져 잤다. 몬테베리타의 기후는 1월에도 온난했으나 2월이 되면 큰 눈이 내려 추웠다. 게다가 불규칙적인 집중 호우도 그들을 괴롭혔고 과도한 습도로 감기에 걸리기 일쑤였다. 그들의 복장도 너무나 얇고 조잡해 추위를 이기기 힘들었다. 그래서 주변의 요양소 신세를 져야 했다. 게다가 그들은 과도한 채식주의는 건강을 해치기도 했다. 수입이 없는 그들은 구걸하며 방랑을 하는 경우도 있고, 신분증명서를 소지하지 않고 병역을 거부하며, 심지어 범죄 등에 의해 사회적 탄압이나 압박을 받기도 했다.

1901년에 완성된 최초의 공동주거용 목조주택은 공기와 햇빛을 최대한 받아들이는 '빛과 바람의 오두막'으로 불렸다. 유리창과 문은 있었으나 침대가 없어 사람들은 마룻바닥에서 자거나 날씨가 좋으면 밖에서 잤다. 공동 부엌과 식당이 완성되어 공동생활이 시작되었다. 뒤에는 침실과 주거공간을 커튼으로 막았고 철제 침대도 갖추었다.

1902년에 요양소 건물이 완성되어 치료활동이 시작되었다. 채식과 자연욕(일광욕, 공기욕, 흙과 물에 의한 치료법 등) 중심이었다. 가령 헤르만 헤세는 몸을 흙 속에 묻고 하는 치료를 받았고, 단식 치료를 받는 사람도 있었으며, 환자들은 모두 손을 잡고 윤무를 추고 저녁에는 음악과 낭독을 했다. 특히 바그너Wilhelm Richard Wagner, 1813~1883 음악이 인기였고, 그의 <파르지팔>Parsifal이 낭독되었다.

그곳 사람들이 즐겨 읽은 『종교와 예술』*Religion und Kunst, 1880*에서 바그너는 예술이 종교처럼 세계를 초월하게 해야 하고, 물질주의로부터 인류를 구출하며, 고귀한 영혼들이 모여 민족을 재생해야 한다고 주장했다. 또한 그는 채식주의자였고 그 작품의 주인공 탄호이저는 샌들을 신고 있어서 몬테베리타 사람들에게는 동족으로 느껴졌다. 몬테베리타의 입구 외부에 널리 펼쳐진 풀밭 이름이 파르지팔이었고, 그 부지 내의 작은 언덕을 발퀴레 바위라고 불렀다.

최초의 7인 중에 브룬느를 제외한 6인은 1906년까지도 몬테베리타에서 함께 살았다. 몬테베리타에서 그레저 형제와 하테머 그리고 예니는 떠났지만, 몬테베리타에 머물고 있는 그들을 보려고 많은 사람들이 찾아왔다.

웨던코번 등은 1904년 몬테베리타에 다시 거대한 2층의 공동주택을 지었다. 중앙에는 모두가 모일 수 있는 홀을 두고 음악실, 유희장, 도서관, 식당을 갖추었다. 2층에는 마조레 호수가 내려다보이는 넓은 테라스와 옥상 발코니를 만들어 일광욕을 언제나 마음껏 즐길 수 있게 했다. 건물 구조는 간소했으나 동물과 식물을 소재로 한 ㅅ식 곡선형 유리창과 함께 엷은 녹색으로 통일된 실내를 갖추었다. 그리고 가구 등에는 신지학파와 도교에서 말하는 음양의 상징들이 고딕풍 장식과 함께 새겨졌다.

또한 웨던코번 부부는 자신들의 주거를 위해 공동주택과 유사한 3층 건물을 지었다. 그들은 몬테베리타를 영리적인 자연 치료 요양원으로 발전시키고자 했다. 나아가 루소의 교육론에 근거한 이상적인 아동교육시설과 정원사를 양성하는 학교의 설립도 꿈꾸었다. 그들은 필수불가결한 기술의 사용과 문명의 이기 이용도 용인했다. 그래서 자기 집에는 중앙난방도 설치했다. 이처럼 몬테베리타가 정비됨에 따라 노동시간도 1일 2-3시간 정도로 대폭 단축

되어 사람들은 여가를 일광욕이나 사색 등으로 보내었다. 자유로운 동거의 결과 생긴 자녀는 공동으로 육아되었고 모든 사람들에게 의식주가 공급되며 출자액에 따라 수익금이 배당되었다.

반면 그레저는 웨던코번 부부와 달리 본능의 금욕과 자연스러운 쾌락을 추구하며 살았다. 이러한 금욕과 쾌락은 서로 모순된다고 생각되기 쉬우나 사실은 그렇지 않았다. 즉 본능의 제약 속에서 진정한 쾌락을 추구한 것이었다. 그레저는 감옥에서 석방되자 몬테베리타에 돌아와 로잔에 땅을 샀으나 농사를 짓지는 않아 다른 사람들로부터 게으르다는 불평을 들었다. 그러나 열심히 일해야 한다는 것은 그가 싫어한 강제의 하나이자 그가 반항한 프로테스탄티즘 노동윤리였다. 그때부터 그는 노자의 영향을 받아 무위, 즉 정적주의나 유연한 무無활동에 젖었다.

1905년의 몬테베리타는 웨던코번이 꿈꾼 지상의 낙원이자 최고급 요양소가 되었다. 그러나 이는 그레저가 보기에는 초심을 잃은 타락이었다. 그는 돈과 보석은 대지에 속하는 것이고 이를 소유하는 것은 인간의 악의가 자연으로부터 약탈하는 행위라고 주장했다. 그래서 아내가 소유한 보석들을 땅 속에 묻고 값비싼 피아노는 야외에 방치했다. 그리고 생활을 위해서는 그가 직접 만든 공예품을 팔았다.

자연주의

몬테베리타를 한 마디로 말하면 자연주의다.[21] 여기서 자연이란 동식물, 바다와 태양과 육지 등만이 아니라, 인간의 내면적인 자연도 포함하고 있으며, 자연주의란 그런 자연과의 평화로운 공존이나 합일을 의미하기도 한다. 그런 자연스러운 삶의 가장 원초적인 모습은 무엇일까? 그것은 방랑이 아닐까?

몬테베리타 사람들은 그 일상생활이 결코 안락하지 않았고 항상 방랑자처럼 폐가나 동굴에서 자고 맨발로 다니며 보잘것없는 복장으로 주로 야채를 날로 먹으며 살았다. 그것을 신념으로 생각하고 한 경우도 있지만, 가난해서 그렇게밖에 할 수 없는 경우도 있었고 대체로 그렇게 살았다. 따라서 우리가 보통 말하는 부르주아 컨트리 라이프와는 아무런 상관이 없었다.

게다가 그들 중에는 직업이나 수입도 없이, 신분증명서도 없이, 병역을 거부하고, 또는 거지나 범죄자로 살아서 언제나 경찰에 쫓기고 실제로 감옥을 밥 먹듯이 드나드는 경우도 드물지 않았다. 특히 그들은 몬테베리타에서 정주하여 산다기보다도 방랑생활을 하면서 가끔씩 몬테베리타에 들렀다고 하는 것이 정확할 것이었다. 가령 그레저는 80 평생을 방랑으로 보냈다. 그로스는 그보다 짧은 생애를 살았지만 역시 방랑으로 보냈다.

자유분방을 추구하는 아나키스트와 예술가들이 몬테베리타에 자주 드나들면서 본래의 엄격한 규율이 해이해져 문제가 생기기도 했다. 젊은이들은 도시에서의 노동을 혐오하여 그곳에 왔기 때문에 그곳에서 자유를 위한 노동을 스스로 하도록 요구하면 강제라고 반발하고 떠났다. 그들과 함께 예술가들은 특히 엄격한 규율을 거부했다. 그들은 술과 담배와 육식을 즐기는 전형적인 도시 보헤미안이었다.

그래서 몬테베리타에서는 채식주의가 더욱 강화되기도 했다. 육식은 물론 우유나 버터도 금지되고, 야채를 조리할 때에는 건강에 해가 되는 조미료는 물론 소금도 금지되었다. 주식은 일반 독일인의 경우처럼 감자와 양배추와 양파였고, 콩, 아스파라거스, 코코넛 열매 등을 먹었다. 이는 자연요법, 예방접종의 거부, 남녀평등한 가사노동 분담, 여성의 새로운 직업, 교회나 법률에 의해 구속되지 않는 자유로운 결혼, 동물과의 우정,[22] 전쟁과 무기의 폐지로 연결되었다.

또한 코르셋을 비롯한 체형 교정 도구도 금지되고 인습적인 의복으로부터도 해방되어 바람이 잘 통하고 기능적인 목면의 짧은 치마나 허리를 묶지 않는 긴 통치마, 단추나 다리미를 필요로 하지 않는 등의 옷이 선호되었으며 모자 착용도 금지되었다. 또한 양모 등 동물의 부산물은 일체 사용하지 않아 가죽제품의 사용은 엄격하게 제한되었다. 이러한 움직임이 여성해방과 결부되었음은 물론이다. 따라서 '여성다운 예절'이나 '영원히 여성적인 것'이라는 것은 더러운 전통으로 비난되었다.

흥미로운 것은 철자법까지 자연스럽게 간소화되었다는 점이다. 가령 발음이 되지 않는 e나 h를 생략하는 것이었다. '당신'을 뜻하는 Sie는 Si, 영어의 the에 해당되는 Die는 Di로 표기했다. 또 불필요한 중복도 생략했다. 가령 irrtum을 irtum으로 바꾸었다. 특히 그레저는 경칭을 생략한 회화를 했다. 사람은 누구나 평등하다는 이유에서였다.

그러나 사회는 안전 확보를 위해 소수자에게 권력을 주고 방랑자들을 박해하게 했다. 그 전형이 그로스의 아버지인 법대교수 한스 그로스였다. 그의 아들이 그로부터 도망쳐 몬테베리타에 온 1905년 그는 「타락과 국외추방」Degeneration und Deporation[23]이라는 논문에서 사회를 구하기 위해서는, 범죄자보다 더 위험한 타락자는 교화도 치료도 불가능하기 때문에 국외 식민지로 추방해야 한다고 썼다. 그리고 그는 자기 아들을 정신병원에 감금함으로써 자신의 이론을 실천했다.

몬테베리타 사람들은 흔히 미쳤다는 소리를 들었다. 사실 그 중에는 노이로제나 정신병, 부친 콤플렉스, 강박관념, 정신불안, 조울증 등으로 고통을 받은 사람들이 많았고 비극적으로 죽은 사람들도 있었다. 가령 7명의 최초 방랑자 중 하테머, 칼 그레저, 예니 호프만은 정서불안으로 비극적인 죽음을 맞았다. 따라서 몬테베리타에서 무모하게 살았기 때문에 비극적으로 끝났다고 볼 수도 있었다. 물론 그것은 그들이 몬테베리타에서 살았기 때문만은 아니었다. 그들이 그곳에 온 것은 바로 통상의 치료로는 회복이 불가능한 병 때문이었다. 웨던코번 부부처럼 병 때문에 왔으면서도 비극적 결말을 맞지 않은 사람들도 있었다. 누구보다 더 무모했던 그레저는 79세까지 살았다.

몬테베리타의 치료에는 다른 자연요법과 같이 정신요법적 요소가 있었고, 아스코나에는 다른 정신요법사도 있었다. 그러나 프로이트의 전기 작가로 유명한 정신분석가 존스Ernest Jones, 1897~1958가 말하듯이 정신요법의 최고 권위자는 그로스였다.[24] 그러나 몬테베리타의 그로스는 정신병원에 대한 불신을 처음으로 제기하여 1960년대의 미셸 푸코Michel Foucault, 1926~1984, 들뢰즈Gilles Deleuze, 1925~1995, 렝Ronald Laing 1927-1989, 쿠퍼David Cooper 1931-1986 등에 의해 전개된 반反정신의학anti-psychiatry 운동[25]의 선구가 되었다.

자연요법의 휴양지

몬테베리타는 무엇보다도 자연요법의 휴양지였다. 자연요법은 신경쇠약이나 정신병이나 심신증心身症[26]과 같이 과학적인 의학으로는 치유하기 어려운 병으로 고통을 받는 사람들에게 효과가 있었다. 그들은 사회에 불만을 갖는 자들로, 사회가 주는 감미로운 독과 절연하고 자연과 직접 접촉할 필요가 있었다. 따라서 몬테베리타에 온 사람들은 대부분 금욕주의자들이고 채식주의자들이었다. 그들은 술이나 고기는 물론 계란이나 우유도, 심지어 소금까지도 거부했다. 물론 그곳에 온 사람들 중에는 그렇지 않은 사람들도 있었다. 특히 뮌헨의 슈바빙에서 온 사람들이었다. 아나키스트 뮈잠Erich Mühsam, 1878~1934이나 무용가 비그만 같은 육식주의자들은 식이요법을 받아들이지 않았다.

몬테베리타에서는 식이요법이나 일광욕 외에도 의학적 치료도 했다. 가령 고혈압, 염증, 화상, 절상에는 습포濕布를 사용했다. 또 환자는 나체로 일광욕을 했고, 야외에서 잠을 잤으며, 냉수욕을 하고 단식을 했다. 이러한 자연요법은 단순한 건강운동이 아니라 강력한 문화운동이었다. 그것은 예술관이나 과학관의 변화를 초래했고 생활양식과 생활실천을 근본적으로 바꾸었다. 유럽, 특히 독일에서는 자연요법운동이 과학과 합리적 사고의 지배에 대한 전반적 투쟁이었다. 즉 과학주의와 전문주의에 대한 저항이었다.

그러나 독일 최초의 자연요법 공립병원은 19세기말에 매우 보수적인 군국주의자로 독일 수상을 지낸 비스마르크Otto Bismarck, 1815~1869 등에 의해 세워졌고 특히 나치에 의해 발전되었음을 주의해야 한다. 비스마르크는 간장암에 걸려 6개월 뒤에 죽는다는 진단을 받았다가 슈베닝거Ernst Schweninger, 1850~1924라는 자연요법사의 식이요법 치료에 의해 완치되었다. 그 뒤 슈베닝거는 당시 의학의 최고권위자이자 자유주의자로 비스마르크의 적이었던 루돌프 피르호Rudolf Virchow, 1821~1902 등의 공격에도 불구하고 베를린 대학병원의 원장으로 취임했다. 나치스도 자연요법을 현대의학과 동일한 민족에서 나온 독일 특유의 것이라고 보고 민족과 농민의 개혁운동의 하나로 추진했다.

'몬테베리타'의 자연요법은 그런 호전적인 애국주의의 것은 아니었으나, 그 방법은 같았고 태양숭배에 따른 일광욕 중시도 마찬가지였다. 앞에서 본 리클리와 달리 대도시에서 자연요법을 실시한 최초의 의사인 루이 쿠네Louis Kuhne, 1835~1901는 의사들의 비판을 받고 소송까지 당했으나, 그가 쓴 『새로운 치료 과학』*Die neue Heilwissenschaft*, 1891은 24개 국어로 번역되었고, 1936년에는 독일에서만 120판을 찍었다. 그는 19세기를 자연의 법칙에서 일탈한 문명의 진보가 낳은, 부유한 도시인의 정신병, 특히 광인에 이르는 진행성 마비의 세기라고 보았다. 따라서 빈민이나 농민은 그런 병에 걸리지 않는다고 주장했다. 인간은 본래 과실을 먹는 동물이므로 육식은 그 건강을 파괴하니 빵은 어떤 첨가물도 없이 자연 소재 그대로 만들어야 한다고 주장했다. 그는 인간의 몸은 하나의 통일적 전체라는 전체론holism을 주장하고 건강이나 질병도 그 일부를 형성한다고 주장했는데, 이러한 주장은 뒤에서 보는 모던댄스가 발레를 거부할 때에도 나타났다.

쿠네의 책과 함께 베스트셀러였던 아돌프 유스트Adolf Just, 1859~1936의 『자연으로 돌아가라』*Kehrt zur Natur zurück*, 1895는 신경증을 앓은 자신이 산속 생활로 치유된 경험에 입각하여 쓴 책으로 사람이면 누구나 자신의 의사여야 하고 자연이 준 네 가지 치료방법인 흙, 식이요법, 일광과 대기욕, 냉수마찰을 충분히 활용해야 한다고 주장했다. 특히 그는 예수를 최초의 자연요법 의사라고 주장했다. 그 책의 영역본 부제는 '치료와 삶을 위한 참된 자연적 방법과 영혼의 참된 구제-되돌아간 낙원'이었다.

뒤에서 보는 그레저의 아내 엘리자베스 되르의 스승이었던 세바스티안 크나이프Sebastian Kneipp, 1821~1897도 물 치료법을 고안한 로마 가톨릭의 사제였다. 불치의 폐병을 마사지, 물의 주입, 소금물로 치료한 그가 1889년 최초의 '목욕치료소'를 개설하여 크게 성공한 뒤로 같은 치료소가 많이 생겼다. 그도 쿠네와 같이 농민이 먹는 소박한 식사를 권했고 유스트와 같이 정신적 요소를 중시했다. 이러한 자연요법은 1960년대 후반 서양에서 현대문명에 대한 회의로부터 다시 채식주의로 부활했다.

아나키즘

몬테베리타는 설립 당시부터 언론에서 인기를 끌어 많은 사람들이 찾아와 주민이 3, 40명에 이르렀다. 당시 그곳을 소개한 문서에는 3개의 자장磁場, 즉 도시의 자석과 시골의 자석 그리고 도시와 시골을 합친 몬테베리타의 자석이 끄는 힘이 그려졌다. 그런 제3의 자석에 끌린 사람들, 특히 아나키스트들이 자주 찾아왔다. 아나키스트 뮈잠은 1904년 몬테베리타에 처음 왔는데 당시 선주민이 1천 명에 불과했던 아스코나 마을에서 몬테베리타지역의 새 입주자가 1백 명 이상이었다고 전한다. 그 결과 몬테베리타의 땅값이 폭등했다.

모든 억압이나 지배에 반대하는 아나키즘은 국가와 권력에 대한 반대로 자유를 추구한다는 점에서 프롤레타리아 독재를 부정하여 마르크스-레닌주의 같은 권위주의적 공산주의와 대립하고, 자본주의와도 대립했다. 그것은 19세기 후반에는 공산주의를 능가할 만큼 세계 도처에서 큰 세력을 형성하였으나, 조직 자체를 부정하는 성향으로 인해 약화되었다. 대표적인 아나키즘의 투쟁은 파리 코뮌, 에스파냐 시민전쟁, 1968년 프랑스 학생혁명, 그리고 미국의 베트남전쟁 반대운동이며 21세기에 들어서서는 신자유주의와 세계화에 반대하고 환경을 보호하는 운동 등에 많은 아나키스트들이 참가하고 있다.

19세기 말 아나키즘은 몬테베리타만이 아니라 유럽 전역을 풍미했다. 가령 쥘 베른Jules Verne, 1828~1905은 1905년 죽기 직전에 쓴 소설 『난파한 조나단가 사람들』*La Naufragés du Jonathan*에서 사회주의자를 바보로, 공산주의자를 악당으로 묘사한 것과 달리 크로폿킨을 모델로 한 아나키즘의 신봉자 주인공을 호의적으로 묘사했다. 그가 절벽 위에 서서 "신도 주인도 질색이다."라고 외친 것은 그레저가 몬테베리타에서 "강제는 싫다"고 외친 것과 같았다. 그러나 웨던코번 부부는 아나키즘과 멀었다. 그들은 감정과 기분에 좌우되는 아나키스트들을 경원하고 실천적인 사람들을 좋아했다. 특히 그레저와 그를 따르는 사람들이 나체 일광욕을 하는 것을 싫어했다.

그럼에도 1904년, 아나키스트 라파엘 프리데베르크Raphael Friedeberg, 1863~1940가 온 뒤로 몬테베리타는 많은 아나키스트들의 아지트가 되었다. 1863년 동프로이센에서 유대인 랍비의 아들로 태어난 프리데베르크는 경제학과 의학을 공부하고 1880년대에 사회민주당에 가입했다. 이어 1890-95년에는 베를린대학에서 의학을 공부하고 폐결핵 전문의가 되었으나, 그 후 사회주의 정치에 회의하고 아나키즘으로 전환하여 1904년 전국총파업을 지지하고, 1906년에는 종교, 군국주의, 애국주의에 반대했다. 1907년 그는 사회민주당에서 제명되고 암스테르담에서 열린 제3회 아나키스트 회의에 출석했으며 1908년에는 런던에서 크로폿킨과 만났다. 그리고 1907년, 예술가인 엘리 렌츠Elly Lenz, 1874~1957와 결혼했다. 그녀는 아들을 낳은 뒤 몬테베리타를 떠나 슈타이너Rudolf Steiner, 1861~1925의 인지학 제자가 되었다.

뮈잠

프리데베르크

크로폿킨

란다우어

부버

스카르반

크로폿킨은 정치활동으로 인해 1881년 스위스에서 추방당해 영국에서 망명생활을 했으나, 프리데베르크의 노력에 의해 의사의 진단서를 교부받아 1908년부터 1913년 사이에 여름마다 몬테베리타에 왔다. 1912년 몬테베리타에 와서 아나키즘에 심취하여 공동생활을 시도한 뮌헨의 노동자 출신 작가인 오스칼 마리아 그라프Oscar Maria Graf, 1894~1967는 『우리는 죄수다』*Wir Sind Gefangene*, 1927라는 자서전에서 자신이 그곳에서 크로폿킨과 그레저를 만난 에피소드를 전했다. 그라프는 제1차 대전 전후에는 독일에서 반전운동을 했고, 그 뒤에는 미국에 망명하여 베트남전쟁에 반대하는 활동을 했다.

또한 에리히 뮈잠과 요하네스 놀Johannes Nohl, 1882~1963을 비롯한 아나키스트들이 경찰을 피해 그곳에 왔다. 1878년, 뤼벡의 유대인 약제사 아들로 태어난 뮈잠은 의사가 된 형이나 변호사와 결혼한 누이와 달리 김나지움 시절부터 반역자의 길을 걸어 엘리트 출세 코스를 거부하고 작가가 되었다. 그는 1903년, 유명한 교사 집안 출신이면서도 베를린의 하층계급과 함께 살았던 동성애자인 놀을 만나 방랑생활을 즐기고 범죄자를 예찬했다.

놀은 베를린에서 김나지움을 어렵게 졸업하고 대학에서 신학과 철학을 공부하다가 중단했다. 독일 당국과 스위스 경찰에 쫓기고 고소를 당해 체포되었다가 무죄로 석방되기도 한 놀은 프로이트나 융이 아니라 그로스에게 정신분석 기법을 배웠다. 놀은 그로스로부터 "자유분방한 섹슈얼리티, 가정과 직업 내지 국가의 전통적 억압과 관습으로부터의 자아 해방에 관한 분석적 토대를 배웠"[27]을 뿐 아니라 세상에 대해서도 배웠다. 그는 1918년부터 헤세에게 정신치료를 했다.

뮈잠은 독일 사회민주당의 아나키스트 그룹 지도자인 구스타프 란다우어Gustav Landauer, 1870~1919와 마르틴 부버Martin Buber, 1878~1965[28]의 친구인 하르트 형제Heinrich and Julius Hart, 1855~1906, 1859~1930와 베를린 근교에서 시작된 농촌공동체에 참가하고자 했으나 그것이 실패하자 몬테베리타를 새로운 실험지로 기대하고 참여했다. 그들은 몬테베리타가 어떤 조직도 없이, 모든 반역자가 자유롭게 사는 곳이어야 한다고 생각했고, 그곳은 실제로도 그렇게 운영되었다. 뮈잠은 1905년 몬테베리타의 사람들을 묘사한 소책자를 취리히에서 출판했다.

이처럼 몬테베리타가 아나키즘의 아지트였다는 점은 슈바빙과 관련되었다. 그로스와 뮈잠 등 슈바빙에서 활동한 아나키스트들이 몬테베리타에 몰려든 탓이었고, 특히 아나키스트의 대표자인 바쿠닌과 크로폿킨이 몬테베리타와 관련되었기 때문이었다. 물론 바쿠닌은 이미 죽었고, 크로폿킨도 고령이었다. 게다가 그들의 이론, 가령 크로폿킨의 상호부조론보다도 몬테베리타 아나키스트들은 테러나 모권제에 더 관심을 기울였지만 그들의 채식주의가 크로폿킨의 메시지와 같은 것임도 분명하다. 여하튼 슈바빙만이 아니라 세기말 유럽의 모든 도시는 아나키즘의 도시라고 할 정도로 아니키즘은 인기를 끌었다. 당시 베를린이 노동자 아나키스트의 거점이었다면 몬테베리타는 지식인 아나키스트의 거점이었다. 특히 마조레 호수는 징병기피자들이 몰래 국경을 넘기에 가장 좋은 곳으로 꼽혔다.

당시 중요한 비폭력주의적인 이상주의 아나키스트였던 란다우어는 몬테베리타에 직접 참가하지는 않았으나, 몬테베리타에 가장 큰 영향을 미쳤다. 그는 톨스토이를 예찬한 금욕주의자로서 자유연애나 에로스혁명에 반대했다. 그것이 성적 방종으로 흐른다는 이유에서였다. 따라서 그로스를 비롯한 에로스 해방주의자는 물론 정신분석학까지 그는 비난했다. 그런 점은 그의 친구인 마르틴 부버도 마찬가지였고, 그들의 공동체 사회주의는 뒤에 이스라엘의 키부츠로 실현되었다. 헝가리의 군의관으로서 병역을 거부하여 오스트리아 검찰에 의해 의사 면허증을 박탈당한 공산주의적 아나키스트인 알베르트 스카르반, 1869~1926도 몬테베리타 부근의 농부의 딸과 결혼하고 특히 톨스토이 사상에 공명하여 박애주의를 주장했다.

페미니즘

페미니즘은 20세기 초, 여성 참정권의 인정을 기반으로 시작되어 여성의 권리 확장과 성차별적인 대우의 타파를 통해 여성 해방과 성평등을 달성해야 한다고 주장하는 사상을 말한다. 대표적인 초기 사상가중 하나인 메리 울스턴크래프트Mary Wollstonecraft, 1759~1797는 저서 『여권의 옹호』*A Vindication of the Rights of Woman,* 1792에서 계몽사상의 남성 편향성에 대한 비판적 성찰 뒤에 여성의 역할을 사회적 경제 활동과 정치 참여로까지 확대시키고, 남녀의 법적·사회적 평등을 요구했고, 나아가 남녀 관계뿐 아니라 모든 인간관계에 내포되어 있는 예속과 모순을 해결할 사회 질서의 재편을 주장하였다.

몬테베리타는 아나키즘과 함께 페미니즘의 거점이기도 했다. 몬테베리타의 창설자인 웨던코번 부부처럼 정치적 페미니스트도 있었고 레벤트로 같은 비정치적 페미니스트도 있었다. 가령 정치적 페미니스트인 마가레테 파스하르데가Magarete Faas-Hardegger, 1882~1963는 법을 공부한 뒤 노동조합 서기를 지낸 뒤 1905년부터 1909년까지 여성노동자의 권리 확장을 목표로 한두 권의 잡지를 편집했다. 그 후 1906년부터 1913년까지 란다우어의 <사회주의자>*Der Sozialist* 스위스판을 편집하면서 아나키스트 단체를 운영했다. 몬테베리타의 사람들과 친밀한 관계를 유지한 그녀는 1919년 아스코나 부근에 코뮌을 만들었다.

그러나 몬테베리타의 페미니즘은 대체로 비정치적이었다. 그 대표는 '슈바빙의 여왕'이라고 불린 프란치스카 추 레벤트로Franziska zu Reventlow, 1871~1918였다. 1871년 뤼벡의 보수적인 귀족 가문에서 태어난 그녀는 사춘기부터 모든 도덕적이고 사회적인 인습에 반항했다. 자신의 여동생이 수녀가 되고 두 형제가 독일 의회의 의원이 된 것과는 너무나 대조적이었다. 양친과 격렬한 갈등 속에서 사춘기를 보낸 그녀는 1895년 뮌헨의 슈바빙에 왔다. 자신이 낳은 아이를 남성사회로부터 지키기 위해 아이의 아버지를 밝히지 않고, 학교에도 보내지 않고 스스로 키웠다.

아이와의 관계는 평생 변하지 않았으나, 평생 에로스적 모험을 멈추지 않은 그녀는 베데킨트Benjamin Franklin Wedekind, 1864~1918의 희곡 『룰루』*Lulu*의 팜므파탈 같은 여주인공에 비유되었을 정도로 자유분방하게 살았다. 수많은 남자들은 룰루에게 빠지고, 그녀에게 벗어나려고 노력하며 그녀를 없애려고 하지만 모두 실패하고 파멸했다. 반면 룰루 자신은 그 누구보다도 '순수'한 존재이며 선과 악과도 가장 거리가 먼 존재인 '대지의 정령'이었다.

슈바빙에서 30회나 이사를 하면서 서커스 등에서 활약한 레벤트로는 1916년에 쓴 소설 『금전 콤플렉스』*Der Geldkomplex*에서 인생의 반을 서커스 곡예사로 살았다고 했다. 그녀는 뮈잠의 권유로 1910년부터 몬테베리타에서 살았다. 그로스 그룹에 속한 그녀는 프리다 그로스와 프릭의 친구로 지냈다. 1918년, 출산하다가 죽은 그녀의 47세 생애의 끝은 몬테베리타의 끝을 상징했다.

그녀는 여성의 권리를 주장하는 여성운동가이기를 거부하고 스스로 자신의 몸을 주도하는 자유로운 여성이라고 자부했다. 그녀를 숭배한 슈테판 게오르게Stefan Anton George, 1868~ 1933 등의 '우주론 서클'은, 출판 이후 40년간 무시된 바흐오펜Johann Jokof Bachofen, 1815~1887의 『모권론』*Das Mutterrecht,* 1861을 1900년에 재발견한 슈바빙 사람들이었고, 바흐오펜의 여성주의는 특히 몬테베리타에서 중시되었다. 그 점이야말로 파리의 몽마르트르나 런던의 그리니치빌리지 등의 다른 나라 보헤미안 지구와 슈바빙이 서로 다른 점이었다. 그것은 대도시와 산업주의에 적대적인 민중의 유기적인 농경적 풍토에 뿌리내린 이념의 핵심이었다. '우주론 서클'은 신화, 인간학, 문화사를 토론하고 부권적 문명과 상극인 세계관을 전개했다. 즉 에로티시즘, 신화와 원시문화의 의미, 과학적 가치에 대한 본능과 직관의 우월성, 그리고 '여성적 존재양식'의 우월성이었다. '우주론 서클'을 대표한 크라게스Ludwig Klages, 1872~1956와 레벤트로의 사랑은 그 시대의 상징이었다.[29]

이상의 두 가지 유형의 페미니스트 사이에 개성이 풍부한 여성들이 존재했다. 그들은 무엇보다도 여성이 어떤 보호도 받지 않고 밤낮으로 밖에서 생활할 수 있음을 보여주었다. 그래서 그곳 남성들이 사회적으로 남성이 지켜야 한다는 생각을 파괴했듯이 여성들은 여성이 지켜야 한다는 생각도 파괴했다. 뒤에서 보는 라반의 제자들도 발레의 우아함이나 관능성이 아니라 힘을 보여준 점에서 비정치적 페미니스트들이었다.

페미니즘의 관점에서 흥미로운 사례는 베레프킨Marianne Werefkin, 1860~1938의 경우이다. 1860년에 장군의 딸로 태어난 베레프킨은 14세에 그림을 배우기 시작하고 1883년 모스크바에서 유명한 리얼리즘 화가인 레핀Ilya E. Repin, 1844~1930 밑에서 배웠다. 1891년 그녀는 당시 러시아군 중위였던 4세 연하의 야블렌스키Alexej von Jawlensky, 1864~1941를 만나 양자처럼 대했다. 당시 막 그림을 배우기 시작한 야블렌스키에게 그녀는 자신의 아틀리에를 사용하게 하고, 1886년 군에서 제대한 야블렌스키와 함께 파리로 갔다. 그곳에서 그들은 칸딘스키Wassily Kandinsky, 1864~1944의 친구가 되어 추상예술에 몰두했다.

그 사이 야블렌스키는 베레프킨의 하녀와 사랑하여 1902년 아이를 가졌지만 베레프킨은 이를 비밀로 붙였다. 그녀는 하녀와 함께 러시아로 돌아가 하녀가 아이를 낳도록 도왔으며, 다시 파리로 돌아와서 아이를 자신의 조카라고 말하면서 하녀와는 계속 동거했다. 1917년 그들은 취리히로 갔다가, 1918년에는 몬테베리타로 갔다. 그해 러시아혁명으로 인해 베레프킨에게의 송금이 중단되자 1920년 야블렌스키는 하녀와 자식을 데리고 몬테베리타를 떠났고, 결국 베레프킨 혼자 몬테베리타에 남아 1938년 죽을 때까지 그곳에서 살았다.

베레프킨은 평생 결혼을 하지 않았다. 미혼으로 있으면 평생 연금을 받을 수 있었기 때문이었다. 이는 페로테가 부모에게 결혼을 하지 않겠다고 하여 그들을 놀라게 한 것과 같았다. 호프만과 비그만도 결혼하지 않았다. 레벤트로는 부모에게서 벗어나는 수단으로 결혼을 했으나 1년도 안 되어 끝냈다. 이처럼 몬테베리타 여성들에게 결혼은 오로지 속박이었다. 그러나 그곳 여성들은 모두가 자유로운 삶을 누린것은 아니었다. 그로스의 아내 프리다 그로스처럼 남자들과 아이들 때문에 불행한 사람들도 있었다. 반면 프리다 로렌스처럼 결혼을 했으면서도 자유롭게 살았던 여성들도 있었다.

레벤트로

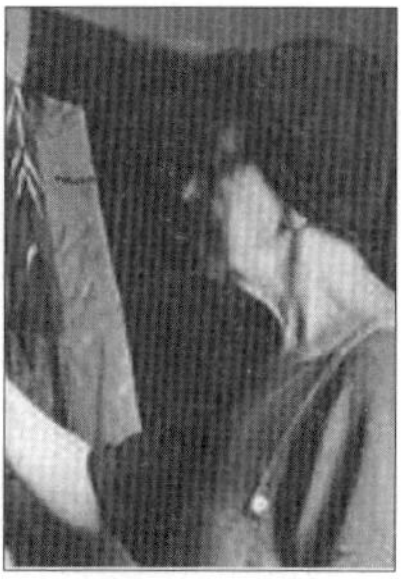

베레프킨

야블렌스키

예술

몬테베리타 사람들은 예술 중에서 음악(특히 바그너)을 좋아했으나, 음악도 미적 대상으로보다는 종교적 대상으로 보았다. 반면 회화에 대해서는 회의적이었고 문학에 대해서는 냉담했다. 뒤에서 보듯이 몬테베리타를 다룬 작가들인 헤세, 슐라프, 하웁트만, 브로트, 로렌스 등은 몬테베리타 사람들에 대해 죄의식을 느끼고 그들을 동경하면서도 갈등했다. 반면 뒤에서 보듯이 몬테베리타는 다다와 초현실주의의 원천이 되기도 했다.

독일인들은 독일 남쪽의 뮌헨을 북방, 특히 규율과 군국주의를 대표하는 북방 프로이센의 베를린에 반항하는 자들의 아지트로 보았다. 금발 벽안의 장신인 북방인에 비해 남방인은 흑안의 이탈리아적 가톨릭 농민으로 산업화 이전의 축제 문화인 사육제를 유지했다. 특히 유럽 여러 곳에서 온 슈바빙의 예술가들은 성적 자유나 방종으로 유명한 반항자들이자 방랑자들었다.

몬테베리타는 예술가들의 마을이었다. 가까운 뮌헨에서는 예술가 마을이 슈바빙이었고, 몬테베리타에는 슈바빙의 예술가 중에서도 더욱 진보적인 입장의 사람들이 모였으므로 '슈바빙의 슈바빙'이라고 불렸다. 그러나 그곳에 온 예술가는 그리 많지 않았고 그곳의 분위기가 그러했다는 의미에서 그렇게 불렸을 뿐이었다. 특히 화가가 거의 없었다는 점이 그곳의 특징이었다.

당시 유럽의 주류였던 예술 사조는 독일에서는 유겐트스틸Jugendstil이라고도 한 아르 누보art nouveau, 즉 '새로운 미술'이었다. 전통적 예술에 반발한 그것은 윌리엄 모리스의 공예운동 등에서 비롯되었다. 곡선이나 파도형의 머리칼, 양식화된 식물이나 아라베스크를 특징으로 하는 장식적인 미술인 그것을 1910년대의 표현주의의 전조로 보거나 넓게는 표현주의에 포함시키는 견해도 있으나, 아르 누보는 표현주의와 구분하는 것이 옳다. 가령 유겐트스틸은 그 잡지인 <판>*Pan*, <청춘>*Jugend*, <성스러운 봄>*Bel Sacrum*

과 같이 서정적이고 그리스적이지만, 표현주의는 그 잡지인 <태풍>*Strum*, <행동>*Aktion*, <혁명>*Revolution*,<카인>*Cain*처럼 과격했다. 유겐트스틸 잡지에는 한스 브란덴부르크Hans Branden burg1885~1968가 관여했고 표현주의 잡지는 그로스와 관련되었다.

유겐트스틸의 한 사람으로 피더스Fidus로 불린 화가 후고 헤프너Hugo Höppener, 1868~1948도 몬테베리타에서 살았다. 그는 바그너처럼 게르만 신화의 이상미를 추구하여 독일인이 토착의 정신으로 갖는 태양으로 상징되는 대자연 속의 생명력을 이상적이고 유토피아적으로 묘사했다. 그러한 민족주의적 경향의 육체 찬양 예술은 뒤에 바그너와 함께 나치스의 국가주의적 인종미학으로 연결되기도 했다.

한편 마티스, 피카소, 코코슈카, 칸딘스키, 마르크, 야블렌스키, 베레프킨, 놀데와 같이 눈에 보이는 외관이나 물질적 구조보다도 대상에 대한 예술가의 감정을 표현하는 강한 선이나 원색을 사용하는 유화를 지향한 표현주의는 세련된 색조나 필치, 섬세하고 우아한 작품을 거부하고, 마음 가는 대로 창조하는 것을 중시했다. 그들은 19세기 이전의 예술, 특히 인상주의에 반대했다. 그것이 부르주아가 지배한 것이라는 이유에서라고 말한 표현주의의 대변인 후고 발Hugo Ball, 1886~1927은 다음과 같이 주장했는데, 이는 단순히 미술 차원의 문제가 아니라 몬테베리타 자체의 이념을 말해주는 것이기도 하므로 경청할 필요가 있다.

> 부르주아적 원칙이 우리를 야만인으로 만들었으니 바야흐로 야만인들에 의한 위협은 우리 코앞에 느껴지기 시작한 것이다. 인류가 처한 현재의 상황으로부터 인간 정신의 미래를 구제해내기 위하여 우리는 스스로 야만인

이 되지 않으면 안 된다. '자연'의 두려움에 쫓긴 원시인이 자신의 심리적 내부에서 피난처를 구했던 것과 마찬가지로, 우리도 우리의 영혼을 집어삼키기 시작한 '문명'으로부터 피신하지 않을 수 없게 되었다. 야만인은 자연의 위협보다 더 강해지기 위하여 자기 내부에서 용기를 키워나갔으며, 폭풍우와 맹수 그리고 미지의 위협이라는 공포에도 불구하고 그가 확보한 신비로운 내적 보상력은 결코 그를 포기하지 않았고, 그도 또한 투쟁을 포기하지 않았다. 또한 그 내적 보상력은 야만인들로 하여금 자신의 둘레에 보호의 징표를, 다시 말해 자연의 위협에 대한 반항의 징표를, 영혼에 대한 그의 신념을 온존하게 하고 자연의 침입으로부터 자신의 소유물을 보존하기 위한 튼튼한 방벽을 구축하게 했던 것이다. 이와 마찬가지로 '문명'이 야기해 놓은 파괴의 벼랑에 선 우리들도 결코 허물어지지 않는 힘을 우리 자신 내부에서 발견해내야 한다. 또한 우리를 억압하고 있는 공포에 대면하여 우리는 '문명'에 대한 액막이로서 이런 힘을 결집시키고 활용하지 않으면 안 된다. 이런 의미에서 표현주의는 우리가 우리를 보호해주리라 신뢰하는 내면의 미지세계에 대한 상징의 가치를 가진다. 그것은 지하 감옥에서 탈출하려는 억눌린 정신상태의 징표이며 공포에 가득 찬 영혼이 들려주는 경종이다. 이것이 바로 표현주의의 참 모습이다.[30]

표현주의 화가 중에서 몬테베리타에서 살았던 화가들은 위에서 언급한 야블렌스키와 베레프킨이었다. 굵은 윤곽선과 강렬한 색채의 특징을 러시아 농민 미술과 러시아 종교적 성상의 신비주의와 결합하여 표현한 야블렌스키는 독실한 신앙인으로서 그림에 극도의 신비감과 명상성을 부여했다. 시대를 앞선 화풍과 과감한 색채, 적절한 빛 조절로 고향에서는 '러시아의 렘브란트'로 인정받았던 베레프킨은 야블렌스키와 결혼한 뒤에 붓을 놓았다.

한편 쇤베르크를 중심으로 표현주의 음악은 조성이나 규칙적 리듬을 거부하고 삶에 대한 불안, 공포, 죽음, 황홀, 괴기적인 환상, 예언 등을 주제로 하고 대상을 거절하여 독자적인 감정세계를 주관적으로 표현했다. 이는 몬테베리타에서 라반과 비그만의 춤에 의해 사용되었고 그들은 뒤에 취리히 중심의 다다와 슐레알리즘에 기여했다. 또한 그로스의 정신분석학이 그 이론적 기초를 제공했다.

이처럼 몬테베리타는 무엇보다도 모던댄스의 중심지였다. 그 상징은 덩컨이었으나 그녀는 몬테베리타에 상주하지 않고 자주 오갔다. 그녀는 베토벤과 니체와 바그너에 열광하며 자유로운 육체와 정신의 무용을 주장했다. 그녀와 달리 몬테베리타에 상주한 라반은 더욱 대담하고 혁명적인 춤을 발전시켰다. 자유롭고 절대적인 춤, 특히 음악과 연극의 지배로부터 자유로운 춤을 가르친 그는 댄서들이 그들 자신의 몸속에서, 그들의 가장 깊고 거의 의식되지 않는 감정 속에서, 또 그들을 둘러싼 풍경 속에서 자기 춤의 리듬을 발견하기 바랐다.

몬테베르타, 널리 알려지다

1905년 영국에서 출판된 H. G. 웰스Herbert George Wells, 1866~1946의 『현대의 유토피아』*A Modern Utopia, 1905*는 테신의 '사랑에 빠진 여인들'을 소재로 한 것이었다. 그는 그 전에 테신을 도보로 여행했고, 몬테베리타에 대해서도 분명히 알았을 것으로 짐작된다. 그는

5년 뒤에 쓴 『새로운 마키아벨리』*The New Machiavelli, 1911*에서, 앞에서 본 하웁트만이 『소아나의 이단자』에서 묘사했던 것처럼 테신 여행에서 만난 농촌 여성들의 아름다움으로부터 계시를 받았다고 했다. 그는 그 직후 로카르노에서 최초의 성경험을 했다. 이어 『해방된 세계』*The World Set Free,* 1914에서 그는 핵전쟁 이후의 유럽 문명 재생을 다시 같은 장소에서 구했다.

몬테베리타의 상징성이 높아지면서 그곳의 아름다움과 그곳 사람들의 자유로운 삶을 찬양한 뮈잠의 책 『몬테베리타』*Monte Verita*를 비롯해 여러 책이 발행되었다. 이다 호프만의 『채식주의, 야채식주의!』*Vegetarismus! Vegetablismus!,* 1905는 채식주의, 자연요법, 예방접종의 거부, 단추나 다리미질을 필요로 하지 않는 의복의 착용, 가사노동의 남녀분담, 교회와 법률에 구속되지 않는 자유결혼, 동물과의 우정, 전쟁과 무기의 폐지 등을 주장했다.

1906년, 이다 호프만은 『몬테베리타: 詩 없는 진실』*Monte Verita: Wahrheit ohne Dichtung*에서 자력에 의해 자연 속에서 건강을 회복한 사람들을 소개하면서 자본주의적 생활을 거부해야 한다고 주장했다. 이에 동의한 이사도라 덩컨의 오빠 레이몬드 덩컨Raymond Duncan 1874~1966과 헤르만 헤세가 그레저를 만나러 몬테베리타에 왔고, 당시 독일의 아나키스트 잡지 <기상나팔>*Weckruf*의 편집인이자 화가인 에른스트 프릭Ernst Frick, 1881–1956도 그곳에 왔다.

프릭은 철도원 출신이었으나 독학으로 혁명적 지식인이 된 입지전적 인물이었다. 그는 정치만이 아니라 예술에도 관심을 기울였다. 특히 뮌헨에 살았을 때, 이미 아나키스트였던 그로스와 뮈잠의 영향을 받았다. 그러나 1906년 그가 몬테베리타에 온 것은 프리데베르크에게 치료를 받기 위해서였다. 프릭은 1911년 몬테베리타에 와서 이후 죽기까지 45년간 그곳에서 살았다. 그는 몬테베리타에서 가장 오래 살았던 사람이다.

그러나 몬테베리타 사람들의 생활은 순조롭지 않았다. 가령 1909년, 그레저가 복장 불량을 이유로 체포되었다. 놀과 그로스는 하테머의 자살 등을 이유로 경찰의 감시를 받았다. 그 뒤 아나키즘에 대한 탄압도 거세어졌다. 1907년, 뮈잠은 로카르노에서 체포되었고, 프릭 등은 러시아혁명가가 수감된 취리히 경찰서 앞에서 폭탄을 던져 1912년 12개월 금고형을 받기도 했다. 그럼에도 1909년 뮈잠과 놀은 뮌헨에서 노동자와 혁명가들과 함께 '아나키스트 부대'Gruppe Anarchist를 결성했다. 뒤에 '행동대'Gruppe Tat로 불린 그것은 여러 도시에서 만들어졌다. 뮌헨에서는 하인리히 만, 카를 볼프스켈Karl Wolfskehl, 1869~1948, 프릭, 프란츠 융Franz Jung, 1888~1963 등이 참가했다. 그들은 1918년부터 1919년 사이의 뮌헨 혁명에 적극적으로 참가했다.

아래에서 설명할 몬테베리타의 주인공인 그로스, 그레저, 라반은 모두 당시 무너져 가던 중이기는 했지만 유럽을 호령하는 오스트리아-헝가리 제국의 산악지역 출신으로서 그 수도인 빈과는 관련이 없었다는 점에서 같았다. 또한 당시 제국의 엘리트 집안 출신이라는 점에서도 공통되었다. 그들의 아버지들은 귀족에 이어 제국을 지배하는 중요 계급이자 계몽주의자이자 자유주의자로서 독일 고전주의적 인문주의를 대표했는데, 그들의 세 아들은 모두 그런 가치관에 반항했다.

상류계층 출신인 그들은 출세의 가능성을 보장받는 훌륭한 교육을 받았다. 그러나 그들은 어려서부터 그런 출세를 경멸했고 당시 오스트리아 제국에 퍼진 종말감에 젖었다. 1866년 오스트리아는 프로이센과의 전쟁에서 패했기에 이듬해 오스트리아-헝가리 제국이 성립되었다. 이어 프로이센은 프랑스와의 전쟁에서도 이겼다. 그런 상황에서 그들은 같은 세대 작가인 무질이 쓴 『특성 없는 남자』 그대로였다. 그 셋은 청년시절 수도인 빈에서 지냈으나 모두들 그곳을 싫어했을 뿐 아니라, 타파해야 할 퇴폐의 모델로 보았다. 그뿐만 아니라 이후에 올 프로이센적인 관료주의는 더욱 싫어했다. 그래서 그들은 역사를 거슬러 올라갔다.

3장 그레저와 헤세

『사도』 그레저

앞에서 소개한 하웁트만의 단편소설 『사도』[1]는 그레저를 모델로 한 소설이었다.[2] 그 이야기는 다음과 같이 묘사된 사도가 장시간 기차를 타고 고트하르트 고개를 지나 취리히에 도착해 걸어서 독일로 들어가는 것으로 시작한다.

> 긴 머리카락의 성스러운 금발, 붉고 쐐기 모양의 풍성한 수염, 대담하고 굳건하면서도 한없이 온화한 얼굴, 흰 승복, 그것은 그의 아름답고 쭉 뻗은 몸매, 그의 탄력 있고 군인처럼 쭉 뻗은 육체를 완전히 드러나게 했다.[3]

독일 국경으로 가는 시골길을 그는 마치 인도의 자이나교 승려처럼 어떤 생명도 죽이지 않으려고 조심스럽게 혼자서 걸어갔다. 그리고 그런 자연과 대조적인 도시에 대한 혐오가 펼쳐졌다. 그가 전하고자 하는 유일한 말은 평화였다. 왜냐하면 당시 온 세계에 피 냄새가 났기 때문이었다. 그런 그를 사람들은 예수라고 불렀다. 실제로도 그러했다. 1906년 웨던코번 부부가 쓴 『몬테베리타: 시 없는 진실』에도 그런 이야기가 나왔다.

당시 그레저의 생각을 볼 수 있게 하는 에피소드가 있다. 앞에서 본 대공의 이야기다. 1905년 무렵, 그레저 3형제는 오스트리아 이전 황제 아들인 레오폴드 뵐프링Leopold Wölfling, 1868~1935을 만났다. 그는 칼 그레저가 근무한 부대의 사령관이었던 자로 당시에는 제대하여 취리히 부근의 시골에 살면서 그곳의 공예학교에 다니고 있었다. 칼 그레저 부부는 채식주의와 '소박한 생활'에 대한 강연 여행 차 그곳에 왔는데, 뵐프링과 칼은 군복을 벗은 상태였지만 서로를 알아보았다. 뵐프링의 회고록인 『내가 대공이었을 때: 나의 생애 이야기』*Als ich Erzherzog war. Meine Erinnerungen,* 1935에 의하면 그레저 부부는 자루모양 상의에 반바지, 그리고 황색 머리띠에 야채 꾸러미를 들고, 육식을 거부하고 집 밖에서 잠을 잤다. 그리고 뵐프링 부부에게 하인을 모두 해고하라고 요구했다.

경찰에 의해 그레저 부부가 마을에서 추방된 뒤 부인 요한나의 요구로 뵐프링 부부는 몬테베리타를 방문했다. 그들이 그곳에 도착했을 때 보이는 것은 돌로 쌓은 낮은 벽과 조잡한 목조 오두막 두세 채, 그리고 어린 복숭 나무 몇 그루뿐인 황량하기 짝이 없는 풍경이었다. 그레저 부부는 그들에게 생야채와 양배추 주스를 냈다. 들판에서는 나체와 다름없는 사람들이 일을 하고 있었다. 그 뒤 다시 찾은 그곳에서 사람들은 집시 음악에 맞추어 춤을 추었는데 전혀 에로틱하지 않았다고 그들은 회상했다. 그 뒤 요한나는 뵐프링과 이혼을 하고 그곳에 계속 머물러 채식주의자가 되었다.

『사도』에서처럼 그레저도 강연 여행을 자주 했다. 그는 스스로 건강하고 용감하고 자유로운 사람이기를 바랐으며 언제나 말이 없고 신중했다. 공격적이지도 않고 여성을 유혹하지도 않았다. 뒤에서 보는 그로스와 라반은 예언자풍으로 보통 사람들처럼 개인적 관계에 구애받지는 않았으나 언제나 사람들에 둘러싸여 살았다. 반면 그레저에게는 사람들이 따르지 않았다. 그에게는 카리스마가 없었다. 그로스와 라반은 사람들에게 영향을 주려고 노력했지만 그레저에게는 그럴 생각조차 없었다. 그는 그만큼 순수하고 외로웠다. 그야말로 사도였다. 그것도 고독한 사도였다.

트란실바니아

그레저는 1879년 2월 16일, 당시 헝가리(지금은 루마니아)의 크론슈타트Kronstadt에서 태어났다. 지금은 그 이름이 브랑쇼버Braçov이지만 1950년에서 1960년까지는 스탈린의 이름을 따서 오라슐스탈린Oraşul Stalin으로 불렸다. 이처럼 이름이 자주 바뀌었다는 것은 거대제국의 소유지인 나라들이나, 멀리 떨어진 중앙의 도시에 의해 지배되는 나라들에 전형적으로 나타나는, 권력 부침의 반복을 보여준다. 이러한 현상은 뒤에서 보는 라반의 고향에서도 볼 수 있다.

그레저의 고향은 루마니아의 수도 부카레스트Bucharest에서 120Km 정도 떨어진 곳으로 트란실바니아 알프스의 북쪽 경사에 있다. 우리에게는 드라큘라로 유명한 트란실바니아는 '침묵의 지역'이라고 할 정도로 그 역사가 알려져 있지 않고 최근까지도 자본주의 이전의 전통사회였다. 『드라큘라』*Dracula*는 아일랜드의 작가 브램 스토커Bram Stoker, 1847-1912가 1897년에 쓴 소설로, 흡혈귀인 드라큘라 백작이 주인공이다. 드라큘라의 모델은 15세기 루마니아 트란실바니아 지방 출신의 왈라키아 공 블라드 체페슈로 알려져 있지만, 둘 사이의 공통점이라고는 블라드의 별명이 드라큘라라는 점과 그 출신지가 오늘날의 루마니아라는 점뿐이다.

크론슈타트는 13세기부터 터키인으로부터 기독교세계를 지키기 위해 독일인(작센인)이 이주한 군사적인 식민지였다. 1211년, 독일기사수도회가 창설한, 보루로 고정된 7개 마을 중 하나가 크론슈타트였다. 그곳은 1244년, 자유로운 자치공동체라는 특권을 부여받았고, 그 뒤에 그 자유는 점차 확대되었다. 이 점이 그곳 출신인 그레저에게 가장 자랑스러운 점이었고, 그가 뒤에 몬테베리타에서 세우고자 한 공동체도 그런 것이었다.

투르크인들이 유럽을 침략했을 때, 트란실바니아는 술탄과 황제를 경쟁하게 하여 사실상 신성로마제국으로부터 독립했다. 1541년 트란실바니아 공국Principatul Transilvaniei성립 이후 1711년까지 200년 가까이 헝가리인의 자치 왕국이 들어섰다가 이후 합스부르크 제국의 영토가 되어 1918년 제1차 세계대전에서의 패배로 오스트리아-헝가리 제국이 붕괴될 때까지 합스부르크 왕가의 영향력 아래에 있었다. 1867년 이중 제국 성립 이후에는 헝가리 왕국의 영토로 자리 잡았으나 이 지역의 과반수가 루마니아인이었던 관계로 1920년 트리아농Trianon 조약 체결 이후 헝가리에서 분리되어 루마니아 왕국으로 귀속되었다.

그곳 주민의 민족 구성은 복잡했다. 루마니아인과 독일계 작센인과 헝가리인(마자르인) 외에도 루테니어인과 집시도 있었다. 그래서 지금도 그곳에는 다음과 같은 농담이 있다. 즉 헝가리인, 독일인, 루마니아인이 각각 3명씩 모이면 무슨 일이 생길까 하는 질문에 대한 답이 "폭동과 공장과 절도단"이라는 것이다. 여기서도 보듯이 그레저와 같은 독일인은 공장을 경영하는 제조업자들이고 중산계급이었다.

그러나 최근까지도 독일적인 문화는 과거에 그곳에 정착한 독일 농민들의 특수성에서 비롯되었다. 즉 그들은 당대 유럽의 다른 농민들이 봉건제 지배에 복종해 농노가 된 것과 달리, 토지는 모든 사람들의 공유였고, 평등한 소유지와 그 소유지를 선택할 자유를 가졌다. 또한 사망자에게 상속인이 없으면 그 지분은 공동체에 반환되었고, 일상생활과 교회에 필요한 사람들을 스스로 선출했을 정도로 자유와 자치, 자연을 존중했다.

이러한 지역적 고립, 루터파 기독교, 독일적 민주주의 전통을 몸에 익힌 그레저는 자신의 사상에 그 일부를 수용하고 일부는 거부했다. 그가 수용한 것은 고대 독일인, 즉 건강하고 당당하고 늠름하며 자유로운 자작농의 삶이었다. 그레저는 이러한 고향의 전통을 뒤에 몬테베리타에 재현하고자 했다. 그런 점에서 그는 지극히 전통적인 사람이었으나 동시에 자본주의라는 철망의 자물쇠를 열어 자유를 추구한 반항아였다.

그레저의 성장

그레저의 세례명은 아르투르 구스타프였으나 스스로 '즐거움'이라는 뜻의 구스토Gusto라고 불렀다. 또한 그레저Gräser는 그레스Grass의 복수라고 하면서 풀 한 잎을 자기 명함으로 삼기도 했다. 그는 『풀잎』*Leaves of Glass*, 1855을 쓴 미국 시인 휘트먼Walt Whitman, 1819~1882과 함께 디킨슨, 소로, 에머슨, 톨스토이, 노자 등을 좋아했다.

그레저는 헤세처럼 교사와 목사가 많이 배출된 보수적인 집안 출신이었다. 그 집안은 여러 민족에게 포위된 소수파이면서도 문화적으로는 지도적 입장에 있었으나 당대의 자유주의적 개인주의 풍조에는 등을 돌렸다. 신자들이나 학생은 그 집안 출신 목사나 교사를 아버지, 그 부인들을 어머니라고 불렀다. 그들은 스스로 밭을 갈아 양식을 얻었다. 지역의 지도적 입장에 있었기 때문에 그들에게 귀족 서품이 논의되기도 했으나, 귀족이 되면 시민권을 포기해야 한다는 이유에서 그것을 거부했다. 공동체에서는 모든 것에 대해 구성원들이 토론하고 표결을 했고, 특히 독일적인 도덕 정신을 숭배했다. 따라서 당대의 유럽 대도시는 그들에게 너무나도 퇴폐적으로 보였다.

그레저의 아버지는 하이델베르크대학에 유학한 뒤 고향에서 판사를 지냈다. 그는 경건하고 조용한 성격으로 가정 안팎에서 무력했으나 역시 엘리트였다. 그러나 아버지는 그레저가 15세인 1894년 54세로 죽었기에 그레저에 대한 영향력이 거의 없었다.

그레저가 태어난 1879년, 그의 고향에서 헝가리어가 독일어 대신 공식어가 되었음은 새로운 시대의 시작을 뜻했다. 그러나 그런 이유 때문에 어려서 김나지움을 퇴학당한 것은 아니고, 뒤에 몬테베리타 사람들처럼 학교교육을 감금의 장소로 맹렬히 비판한 것을 보면 그 철망과 같은 구조를 견디지 못한 탓으로 보인다. 이어 빈에서 금속공예학교를 다녔으나 역시 중퇴하고, 베를린과 뮌헨의 미술학교에서 회화와 조각을 공부했다.

1896년 17세 때 그는 부다페스트에서 열린 만국박람회에서 목각 조각 작품으로 1등상을 받았다. 이어 빈에서 판화를 공부하고 1898년부터는 빈 교외에 살던 화가 칼 디펜바흐의 제자가 되어 빈 부근의 힘멜로프Himmelhof Ober Sankt Veit에 있던 그의 공동체에서 함께 살았다. 디펜바흐는 뒤에 그레저와 함께 예술의 실천과 간소한 생활을 결합하여 나체주의를 실천한 자연주의자였다. 그러나 그레저는 그의 동성애적 나체주의와 독선적 태도에 곧 반발해 1898년 고향으로 돌아와 도시문명을 비판하는 그림을 그렸다. 그리고 그는 당대의 비슷한 경향을 갖는 예술가들의 영웅이 되었다.

그런 예술가들이 자연주의 작가 요하네스 슐라프Johannes Schlaf, 1862~1941와 아르노 홀츠Arno Holz[4], 그리고 헤세 등이었다. 특히 슐라프의 『입신출세』*Aufstig*, 1911는 그레저를 조연이지만 사표로 삼은 일종의 교양소설이었다. 주인공은 여러 가지 시행착오 끝에 유명하게 된다는 이야기인데, 소설의 마지막 부분에 훌륭한 시민이 되기를 거부하는 그레저 같은 남자가 자유와 정직, 자연과 성실의 상징으로 이상의 추구를 구현하는 인물로 나온다. 그래서 그 소설은 헤세의 소설을 방불케 한다. 슐라프는 헤세나 하웁트만처럼 동시대의 사도나 예언자에게 희망을 건 작가였다. 그는 휘트먼 작품을 번역했고 그레저가 휘트먼 숭배자였을 때부터 그에게 관심을 기울였다. 슐라프에 의하면 그레저는 논리적인 설명을 하지 못했는데, 그것은 자신의 경험이나 자신을 논리로서는 표현할 수 없었기 때문이었다. 또 그레저는 톨스토이 이상으로 진실을 추구했다. 왜냐하면 그는 톨스토이와 같은 작가가 아니라 변모하는 삶 그 자체를 꿋꿋이 살았기 때문이었다.

디펜바흐

그레저의 방랑

그레저는 어느 날 기이한 환상을 체험한 뒤 자신의 그림을 찢고 가진 물건을 모두 버리고서 방랑생활을 시작했다. 산양의 털로 만든 고대 로마풍의 반코트를 입고, 머리에는 가죽으로 만든 끈을 묶고서, 맨발이거나 샌들을 신고, 소유물이라고는 가방 하나에 모두 담아 끈으로 목에 달았다. 이는 반反부르주아적이었을 뿐만 아니라 반反프롤레타리아적인 새로운 삶의 방식이었다. 즉 방랑 생활의 양식을 새롭게 만들었다. 헤드밴드와 판초와 여행용 샌들은 그가 처음 만든 것이었다. 그러니 요즘 말하는 아웃도어의 선구자였다.

그는 단지 부랑자나 방랑자가 아니라 일종의 수도승이나 예언자처럼 행동하기도 했으나 그것이 주된 것은 아니었다. 사람들에게 설교 비슷한 이야기도 했고, 잠언 카드나 격언 포스터, 팸플릿, 석판화 등을 팔기도 했으나, 물론 그 자신이 돈에는 아무런 흥미가 없었기 때문에 이익을 올리기 위한 것은 전혀 아니었다. 이는 그의 생존 시에는 물론 그가 죽고 난 뒤에도 그를 모방한 수많은 사이비 예언자들과 그가 근본적으로 다른 점이었다. 물론 한국의 사이비 종교인을 비롯한 이 세상 모든 사이비들과도 근본적으로 다른 점이었다. 그는 그런 사이비들이 만원 청중 앞에서 약을 팔듯이 절규하는 것과 달리 언제나 조용히 숲 속에서 혼자서 지내거나 방랑을 했다.

그런 점에서 그는 참된 고독의 사색인이었으나 동시에 그것은 그의 한계이기도 했다. 그가 반전이나 생활의 개조를 주장한 것은 사실이지만 적어도 인도의 간디와 같은 변화를 초래하지는 못했다. 그것이 그레저 개인의 한계인지 아니면 인도와 독일의 차이 탓인지는 정확하게 판단할 수 없지만, 그 두 사람은 분명히 달랐다. 그러나 뒤에서 보듯이 그레저의 정신은 간디 그리고 마틴 루터 킹을 비롯한 많은 20세기 현대인들에게도 이어졌다.

2장에서 보았듯이 1900년 그레저는 형과 함께 몬테베리타에 들어갔지만, 웨던코번 등이 그곳에 요양원과 주택을 짓는 것에 대해 그레저 형제, 특히 동생 그레저는 그것이 자본주의 방식이라고 하여 반대하여 다음해 그곳을 떠났다. 그래서 먼저 그레저가 1901년, 몬테베리타를 떠나 고향으로 돌아갔다. 그러나 그는 병역거부로 인해 고향인 크론슈타트에서 구속되어 5개월간 투옥되었다가 1902년 몬테베리타에 돌아와 웨던코번 등과는 떨어져 동굴 등에서 살았다. 살인행위에 대한 도덕적 혐오감이 아니라 강제에 대한 거절이라는 이유로 병역을 거부한 그는 국가에 대한 충성 맹세를 거부하고, "나는 죽이는 것을 모두 거부한다"고 말했다. 그 형이 주둔지에서 아나키스트 동맹인 '무구속'을 창설하자, 그레저는 더욱 더 철저하게 '무소유'를 주장했다. 또한 몬테베리타의 대부분 사람들처럼 채식주의자로서 자기의 생명을 유지하기 위해 생명을 죽여 먹는 것을 거부했다. 그러나 그는 어떤 종교적 동기나 종파에 따르는 것도 거부했다.

그레저의 형 칼 그레저는 1901년 말 몬테베리타에 약간의 땅을 사서 금속을 사용하지 않고서 자연 그대로의 나무로 집을 짓고 예니 호프만과 동거했다. 그는 모든 금속은 자연석 속에 광석으로 그대로 두어야 하고, 따라서 광산이나 광부, 주조공장이나 병기공장, 그리고 무기는 있어서는 안 된다고 주장했다. 그들의 집은 고딕풍 장식에 직접 원목으로 만든 가구와 역시 직접 만든 일용품을 둔 것이었다. 그들은 로카르노에서 과실 잼을 팔아 다른 식품과 교환해 생계를 유지했다. 게다가 옷에는 단추 대신 과일의 열매를 달았다.

반면 그레저는 거주에 돈을 쓰는 것 자체를 혐오하여 몬테베리타를 떠나 걸어서 한 시간 정도 걸리는 산골의 좁은 동굴에서 흙바닥에 모포만을 두르고 자면서 살았다. 그는 그곳을 '고전적이고 간소하며 창조성을 불러일으키는 분위기'라고 했다. 그러나 그에게는 방랑벽이 있어서 그 동굴에서도 오래 살지 않았다. 파리 등의 도시에서 고아를 키우는 복음 활동에 참가하기도 하고, 이사도라 덩컨Isadora Duncan, 1878~1927의 동생과 함께 활동하기도 했다. 웨던코번과 이다 호프만은 그레저 같은 원시적 자연주의자와 사사건건 대립했다. 폐가에 잠을 자고 밖에서 정화의 불을 피운 하테머도 자연주의자로 살았다.

뒤에 아내와 그녀에게 딸린 8명의 자녀들로 이루어진 대가족이 생기자 그는 자기 집은 물론 몬테베리타 전체의 배관공이자 수선공으로 능숙하게 일했다. 물론 돈을 받는 일에는 서툴렀고 오랫동안 구속되어 일하는 것도 좋아하지 않았으나 일 자체는 좋아했다. 그가 지은 집은 지극히 간단한 판자 몇 장으로 이루어져서 그의 금욕주의와 쾌락주의를 가장 잘 보여주었다. 누가 그에게 자신의 인생관을 써보라고 하자 그는 한 마디로 다음과 같이 썼다. "나쁜 이웃에 고귀함과 선함을 세워라."

앞에서 보았듯이 하웁트만의 소설 『사도』는 그레저를 모델로 하는 작품이었으나, 그레저 자신이 주인공으로 등장하는 최초의 작품은 구스타프 나우만Gustav Naumann, 1878~1938의 『어두운 거리의 싸움 속에서』*Vom Lärm auf dunklen Strassen*였다. 니체와 관련 있는 출판업자인 나우만은 그레저가 나뭇잎 관을 머리에 쓰고 있는 것으로 묘사했는데 그것은 그리스도보다는 바커스 신에 가까웠다. 그러나 나는 그레저가 예수에 더 가깝다고 본다. 왜냐하면 그는 바커스와 달리 철저한 금욕주의자였기 때문이다.

그레저는 강연을 통해 건강과 치유에 대해 말하고 자신의 삶을 길이자 진리이자 생명이라고 자부했다. 그는 기독교와 그 원동력인 죄를, 독일 정신과 그 원동력인 기쁨의 이름으로 공격했다. 그에 의하면 기독교도는 예수의 기쁨으로부터 비하를 만들어냈다. 즉 예수는 내세를 설교하지 않고 행복하라고 말했다고 하며, 겁

내지 말고 살아라, '본능'이야말로 '자연'이라고 가르쳤다. 그러나 그가 말하는 본능이 야비한 욕망이 아님은 앞에서 설명한 대로이다. 즉 그레저는 모든 충동을 자연이라고 보지는 않았고, 특히 인간관계에서 매우 신중했고 고독했다. 그래서 복잡한 인간관계를 전혀 만들지 않았고, 나아가 소로henry David Therau, 1817~1862나 디킨슨Emily Dickinson, 1830~1886처럼 동료도 제자도 두지 않았으며, 그를 따르는 여성들도 없었다. 그러나 그들처럼 독신은 아니었다.

그레저와 헤세

1906년 초 헤세의 집에 그를 찾는 방문객이 아닌 방랑자들이 찾아왔을 때 헤세는 그레저를 처음 보고 역시 '사도'라는 느낌을 받았다. 당시 헤세는 1904년 8월 결혼 직후 신혼살림을 차린 독일 남부 운터 호수 부근의 시골인 가이엔호프Gaienhof에 살고 있었다. 짧은 바지에 샌들을 신고 오랜 시간 걸어서 햇볕에 그을린 얼굴과 장발의 방랑자들은 그곳에서 가까운 몬테베리타로 가는 사람들이었다.

그들의 이야기를 들은 헤세는 즉시 그들을 따라 몬테베리타로 갔다. 그곳에서 만난 사람들 중에 헤세에게 특히 인상적인 사람은 그레저였다. 헤세는 그레저를 만난 뒤, 비록 그와 함께 몬테베리타에서 살지는 않았지만 곧 몬테베리타 사람이 되었다. 당시 그는 몬테베리타 공동체에 들어가고자 했으나 엄격한 입문 절차를 통과하지 못해 실패했다. 우리에게 친숙한 헤세의 삶과 작품은 그레저를 비롯한 몬테베리타 방랑자들의 삶을 대변한다고 해도 과언이 아니다.

헤세는 1906년, 29세 때 알코올 중독을 치료하기 위해 몬테베리타에 오래 머물며 만난 그레저를 모델로 삼아 『데미안』을 비롯한 여러 소설을 썼다. 그는 자기보다 두 살 아래인 그레저를 정신적 스승이라는 뜻인 구루guru라고 불렀고 그를 그리스도와 같은 사도 내지 순교자로 묘사했다. 그리고 몬테베리타를 미래의 공동체이자 창조와 미래를 부르는 대지의 소금이라고 보았다.

소년시절 헤세는 가문의 전통에 따라 교양인이라는 천직, 즉 학자나 종교인이 되어야 했다. 그러나 그는 당대의 모든 감수성이 예민한 사람들처럼 그것에 반항했다. 무엇보다도 전통적인 신앙에 반발했다. 그래서 많은 작품에 그는 비기독교적인 영성이나 비정신적인 힘의 존재에 눈뜨는 젊은 주인공들을 그렸다. 가령 『수레바퀴 아래서』*Unterm Rad*, 1906는 종교와 학문에 의해 희생된 소년이 자연 속에서 자유롭게 생활하기를 바라다가 죽는 이야기였다.

몬테베리타의 사람들은 이미 그렇게 살고 있었다. 특히 당시 헤세는 그레저의 방랑생활에 매료되었다. 이를 잘 보여주는 대표적인 작품이 『데미안』 이전의 작품, 특히 『크눌프』*Knulp, 1915*인데 이 작품에는 유난히 그레저의 영향이 컸다. 그러나 헤세는 그레저와 달리 방랑이 아니라 문학과 예술 속에서 사는 삶을 선택했다. 이는 뒤에서 보듯이 토마스 만의 경우에도 마찬가지였다.

헤세의 생애에 그레저가 끼친 영향에 대해서는 우리나라에 그다지 알려져 있지 않다. 이는 독일에서도 마찬가지였던 탓으로 이해된다. 내가 아는 한, 그레저에 대한 최초의 언급은 독일에서 2000년에 나온 알로이스 프린츠의 헤세 평전을 2002년 우리말로 번역한 『헤르만 헤세』에서다.[5] 그러나 그 책에도 그레저에 대한 소개는 거의 없고 특히 헤세와의 관련에 대한 언급도 없다.

1907년에 헤세가 몬테베리타에서 웨던코번 부부와 이야기를 나누는 장면을 찍은 사진이 남아 있다. 당시 헤세는 신지학에 대한 책을 읽고 있어서 그들을 만난 듯하다. 4년 뒤인 1911년 헤세는 인도를 여행했는데, 그 여행을 가게 된 것도 그레저 탓이었다.

몬테베리타의 헤세

그레저는 기록을 남기지 않은 것으로 유명하다. 다른 사람들이 전하는 바에 의하면 1907년 그레저는 뮌헨에서 전쟁에 철저히 맞서자고 강연하고 춤을 추었다. 그는 먼저 역사를 3단계로 나누는 강연을 했다. 첫째, 우리가 아직 창조적이었던 시대로 기술의 노예화 이전의 불의 시대, 둘째, 학교와 군대를 비롯한 강제의 시대로 역사의 대부분에 해당되는 시대, 셋째, 강제 없는 춤의 시대인 미래였다. 그리고 그는 육식, 성행위, 과학을 포기하라고 주장했다.

이어 그는 무대 한쪽에 늪을 그린 그림을 놓고 '자연의 여신'과 사이좋게 춤을 추었다. 그 늪이 안쪽에서 불(전기)에 의해 비추어지면 원시인이 벽에 비친 자신의 그림자를 보고 놀라 쓰러진다. 원시인이 자신의 자유를 포기한다는 것이다. 그러나 현대에 기계의 마술을 이해하고 그 진상을 폭로함에 의해 원시인은 자유를 되찾고 자랑스럽게 자신의 인간성을 축하하며 다시 춤을 추기 시작한다. 이는 강제에 대한 반항과 춤의 찬가 양자에서 그야말로 몬테베리타의 교의 그 자체였다고 말할 수 있는 것이었다. 이러한 춤에 대한 그의 관심은 뒤에서 볼 라반이나 비그만에게 이어졌다.

헤세의 『황야의 이리』*Der Steppenwolf, 1927*에 나오는 춤도 그레저의 영향이라고 볼 수 있다.

1908년, 헤세는 뮌헨의 잡지 <메르츠>März에 몬테베리타에 대한 글 「바위 속에서-어느 자연인의 각서」를 썼다. 그 글에서 헤세는 몬테베리타의 일광욕을 비롯한 자연치료에 대해 소개했다.

그레저의 결혼

그 무렵 엘리자베스 되러Elizabeth Dörr가 몬테베리타에 왔다. 그녀는 마인츠의 신문 편집인의 딸로서 이미 결혼을 하여 5명의 자녀를 두었으나 남편이 등반 사고로 행방불명이 되어 상속도 받지 못하고 자녀들과 함께 몬테베리타에 온 것이었다. 그녀는 그 전에 크나이프식 수욕요법의 훈련을 받았다. 자연요법과 심플 라이프라는 관념세계의 일부를 구성한 그것으로 인해 그녀는 몬테베리타에 대해 잘 알았다.

그러나 그녀와 그레저에 대해서는 거의 아무 것도 알려져 있지 않다. 이는 그레저와 마찬가지로 그녀도 대단히 과묵했음을 보여준다. 그레저와 함께 산다는 것이 쉽지 않았고, 자녀도 8명에 이르렀는데도 말이다. 그녀는 자신의 역할을 어머니 대지로 생각한 듯하다. 긴 금발머리를 하고 팔에 아기를 안고 있는 모습의, 그레저가 그린 그녀의 초상을 보면 그레저도 그렇게 생각한 듯하다. 지금 남아 있는 사진에도 그녀는 아기에게 젖을 먹이거나, 5, 6명의 아이들에게 둘러싸여 있다.

1910년 그레저가 첫 아이를 빈에서 낳은 것을 보면 그 전부터 되러와 동거를 한 것 같다. 그레저는 고향에 가족 모두와 함께 살 집을 마련하려고 독일 전역을 돌며 후원자를 구했으나 실패했다. 그 뒤 1911년부터 그레저는 녹색의 역마차를 만들어 그것을 집으로 삼아 아내와 아이들과 함께 방랑 여행을 했다. 집시처럼 말이다. 그러나 아이들은 성장하여 대부분 부모에 대해 잊고 중산층이 되었고 부모와 만나려고도 하지 않았다. 대체로 그레저에 충실했던 딸 중에 하이데만 유년시절을 그리워하여 아름답게 회상하는 글을 남겼다.

1910년, 톨스토이가 죽자 몬테베리타는 추도 분위기였다. 특히 그레저 형제가 그를 숭배했고, 그레저는 톨스토이의 고향 야스나야 폴리냐를 방문했으며, 뮈잠은 사망 직전 가출한 톨스토이를 축하하는 시를 썼다. 그들은 특히 채식주의자로서의 톨스토이를 추모하며 그를 인류의 스승으로 받들었다.

1913년 그레저는 젊은 방랑자의 집단인 '반더포겔' Wandervogel의 라이프치히 지부의 초청을 받았다. '철새'라는 뜻의 반더포겔은 청년들의 집단 도보 운동 또는 그 집단을 말한다.[6] 1901년 독일 학생들이 도보 여행 단체를 조직해 반더포겔이라 일컬은 것이 그 시초였다. 그들은 자연에 대한 사랑과 조국애를 외쳤으며, 허약한 도시 청년들을 대자연 속으로 끌어내어 몸과 마음을 단련케 했다. 라이프치히 전투 1백 주년을 기념하는 국수주의 집회에 반대하는 '독일 자유 청년의 날'에 그레저와 알프레드 베버가 강연을 하여, 도시, 과학, 문명에 의한 억압에 항의하고 젊음, 자연, 공동생활, 춤이 갖는 힘을 찬양했다. 부권적 문명에 대한 반항은 군국주의와 산업주의에 대한 그들의 증오를 표현한 것이었기 때문에 그레저가 한 강연은 몬테베리타에 중요한 의미를 부여했다. 당시 그레저는 노자를 번역하고 있었다.

그 모임은 당시 무용서를 출판한 오이겐 디데리히스Eugen Diederiches 1867~1930가 소집한 것이었다. 헤세의 초기작품을 출판한 디데리히스를 비롯한 반더포겔 사람들은 도시, 과학, 문명에 의한 억압에 항의하여 젊음, 자연, 공동생활 그리고 춤이 갖는 힘을 고양시키고자 했다. 특히 루드비히 크라게스는 오늘날 에콜로지라고 하는 것에 대한 최초의 글인 「인간과 대지」를 썼다. 디데리히스 일파는 '민족의 교육자'라고 자처하면서 자신들이 종교적이지만 기독교도가 아니라고 주장했다. 그리고 그들에게 신성한 것은 독일의 역사이지 유대인의 역사가 아니고, '신성한 나라'는 독일이지 팔레스타인이 아니며, '성스러운 산'은 발트부르크이고 '성스러운 강'은 라인강이며, 그 상징은 십자가가 아니라 철십자라고 했다. 이는 뒤에서 보듯이 나치스로 이어졌다.[7] 그 앞에 그들은 제1차 대전이 터지자 전쟁에 열광하면서 앞 다투어 전쟁에 자원했다. 여하튼 그레저의 시는 반더포겔 단체의 기관지에 실렸고, 많은 사람들이 그레저를 찾아와 그의 강연을 들었다. 당시 그를 만난 법률가이자 톨스토이주의자인 알프레드 다니엘Alfred Daniel은 그레저가 세례자baptist 요한처럼 보였다고 말했다.

헤세 다시 읽기

헤세는 1877년 독일에서 태어나 1962년 스위스에서 죽었다. 그레저보다 두 살 위로 4년 더 산 셈이지만 같은 세대였다. 그레저가 루마니아에서 태어나 독일에서 죽은 것과는 달랐지만 두 사람 모두 나라를 의식하지 않고 살았다. 헤세를 보통 독일 작가라고 하지만, 태어날 때는 러시아 국적이었다가 스위스 국적, 독일 국적, 스위스 국적 등으로 바꾸면서 살았다. 그러나 그레저나 헤세나 무국적의 세계인이었다. 헤세는 국경보다 더 증오스럽고 어리석은 것은 없다고 했다. 헤세는 평생 국가, 국민, 조국이라는 개념은 물론 정당이나 이념과도 동떨어진 존재였고, 특히 국가주의에서 나오는 전쟁과 관료주의를 혐오했다. 그래서 이미 제1차 대전

이 터진 1914년에 그는 국가주의에 반대한 탓으로 일부 독일인들에 의해 '매국노'라는 비난을 들었다. 그레저도 마찬가지였다.

그레저와 헤세는 지배나 권위 자체를 부정하고 개인의 존재를 강조한 아나키스트였다. 헤세 작품의 주인공들이 어떤 제도나 관습이나 제도나 지도자를 거부하는 자유인이었듯이 헤세는 조직이나 정당이나 권력을 거부했다. 공산당은 물론 심지어 '펜클럽Pen Club'을 비롯한 국내외의 문학인이나 예술가 조직조차 그는 철저히 거부했다. 헤세나 그레저는 결코 지도자나 개혁가나 혁명가나 예언자가 아니었다. 도리어 그들은 권력이나 폭력을 악으로 생각한 점에서 반反권력적이고 반反권위적인 점에서 공통되었다.

권력이나 폭력을 악으로 생각한 그들이 소크라테스나 예수나 간디처럼 비폭력적 무저항주의의 평화주의로 흐름은 당연했다. 물론 그들은 간디와 달리 현실 정치인이 아니었으므로 이상적 정치프로그램의 구상에 대해서는 무관심했다. 자본주의에 대한 반대와 국가주의나 반유대주의에 대한 반대를 포함하는 서양 현대문명 전반, 특히 물질주의적이고 기계주의적인 문명에 대해 헤세는 비판적이고 부정적인 입장을 여러 작품에서 드러냈다. 문명비판적인 후기 작품만이 아니라 초기의 자연주의적인 작품도 그렇게 이해되어야 한다.

그러나 우리는 이를 마치 서양문명에 반대된다는 의미에서 동양문명이 서양문명을 대체해야 한다는 식의 주장을 정당화할 수 없는 것임을 주의해야 한다. 그레저나 헤세가 20세기 후반이나 21세기에 동양, 특히 한국에 살았다면 마찬가지로 동양문명이나 한국문명은 당연히 멸망할 수밖에 없고 당연히 멸망해야 한다고 주장했으리라고 생각한다. 왜냐하면 지금 한국은 그들 시대의 유럽보다 더 천박한 자본주의와 국가주의 및 물질주의, 기계주의의 나라이기 때문이다.

1996년에 나온 『헤세 문학과 이상정치』는 최근 독일에서의 헤세 연구 중에 정치적인 관점이 나왔다는 소개부터 시작하는데 나로서는 그런 정치적 관점이 지극히 당연한 것이라고 생각한다. 그러나 그런 정치적 관점이란 것이, 헤세 문학이 정치적이게 된 것을 제1차 대전 이후로 보고 그것이 더 이상 그 전의 "세상 쓴 맛 모르는 천진난만한 소년작가"[8], 즉 낭만주의 작가나 내면성을 추구하는 은둔주의자나 내적 신비주의자로 놔두지 않아 서정적이고 목가적인 작가에서 "문제의식을 가진 자로서 그리고 이방인"으로 새롭게 태어나게 했다[9]고 보는 점에는 찬동할 수 없다. 이러한 관점은 마치 제1차 대전이 없었다면 헤세는 정치성을 띨 수 없었다고 보는 것 같다. 그러나 제1차 대전은 결코 우발적인 사건이 아니라 그 전 시대의 연장이라고 봄이 옳다. 그 전 시대는 그런 전쟁을 전혀 낳을 수 없었던 평화시대였던 것처럼 보는 역사관은 문제라는 것이다.

헤세는, 독일인은 자유보다도 복종에 익숙해 히틀러 시대는 물론 비스마르크부터 아데나워까지 독재에 대해 무방비했다고 비판했다. 특히 히틀러 시대의 독일인들은 그 본질인 이기주의적 감상성에 의해, 이상보다는 빵, 고고한 정신보다는 실업의 불안에서 해방되기 바랐다고 보았다. 그러나 이러한 비판은 히틀러 시대에 와서 내린 것이 아니라, 그 전 시대의 초기작품에서도 나타남을 주의해야 한다.

가령 『수레바퀴 아래서』에 나오는 주인공의 아버지는 "황금을 숭배하는"[10] 평범한 소시민 상인이자 흔해빠진 속물이고 "낡고, 우악스럽기만 한 가족의식과 자기 아들에 대한 자부심"[11]만을 가지며, 교장은 "교육은 병영에서의 주도면밀한 군기를 통하여 극도의 완성을 이루게 된다"[12]고 생각하며 그런 아버지와 교장이라는 수레바퀴에 어린 주인공은 깔려 죽는다.

또한 우리에게 일본에서처럼 '향수'라는 제목으로 소개된 『페터 카멘친트』*Peter Camenzind,* 1904는 차라리 '고독'이나 '왕따'나 '반항'이라고 번역되어야 했을 정도로 스스로 가정이나 학교에서 벗어난 청소년 시절과 성년 시절을 보여준다. 출판 당시 독일 청소년계를 풍미한 도보여행이니 단체 활동이니 캠프파이어니 기타 연주회니 밤샘 토론회니 따위로부터 스스로 떨어져 나온 한 왕따에 대한 이야기이기 때문이다.

페터 카멘친트는 집단 자체를 거부한다. 그는 단체, 동료, 조직, 다수, 단결, 협조, 협동, 적응, 조화 등 개인적이지 않은 모든 집단적인 것을 거부한다. 오로지 자신만의 길을 고집한다. 그는 집단적인 삶이 아니라 자신이 만든 꿈의 세계에 사는 외로운 왕이다. 아니 왕따다. 헤세는 우리에게 그런 왕따가 되라고 말한다. 그러나 그 왕따는 병약한 은둔자는 아니다.

이처럼 태어나 죽을 때까지 왕따 신세였던 헤세는 평생 단 한 번도 시대 문제로부터 피하거나 벗어난 적이 없다. 따라서 그를 "시대와는 인연이 없는 사람"[13]이라고 볼 수 없다. 상아탑 속에 산 적도 없고 환상 속에서 허우적대지도 않았다. 그의 관심과 주장은 언제나 규격에 맞추어지지 않는 자연아-개인이었으나, 그것은 동시에 국가와 사회에 대한 비판이었다. 바로 그레저의 삶이었다.

『페터 카멘친트』를 비롯한 헤세의 모든 작품, 그리고 도시를 벗어나 평생 시골에서 살았던 헤세의 생애 자체는 자연 속의 자연아 그것이었다. 그 점에서 그는 톨스토이를 따랐다. 그리고 자연 속에서 많은 음악가와 미술가들을 사귀면서 스스로 그림을 그렸다. 그러나 그는 그 어떤 의미에서도 그들과 무리 지어 집단을 만드는 것은 거부했다. 그런 의미에서 그는 자기에게는 친구가 없다고 말했다. 그 점에서도 그는 외로운 왕따였다. 특히 『데미안』은 절대적인 정직을 통한 자아의 규명과 자기 길의 발견, 그리고 자율적인 존재로서의 자기 행동에 대한 책임을 주장한 새로운 왕따였다. 같은 시기에 쓴 『짜라투스트라의 귀환』에서는 니체를, 짜라투스트라를 그런 왕따로 받아들였다. "자네들은 모두가 자신임을 배워야 해. 자네들은 타인이 되거나 전혀 아무 것도 되지 못해서는 안 되며 남의 목소리를 흉내 내거나 다른 사람의 얼굴을 자신의 얼굴로 착각해서도 안 된다."[14]

『크눌프』

헤세가 1915년에 발표했지만 전쟁 전에 쓴 것으로 보이는 『크눌프』*Knulp*에서 크눌프는 그레저와 같은 방랑자로 등장하지만 유희와 관능의 세계에 사는 점에서 그레저와는 다르며, 여기에서 헤세와 그레저의 공통점과 차이점이 분명히 드러난다. 크눌프가 특히 톨스토이를 즐겨 읽었고, 학자를 경멸한 점은 그레저와 같았다. 크눌프에 의하면 학자들은 "올바른 일을 시작하는 법이 없고, 온갖 기교를 다 부려도 수수께끼 하나 풀지 못한다."[15]. 톨스토이는 그레저와 헤세의 공통된 평생의 스승이었고, 지식인에 대한 경멸도 함께 평생 유지했다. 크눌프는 "목사, 교사, 시장, 사회민주주의자, 자유주의자"의 말을 들었지만 "마음 속 깊은 곳에까지 진심을 간직한 사람을 보지 못했"다.[16]

임종을 맞아 후회하는 크눌프에게 신이 말한다.

> 진정, 자네가 가장이 되고, 직공장이 되어 처자식을 거느리면서 저녁엔 주간신문이나 뒤적이는 사람이 되고 싶

었단 말인가? 당장 그곳을 뛰쳐나와 숲속의 여우 굴 옆에 서 자고, 새덫을 놓거나 도마뱀을 길들이지 않았을까?[17]

헤세가 찬양하는 삶은 반시민적인 자연 속의 삶, 바로 그레저의 삶이다. 헤세가 다음과 같이 노래하는 '멋진 세계'이다.

종종 나 무서운 '현실'속으로 접어들었었네.
판사, 법, 유행, 환시세를 중히 여기는 그곳으로
하지만 매번 실망에 차 도망쳐 나왔네.
자유로운 저편, 꿈과 축복받은 어리석음이 샘솟는 곳으로.

나뭇가지에 부는 무더운 밤바람
가무잡잡한 얼굴의 집시 여인
어리석은 동경과 시인의 향기가 충만한 세계
나 영원히 속해 있는 멋진 세계
너의 빛이 번쩍이고, 너의 음성이 나를 부른다.[18]

제1차 대전

1914년 8월 1일, 독일제국은 러시아와의 전쟁을, 이어 이틀 뒤 프랑스와의 전쟁을 선포하고 중립국인 벨기에를 점령했다. 헤세는 러시아에 대해 분노하고, 다른 독일계 주민들처럼 자발적으로 지원해 신체검사를 받고 병역미필자들로 구성된 예비군에 배치되었다. 그는 독일에 대한 애국심과 함께 전쟁을 "어리석은 자본주의자들의 평화"로부터 인간을 해방하고 정화시키는 기회로 긍정하면서도 자신에게는 인류가 제일 중요하다고 했다. 『데미안』에서도 제1차 세계대전은 "거대한 세계가 알에서 나오려고 투쟁하"[19]는 것으로 그려졌다.

이러한 헤세의 태도는 온건한 애국주의와 평화주의의 애매한 결합이라고 볼 수 있다. 헤세는 하인리히 만이나 칼 크라우스나 슈테판 츠바이크처럼 처음부터 공개적으로 전쟁에 반대하거나, 후고 발처럼 행동하는 저항그룹에 참가하지는 않았다.

그러나 전쟁은 헤세의 온건한 애국심과 애매한 평화주의를 유지하도록 내버려두지 않았다. 10월에 하웁트만 등 당대의 지성인 93명을 필두로 3천여 명의 교수들이 낸 그들의 성명서에서 독일의 군국주의가 없었더라면 독일의 문화는 옛날에 지상에서 자취를 감추었을 것이라고 주장하자 헤세는 반발했다. 그 성명서에 베버는 참가하지 않았다. 그러나 "이 위대한 경탄할 만한 전쟁"은 매우 반갑지만 자신은 나이가 많아 참전하지 못해 유감이라고 했다.[20]

특히 토마스 만은 <새 전망>Neue Rundschau에 쓴 「전시의 사상」Gedanken in Krieg에서 영국과 프랑스가 독일의 심오한 본질을 이해하지 못한다고 비난했다.[21] 이에 대해 프랑스의 치열한 반전주의자인 로맹 롤랑Romain Rolland, 1866-1944은 1915년 「전쟁을 초월하여」Au-dessus de la Melee에서 만의 글을 극심한 과대망상증으로 독일에 가해진 세계의 비난을 역으로 이용하여 독일을 미화시키고 전쟁을 책동한 "폭력의 범죄적 최고 입찰"이라고 비판했다. "마치 미쳐 날뛰는 황소가 투우사의 칼날을 향하여 달려들어 드디어는 그 칼날에 쓰러지는 어리석은 행동을 범하고 있다"고까지 극언했다.[22] 이어 토마스 만의 형인 하인리히 만이 <백지>Die weisse Bätter에 발표한 「졸라」Zola를 통해 토마스 만을 '권력의 앞잡이'이자 '거짓말쟁이 지식인'이라고 비판했다.[23]

헤세는 1914년 11월, <신 취리히 신문>*Neue Zürlicher Zeitung*에 쓴 「오, 친구들이여, 그런 음조로 노래하지 마오」*O Freunde, nicht diese Töne*

에서 "국가의 초비상시 시국에 추호도 조국을 배신할 생각이 없고, 군인이 그의 임무를 완수하는 것을 방해할 생각이 없다"고 하면서도 민족 간의 증오를 불러일으키는 예술가들을 비판하고 예술은 국경을 넘어서야 한다고 주장했다. 그러자 헤세에게 당장 변절자라는 비난이 쏟아졌다. 반면 프랑스는 헤세에게 감사했고 롤랑은 베른으로 헤세를 방문했다. 헤세는 1915년 여름부터 프랑스에 있는 독일 포로들에게 책을 보내는 자원봉사단을 조직하고 포로들에게 책을 공급하는 활동을 전쟁이 끝난 뒤에까지 계속했다.

한편 제1차 대전 후 그레저의 생활은 더욱 어려워졌다. 헤세와 달리 그는 병역을 거부해야 한다고 주장했기 때문에 이미 범죄를 저지른 것이었다. 그래서 1915년 슈투트가르트 당국은 매주 일요일 열린 그의 '숲의 명상'을 금지했다. 대신 그는 자기가 머문 집에서 『노자』 번역을 낭독했으나 곧 체포되었다. 그는 빈을 거쳐 부다페스트로 연행되었기에 오스트리아 경찰에 체포된 것으로 짐작된다.

그 후 그는 군대 깃발에 경례하기를 거부하여 6주간의 금고를 선고받았다. 고향의 군 구치소에서 제복 입기를 거부하여 총살당할 예정이었으나 총살 대신 정신병원에 수용되었다. 그 후 반년 뒤에 정신이상자라는 이유로 석방되었다. 그는 폭력에 대해서는 비폭력 무저항주의로 일관했다. 그러나 자신의 주장은 분명히 밝혔다. 그에게는 조국, 문화, 그리고 기독교가 적이었다.[24]

1916년 그레저는 열차 속에서 쓴 장대한 교훈시 「벗이여, 고향에 돌아가라」에서 자기 자신으로의 복귀를 반제국주의의 슬로건으로 제시했고, 또 「인간이여, 고향에는 대지가 필요하다」에서는 즐거움과 행복의 내면적인 고향은 결코 강탈당할 수 없고, 도리어 거기에서는 자기 자신의 마음이 삶의 무기로 투입되어야 한다고 썼다.

그레저는 정신병원에서 헤세에게 편지를 보내어 아내인 되르와 자녀들을 도와주도록 부탁했다. 당시 헤세는 융에 심취해 있었다. 융은 프로이트에 반대하고 신화나 상징의 측에 선다고 선언했다. 1916년 가을, 그레저는 다시 취리히와 베른에서 추방되었다. 당시 전쟁에 공포를 품고 취리히나 몬테베리타로 온 독일의 자발적 망명자들이 그레저에게 주목하기 시작했다. 그러나 헤세는 융에 근거하여 예술가에게는 그 신념을 표명하는 특별한 방법이 있다고 하는 내용의 에세이 「예술가와 정신분석」1918을 발표했다.

제1차 대전 후

1917년 헤세는 「아르체뇨 근교에서」라는 시에서 다음과 같이 노래했다.

> 나는 오래된 순례자의 길을 오른다 …
> 여기가 나의 성지다, 나는 몇 번이나
> 자신에게 이끄는 이 조용한 길을 오른다
> 오늘 나는 다시 이 길을 간다, 다른 느낌으로
> 그러나 목표는 같다, 결코 이 땅을 떠나지 않으리.

아르체뇨Arcegno는 그레저가 사는 마을 이름이다. 당시 지식인들이 전쟁에 반대하고 평화운동에 나섰다. 슈바빙에서는 행동대 멤버들이 전후를 준비했다. 마르틴 부버, 프란츠 융, 구스타프 란다우어, 뮈잠 등이 그로스와 함께 나섰다. 당시 몬테베리타에서는 동방성당기사단Ordo Templi Orientis이 반국가회의를 열었다. 이다 호프만을 비롯하여 많은 사람들이 강연을 했고 라반도 깊이 관여하여 '태양의 춤'을 공연했다.

제1차 대전이 끝난 뒤 1918년 바이에른 주에 성립한 평의회공화국Räte-republik은 인민의 평의회 연합으로 중앙집권적 지배체제를 대치하려는 아나키즘 사회주의 혁명이었다. 그것은 중앙정부가 투입한 군대와 경찰에 의해 치열한 시가전 끝에 2주 만에 끝났지만[25] 뮈잠이 쓴 다음의 시 「평의회의 노래」에서 보듯이 독일 현대사에서 중요한 의미를 갖는 것이었다.

> 얼마나 오랫동안 망설이려는가, 인민이여!
> 낮은 솟아오르고 밤은 지고 있는데.
> 너희는 영원히 자유에 대해 꿈만 꾸려 하는가.
> 벌써 자유 자체가 깨어났는데도?
> 동쪽[26]에서 외치는 소리를 들어라!
> 단결하라, 투쟁과 행동을 위하여!
> 해방의 순간이 다가오지 않는가!
> 의지의 강철을 녹슬게 하지 마라!
> 자, 인민들이여, 싸움터로 나아가자!
> 동지적 가치를 보여다오!
> 자유는 전장의 외침소리,
> 평의회는 검일지니.
>
> 부자는 수입을 걱정한다.
> 그는 수많은 유권자를 매수하고,
> 의회의 헛소리는 신성한 자본을 보호한다.
> 부질없는 노력이다, 무성히 땅 속에서
> 치솟는 것을 뽑아 없애려 함은!
> 침묵하라, 부자여, 조용히 하라, 인민이 결정한다.

평의회가 대변하는 자유 인민이!

일어서라, 노동자여, 군인이여 그리고 노동자여!
평의회를 만들라 자신의 대열에서!
그리고 무너뜨려라,
수백 년 묵은 예속의 썩은 성벽을!
러시아인은 벌써 둑 위에 서 있다.
용감한 마자르인이 그 뒤를 따른다.
너, 무산자여, 얼마나 오랫동안 망설이려 하느냐?
너희 인민이여, 얼마나 오랫동안 망설이려 하느냐?

최후의 일격만 가하면 된다.
꺾어야 할 것은 지배자의 망상이다.
투쟁의 열기를 불사르자.
사회주의로의 길을 트기 위하여!
낡은 세계는 폐허 속으로 진다고 언젠가
스승들은 우리에게 선포하셨다.
자신의 평의회를 옹호할 때,
인민은 자유로이 결합된다.[27]

1918년 8월, 그레저는 다시 취리히에서 투옥되었다. 그는 자신처럼 방랑자를 자처하며 자신을 따른 루이 호이서Louis Häusser, 1881~1927에게 형이 몬테베리타에 남긴 유산, 즉 두 채의 건물 부지에 2천 그루 나무가 있는 약 4천 평의 땅을 사기당했으나, 이에 항의하지 않고 다른 곳의 작은 집을 빌려 가족과 함께 살았다.

12월 말, 그레저는 베른의 헤세에게 편지를 보내어 자신은 뭔헨에 가서 혁명가들에게 비폭력을 가르치겠다고 하며 동행을 부탁하면서, 만일 동행할 수 없다면 동봉하는 『노자』 번역을 출판해 달라고 했다. 『노자』는 헤세에게 깊은 영향을 주었다. 그는 그 번역이 당대 유럽인에게 부과된 유일한 정신적 과업이라고 주장하고, 『싯다르타』*Siddhartha*, 1922에 나오는 성자는 부처보다도 노자에 가깝다고 말했다.

헤세는 그레저의 편지를 받고 며칠 뒤인 1919년 1월, 사흘 낮밤에 걸쳐 『짜라투스트라의 귀환』*Zarathustras Wiederkehr, 1919*을 썼다. 그것은 니체의 영웅이 전후 독일에 다시 나타나 그레저처럼 혼란에 빠진 마을로 돌아간다는 이야기였다. 그 글에서 헤세는 참된 행동은 고독한 자기침잠을 통해서만 스스로 생기는 것이라고 주장했다.

『짜라투스트라의 귀환』

패전의 베를린에 짜라투스트라가 미소와 함께 찾아온다. 그러나 청년들은 "조국이 패퇴하고 붕괴하려는 이때에 어찌 미소 지으며 즐거워할 수 있을까?" "무엇보다도 지금은 행동할 때인데, 행위를 통한 모범을 보이면서 파멸로 치닫는 국가와 민중을 구해야 할 가장 시급한 시기가 아닌가?"라고 반발한다.[28] 그러나 짜라투스트라는 "내가 자네들에게 국왕들을 위한 조언을 해주었던가? 내가 한 번이라도 국왕이나 시인처럼, 아니면 정치가나 상인처럼 자네들에게 말한 적이 있던가?"라고 반박하며 다음과 같이 말한다.

> 자네들은 모두가 자신임을 배워야 해. 자네들은 타인이 되거나 전혀 아무 것도 되지 못해서는 안 되며 남의 목소리를 흉내 내거나 다른 사람의 얼굴을 자신의 얼굴로 착각해서도 안 된다.… 자기 자신의 생을 사는 방법을 배

> 우라! 자기 자신의 운명을 인식할 수 있도록 노력하라! … 운명을 외부로부터 받아들이는 사람은 운명에 의해 쓰러진다. … 그대들이 운명을 바꾸려고 하지 않고 마음으로부터 인정을 하게 되면, 인생은 너무나도 감미로운 것으로 변할 것이다. 모든 고통, 모든 해악, 모든 죽음이란 자기 자신의 것이 아닌 그저 받아들여진 운명이다. 그러나 지상의 모든 행위, 모든 선, 기쁨, 생산적인 것 등은 체험된 운명이며 내가 된 운명이다.[29]

그리고 독일인은 전쟁 전에 "너무 부유했고 너무 비대했"고 그 때 운명을 인식해야 했는데도 "타인을 정복하기 위해서, 이 지상에서 더 많은 땅을 갖고, 뱃속에 더 많은 음식을 채우기 위해서 전쟁을 시작했"고, 패전한 지금은 "비탄에 젖어 갖가지 비애와 고통을 느끼며, 고통을 가져다준 증오할 적을 찾아 헤매고 있"으나, "자신들의 내부에 있는 고통이 적의 탓이라고 전가한다고 해서 없어지지 않는다는 알게 되었다"고 했다.[30]

> 어째서 그대들은 자신의 고통을 그것이 실제로 존재하는 곳, 즉 그대들의 내부에서 찾으려 하지 않았는가? 그대들에게 고통을 주는 것은 민족이나 조국이 아니다. 또한 세계지배권이나 민주주의도 아니다. 그것은 단순히 그대 자신이며, 그대의 위장이나 간장이며, 그대의 체내에 기생하고 있는 종기나 암이다.[31]

짜라투스트라는 문제의 본질을 "조악한 교실의 한 켠에서 배웠던, 태곳적부터 시작되었으며 신들에 의해 만들어졌다고 전해지는" "행위와 고뇌"라는 "대립을 철저하게 믿어"온 것에서 찾으면서 "행위와 고뇌"는 대립하는 것이 아니라 하나라고 주장한다.[32] 사람들은 "밤낮으로 가게나 공장에서 떠들고, 많은 해머 소리를 들으며, 많은 매연을 공중으로 날리는 것"을 '행위'라고 하지만 그것은 고뇌로부터의 도피에 불과하다고 본다.[33]

그리고 "근면으로 일관된 행동과, 매연으로 그을린 영업을 통해 무엇을 이룩했는가?"라고 묻고 "좋고 빛나는 업적은 행동이나 열성, 또는 근면이나 해머를 휘두르는 것에서 생겨나는 것이 아니다. 그것은 산위에서 고독하게 성장한다"고 한다.[34] 즉 "고독해지는 것, 그대 자신이 되는 것, 부모로부터 떨어지는 것"[35]이나 누구나 그렇게 하지 못한다고 개탄한다.

> 그대들은 항상 입으로는 신을 들먹이면서 손은 돈지갑 위에 얹어 놓고 있다. 또한 그대들은 기회가 있을 때마다 질서와 도덕, 그리고 조직에 대해서 말했지만 실은 돈벌이만을 생각하고 있었다.[36]

독일인은 이 세상에서 가장 신앙심이 두텁지만 그것이 만든 것은 "카이젤과 하사관"[37]이다. 독일인의 책에는 "국민이 전부이며 개인은 없다고 가르친다."[38] 그러나 진정 필요한 것은 "자기 자신의 존재를 아는 사람, 자신의 운명을 인식한 사람"이고 "그들만이 연설이나 명령, 그리고 소심하면서도 책임감이 없는 관료주의에 만족하지 않는다."[39]

> 그대들 독일 사람은 다른 어떤 국민보다도 복종에 익숙해져 있다. 그대들의 국민은 매우 쉽사리, 지나치게 기꺼

이 복종을 한다. 명령을 이행하고 규정을 준수하는 데서 오는 만족을 느끼지 않으면 독일국민은 한 발자국도 내디디려고 하지 않는다.[40]

모두들 서두르라고 외치지만, "서두른다는 것은 복종의 기쁨과 마찬가지로 독일적인 미덕으로 간주되어 왔지만, 그것은 아무런 미덕이 아니다."[41] "그대들의 목적은 금전이나 권력이 아니며, 지혜나 생업상의 행복도 아니다."[42]

『짜라투스트라의 귀환』에서 헤세가 강조한 것은 개인의 인간성과 존엄성이 상실되고 집단화되며 영혼마저 사라져버리는 시대에 개인의 도덕적인 자율성이 회복되어야 한다는 점이었다. 이는 그레저의 생각과 같은 것이었다.

도스토예프스키에 대한 성찰

도스토예프스키

1919년 3월 헤세는 뮈잠, 란다우어와 함께 평의회에 참가하라는 권유를 받았으나 그에게는 부인의 병으로 인해 그럴 여유가 전혀 없었고, 또한 자신은 정치가의 기질을 타고 나지 않았다고 생각한 탓에 거부했다. 그러나 헤세가 그레저의 아나키즘에 공감한 것은 분명하다. 당시 그레저는 뮌헨에서 「마음의 공산주의」라는 강연을 했으나 과거 아나키즘에 심취한 지식인들로부터도 조롱을 받았다.

1919년 헤세는 도스토예프스키에 대한 두 개의 글을 썼다. 먼저 헤세는 『'카라마조프 형제들'과 유럽의 몰락』*Die Brüder Karamasow oder Der Untergang Europas*에서 카라마조프의 아시아적 이상이 유럽의 사조가 되어 유럽의 몰락을 초래하고 있는데, 이는 '어머니', '동방의 아시아', '원천'으로의 복귀를 뜻한다고 한다. 따라서 그 몰락은 사실은 '새로운 체제'의 탄생을 뜻한다.[43]

헤세는 도스토예프스키의 아시아적 이상이란 "일체를 이해하고 긍정하기 위해서 현실을 과감하게 탈피하는 것", 즉 『카라마조프 형제들』에 나오는 조시마 장로가 예고하여 알료샤가 실천하고, 이반과 드미트리가 "명확하게 자각하여 표현했던 하나의 새로운 위험과 두려운 신성함 때문에 기존의 모든 고정된 윤리와 도덕에서 떠나는 것"이라고 보았다.[44] 그들에 비해 "검사나 시민계급의 대표자들이 가진 고지식하고 극히 예의 바른 타입은 그들이 외면적으로 승리하면 할수록 더욱 더 초라하고 공허하며 일고의 가치도 없는 것"이다.[45]

헤세가 아시아적 인간의 표상으로 주장하는 데미우르크는 "여러 대립에서, 여러 특성에서, 여러 도덕에서 탈출하려고 노력하는 인간", "여러 가지 대립의 피안에 서 있으며, 낮과 밤, 선과 악도 구별하지 못"하는 "허무이며 일체이다."[46] 그러나 대립 속에서만 인식하는 서양인은 그를 인식할 수 없다. 반면 아시아적 인간상은 "항상 자기 자신의 영혼을 문제 삼고 있다."[47]

이러한 헤세의 성찰은 『도스토예프스키의 '백치'에 관한 생각들』*Gedanken über Dostojewskis Idiot*에서 더욱 심화된다. 『백치』의 주인공 미슈킨 공작은 예수에 비유된다. 『카라마조프 형제들』에 나오는 주인공들처럼 그는 도덕을 초월한 "수줍은 순수성"을 가지고 있다.[48] 헤세는 『백치』에 나오는 한 장면, 즉 "한편에는 사교적인 집단인 우아한 사람들과 부자, 그리고 세도가와 보수주의자들이 있고, 다른 편에는 반항과 인습에 대한 증오밖에는 알지 못하는 격렬하고 난폭한 청년들과 되돌아볼 줄 모르는 무뢰하며 야만적인, 이론적으로는 합리주의자이면서도 말할 수 없이 우둔한 청년들" 사이에서 "몰아적으로 대답하고 모든 죄를 자신에게 구하며, 자신이 혼자서 짊어지려고 하는" 미슈킨이 있는 장면을 보여준다.[49]

모든 사람들이 미슈킨에게 등을 돌리는데, 이는 미슈킨이 그들과 다른 생각을 하기 때문이다. 즉 "무의식 세계의 모범을 확립하고 문화를 지양하는" 태도이다.[50] 그러나 헤세는 이를 모범이 아니라 우리도 통과해야 하는 운명으로 "각자 혼자서 스스로의 힘만으로 그 길을 걸어가야 한다"고 본다.[51] 여기서 미슈킨은 당시의 그레저를 연상시킨다. 또 뒤에서 보는 그로스를 연상시키는데 이 글을 쓸 때 헤세는 그로스에 대해 알았고 미슈킨에 대한 그의 글을 읽었을 것으로 추측된다.

그 후 헤세의 작품에는 죄의식과 자살에 대한 유혹이 나타났다. 그리고 헤세는 처와 가정을 버리고 몬타뇨라로 이사했다. 그레저도 이 때 몬테베리타를 떠나 다시 그곳에 돌아가지 않았고, 아내와도 헤어졌다. 빈곤 속에서 가정을 지킨 그녀도 지쳐서 몬테베리타를 떠나 다른 남자와 결혼했다. 그 뒤 그녀는 제2차 대전 발발 전후로 웨던코번 부부처럼 스페인을 거쳐 브라질로 갔다. 그렇게 그레저의 몬테베리타 시대는 막을 내렸다. 그 후 그레저와 헤세의 길은 완전히 갈라졌다. 특히 『데미안』 이후 헤세는 유미주의자의 길을 갔다.

『데미안』

헤세는 1916년 9월, 9년 만에 다시 그레저를 만난 뒤에 『데미안』을 썼다. 제1차 대전 중 창작에 몰두하지 못한 헤세가 쓴 몇 단편을 제외하면 유일하게 쓴 장편인 『데미안』은 초기의 『페터 카멘친트』, 『수레바퀴 아래서』, 『크눌프』와 마찬가지로 어린이가 성년이 되어가는 과정을 다룬 성장소설로서 역시 우정과 사랑이 중요한 구성요소로 한다. 그러나 그 성장의 내력은 앞의 어느 작품보다도 심각했다. 이는 그 귀결이 제1차 대전이기 때문이었다. 『데미안』은 전쟁이 한창인 1916년에 씌어졌음을 그 처음에 "그 하나하나가 자연의 단 한 번의 소중한 시도인 사람을 무더기로 쏘아 죽"[52]인다는 구절에서부터 알 수 있다.

이어 헤세는 "한 사람, 한 사람의 삶은 자기 자신으로 이르는 길이다. 길의 추구, 오솔길의 암시이다."라고 한다. 그리고 "우리는 서로를 이해할 수는 있다. 그러나 의미를 해석할 수 있는 건 누구나 자기 자신뿐"이라고 한다.[53] 여기서 헤세가 몇 번이나 "한 사람"을 강조하는 것을 주의해야 한다. 그것은 무더기 총알받이로 죽는 비인간적인 전쟁에 대한 거부이고 이를 초래한 국가주의에 대한 비판이지, 추상적인 한 인간의 성장사라는 교육학적인 도식을 다루는 의미의 성장소설이 아니라는 점을 주의해야 한다.

『데미안』은 '두 세계'의 묘사로 시작된다. 하나는 부모, 사랑과 엄격함, 모범과 학교의 세계이고, 또 하나는 하녀들과 직공, 유령과 스캔들의 세계이다. 즉 시민적 세계와 반시민적 세계이다. 어린이들의 세계도 두 개다. 하나는 주인공 싱클레어처럼 라틴어 학교를 다니는 시민계층의 아이들이고 또 하나는 공립학교를 다니는 노동자계층의 아이들이다. 싱클레어는 "젊은 직공들의 걸음걸이와 말투를 흉내 내는" 악동 크로머를 만나 황당한 도둑질 이야기를 꾸며내어 위협을 당하게 되면서 "세계가 내 주위에서 무너졌"고 "모든 흉칙하고 위험한 것이 나에게 맞서고 있"음을 느끼고 그의 세계로 빠져든다.[54]

그러다 다른 아이들보다 성숙하고 "선생님들에게 맞서는" 급우 데미안이 '카인'을 찬양하는 소리를 듣고 크로머 때문에 밝은 부모의 세계를 배반한 자신도 카인임을 깨닫는다. 심지어 그는 "아버지를 습격하여 살해하는 꿈"을 비롯한 악몽에 시달린다.[55]

싱클레어는 데미안을 통해 크로머로부터 벗어나 밝은 세계로 돌아가지만 데미안은 싱클레어에게 '예수 옆에 매달린 도둑'의 이야기를 통해 기존 선악규범의 세계에서 벗어나 투쟁하도록 가르친다. 데미안은 기독교에서 말하는 유일신의 세계 외에 다른 세계도 있다고 말한다. 싱클레어는 그 이야기에 저항하면서도 모든 금기와 선입견에서 점차 자유로워진다. 그 무렵 데미안은 떠나간다.

싱클레어도 고향을 떠나 도시 학교로 전학해 술을 마시며 타락한 생활에 젖어 결국 학교를 쫓겨날지도 모르게 된 무렵 만난 어떤 소녀를 베아트리체라고 부르면서 혼자 그리워한다. 그러다 그녀가 사실은 데미안임을 알고 그에게 편지를 쓴다. 그리고 다음과 같은 글이 쓰인 쪽지를 받는다. "새는 알에서 나오려고 투쟁한다. 알은 세계이다. 태어나려는 자는 하나의 세계를 깨뜨려야 한다. 새는 신에게로 날아간다. 신의 이름은 압락사스."[56]

여기서 알은 두 가지 세계로 나온다. 하나는 기존 선악규범의 세계이다. 선을 대표하는 유일신을 대신하는 것이 압락사스로, 그 신은 천사와 악마, 선과 악, 정신과 감각이 조화를 이룬다. 그 선악의 세계는 오르간 연주자 피스토리우스를 거쳐 데미안의 어머니 에바 부인을 통해 통일된 하나의 세계로 나아간다. 이는 앞에서도 보았듯이 전쟁과 아버지의 죽음으로 전환을 가져온 새로운 내면 세계다.

그것은 동시에 낡은 유럽이라는 알이다. 뒤에 성장한 데미안이, 불안과 공포와 당황에 의해 강요되어 부패하고 붕괴 직전인 집단과 패거리 짓기가 기세를 떨치고 있을 뿐 자유와 사랑이 없는 곳이라고 말하는 유럽이다. 그리고 데미안은 곧 싸움, 즉 노동자투쟁이나 전쟁이 벌어지겠지만 그것이 세계를 개선하지는 못하고 주인만 바뀐다고 본다. 그러나 "우리 유럽이 한동안 자신의 기술 및 학문의 대목시장을 펼쳐놓고 소리소리 질러대는 통에 들리지 않았던 인류의 의지가 드러날 거야. 그리고 그 다음에는 인류의 의지가 결코 그 어디서도 오늘날의 공동체들, 국가들과 민족들, 협회들과 교회들의 의지와 같지 않다는 것이 드러나겠지. 오히려 자연의 의지는 개개인들 속에 적혀 있어. 네 마음속에 그리고 내 마음 속에. 예수 속에 적혀 있고 니체 속에 적혀 있지"라고 본다.[57]

그리고 전쟁이 터진다. 데미안도 참전한다. 싱클레어는 처음에 전장에 나가는 사람들이 이상을 좇는다고 보았지만 곧 그렇지 않음을 깨닫는다. 즉 "그들의 유혈의 위업은 오로지 내면의, 그 자체 안에서 산산이 파열된 영혼의 발산이었다. 새로 태어날 수 있기 위하여 광분하여 죽이고, 말살하고, 죽으려는 영혼의 발산이었다. 거대한 세계가 알에서 나오려고 투쟁하고 있었다. 알은 세계였고 세계는 짓부수어져야 했다."[58]

그 파괴의 전장에서 부상당한 데미안(사실은 이름도 모르는 병사)은 마찬가지로 부상당한 싱클레어에게 키스하며 죽는다. 싱클레어는 데미안이 본래 인도자가 아니라 자신의 내면에 계속 존재해온 것을 일깨워준 존재임을 인식하는 것으로 소설은 끝난다. 이렇게 『데미안』은 모호하게 끝나지만 그 처음에서 강조되었듯이 한 사람 한 사람의 자기실현을 가장 중요하게 생각해야 한다고 헤세는 주장함에 틀림없다. 싱클레어와 데미안은 제1차 대전을 초래한 유럽문명의 희생양으로 새로운 세계로 나아가는 상징으로 그려지고 있다. 그러나 『데미안』에서 막연히 암시된 그 새로운 세계는 전혀 그려지지 않는다. 그 새로운 세계는 헤세 만년의 작품인 『유리알 유희』의 이상세계에서 그려지는 만큼 우리는 좀 더 기다려야 한다.

그러나 기존 도덕의 타파에 대한 헤세의 열망이 『데미안』에서 더욱 치열해진 것은 분명하다. 사실 『데미안』은 무서운 책이다. 우리에게 기존 도덕을 타파하라고 요구하기 때문이다. 그 기존 도덕이란 봉건적 비인간주의의 도덕이고 물질에 젖은 자본주의 도덕이다. 즉 우리를 둘러싼 현실을 거부하라고 요구하는 것이다. 바로 그레저의 주장이자 삶이다.

헤세는 제1차 대전 중 계속 그레저와 함께 반전운동을 했다. 1917년에 쓴 『데미안』의 주인공 데미안은 그레저를, 데미안의 어머니 에바는 그레저의 부인 엘리자베스를 각각 모델로 삼은 것이었다. 그러나 헤세는 1919년, 그레저의 자기파괴적인 영웅주의에 등을 돌리고 친구이자 경쟁자인 토마스 만처럼, 예술 쪽으로 나아갔다. 그런 관점에서 헤세의 『클라인과 바그너』를 토마스 만의 『베니스에서 죽다』와 비교할 수 있다. 나아가 두 사람은 각각 『싯다르타』와 『요셉과 그의 형제』에서 전통적인 종교에 대해 다루었지만, 두 사람 모두 신적인 것과 악마적인 것을 유희적이고 심미적인 요소로 대체했다. 그러한 경향은 헤세의 마지막 작품인 『유리알 유희』에서 절정을 이루었는데 이 작품도 토마스 만의 『파우스트 박사』와 비교된다.

토마스 만의 보수적 혁명

토마스 만과 하인리히 만

여기서 다시 토마스 만에 대해 생각해보자. 그는 1919년 2월의 일기에서 란다우어에 공감하고 이어 4월에는 사회혁명을 불가피한 것이라고 썼다. 그러나 당시의 편지에서는 독일 보수주의의 정신화를 고대하는 등 갈피를 잡을 수 없는 혼란을 보였으나 궁극적으로 그는 바이마르 공화국에 적대하는 반시민적이고 반민주적이며 반자본적인 권위 있는 세력에 의한 보수적 혁명으로 귀결되었다. 보수적 혁명의 대표적 이론가인 슈펭글러Oswald Spengler 1880~1939의 『서양의 몰락』Der Untergang des Abendlandes, 1918~22이 출판되자 토마스 만은 그 책을 자신의 『비정치적 인간의 고찰』의 자매라고 열광적으로 환영했고 뒤에 나치의 대표적 철학자가 되는 보임러 Alfred Bäumler 1887~1968도 토마스 만을 예찬했다.

그러나 1922년의 강연 <독일공화국에 대하여>Von Deutscher Republik에서 그는 민주주의를 옹호하여 그를 지지하던 사람들로부터 격렬한 반발을 초래했다. 그는 공화국의 공동체적 존재 형식을 강조하고, 인간애와 개인의 존중, 문화와 국가의 조화 등을 강조하면서 국민은 협력해서 공화국을 융성시켜야 한다고 주장했다.[59] 또한 1920년대의 성해방 풍조를 배경으로 하여 토마스 만은 전통 가족의 구조가 변하고 있음을 보았다.

그러나 토마스 만은 당대 문화의 모순처럼 모순된 정신 구조의 소유자였다. 이러한 모순은 1924년에 출판된 『마의 산』Lodovico에서 민주주의와 평화주의의 신봉자인 세템브리니Lodovico Settembrini와 전제주의자인 예수회 수도사 나프타Naphta와의 논쟁에서도 드러나는데 저자인 토마스 만은 전자보다도 도리어 후자를 편들고 있다. 계몽주의적이고 합리주의적이며 이상주의적인 전자와, 공산주의적이고 무정부주의적이라는 후자의 비교는 매우 단순화된 것이기는 하지만 정치적인 훈련을 받지 않은 주인공 한스 카스트로프Hans Caetrop가 그 어느 편에도 기울지 않는 것으로 소설이 끝나는 것도 토마스 만의 정치적 입장이 여전히 불명했음을 보여주었다. 당시 『제3제국』*Die Dritte Reich*를 쓴 브룩Arthur Möller van den Bruck 1876~1925처럼 나치를 적극적으로 지원한 자들이 공화국을 금권정치라고 비난한 것은 토마스 만이 『비정치적 인간의 고찰』에서 주장한 것을 그대로 답습한 것이었는데 토마스 만은 이에 대해 분명한 입장을 밝히지 않았다. 토마스 만이 히틀러가 이끄는 나치스에 분명한 입장을 보여 불구대천의 원수가 되는 것은 1930년에 와서였다.

1920년대

1919년 봄에 헤세는 포로구호활동을 그만두고 '고독한 자기 침잠'을 위해 스위스 테신의 몬타뇰라로 홀로 들어가 글과 그림에 몰두했다. 1919년 5월부터 8월 사이에 두 편의 중편 『클라인과 바

그녀』*Klein und Wagner*와 『클링조어의 마지막 여름』*Klingsors letzter Sommer*을 완성했고 이어 12월에 『싯다르타』를 쓰기 시작했다.

1920년대 그 어려운 시대에는 사기꾼을 방불케 하는 자칭 성자를 비롯하여 자연식주의자들까지 수많은 이상한 사람들이 독일의 각처에 등장했다. 그 원형은 1871년의 독일 통일과 제2제국 성립 후 독일제국이 세계를 구제한다는 정치적 이념의 변형으로 나타났다. 즉 독일 정신에 의해 세계를 치료해야 한다는 사상이었다. 구체적으로 그것은 독일적인 생활개혁운동, 특히 자연 식사나 채식주의 등이었다.

그러한 분위기는 그레저를 비롯하여 그런 성자들을 찬양하는 회화나 문학을 창작한 수많은 예술가들[60]이나 언론인들에 의해 더욱 확대되었다. 앞에서 잠깐 언급한 호이서 (그레저에게 사기를 친 자)를 비롯하여 수많은 예언자들이 등장하여 당시 절망한 독일인들에게 나름으로는 희망을 주기도 했다. 당시 그들이 주로 읽은 책들은 에머슨, 휘트먼, 클라이스트, 란다우어, 크로폿킨, 톨스토이, 스트린드베리, 불교, 니체, 횔덜린, 아시시의 성 프란치스코, 그리고 당시 스파르타쿠스단의 『적기』를 비롯한 공산주의 신문, 독립민주당기관지 『자유』 등이었다.

그 후 그레저처럼 바이에른, 슈바빙, 라인란트에 공동체를 만드는 사람들이 이어졌다. 그들에게 그레저가 선구적인 예언자였음은 물론이다. 공동체들은 대부분 백 명을 넘었지만 단명했다. 슈바빙에만 각각 백 명 이상의 이주자로 구성된 채식주의자 공동체가 3개나 있었고 그 창립자는 모두 그레저의 지인이었다. 한편 카를 라이힐레Karl Raichle, 1889~1965는 뮈잠을 비롯하여 몬테베리타 사람들과 함께 독일 남서부의 '생활개혁' 중심지인 우라흐Urach를 창설했다. 표현주의 시인으로서 일찍이 슈바빙에서 오토 그로스의 제자가 된 뒤에 동독의 문화부장관이 된 요하네스 베허Johannes Becher, 1891~1958도 당시 베를린에서 우라흐에 왔다. 이처럼 많은 사람들에 의해 그레저의 사상은 널리 알려졌다.

그 중에서 특히 주목되는 베허는 제1차 대전 이전의 시민적인 아버지 세계에 대항한 아들로서 가장 생산적인 표현주의 작가이자 러시아 혁명의 예찬자였다. 1919년 공산당에 입당한 그는 지식인이 프롤레타리아 및 공산당과 근본적으로 융합해야 한다고 주장하고 그것을 자기 인격의 무조건적인 집단화로 표현하고자 했다. 나아가 당대의 다른 표현주의자들과 달리 그는 자신의 작품을 통해 시대적 모순과 대결하고자 했고, 이를 위해 행동하고자 하는 욕구에 사로잡혔다. 그래서 1917년과 1918/19년의 혁명에 가담했다.

앞에서 보았듯이 가족과 헤어진 그레저는 1921년부터 독일 튀링겐에서 '새로운 무리'라는 공예 공동체에서 생활했다. 그러나 그들은 잡지 <청년>*Junge Menschen*의 발행자인 발터 헤머Walter Hammer 1907~2003가 이끄는 공산주의 우파의 존경을 받았다. 그 뒤 그레저는 공산주의 폭동을 선동했다는 이유로 체포되어 수개월 교도소에서 지냈고, 그 뒤 석방되어 스위스로 돌아왔다.

1922년 바이마르에서 테오도르 플리비에Theodore Plivier, 1892~1955는 그레저의 영향을 받아 평화와 아나키즘을 중심으로 한 새로운 톨스토이주의를 표방하고 그해 그곳에서 <아나키>*Anarchy*라는 잡지를 출판하여 "자유로운 개인의 도덕적 힘으로 만들어지는 중심 질서"를 만들자고 주장했다. 노동자 계급 출신인 플리비에는 카를 마이Karl May, 1842~1012와 고리키Maxim Gorky, 1868~1936의 작품, 해양소설을 애독하고 모험에 사로잡힌 종교적 아나키스트가 되었다. 제1차 대전 직전의 몇 년 동안 독일 전역을 방랑한 뒤 해군에 입대했

고, 1900년 해전을 소재로 한 최초의 소설을 간행했다.[61]

1923년부터 플리비에는 작센과 튀링겐에서 '행동, 세계의 전환' 이라고 부른, 즉 '영혼의 지배'를 가능하게 하는 내적 행동을 구하는 설교를 시작했다. 그리고 그레저에게 사기를 친 호이서는 자신을 예수, 디오니소스, 짜라투스트라, 노자에 비유하며 유명해져 그레저를 공격했다. 그러나 그레저는 그를 공격하기는 커녕 공격할 생각조차 하지 않았다.

1926년 그레저는 뮌헨에서 에머슨이나 소로처럼 언어유희로 사람들의 상상력을 자극하는 활동을 했다. 그러나 그는 정치파괴분자로 지목되어 헤르만 헤세와 토마스 만 등의 항의에 의해 투옥은 면했지만 독일에서 추방되었다. 1927년, 호이서가 죽었을 때 그레저는 베를린에서 강연을 했고 헤세는 『황야의 이리』를 출판했다.

『황야의 이리』

1926년부터 헤세는 『황야의 이리』를 쓰기 시작해 1927년에 완성했다. 『황야의 이리』는 체제에 순응한 주인공이 자신을 책망하는 이야기다.

> 아아! 우리가 영위하는 이 삶 속에서, 이렇게 자기만족에 빠진, 이렇게 시민적인, 이렇게 정신을 상실한 시대 속에서, 이런 건축물과 사업과 정치와 이런 인간들 속에서 신의 자취를 발견한다는 것은 어려운 일이다. 나는 이 세상의 목적에 공감할 수 없고, 이 세상의 어떠한 기쁨도 나와는 상관없다. 이런 세상에서 어떻게 내가 한 마리 황야의 이리, 한 초라한 은둔자가 되지 않을 수 있겠는가! …

> 그리고 사실 세상이 옳다면, 다시 말해 카페의 음악이나 대중의 향락이나 값싼 만족에 길들여진 이런 미국식 인간들이 옳다면, 내가 틀렸고, 내가 미친 것이다. 그렇다면 나는 정말로 말 그대로 황야의 이리인 것이다. 나야말로 고향도, 공기도, 양식도 찾지 못하는 짐승, 낯설고 알 수 없는 세상의 길을 잘못 들어선 짐승인 것이다.[62]

1927년 헤세는 재판을 통해 루터 벵어와 이혼을 했다. 그리고 그 전해부터 알았던 니논 돌빈Ninon Dolbin 1895~1966과 동거했다. 『황야의 이리』가 자신의 예상과 달리 인기를 끌었다. 체제에 순응하며 살았던 자의 참회록인 『황야의 이리』가 그레저를 의식해서 쓴 것인지 아닌지는 알 수 없어도 헤세에게는 그레저의 삶이 무시될 수는 없었으리라고 짐작된다.

헤세와 돌빈

한편 그레저는 그 후 유럽 각지를 방랑하며 노자, 소로, 니체에 대한 강연을 하거나 체포되거나 추방되기를 되풀이했다. 1928년 그레저는 스스로 '민중의 수호자'Volkswald를 자처하면서 국제주의에 반대하고 독일 정신을 강조했다. 그러나 그것은 파시즘과는 달랐다. 그때까지의 5년간, 독일 경제는 상당히 안정되어 사람들은 과격한 주장에 흥미를 잃었으나, 불온한 움직임은 사라지지 않았다.

그러나 1929년, 세계를 휩쓴 대공황의 결과 독일은 다시 대량 실업에 직면했다. 그래서 다시 방랑자의 무리가 생겨났다. 5월, 슈투트가르트에서 '방랑자동맹'에 의해 '방랑자회의'와 방랑자 수공예품 전시회가 열렸다. 그러나 그레저는 더 이상 사람들에게 주목을 받지 못했다. 그 자리에서 요구된 다다이스트의 태도를 그가 취하지 않은 탓이었다.

한편 1929년 헤세는 토마스 만의 만류에도 불구하고 프로이센 예술원을 탈퇴했다. 조직에 소속하는 것에 대한 근본적인 반감만이 아니라 정치적 목적을 위해 문학을 이용하고, 유대인 작가들의 가입을 방해하며, 국수주의자들이 예술원은 전체 독일 "국민을 위해서 책임의식"을 가져야 한다고 주장한 것도 싫어서였다. 당시 만은 나치를 일시적 유령이라고 보았으나 헤세는 그것이 이미 1914년에 시작되어 앞으로 파국을 초래하리라고 보았다.

『나르치스와 골드문트』

1930년 출판된 『나르치스와 골드문트』는 우리나라에서 『지와 사랑』이라는 제목으로 소개되었고 『데미안』과 함께 가장 많은 독자의 사랑을 받았다. 흔히 그 소설의 주제는 창백한 지성과 분방한 사랑이라는 대립구도라고 하지만 그런 관념적 대립보다도 체제와 시대를 풍자하는 작품으로 읽힌다.

이 소설도 『수레바퀴 아래서』처럼 헤세의 자전적 소설이라고 한다. 그러나 29세에 쓴 『수레바퀴 아래서』를 낸 뒤 24년이 지난 53세에 쓴 『나르치스와 골드문트』에서는 회고의 정도가 다를 수밖에 없다. 물론 이야기의 구조는 비슷하다. 『수레바퀴 아래서』의 한스와 하일너는 각각 나르치스와 골드문트이다. 『나르치스와 골드문트』는 어느 시대인지가 불명하지만 기사 등이 등장하는 것을 보면 중세라고 볼 수 있다. 또 『수레바퀴 아래서』에서와 달리 『나르치스와 골드문트』에 나오는 골드문트의 고뇌는 분명히 어머니의 부재 탓으로 설명된다. 이런 점 등으로부터 이 소설은 『수레바퀴 아래서』보다 비현실적이지만 방랑자로서의 골드문트는 그레저를 연상시킨다. 앞에서도 본 방랑자의 모습을 다시 읽어보자.

> 누구한테도 순종하지 않고 오직 날씨와 계절에만 의존하며, 앞날에 어떤 목표도 없이 하늘을 지붕 삼아 아무것도 소유하지 않고 그때그때 닥치는 온갖 우발적 상황에 자신을 내맡긴 채 정처 없이 떠도는 나그네들은 순진하고도 용감한, 가련하고도 굳센 삶을 영위하는 것이다. … 그들에게 주어지는 태양과 비, 안개와 눈, 따스함과 추위, 평온함과 곤경 따위는 때를 맞추어 찾아오지 않는 법이다. 거기엔 그 어떤 역사도 인위적 노력도 없으며, 집을 가진 사람들이 너무나도 절망적으로 매달리는 발전과 진보라는 기이한 우상도 존재하지 않는다.… 언제나 세상에 처음 태어난 날의 어린아이처럼, 태초의 인간처럼 살아가는 것이다. … 방랑자는 뭔가를 소유하면서 정착해 있는 사람에 맞서는 적대자이다. 뭔가를 소유하면서 정착해 살아가는 사람들은 방랑자를 미워하고 경멸하며 두려워한다.[63]

다시 방랑을 하면서 골드문트는 페스트가 만연하여 사람들이 죽어가는 지역을 지난다. 여기서 페스트는 헤세가 살았던 20세기 전반을 상징한다. 그곳은 "죽음의 구름으로 뒤덮여 있었고, 공포와 불안과 침통한 분위기에 휩싸여 있었다."[64] "그리고 이 모든 일보다 더 고약했던 것은 누구나 이 견딜 수 없는 참상의 책임을 뒤집어씌울 속죄양을 찾으려 했다는 사실이었다."

> 부자들이 가난한 사람들한테 죄를 씌우거나 그 반대의 경우도 있었다. 또 유대인이나 이방인 혹은 의사들이 죄인으로 지목되기도 했다. 어느 도시에서 골드문트는 집들이 다닥다닥 붙어 있는 유대인 거리 전체가 불타는 것을 목격하고 가슴이 미어지는 것 같았다. … 사람들은 불안과 격분으로 제정신이 아니었기 때문에 곳곳에서 죄 없는 사람들이 맞아죽고, 화형에 처해지고, 고문당했다. … 세상은 파괴되고 있었고 독에 물들고 있었다.[65]

여기서 유대인이 등장하는 것은 헤세가 이 소설을 쓴 1930년 전후의 독일 분위기를 그대로 말하는 것이다. 그래서 기독교도들은 "돼지만도 못한 족속들"이다.[66] 골드문트는 성당에서 고해한다.

> 당신은 이 세상을 악하게 만드셨고, 세상의 질서를 잘못 세우셨나이다. 집집마다 거리마다 온통 시체가 나뒹구는 것을 보았습니다. 부자들은 자기 집에 숨어 있거나 달아나고, 가난한 사람들은 형제들을 묻지도 않은 채 버려두고 서로를 의심하며 유대인들을 짐승처럼 살륙하는 것을 목격했습니다. 너무나 많은 순진무구한 사람들이 고통받고 파멸하는 것을 보았고, 너무나 많은 악한들이 복에 겹도록 잘 사는 것을 보았습니다. 당신은 저희를 완전히

잊어버린 것인가요? 당신의 피조물에 더 이상 관심이 없으신가요? 저희 모두를 멸망케 하시려는 건가요?[67]

『동방 순례』

1931년 그레저는 바젤에서의 강연이 성공한 뒤 취리히로 갔으나 바로 체포되어 추방당했다. 그래서 그는 슈투트가르트로 갔다. 그곳에서 그는 독일인들에게 나치스의 중우정치와 총통국가로부터 결별해야 한다고 경고하는 글들을 썼다.

같은 해, 니논 돌빈과 결혼하고 몬타뇰라로 이사해 밭일과 함께 창작에 열중한 헤세는 히틀러에 반대하고 공산주의를 지지하는 정당을 선택하라는 편지를 많이 받았다. 그는 과거부터 공산주의를 지지했으나 정당 소속이란 그에게 혐오스러운 것이었다. 1931년에 쓴 「어느 공산주의자에게 보내는 편지」*Brief an einen Kommunisten*에서 그는 개인을 고려하는 자신에 반해 정치와 정당은 개인들을 고려하지 않는다고 비판했다. 그는 파시즘이든 공산주위든 세계의 개선, 행동, 투쟁의 주장이 전쟁을 낳는 점에서 무의미하다고 보았다. 이미 파시즘의 광풍이 불고 있었다. 1931년부터 그는 그런 광풍 속에서 『유리알 유희』를 쓰기 시작했다.

1932년 초 그는 편지에서 '어릿광대' '골빈 무대 위의 독일인'이 정권을 차지하면 독일은 군사적으로는 물론 정신적, 도덕적으로도 몰락할 것이라고 썼다. 헤세가 1930년부터 쓰기 시작해 1932년에 출판한 『동방 순례』*Die Morgenlandfahrt*은 1930년대 파시즘과 공산주의라는 집단화 이념이 세상을 지배하여 인간 정신을 적대시했을 때 헤세가 감연히 개인 인간을 중시하는 새로운 공동체를 추구한 작품이다.

기기묘묘하게도 헤세 작품이 홍수처럼 쏟아진 대한민국에, 그것도 동방이라는 대한민국에 『동방 순례』는 2000년에 와서야 번역되었다. 그러나 제목과 달리 순례기가 아니라 100쪽 전후의 짧은 소설이다. 『동방 순례』도 그레저와의 관계를 무시하고는 읽을 수 없다. 그 여행은 원래 화가 파울 클레Paul Klee, 1879~1940도 참가한 어느 단체에 의해 기획되었다.

『동방 순례』에 나오는 순례자들의 모임에 가입하려는 사람은 누구나 "순박한 소년 소녀의 꿈"을 추구해야 한다. 그러나 그들의 여행은 시간, 공간, 현실의 경계가 없어 모든 시대를 날아다닌다. 그러다가 하인 레오Leo가 사라지자 동맹은 해체되고 순례도 끝난다. 그 뒤 어느 날 주인공 H. H.가 전화번호부에서 찾은 하인 레오가 동맹의 간부들이 재판을 받는 곳으로 데려간다.

거기서 H. H.는 동맹이 사라진 게 아니고 그것은 마음이었음을 깨닫는다. 즉 동방 순례자들의 이상, 경건성, 비폭력성, 개인의 절대적인 가치에 대한 믿음, 유희에 대한 환상이 존재하는 마음이다. 그런 마음에서 벗어난 H. H.는 '황야의 이리'처럼 죄는 자기 자신에게 있다는 유죄선고를 받는다. 그리고 레오가 말한 봉사의 법칙을 떠올린다.

> 오래 살기를 원하는 자는 봉사를 해야 합니다. 그러나 지배하길 원하는 자는 오래 살지를 못합니다. … 지배하도록 타고난 사람은 몇 명 되지 않습니다. 그런 사람들은 지배하면서도 쾌활하고 건강하게 지낼 수 있습니다. 그러나 그렇지 않은 사람들, 즉 야심만으로 지배자가 된 사람들은 모두 무無에서 끝나게 됩니다. … 이를테면 요양소에서 말입니다.[68]

이 작품은 양심과 봉사의 문제를 다룬다. 주인공 레오는 동방 순례자들에게 봉사하는 일꾼으로서 순례 대열의 선두에 선다. “높아지려는 자는 스스로 낮아져야 한다.” “가장 부드러운 자가 가장 강하다.”

헤세가 말하는 양심이란 법적으로 옳고 그른 것이 아니라 인간 내면의 법칙이고 인간이 나아갈 바른 길이다. 그 작품에서 하인으로 알았던 우두머리 가운데 우두머리인 레오는 마지막에 그들이 상관으로 군림한 여러 피고들을 심판하지 않고 양심의 가책을 느끼게 하여 충분히 교육시켰다고 보는 견해가 있으나,[69] 의문이다.

헤세는 이 작품의 주제가 “우리 시대의 정신적인 인간의 고립화와 그의 개인적인 삶과 행위를 이념과 공동체의 어떤 초개인적인 전체에 순응시키는 어려움” 즉 “봉사에 대한 동경, 공동체 추구, 예술가의 황폐하고 고독한 기질로부터의 해방”이라고 한다.[70] 이는 1914년 이후 헤세의 양심에 대한 성찰로서 『짜라투스트라의 귀환』을 거쳐 『유리알 유희』에서 양심을 지키는 정신수호의 집단인 카스탈리엔 세계의 묘사로 완성되는 것이다.

소설에 나오는 레오가 바로 그레저였고, 동맹은 제1차 대전 이후의 뮌헨에 성립된 레테 아나키즘 정부가 몬테베리타의 사상에서 비롯된 것이었음을 보여준다. 그러나 그 동맹은 그 후 쇠퇴한다. 헤세가 쓴 그 부분은 그레저에 대한 풍자로 읽힐 수도 있다. 소설의 주인공은 그 동맹에 대해 쓸 결심을 하지만 이는 동맹에 대한 배신행위여서 결국 재판을 받게 된다. 그 판사의 모습은 그레저처럼 보인다. 재판을 받은 뒤 주인공은 긴 변명의 편지를 쓴다. 이것이 만일 그레저에게 보낸 편지였다면 그와 헤어진 지 10년 만에 헤세가 쓴 것이었다.

나치 시대

1933년 1월 히틀러가 권력을 잡았고 헤세가 예언한 몰락이 시작되었다. 1933년 이후 그레저는 지하로 잠입했고, 많은 사람들이 독일을 떠났다. 그들 중에는 토마스 만 부부나 브레히트처럼 스위스의 헤세 집에 피난한 사람들도 많았다.

헤세는 1914년처럼 일시적으로 애국주의에 젖지는 않았으나, 나치와 직접 투쟁하지도 않았다. 폭력적인 적에게 반항하는 것은 적과 결탁하는 것이므로 무의미하고, 적과 같은 방법을 사용하지 않아야 문화와 종교가 시작된다고 생각한 탓이었다. 그러나 헤세는 자신이 옳다고 믿는 것을 고수하여 나치와 관련되지 않는 방식을 통해 저항했다. 그는 당시 독일에서 무시된 유대인들, 천주교 신자들, 독일어로 작품을 쓰는 외국 작가들이나 망명자들의 책을 평하는 서평을 여러 잡지에 발표했다.

그러나 1935년 이후 그의 서평은 비판을 받았다. 나치주의자들은 헤세가 카프카나 브로트Max Brod, 1884~1968 같은 유대인 작가들을 옹호하고 유대인인 프로이트에 젖은 반면 독일 현대문학을 폄하하여 독일의 적들과 유대인에게 팔아넘겼다고 비판했다. 또 반나치주의 망명자들은 나치 치하에서 헤세 작품이 토마스 만의 작품과 같이 팔리는 것에 의문을 제기하거나 그들이 나치의 얼굴마담이라고 비난했다.

이에 토마스 만은 자신은 무조건 망명자들을 지지하고 나치 독일에 반대한다는 입장을 밝히자 헤세는 이제 만이 독일에서 낙인찍혀 자신만이 남는다는 점을 두려워했다. 당시 나치 당국은 하인리히 만, 쿠르트 투홀스키, 칼 폰 오시에츠키 등의 작품과 달리 헤세 작품은 모두 소각하지 않았으나, 『수레바퀴 아래서』나 『황야의 이리』가 절판된 뒤 중판을 허용하지 않아 시장에서 사라지게 만들었다.

그러나 스위스는 헤세를 찬양했다. 1935년 그는 고트프리드 켈러 상을 받았고, 그해 헤세의 생일에 만은 헤세가 가장 독일적인 작가라고 찬양했다. 독일에서 온 찬양자들도 많았다. 한스 카로사나 젊은 시절의 피터 바이스가 헤세의 집을 찾았다. 그런 가운데 헤세는 밭일을 하면서 『유리알 유희』를 계속 써나갔고, 각 장을 잡지에 발표했다.

1936년 헤세는 아름다운 목가 『뜰 안의 시간』을 친구인 화가 군터 뵈머Gunther Böhmer 1911~1986의 그림과 함께 냈다. 그가 농촌에서 가장 좋아한 일은 들에다 불을 지르고 그 불꽃 앞에서 꿈꾸고 생각에 잠기는 것이었다. 그는 불을 '복합에서 단일로의 귀환', 순화, 정화의 상징으로 보았다.

1938년 3월, 독일군이 오스트리아로 진격하자 오스트리아에 살던 사람들이 헤세 집으로 왔다. 헤세 부부는 그들을 돕기 위해 헌신했다. 가령 로베르트 무질의 체류연장을 위해 보증을 섰다. 제1차 대전에서 포로를 도왔듯이 그는 망명자를 도왔다.

1939년 9월, 독일군이 폴란드를 침공하고 이어 영국과 프랑스가 전쟁을 선포하여 제2차 대전이 시작되었다. 헤세는 이미 4년 전에 히틀러가 전쟁을 일으키고, 그 전쟁은 패배하리라고 예언했다. 그러나 독일군은 계속 승리했다. 1940년 프랑스 북부지방이 점령되고 비시정부가 망명자 수용소를 세우자 헤세는 그곳에 갇힌 포로들에게 생필품과 책을 보내고 그들의 석방을 위해 노력했다.

한편 그레저는 1935년부터 1940년까지 베를린 하웰 호수에서 선상 생활을 한 것 외에 알려진 것이 없다. 그는 어떤 공적인 지위도 갖지 않았고, 식량 배급이나 국가 보호도 받지 않았다. 그는 1942년까지 라이프치히와 할레에서 살다가 뮌헨으로 와서 주립

도서관에서 언어 연구에 종사했다. 1943년 그곳은 소이탄의 공격으로 파괴되었다. 전쟁이 끝났을 때 그는 심각한 영양실조 상태였다. 그러나 그는 파괴된 도시를 배경으로 여전히 샌들에 튜닉 차림으로 야채 보따리를 지고 생활했으며, 이러한 모습은 그가 뮌헨으로 돌아왔을 때의 사진을 통해 확인할 수 있다.

전후 뮌헨의 그레저

『유리알 유희』

쓰기 시작한 지 11년째인 1942년 헤세는 『유리알 유희』*Das Glasperlenspiel, 1943*를 완성했으나 독일에서 출판은 불가능해 1943년 스위스에서 출판했다. 『유리알 유희』는 헤세 소설 중 가장 방대하다. 우리말 번역본으로 약 800쪽에 이르는데 크게 다음 세 부분으로 나누어진다. 첫째, '서문'으로 소설의 무대인 이상사회 카스탈리엔의 역사를 설명한다. 둘째, '유희 명인 요제프 크네히트의 전기'로 주인공 크네히트의 12세부터 48세까지의 삶을 말하는데 약 500쪽으로 소설의 반 이상을 차지하는 12개 장으로 구성된다. 셋째, '오제프 크네히트의 유고'로 13편의 시와 3편의 이력서로 되어 있다.

『유리알 유희』는 그 구성에서도 헤세의 기존 소설과도 크게 다르다. 『유리알 유희』는 일종의 미래소설이기 때문이다. 즉 2400

년경 어느 전기 작가가 자기보다 200년 전, 즉 2200년경에 살았던 전설적인 유리알 유희 명인인 요제프 크네히트의 전기를 쓰는 것으로 되어 있다. 헤세가 그런 특이한 구성을 하게 된 이유로는 그 소설이 히틀러 치하에서 쓰였다는 점을 들 수 있다. 즉 정신적으로 억압받는 시대에 정신적으로 해방된 가상의 미래를 빌려 그런 정신의 세계가 존재한다는 것을 증명하여 그 현실을 극복하고 싶었던 것이다.

『유리알 유희』가 나치의 대두 이후 황폐해진 현실에 반항하는 유토피아의 추구로 쓰였음은 분명하다. 헤세는 파시즘이나 공산주의나 폭력과 테러로 이상사회를 건설하려고 하는 점에서 같다고 비판적으로 보고, 어떤 목적도 추구하지 않고 심지어 그런 것을 의식하지도 않고, 인간의 기본욕구이자 생명의 표출인 순수한 유희에 불과한 입장을 대변해야 한다는 믿음에서 그 소설을 썼다.

처음에 헤세는 유토피아 소설을 쓸 생각이었으나, 1938년부터 사회참여적인 태도로 바뀜에 따라 정신과 삶의 변증법적인 종합을 추구하는 소설로 바뀌게 되었다. 『유리알 유희』의 집필 시기는 1931년부터 1943년까지로 이는 나치의 집권시기와 거의 일치한다.

『유리알 유희』의 전기라는 형식은 그 소설이 '성장 소설' Entwicklungsroman임을 보여준다. 그러나 헤세가 그전에 보여준 청춘의 고뇌를 회상하는 감상주의는 배제하고 냉정한 객관성을 보여준다. 이를 위해 헤세는 전기 작가와 편집자를 내세우는데, 이러한 방식은 이미 『데미안』이나 『황야의 이리』에서 사용한 수법이었다. 그러나 무엇보다도 이 소설에서 주목해야 할 특징은 헤세가 평생 추구한 개인화나 개성화가 그가 속한 집단과 조화를 이루는 이상사회의 묘사에 있다. 이러한 이상으로 돌아온 것은 헤세가 다시금 그레저의 세계로 돌아왔음을 뜻했다. 그것은 소설의 마지막에서 주인공이 가정교사로 가르치게 된 소년이 추는 춤의 아름다움을 묘사하는 다음 장면에서 나타난다.

> 티토는 시커멓게 솟아 있는 절벽 모서리를 긴장된 시선으로 올려다보았다. 그 뒤에서는 아침 햇살 속에 하늘이 물결치고 있었다. 그때 바윗등의 작은 부분이 발갛게 달아서 금방이라도 녹아내리려는 금속처럼 눈부시게 빛났다. 절벽 꼭대기가 무디어지더니 갑자기 낮아지고 녹아 무너져 내리는 것 같았다. 그리고 붉게 달아오른 절벽 틈으로 태양이 눈부시게 얼굴을 내밀자 땅과 산장과 욕탕과 호수의 이편 기슭이 환하게 밝아졌다. 두 사람은 강하게 퍼져 나가는 햇살 속에 서서 곧 기분 좋은 따스함을 느꼈다. 소년은 눈앞에 펼쳐진 장엄한 아름다움과 자신의 젊음과 힘이 주는 행복감에 가득 차서 리드미컬하게 두 팔을 움직이며 팔다리를 뻗었다. 그러더니 이윽고 전신운동을 하면서 감격에 찬 춤으로 하루의 시작을 찬미하고, 주변의 물결치며 빛나는 자연과 자신이 한마음으로 이어져 있음을 표현하려고 했다. 그의 발걸음은 승리의 태양을 향해 즐겁게 따르듯이 앞으로 나아가기도 하고 공손하게 물러서기도 했으며, 활짝 벌린 두 팔로는 산과 호수와 하늘을 가슴으로 끌어당겼다. 무릎을 구부리며 어머니인 대지에, 두 손을 뻗어 호수의 물에 경의를 표하고, 자신을, 청춘을, 자유를, 속에서 타오르는 생명감을 축제의 제물로서 자연의 힘에 바치려는 것처럼 보였다. 구릿빛 어깨에서는 햇빛이 반사되고 눈부신 빛 때문에 두 눈은 반쯤 감고 있었다. 젊은이의 얼굴은 감동에 겨워 거의 열

광에 가까운 엄숙한 표정으로 가면처럼 굳어 있었다. …

그 춤은 또 그것을 보는 사람에게 춤추는 사람의 가장 깊고 고귀한 성향과 천분天分과 운명을, 방금 떠오른 태양이 춥고 어두운 산중의 호수와 골짜기를 구석구석 밝혀 주었던 것처럼, 갑자기 환하고 뚜렷하게 밝혀 주었다.[71]

그것은 헤세가 몬테베리타에서 처음 본 소년의 춤이자 라반의 태양에 바치는 춤이었다. 이어 소년은 가정교사에게 호수를 헤엄쳐 건너는 경쟁을 하자고 하며 호수로 뛰어든다. 이는 태양과의 경쟁이기도 했다. 그들은 태양 빛이 이르기 전에 도착해야 하기 때문이다. 가정교사는 소년의 뒤를 쫓아 차가운 물속에 뛰어든다. 그리고 쇼크로 죽으면서 죽음과 아름다움을 함께 본다. 수도회에서의 안전한 삶이 아니라 이러한 발견이야말로 그의 참된 새로운 삶이 된 것이다. 여기서 마지막으로 헤세는 몬테베리타로 돌아온 것이지만, 오랜 배신 끝의 귀향은 결국 비극으로 끝난다.

제2차 대전 후의 헤세와 그레저

1945년 2월 정전이 되자 헤세는 방송국 축하방송에 내보내는 시 「평화를 향하여」를 썼다.

증오의 꿈과 피의 도취에서
깨어나며, 아직 전쟁의 번개와 치명적인 소음으로
눈멀고 귀먹고
모든 끔찍함에 익숙해져
그들의 무기로부터
그들의 무서운 일과로부터

지친 전사가 떠난다.
'평화!'라는 소리는
동화에서처럼, 아이들의 꿈에서처럼 들려온다.
'평화' 그런데 마음은
감히 기뻐하지 조차 못한다. 눈물이 앞선다.
우리 가엾은 인간들
이렇게 선도 악도 행할 능력이 있구나
짐승이고 신이로구나! 고통이 얼마나 짓누르는가
오늘 부끄러움이 얼마나 우리를 짓눌러 바닥으로 기어
들게 하는가!

그러나 우리는 희망한다. 그리고 우리의 가슴속에는
뜨거운 예감이 살아 있다.
사랑의 기적에 대한.
형제여! 우리에게는 정신으로의,
사랑으로의 귀향이 열려 있고
모든 잃어버린
낙원으로의 문이 열려 있다.

원하자! 희망하라! 사랑하자!
그러면 대지가 다시 너의 것이다.[72]

평화는 그레저가 평생 추구한 것이기도 했다. 그레저는 전후 난민으로 국제구제부흥기관의 수용소에 보내졌으나 원조를 거부당했다. 그 뒤 뮌헨 시로부터 약간의 연금을 받아 주로 공립도서관에서 독서를 하며 혼자 살았다. 그는 몬테베리타로 돌아가지 않았다.

연금과 도서관 생활을 포기하고 싶어 하지 않았던 탓인지도 모른다. 가끔 중앙역에 가서 오가는 사람들을 관찰한 그를 보고 디오게네스를 연상하게 했다고 쓴 사람도 있었다. 그는 아름다운 삽화나 장식을 넣은 시를 쓴 종이를 팔거나 시청사 탑 위에 올라가 그것을 뿌렸다.

1958년 어느 날, 그는 중앙역 에스컬레이터에서 넘어져 다리를 다쳤고 그것이 결국 죽음으로 이끌었다. 혼자서 죽은 그는 시가 제공한 무연묘에 묻혔다. 그가 남긴 것은 50권 정도의 유머 책뿐이었다. 그러나 그는 몬테베리타 이후 그 정신을 40년이나 지키다가 죽었다. 그리고 그의 정신은 그 뒤 녹색당과 평화운동과 생태운동 등으로 부활했다. 지금 그 또 다른 뿌리라고 하는 루돌프 슈타이너의 인지학에 대해 그레저는 호의를 갖지 않았으나 서로에게 상당한 유사성이 있는 것은 사실이다. 녹색당은 그레저의 상징인 나무, 꽃, 도보여행, 샌들을 다시 상징으로 삼고 있다.

헤세를 흔히 서양 작가 중에서 가장 동양적이고, 우리의 조상을 대하는 것 같다고들 한다. 그러나 그 대표작인 『싯다르타』는 부모를 떠나고 어떤 스승도 따르지 않는 왕따일 뿐이다. 『황야의 이리』도 배부르고 자만하는 소시민사회이자 기계만능의 합리주의 사회인 황야에서 우짖는 이리의 모습으로 더욱 더 새로운 왕따를 보여준다. 이제 그 왕따는 전쟁과 과학, 금전 도취, 국수주의 등에 대한 절망을 거쳐 자아와 만나기 위해 지옥을 여행한다. 그래서 열정, 부도덕, 방황, 허무주의, 자살에 이르는 구토감을 경험한다. 그리고 『유리알 유희』는 집단이 아닌 왕따 개인을 중시하는 새로운 유토피아를 보여준다.

1954년 77세의 헤세는 말했다. 자신의 작품들은 모두 개성의, 또는 개인의 옹호 또는 절규라고 볼 수 있다고. 나는 그것을 자발적 왕따의 정신적 모험이라고 바꾸어 이해한다. 여하튼 개인의 옹호는 그 문학만이 아니라 삶의 기본이었다. 개인의 옹호를 통해 그는 개인적이고 정신적인 삶의 불멸성을 보여주었다. 따라서 그에게는 집단을 전제로 하는 정치란 존재할 여지가 없다.

헤세는 그레저보다 4년을 더 살고 1962년 8월 9일, 85세로 죽었다. 그의 묘는 몬타뇰라 공원묘지의 남쪽 담장 근처에 있다. 묘비는 펼쳐진 책 모양의 화강암이었다. 헤세가 죽고 4년 뒤 니논도 죽어 남편 곁에 묻혔다.

4장 그로스와 카프카

내 친구 카프카

카프카

카프카라고 하면 누구나 그의 대표작인 『변신』*Die Verwandlung, 1912*을 떠올리리라. 그렇다. 그 작품은 대표작으로 읽힐만 하다. 그러나 그것과 함께, 아니 그것보다 먼저 나는 『아버지께 드리는 편지』*Brief an den Vater, 1919*를 중시한다. 최근 우리말로 네 번이나 소개된[1] 그 책을 읽고 나는 내가 아버지께 드리는 편지라는 느낌을 받았다. 카프카의 아버지는 나의 아버지였고, 카프카는 바로 나 자신이었다.

그 편지는 카프카가 36세인 1919년, 체코에서 쓴 것이었다. 나는 지금 체코와는 지구 반대쪽에 있는 한국에서 2018년을 살고 있으며 나이도 카프카와 30년이나 차이가 나는 66세이지만, 그에게 완전한 일체감을 느끼는 것은 무엇 때문일까?

그의 책을 읽은 지 어언 50년이 다 되어 가는 탓일까? 그러나 그렇게 오랫동안 읽어도 일체감을 느끼지 못하는 작가는 너무나도 많다. 같은 나라, 같은 시대를 사는 우리 작가로부터도 마찬가지이다. 예컨대 1997년 베스트셀러가 된 김정현의 『아버지』라는 소설을 비롯한 한국의 어버이 문학이 그렇다. 그런데 아버지의 고독과 가족의 화해를 그렸다는 『아버지』와 같은 해설을 『아버지께 드리는 편지』의 역자는 다음과 같이 해서 놀랍다.

> 카프카와 비슷한 아픔을 겪어보았거나 겪으며 살아가고 있는 사람들이라면 이 책을 통해 틀림없이 따뜻한 위안을 찾을 수 있을 것이며, 사랑하는 사람에게 무심코 고통을 주지 않기 위해 더욱 조심하게 될 것이다.[2]

그러나 나는 카프카의 편지를 읽고 '위안'을 받거나 '조심'하게 된 것이 아니다. 카프카도 그런 의도로 쓴 것이 아니다. 그 책은 폭군 아버지에 대한 처절한 고발이기 때문이다. 여기서 폭군이란 폭력을 휘두르는 아버지가 아니다. 카프카의 아버지는 폭력을 휘두른 적이 없다. 문제는 아버지라는 권력이다. 그 권력의 해부가 이 책의 핵심이다. 우리에게는 누구나 아버지가 있다. 그러나 감히 아버지를 권력으로 철저히 '관찰'하고 '해부'하거나 그것에 '저항'하지 못한다. 그러나 카프카는 그렇게 한다. 한국에서는 그렇게 쓰는 작가가 없다. 그래서 이 책은 중요하다. '위안'이니 '조심'을 위해서가 아니다. 그런 정도라면 카프카를 읽을 필요가 전혀 없다. 적어도 아버지에 대한 다음과 같은 고발에 대한 공감이 필요하다.

> 가령 아버지께서는 먼저 체코인들에 대해, 다음으로 독일인들, 그 다음엔 유대인들에 대해 불평하셨고, 심지어 온갖 사람들을 온갖 관점에서 불평하셨죠. 급기야 아버지로부터 욕을 먹어보지 않은 사람은 아버지만 남게 되었습니다. 그리하여 아버지께서는 적어도 저에게만은 불가사의한 특징을 지닌 분이 되어 갔습니다. 전제군주들의 권능은 그들의 이성적 판단이 아닌 그들 자신에 근거를 두고 행사되거니와, 이 때문에 그들이 공통적으로 갖게 되는 그런 불가사의한 특징을 지닌 분으로 생각되었다는 말입니다.[3]

아버지는 고위직에 있는 사람들에게 너무나 쉽게 현혹되고,[4] 종업원들에게 심한 욕설을 퍼붓는 '전제군주 같은 난폭한 행동'을 일삼으며,[5] 성에 갓 눈뜬 소년 카프카에게 사창가로 가라고 말한다.[6] 그 결과 카프카는 아버지로 인해 자신의 세계는 다음과 같이 세 부분으로 분열되고 말았다고 말한다.

> 그 하나는 저라는 노예가 살고 있는 곳이었습니다. 이곳은 저만을 위해 제정되었고, 이유는 모르지만 아무튼 제가 한 번도 완벽하게 지키지 못한 법의 지배하에 있는 세계였습니다. 저의 세계에서 아득히 먼 곳에 있는 두 번째 세계는 아버지께서 사시는 곳이었습니다. 여기에서 아버지는 자신의 통치를 위한 일, 즉 명령을 내리고 명령 불

> 이행 때문에 분노하는 일에 종사하셨지요. 그리고 세 번째 세계는 다른 사람들이 행복하게, 명령과 순종으로부터 자유롭게 살아가는 세계였습니다.[7]

제1의 세계는 자신의 현실이고, 제2의 세계는 자신이 증오하는 아버지의 세계이며, 제3의 세계는 카프카가 이상으로 생각하는 세계이다. 이제 카프카는 제1의 세계를 버리고, 제2의 세계도 부정하며, 제3의 세계로 나아가고자 한다.

그 편지는 20년 전 소년 시절 성문제로 고민한 카프카에게 사창가로 가라고 했듯이, 36세가 된 카프카가 가난한 여성과 결혼하고자 했을 때 사창가에나 가라는 아버지의 말[8]을 듣고 분노하여 쓴 것이었다. 그러나 그 편지는 끝내 아버지에게 전해지지 못했다. 그 이유를 위 번역서의 해설은 아버지의 각별한 사랑을 잃어버릴까 두려워한 탓이라고 한다. 그러나 이미 사랑은 끝났다. 벌써 전에 끝났다. 카프카는 아버지와 다른 세계에 살고 있고, 또 다른 세계로 가고자 한다. 그러니 편지를 보낼 필요가 없었다.

이 책은 카프카 작품 중에서 가장 중요하고, 특히 그의 삶을 이해하는 데 필수이며, 나아가 그의 작품을 이해하기 위해서도 반드시 읽어야 할 책이다. 흔히들 "카프카의 '글쓰기의 주제는 아버지'이고, 아버지는 카프카의 작품 세계를 여는 열쇠이다."라고 한다.[9] 그러나 카프카를 아버지 문제로만 이해해도 좋을까? 카프카를 정신분석학적으로 해석하는 이들은 그렇게 보고 있는 듯하나, 아버지 이야기만으로 카프카는 나에게 의미가 있는 것은 아니다.

이 편지는 우리나라에서 흔히 말하듯 아버지에 대한 아들 카프카의 내면의 기록으로만 읽혀서는 안 된다. 카프카의 모든 작품이 그렇듯 그가 산 시대의 맥락을 통해 읽어야 한다. 따라서 내면의 기록으로만 이해하는 우리 번역자들이나, 그들이 준거하는 독일 주석자들의 태도에 나는 찬성하지 않는다.

도리어 아버지는 권력 그 자체이고 동시에 다른 모든 권력을 뜻한다. 즉 국가, 자본, 사회, 교육, 문화 등의 모든 권력이다. 아버지에 종속된 아들은 초라하기 짝이 없는 인민이자 노동자이다. 카프카는 그들에게 권력을 거부하라고 촉구한다. 그래서 나는 그의 독자이다. 우리의 희생하는 『아버지』에 감동할 수 없듯이, 개인 차원의 정신적 갈등의 대상인 『아버지께 드리는 편지』였다면 나는 감동하지 않았으리라. 나에게 『아버지께 드리는 편지』는 『선생님께 드리는 편지』였고, 『사장께 드리는 편지』였으며, 『대통령께 드리는 편지』였다.

이런 공감에 독자들은 조금도 놀랄 필요는 없다. 나는 카프카를 어떤 식으로든 나와 같다고 이야기할 생각은 없다. 그는 세계적으로 위대한 작가이고 나는 아무것도 아니다. 그러나 카프카의 삶은 나의 삶과 같다는 느낌이 드는 것은 어떻게 된 일일까? 나는 『아버지께 드리는 편지』를 못썼지만 내가 쓴 것과 같은 느낌이다. 나는 『소송』을 못썼지만 내가 소송에 대해 느낀 것과 같은 것을 그는 쓰고 있다. 그의 모든 작품이 내게는 그렇다.

그가 얼마나 위대한 작가인지는 나의 관심 밖이다. 내가 그를 좋아하는 이유는 그가 내 심정을 대변하기 때문이다. 내가 가슴에 숨기고 있는 것을 그는 드러내주기 때문이다. 나의 생각, 나의 느낌과 너무나도 같기 때문이다. 그래서 그는 나의 친구이다. 독자들은 이런 식의 부름이 위대한 작가에 대한 실례라고 할지 모른다. 그러나 내가 좋아하는 사람, 내가 사랑하는 사람을 친구라고 부름을 용서하라.

카프카와 그로스

나에게는 그로스에 가장 가까운 예술가, 아니 인간은 카프카이다. 그로스와 아버지의 갈등은 카프카와 아버지의 갈등 꼭 그대로였다. 내가 카프카의 최고 걸작으로 치는 『아버지에게 보내는 편지』는 바로 그로스가 그의 아버지에게 보내는 편지였다. 아니 우리 모두 아버지에게 보내는 편지이자, 아버지로서 아들에게 받는 편지였다.

카프카는 1883년에 태어나 1924년에 죽었다. 1877년에 태어난 그로스보다 6년이 어리지만 1920년 그로스가 죽고 4년 뒤에 죽은 만큼 비슷한 시기에 비슷한 약 40년의 짧고 힘든 삶을 살았다. 카프카는 프라하에서 태어나 프라하에서 죽기까지 거의 프라하에서만 살았다. 반면 그로스는 오스트리아에서 태어나 독일과 프라하 등 여러 곳을 방랑했다.

카프카는 제1차 대전 중인 1917년 7월 초, 초만원의 기차간에서 그로스를 처음 만나 그의 일방적인 이야기를 들은 뒤부터 그의 영향을 강하게 받았다. 그 자리에는 그로스와 그 전부터 알았던 언론인 안톤 쿠Anton Kuh, 1890-1941가 동석했다. 그때 두 사람 사이에 무슨 이야기가 오갔는지는 알 수 없다.[10] 그러나 그 만남 15년 전에 카프카가 프라하 대학 법학부에서 그로스의 아버지인 한스 그로스의 강의를 들었다는 이야기를 하지는 않았을 것이다. 왜냐하면 그 부자 사이에는 엄청난 갈등이 있었음을 카프카도 알고 있었을 터이니 말이다.

카프카는 대학 시절[11]의 후반기인 1903-4년 제5-7학기, 주 16시간이나 그로스의 아버지인 한스 그로스의 형법과 형사소송법 및 법철학의 강의를 들었다. 그 강의는 엄청난 인기가 있었다. 카프카는 한스 그로스가 태어나면서부터 범죄자로 결정된 인간이 있다고 보는 학설을 혐오하면서도 그것에 매료되었다. 한스 그로스가 아들 그로스를 체포한 사건 직후 1년에 걸쳐 카프카는 『소송』 *Der Proceß, 1925*을 썼다.[12] 따라서 『소송』은 그로스의 이야기일 수도 있었다.[13]

『소송』은 사회, 국가 및 종교의 조직이라는 가공할 만한 가면을 폭로한 소설이다. 마지막까지 주인공은 그의 죄가 무엇인지 모른다. K는 마지막까지 필사적인 저항을 하나 결국은 포기한다. 체제는 너무나도 강고하기 때문이다. 거기서 묘사되는 법정은 아주 현실적인, 객관적으로 존재하는 권력, 곧 인간에게 적대적이고 인간을 압박하며 예속시키는 권력이다. 바로 카프카와 그로스가 인식하고 증오한 부르주아 세계이다. 그리고 그 속에서 인간은 결국 패배한다.

『소송』은 인간을 죄인으로 만드는 것은 신이 아니라 권력이라고 주장한다. 여기서도 법에 대한 도전은 없다. 세상에 있는 것은 법에 대한 비굴한 종속뿐이다. K에게 책임을 전가시키는 더럽고 타락한, 보기에도 흉측한 권력체제, 그리고 윤리적 세계질서를 농단하는, 속이 보이도록 닳아빠진 누더기 정의는 검은 옷을 걸친 신사들이라는 환상적인 풍자로 소름 끼치게 묘사된다.

아버지에 대한 반목 외에도 카프카와 그로스 사이에는 공통점이 많았다. 특히 두 사람 모두 과민했고 즉각 감각적인 반응이나 혐오감을 드러냈다. 또한 모두 채식주의자였고 육체에 대해 불안해했다. 카프카는 음식물이 소화기관에 부착했다고 생각해 펌프로 음식물을 기워내기도 했다. 그로스는 목욕을 하지 않고 옷을 입은 채로 잤으며 자신이 증오하는 육체와 함께 살고 싶어 하지 않았다.

카프카는 그로스가 감각은 본래 우리들 낙원의 대리인이었으나, 이제는 사회가 만든 양심의 가책이나 악몽과 같은 죄의식에 의해 이미 무력화되었다는 견해에 찬성했다. 동시에 카프카는 사회적으로 시인된 보통의 육욕이 갖는 추악함에 대한 그로스의 절망적인 감각에도 동감했다.

그로스가 죽기 직전에 쓴 『유대인과 독일인』*Juden und Deutsche, 1921*에서 쿠는 그로스를 베데킨트에 이어 가장 철저한 독일사상가, 특히 지성의 감독자에게 허가를 구하지 않고 혼자서 생각했기 때문에 생사를 걸고 싸워야 했던 사상가로 평가했다.[14] 그러나 막스 브로트는 그로스에 반대했다. 그는 『이교, 기독교, 유대교: 하나의 신조서』*Heidentum, Christentum, Judentum: Ein Bekenntnisbuch, 1921*에서 이교와 기독교가 육체와 영혼의 이질성을 강조한 반면 유대교는 육체와 영혼의 조화를 추구했다고 주장했다. 그러나 카프카는 이에 반대하고 그로스에 동의했다.

카프카, 그로스, 베르펠

1917년 이후 그로스는 프라하에서 프란츠 카프카, 프란츠 베르펠Franz Werfel, 1890~1945, 막스 브로트, 그리고 음악가인 아돌프 슈라이버Adolf Schreiber, 1881/1883~1920의 친구가 되어 그들에게 강력한 영향을 미쳤다. 베르펠은 카프카나 브로트처럼 유대인으로 함께 프라하에서 태어나 함께 공부한 사이였다. 그는 제1차 대전에 참전한 뒤 1917년 프라하에 돌아왔을 때 그로스의 친구가 되었지만 1919년부터는 빈에서 살며 알마 말러Alma Mahler, 1879~1964와 결혼하면서 그로스와 멀어졌다. 브로트는 카프카의 유고를 정리한 편집자로 널리 알려졌다.

알마 말러와 베르펠

전쟁 전부터 프라하의 그들은 프라하 예술가 지역에 있는 카페 아르코Cafe Arco와 매춘굴 고고Gogo에 드나들며 키르케고르Søren Aabye Kierkegaard, 1813~1855와 성 아우구스티누스Sanctus Aurelius Augustinus, 354~430 그리고 연극에 대해 토론했으나, 1916년 이후 그들은 정치적이고 사회적인 책임을 자각하기 시작했고 여기에 그로스의 영향은 절대적이었다.

당시의 유대인 가정은 프란츠 카프카의 경우에 전형적으로 드러나듯이 강력한 유대인 실업인 아버지, 부친을 실망시키는 연약한 문학소년 아들, 절대적인 남편에 복종하는 연약한 아내로 구성되었다. 카프카만이 아니라 베르펠, 헤르만 브로흐Hermann Bloch, 1886~1951, 슈테판 츠바이크 등 모두가 그러했다. 그러나 카프카만큼 그로스의 아버지와의 관계를 정확하게 이해할 수 있는 사람은 없었다.

한편 어려서부터 그들을 키운 체코인 유모는 또 다른 모성적 세계를 대표하는 구제자, 파괴적인 부권에 대한 유일하게 유효한 대항세력으로 나타났다.[15] 이는 베르펠의 소설 『바르바라』*Barbara. oder die Froemmmigkeit, 1929*에서 가장 뚜렷했다. 그로스가 주장한 농민 모권제의 변형, 즉 농민적 모성에 근거한 교양시민계급 여성이 남성

국가를 해체하는 힘을 가져야 한다는 견해의 영향을 받은 것이었다. 그로스가 프리다 위클리에게서 찾은 그 모성을 베르펠은 알마 말러에게서 찾았다.

앞에서 본 카프카와 그로스가 처음 만난 뒤 며칠이 지난 1917년 7월 23일, 브로트의 집에서 그로스, 카프카, 베르펠, 슈라이버가 모여 그로스가 편집하고자 한 잡지 <반反권력의지>*Blätter zur Bekämpfung des Machtwillens*에 대해 토론했다. 가부장적 지배형태의 권력의지에 대한 혁명적 전복을 위한 잡지였다.

카프카와 베르펠[16]은 그 잡지에 참여하고자 했고, 특히 카프카는 그로스를 동족이라고 느꼈다. 카프카는 유대교와 기독교가 부권적 일신교로서 그 앞의 여성적 종교를 추방했다고 본 그로스의 견해에 찬성했다. 유대인과 독일인에게 융통성이 없고 여성적 요소를 예속화하는 점이 유사하다고도 생각한 점에서도 마찬가지였다. 그리고 카프카는 유대인은 죄와 벌에 의해 자신을 추궁하는 민족이라고 생각한 바를 「도시의 문장紋章」Die Stadtwappen 과 같은 작품에서 표현했다. 그로스가 죽은 직후인 1921년에 쿠가 쓴 『유대인과 독일인Juden und Deutsche』에도 같은 생각이 나타났다.

무엇보다도 베르펠과 카프카가 그로스의 영향을 받아 쓴 작품은 아버지에 대한 반목을 다룬 것이었다. 카프카의 『아버지에게 보내는 편지』나 베르펠의 『살해된 사람이 아니라, 살해한 자에게 죄가 있다』*Nicht der Mörder, der Ermordete ist schuldig, 1919*는 모두 1919년 작품이었다. 카프카는 그로스에 대해 쓰지 않은 반면 그로스에 적대적이었던 브로트는 그로스를 연상시키는 주인공 몬테베리타스 박사의 산 속 기행을 소재로 한 소설 『거대한 도박』Das grosse Wagnis, 1918을 썼다. 브로트는 그로스의 도착된 이상주의에 유대인 여성 루트의 정상적인 사랑을 대치시켜 몬테베리타스를 팔레스타인으로 데려감으로써 그의 영혼을 구제한다고 결말을 맺은 다분히 유대교적인 교화소설을 썼지만, 그의 몬테베리타스는 그로스는 물론 몬테베리타의 사람들 그 누구와도 닮지 않았다.

반면 베르펠은 그로스를 1918년 빈 혁명의 정신 그 자체라고 평가했고, 그들은 혁명 중에 자주 만났다. 그러나 그 뒤 베르펠은 모든 혁명과 과격정치에 반대했고 따라서 그로스에도 반대했다. 여기에는 알마 말러가 있었다. 그녀는 그로스를 비롯하여 베르펠이 속한 그룹의 열등, 무질서, 부도덕을 극도로 혐오했다. 따라서 알마 말러는 이 책에 나오는 프리다 폰 리히트호펜을 비롯한 페미니스트 여성들과는 달랐다.

베르펠의 소설 『바르바라』[17]에서 주인공 페르디난트는 빈에서 문화와 혁명을 논하는 지식인들의 카페에 갔다가 게파르트(그로스를 모델로 한)를 만난다. 그들은 오래 전부터 합스부르크 왕가의 몰락을 예상했다. "병든 신경은 언제나 건강인의 지각을 몇 발자국 앞선다."[18] 처음부터 존경하게 된 게파르트에게 페르디난트는 자신이 부하들을 적진으로 도망치게 했다고 말하고, 게파르트는 그에게 모권제를 설명한다.

모권제에 대한 문학적 표현으로는 앞에서 든 하웁트만의 『소아나의 이단자』 외에도 제1차 대전 중에 이다 호프만이 쓴 처녀 마리아 여신에 대한 에세이가 있었다.[19] 그 글에서 호프만은 마리아를 기독교 이전의 위대한 풍요의 여신이었다고 주장했다. 또 1924년 헤세가 쓴 에세이 「테신의 성모 마리아 축제」*Madonnenfest in Tessin*에서 자신은 "성모 마리아를 숭배하는 내 나름의 신앙을 가지고 있고, 성모 마리아는 비너스와 크리슈나와 함께 나의 경건한 신전에 자리 잡는다"[20]고 했다.

그러나 그로스의 모권제는 더욱 강력했다. 그는 생애 마지막에 아스타르테 숭배에 관한 소설을 썼다. 이는 베르펠이 그의 소설에서 게파르트 박사가 유대-기독교적인 유럽문명에 반대하여 바빌론이야말로 우리 문명이라고 주장한 것과 같았다. 베르펠은 사랑의 종교인 바빌론이 살해되어 유대 일신교적 도덕주의가 쾌락을 추방함에 의해 지금의 세상이 되었다고 보고, 만일 그렇지 않았다면 세계사는 지금과 달리 훌륭하게 변했으리라고 주장했다.

한편 그로스는 유대인, 그리스인, 이슬람인에 의해 여성이 종교로부터 배제된 것을 세계 최초의 백색 테러라고 부르고 세계를 구제하기 위한 성혁명을 주장했다. 실제로 그로스는 1918년 빈의 혁명가 모임에서 시민계급적인 부권제의 가정생활이나 성을 청산하기 위한 부서를 두어야 한다고 주장했다.

특히 그로스는 쾌락이 가치의 유일한 원천이고, 사악한 것의 소굴로 변한 잃어버린 낙원으로 다시 들어감에 의해서만 인간은 소생할 수 있다고 주장하면서 기독교가 부권제의 가장 노골적인 형태라고 비판했다. 그리고 위대한 문화적 발견은 원시민족에 의해 이루어졌고, 이에 반해 과도하게 발달한 우리의 문명은 이미 그 뿌리로부터 부패했다고 주장했다.

반면 그는 기독교의 창세기는 모권적 종교의 사제가 쓴 것으로 보았다. 왜냐하면 여성이 악령의 유혹을 받은 역사적 순간에 이미 존재했음을 인정하고, 따라서 악령이 여성에게 안일이나 안일과 바꾼 본래의 위엄을 버리라고 구슬렀다고 보기 때문이다. 그로스는 아담과 이브가 함께 사과를 먹은 것은 여성이 남성의 사적 소유물이 되는 대신, 모든 남성이 여성과 그 자녀를 부양한다는 약속을 한 것이고, 이러한 남성의 여성 지배에 의해 세계에 죄와 부끄러움이 초래되었다고 생각했다. 베르펠은 그로스를 고결한 모습으로 묘사하면서도 그의 광신적이고 사디스틱한 성적 방종의 태도를 비판적으로도 묘사했다.

그로스 부자, 프로이트, 베버, 로렌스

카프카와 그로스의 만남을 보기 위해 1917년으로 왔는데, 다시 1900년으로 돌아가 보자. 앞에서 보았듯이 지금부터 100여 년 전인 1900년, 장발과 수염, 남루한 반코트와 반바지, 맨발이나 샌들 차림 방랑자들이 알프스 산골 호숫가 언덕 몬테베리타에 오두막을 짓고서 그 옷가지조차 벗어버리고 나체로 농사를 지으며 살았다.

누가 왜 그런 모양으로 사느냐고 물으면 스스로 자신을 지키기 위해서라고 답했다. 아무 가치도 없는 그런 꼴을 보는 대부분 사람들이 불안해하는데도 자신이 그렇게 하지 않으면 안 되는 이유는, 바깥사람들의 눈총이 있어야만 언제나 자신을 자각할 수 있기 때문이라고 답하기도 했다. 따라서 그들이 택한 탈속의 방랑이란 풍류를 좋아하는 타고난 성격으로 제멋대로 낭만적으로 사는 것이 아니라, 고의로 이 세상의 풍속을 버리고 그것으로부터 자신을 지키기 위해 언제나 긴장해야 하는 엄격한 저항의 삶을 뜻했다.

이를 단적으로 보여주는 것이 그로스다. 그의 아버지는 20세기의 가장 위대한 범죄학자인 한스 그로스였다. 한스 그로스가 평생 연구한 범죄학의 적용사례로 그의 아들인 그로스를 압박한 것은 당시의 세대 갈등을 단적으로 상징했을 뿐 아니라 몬테베리타와 기존 세상의 대결을 상징했다.

그로스는 1900년 몬테베리타에 처음 갔던 7명의 방랑자에 포함되지는 않았다. 그러나 그는 5년 뒤인 1905년에 그곳에 가서 1920년 몬테베리타 공동체가 끝날 때까지 그곳과 관련해 살다가 죽었다[21]는 점에서 그레저와 함께 누구보다도 몬테베리타를 대표하는 사람이었다. 앞에서 보았듯이 그들은 웨던코번과 같은 몬테베리타의 주류는 아니었지만 누구보다도 몬테베리타의 초심을 간직한 사람들이었다.

그레저와 함께 그로스는 그 무엇도 생산하기를 거부한 방랑자였다. 그들의 작품은 바로 그들의 비극적인 방랑의 삶 그 자체였다. 그들의 고뇌로부터 이익을 얻은 자, 그들의 생각을 이론화하고 체계화한 자, 그들의 감성을 예술로 바꾼 자들은 20세기 전위사상가나 예술가로 남았지만 문명의 폭력에 대한 참된 반항자는 바로 그들 무명의 방랑자들이었다. 그들은 개인의 자기해방과 과거문화와의 단절을 주장하며 평생 반항하고 방랑했다. 나는 이 책에서 그들에게 긍정적인 평가를 내림으로써 그들과 관련된 사람들, 즉 20세기 인문사회과학의 태두인 베버나 프로이트, 그리고 현대범죄학의 아버지인 한스 그로스를 탄핵한다.

그 중에서 베버와 프로이트는 20세기 학문과 예술의 총아로 숭배되었고 그런 경향은 특히 한국에서 극심했다.[22] 베버에 대해서는 아일랜드의 사회학자 키어런 앨런Kierean Allen이 쓴 『막스 베버의 오만과 편견』*Max Weber, A Critical Introduction*이 2010년 우리말로 번역 [23]되어 처음으로 베버를 '독일의 승리를 꿈꾼 극우 제국주의자'라고 비판적으로 보게 하였지만, 이 책에는 베버의 사생활이 전혀 언급되어 있지 않다. 앨런이 '위인'을 만들어내려는 '성인전'과 다름없다고 평한[24] 베버 부인 마리아네 베버의 베버 축약 전기가 여전히 한국에서는 거의 유일무이한 베버 평전이다.[25] 그 책에는 베버가 만년에 불륜의 사랑을 불태운 엘제에 대한 언급은 전혀 없다. 베버의 아내가 쓴 책이니 당연하다고 할 수 있을지도 모르지만, 그래서야 객관성을 중시한 베버의 아내가 쓴 평전이라거나, 평전으로서 가치가 있다고 할 수가 있을까?

나는 이 책에서 그 사랑으로 인해 베버는 '독일의 승리를 꿈꾼 극우 제국주의자'에서 조금은 벗어나고자 했다고 본다. 베버에게 그런 반성을 가능하게 한 그로스를 둘러싼 엘제와 프리다 자매와 같은 무명의 여인들도 사실상 이 책의 주인공들이라는 점을 강조하고자 한다. 엘제 폰 리히트호펜은 뛰어난 지성인으로 유부녀이면서도 막스 베버의 애인으로서 그가 싫어한 그로스를 사랑했고, 그녀의 동생 프리다 폰 리히트호펜 역시 유부녀로 그로스를 사랑했으며, 뒤에 가정을 버리고 또 다른 그로스인 D. H. 로렌스와 도망쳐 그의 평생 반려가 되었다. 그런 복잡한 사랑의 방랑만이 아니라 자매가 각각 베버와 로렌스라는 뛰어난 지성에 자극을 주었다는 점이 더욱 중요할지도 모른다. 물론 나에게는 그 자매가 모두 그로스라는 남자, 20세기 최대의 범죄학자인 아버지에게 '미친놈' 취급을 당하여 결국 아버지의 손으로 정신병원에서 죽어간 그로스를 함께 사랑했다는 점이 더욱 흥미롭다.

그들을 그런 점에서 비교하며 재조명하는 이유는, 그것이 유명 지성인들의 스캔들로 복잡한 인간관계나 애정관계를 다루는 것에 그치지 않고, 그런 복잡한 관계가 그들 지성인들에게 어떤 영향을 미쳤는지를 분석해보면 의외로 그들 사상의 본질을 재조명하는 계기가 되기 때문이고, 나아가 그들 사상을 받들고 있는 우리 자신을 다시 돌아보는 계기도 되기 때문이다.

그라츠

그로스 부자, 그리고 그로스의 어머니와 아내가 태어난 그라츠는 당시나 지금이나 빈에 이어 오스트리아의 두 번째 도시이지만, 빈과는 너무나 다른 봉건적 인습이 강한 산속의 대학도시다. 11세기, 15세기, 16세기에 각각 세워진 성, 교회, 대학교가 있고, 그곳 생활은 무질이 『특성 없는 남자』 제3권에서 묘사한, 그야말로 화석으로 변했다고 해야 할 정도로 무미건조했다. 특히 그곳은 퇴직자의 도시로 유명했다. 제국에 봉직한 공무원들은 안식이라는 보수를 그곳에서 확보했다. 그들은 케이블 전차를 타고 슐로스베르크Schloßberg의 종루나 시계탑을 오르내리며 매일을 한가롭게 보냈다.

그로스 부자가 살았던 1900년에 그곳 인구는 14만 명이었다. 그로스의 아버지가 근무한 대학교는 교수가 160명, 학생이 1600명이었으니 교수 1인당 학생 10명이라는, 지금 한국 대학교로서는 상상할 수 없을 정도의 곳이었다. 게다가 그곳 교수들 중 9명이 노벨상을 받았다. 오스트리아에서 빈 대학교에 이어 두 번째인 1585년에 세워진 그 대학교는 빈 대학교에 이어 두 번째로 큰 대학이었다. 특히 1895년에 세워진 멋진 캠퍼스 건물은 그야말로 위풍당당하다.

그 배경인 슈타이아마르크Steiermark는 7620미터라는 엄청난 높이의 철산, 즉 철지대라는 뜻의 엘츠베르크Elzberg로서 이는 그곳 부의 원천이다. 그래서 그곳에는 1644년에 세워진 거대한 무기박물관이 있다. 그러나 철이란 광부나 산사람이나 부근 개척민을 멸시하는 말이기도 했다.

르네상스 시대에 반종교개혁에 의해 예수회가 로마가톨릭을 강요하기 전까지 그라츠는 새로운 사상의 중심지였고, 그런 이교도적 요소는 지하에 잠행하다가 19세기 말엽 신지학으로 재생했다. 몬테베리타 사람들 중에 최초의 7명 중의 한 명인 페르디난트 브룬느를 비롯하여 구스타프 나겔Gustav Nagel 1874~1952이 그라츠 출신의 신지학자였고, 그로스도 이교에 관심이 컸다. 따라서 그레저와 같이 그로스에 대한 소설이 쓰인다면 그것은 앞에서 본 『소아나의 이단자』같은 것이리라. 그로스는 기독교와 그 가치만이 아니라, 서양의 과학, 소유제, 진보관념, 정숙한 여성관, 노동정신 등 모든 것과 싸웠다.

당시의 그라츠는 보수적인 도시였지만 대학만은 일부 학문 분야에서 시대의 첨단이었다. 특히 정신의학연구소는 빈 대학교에 이어 제국 제2의 대학교 연구소로서 오토 그로스가 공부한 곳이었다. 1873년부터 1889년까지 그 연구소의 소장이었던 리하르트 폰 크라프트-에빙Richard von Krafft-Ebing, 1840~1902은 한스 그로스와 함께 연구했고, 그가 한스 그로스의 사례 연구를 참조한 『성적 정신질환: 임상연구』*Psychopathia Sexualis: eine Klinisch-Forensische Studie, 1886*은 사디즘과 마조히즘이라는 말을 보급시켰으며, 조이스James Joyce, 1882~1941의 『율리시즈』*Ulysses, 1922*에 영향을 미쳤다.

한스 그로스는 뒤에 빈 대학교 정신의학연구소의 소장이 되었는데, 당시 그는 프로이트에 대단히 적대적이어서 1896년 프로이트가 발표한 유아의 성욕에 관한 논문을 비판한 탓으로 프로이트는 1904년까지 다른 논문을 쓰지 못했다. 그러나 유행에 민감한 한스 그로스는 프로이트를 변호하기도 했고, 권위에 약한 프로이트도 한스 그로스를 존중했다.

그로스 부자는 알프스의 남자들답게 강인한 체격의 소유자들이었으나, 그 성격은 전혀 달랐다. 한스 그로스는 그라츠에서 직업군인의 아들로 태어나, 독일 아버지의 전형이 된 자로 위압적인 성격의 소유자였다. 독일의 재판관은 물론 학자도 사실 군인의 애국심과 정확함과 철저함에 근거했다. 앞에서 보았듯이 그는 68세였던 1913년, 군대에 지원했다가 폐렴으로 죽었을 정도로 평생 군대에 열광했다. 반면 아들 그로스는 고기와 술을 절대로 입에 대지 않는 채식주의자였다.

아버지 그로스, 오스트리아의 셜록 홈즈

모든 아버지는 위대하다. 특히 한국의 아버지는 누구나 위대하다. 살아서도 위대하여 효도를 받지만 죽어서도 위대하여 몇 십 년 동안, 심한 경우에는 몇 백 년 동안 제사라는 형식으로 숭배된다. 오로지 부모라는 이유만으로 이렇게 숭배받는 부모는 한국의 부모, 특히 아버지뿐이리라. 그러니 한국은 아버지의 나라다. 대부분의 나라가 전통사회에서는 모두 가부장적이었지만 그 중에서도 가장 지독한 가부장 사회는 한반도, 특히 조선후기 이후였으리라.

한스 그로스

서양의 경우 반드시 그렇지는 않지만, 오토 그로스의 아버지 한스 그로스Hans Gross, 1845-1915는 아버지로서보다도 학자로서 엄청난 존경을 받았다. 현대의 범죄 수사방법을 확립한 위대한 범죄학자이자 검사이자 판사로 그리고 법대 교수로서 말이다. 그래서 그는 앞에서 소개한 『제국의 종말 지성의 탄생』에서 20세기 초 오스트리아를 빛낸 사람들 중의 한 사람으로 꼽힌다. 반면 그 책에는 이 책의 주인공 중 한 사람인 그로스에 대해서는 단 한 마디 언급도 없다.[26]

그 책은 한스 그로스를 "비더마이어적 정확성 때문에 전설적인 셜록 홈즈Sherlock Holmes와 동일시됐다. 그로스가 발자국을 구별해 내고, 핏자국을 조사하며, 믿을 수 없는 가설들을 문구화해 나갈 때는 오히려 홈즈를 능가했다"고 한다.[27] 한스 그로스와 달리 셜록 홈즈는 아직도 우리나라를 포함한 전 세계에서 인기가 높지만, 이 책의 한스 그로스가 집시는 본질적으로 범죄인이라고 주장하는 등 문제가 많았듯이, 홈즈가 나오는 소설에서도 동양인에 대한 범죄인 본질론과 유사한 시각을 볼 수 있음을 주의해야 한다. 사실상 추리소설의 탐정은 판결기록에 처음에 등장했고, 그 출발의 배경은 제국주의 영국이었다.

한스 그로스는 여러 곳을 여행하고 가장 현대적인 방법에 의한 재판, 즉 판결을 내렸을 뿐 아니라, 범죄 조사의 장이기도 한 재판을 적극적으로 장려했고, 동시에 지방의 무원칙한 법 시행도 감시했다. 그는 20대 초부터 30년간 예심판사로 지냈는데 이는 오늘날 우리나라의 검사와 같았다. 따라서 당시에는 군인이었던 지방 경찰관들과 긴밀하게 협조했다. 당시 그들은 학문적인 훈련을 받지 못했고, 오로지 군법회의를 통해 익힌 조잡한 권위주의적인 태도 밖에 몸에 익힌 것이 없었다.

나이가 들면서 지위가 높아진 한스 그로스는 자기와 같은 검사들을 훈련시키고, 경찰들을 더욱 엄격하게 훈련시켜 법집행을 합리화하고 체계화하며, 소위 '과학적 방식'을 지금까지 방치된 영역, 즉 부랑자나 집시나 거지나 방랑자와 같은 비사회적인 자들에게 적용하는 일에 평생을 바쳤다. 그러한 그의 노력이 인정되어 그는 과학으로서의 범죄학을 수립하고 그것을 대학교의 학부로 설치하는 것에 성공했다.

한스 그로스는 48세 때인 1893년에 낸 『예심판사, 경찰, 군사경찰을 위한 안내』*Handbuch für Untersuchungsrichter, Polizeibeamte, Gendarmen*

에서 자기가 담당한 사건을 예로 들어 범인 추적을 위한 과학적 수사방법을 상세히 소개했다. 가령 경찰견의 사용, 족적과 지문의 조사, 혈흔 조사 등은 그의 획기적인 공헌이었다. 또 그는 사실만을 중시하고 목격자의 증언, 특히 월경 중 여성이나 집시의 증언은 믿을 수 없는 것으로 무시해야 한다고 주장했다. 그는 현미경학, 화학, 물리학, 광물학, 동물학, 식물학, 인류학 및 지문학 분야에서 수사관이 도움을 받을 수 있는 내용에 대해서도 상세히 기술하였다.

범죄 수사에 과학을 접목시켜야 한다는 내용의 그 책은 20세기에 여러 나라말로 번역되었고(불행인지 다행인지 우리말 번역은 없다. 여하튼 그래서 범죄 수사에 문제가 많은지도 모르지만.) 영어판은 1962년까지 5판을 찍었을 정도로 유명했으며, 지금도 세계에서 가장 권위 있는 표준적인 교과서로 사용되고 있다. 또한 그 책은 전혀 무미건조하지 않고 기술적인 것에 그치지도 않아, 조르주 심농Georges Simenon, 1903-1989의 메그레Maigre 탐정 시리즈를 비롯한 유명한 탐정소설에도 등장했을 정도로 대중적인 인기도 얻었다.[28]

1897년 한스 그로스는 러시아와의 국경지대(류보프와 부카레스트의 중간)에 있는 체르노비치Czernowitß 대학교(오늘날의 우크라이나 체르니우치 대학교) 법학부의 교수가 되었다. 당시 오스트리아에는 중앙집권적 근대화파와 그 반대파가 대립했다. 한스 그로스는 근대화파의 대표로서, 반대파의 대표인 오이겐 에를리히Eugen Ehrlich, 1862-1923와 대립했다. 에를리히도 체르노비치 대학교 법학부의 교수였다. 에를리히는 제국의 동쪽 끝인 부코비나 지역에 사는 10여개 소수민족에 관한 자료를 수집하고자 체르노비치에 연구소를 세우고 그 지역 문화의 보호에 노력했다. 반면 한스 그로스는 모든 지역의 중앙집권화와 합리화, 그리고 모든 것의 실증화를 요구했다.

"법 발전의 중심은 사회에 있다"고 주장한 에를리히는 막스 베버와 함께 법사회학을 창시한 학자로,[29] 법사회학을 공부한 사람이면 누구나 알 만한 인물이지만, 요사이 한국에 그런 것을 공부하는 사람은 거의 없으니 에를리히를 알 만한 사람도 거의 없다. 사실 그는 지방에 특유한 법과 행정의 형태를 유지해야 한다고 주장했으니 우리나라 같은 중앙집권화 국가에서는 전혀 고려될 여지가 없을지도 모르지만 법의 올바른 모습을 생각할 때 대단히 중요한 사람이다.

1897년 한스 그로스는 『범죄심리학』*Kriminalpsychologie*을 출판했다. 이 책은 이상異常심리와 성적 변태가 범죄와 어떻게 관련되는지를 보여주는 사례를 중심으로 고찰한 것이어서 당연히 이상심리학과 관련되었다. 당시 그로스도 아버지와 함께 이상심리학에 관심을 기울였고, 그 책의 1905년 제2판에는 그로스의 연구 결과도 2회 인용되었으며, 1911년에 미국에서 나온 책에는 그로스가 아버지에게 협력한 정신신경장애의 전문가라고 소개되었다. 한스 그로스는 그 밖에도 『범죄학논집』*Gesammelte kriminalistische Aufsätze* 2권을 출판했고, 1899년에는 <범죄인류학과 범죄통계 잡지>*Archiv für Kriminalanthropologie und Kriminalstatistik*를 창간해 1915년 그가 죽을 때까지 편집을 담당했다.

1902년 한스 그로스는 프라하 대학의 교수로 옮겼는데 그 때 그곳 법학부 학생 중에 프란츠 카프카가 있었다. 그 무렵 한스 그로스는 『범죄학사전』*Enzyklopädie der Kriminalistik*을 편찬하면서 당시 각광을 받은 프로이트의 정신분석학을 자신의 범죄심리학 연구에 응용했다. 그러나 그는 윤리적 선입관에 젖어 동성애자, 절도범, 혁명가 등은 법으로 재판할 가치도 없고, 아프리카 미개지에라도 보내어서 갱생시키는 것으로 충분하다고 단언했다. 그로스도 프로이트의 정신분석학에 관심을 가졌으나, 아버지와는 전혀 다르게 프로이트를 이해했다.

이어 한스 그로스는 1905년 고향인 그라츠 대학교의 교수로 돌아왔다. 그리고 1912년에는 많은 반대를 물리치고 그라츠 대학교 법학부에 세계 최초로 범죄학연구소를 설립하여 그 뒤 이어진 같은 연구소들의 선구가 되었다. 이와 함께 범죄심리학, 범죄인류학, 범죄통계학, 범죄수사술 등의 강의가 매 학기마다 개설되었다. 또한 범죄의 징표가 되는 것들을 수집하여 범죄자료관을 설립했고, 이는 뒤에 범죄박물관으로 발전했는데 이 역시 세계 최초였다. 여기에는 중절장치, 살인흉기, 고문에 의해 변형된 골, 지문 등의 유명한 범죄 장면의 기념품들이 세계 각국에서 수집되었다. 그리고 연구소의 범죄학실험실과 범죄학연구실에서는 한스 그로스와 조수들이 실제 범죄사건의 해결을 위해 노력했고, 그것이 모두 박물관의 진열품을 늘리는 데 기여했다.

1905년 한스 그로스는 앞에서 본 「퇴화와 추방」이라는 논문에서 사회를 위해서는 부랑자나 방랑자나 혁명가나 집시 같은 퇴화된 인간을 추방해야 한다고 주장했다. 그에 의하면 퇴화 인간은 범죄인보다 더 위험한데, 그 이유는 범죄자 중에는 생활력을 갖는 이들이 많지만 퇴화 인간에게는 생활력이 없다는 것이었다. 게다가 그런 퇴화 인간은 이미 불구자이므로 그들에게는 형벌이 아무런 효과가 없고 설득도 치료도 전혀 의미가 없으니 오로지 식민지 같은 곳에 추방할 수밖에 없다고 주장했다.

그는 그들이 사회의 결함이고 문화가 문명에 초래한 저주라고 했다. 즉 문화의 진행에 의해 약한 인간이 생겨나고 번식하는 것은 자연의 흐름에 역행하는 것이므로 우리는 그들을 문화, 즉 사회로부터 제거해야 한다는 것이었다. 1913년 그가 아들을 정신병원에 집어넣을 무렵에는 거세와 단종법에 대한 글도 썼다. 그의 단종론은 뒤에 나치의 단종학, 그리고 유대인 절멸론으로 이어졌다.

아들 그로스

한국에서는 '장군의 아들'도 장군처럼 되지 않던가. 그러나 한스 그로스의 아들 그로스는 태어나면서부터 아버지와 전혀 달랐다. 특히 동물을 좋아해 어려서부터 육식을 하지 못했다.[30] 한국에서와 달리 서양에서는 보통 아이들을 어려서부터 별도의 방에 재우는 것이 보통인데, 그로스는 부모와 함께 잤다. 뒤에 그의 아버지는 그렇게 함께 재운 탓으로 그가 유약한 인간이 되었다고 후회했다. 그로스와 마찬가지로 부모와 함께 잤던 마르셀 프루스트(Marcel Proust, 1871-1922)도 그로스와 마찬가지로 남성적인 것을 혐오했다. 그러나 한국에서는 부모와 함께 늦게까지 자도 그로스와 같은 군인다운 남자가 얼마나 많은가?

그로스는 1877년에 태어났다. 그가 태어난 1870년대는 독일의 경우 비스마르크의 시대였다. 1870-71년 프랑스와의 전쟁에서 승리한 이후 독일은 빌헬름 1세가 지배하는 제2제국이었다. 비스마르크는 야만적이고 이기적이고 권위적이고 부권적이고 남성적이고 반동적이고 군사적이며, 동시에 반이상주의적이고 반이데올로기적이고 반자유주의적이고 반계몽주의적이고 반민주주의적인 군인으로서 독일과 세계의 방향을 결정했다. 비스마르크는 지극히 단순하고 전통과 규율 외에는 아무것도 모르는 자였다. 그러나 그는 1870년대 독일을 세계 최강국으로 만들었다. 독일은 그 무식하고 야만적인 정치적 이기주의자에 의해 갑자기 강대하고 풍요한 나라가 되었다.

그는 무엇보다도 정치적, 군사적, 외교적, 경제적, 산업적으로 강력한 지도력을 발휘했고, 독일의 모든 가정을 자기와 같은 강력한 남자가 다스리는 부권적 가정으로 만들었다. 부권적 가정이란 남편이자 아버지인 남자가 주인인 가정이고, 부권적 문화란 군대나 감옥처럼 권위주의적인 제도가 강력하고 비대해져 군대식 처벌이 중심에 자리 잡게 된 집권적 사회를 말한다.

이에 비해 여성적인 모권사회는 분권적이고 지방적이고 촌락적이고 가정적이며 어머니가 생활의 중심인 것을 말한다. 부권사회는 공적인 경력과 업적을 중시한다. 여성은 부권적 사회에서는 남성에 비해 당연히 그 역할이 낮으며 그나마 그 사회에 들어가려면 남성적인 삶의 방식을 갖지 않을 수 없다.

뒤에 그로스의 애인이 된 프리다 폰 리히트호펜[31]은 그로스를 알프스의 남자라고 했을 정도로 그는 강인한 체격[32], 고매한 이상주의를 가졌으며, 고기와 술을 혐오한 채식주의자였다. 그러나 어깨의 이상으로 병역은 면제받았다. 그는 일찍부터 조숙했으나 돈의 가치를 전혀 몰라 성인이 되어도 어린이와 같았다. 실제로 43세에 죽기까지 그는 어린이처럼 보였다.

그는 과보호의 응석받이로 자랐고 징벌 위주의 규율은 일관성이 없었다. 그의 머릿속에 남은 최초의 기억은 아버지가 손님에게 "아이가 문다"고 주의를 주었다는 것이었다.[33] 어려서부터 그는 유복한 환경에서 우수한 가정교사로부터 교육을 받았고, 엄격한 공립학교에는 적응할 수 없는 체질이어서 자유로운 교풍의 사립학교에서 배웠다. 어려서부터 아동용 책에는 흥미를 갖지 못하고 10살 때까지 자연과학, 신화학, 라틴어, 그리스어를 습득했고, 소년 시절부터 아버지가 세우고 운영한 '범죄심리학 연구소'에 출입하여 문헌 정리 등을 도왔다.

어린 시절 학교에서는 언제나 수석을 했는데 이는 아버지의 간섭을 받지 않기 위해서였다고 그는 뒤에 말했다. 그만큼 그의 아버지는 엄격했다. 아버지는 조숙하며 독립심이 강한 신동인 아들을 어떻게든 사회에 통용되는 정상적인 인간으로 교육하고자 노력했으나 성공하지 못했다. 대학에서도 지루한 수업에 염증을 느껴 수업에 전혀 출석하지 않았음에도 불구하고 독학에 의해 성적은 좋았다. 여성을 좋아하지는 않았고 오랫동안 동정을 지켰으나 매춘굴의 여성들을 구출하자고 친구들을 설득하기도 했다.

1897년부터 그로스는 그라츠 대학의 정신의학연구소에서 공부하고, 이어 뮌헨의 의과대학[34]을 다녔으나 수업에는 관심이 없이 뮌헨-슈바빙 특유의 에로티시즘을 경험했다. 우리에게 슈바빙이란 전혜린의 소개로 유명해졌다. 전혜린이 살았던 뮌헨은 1960년대로서, 사실 뮌헨이 꽃과 예술로 빛난 시대는 19세기말 그로스가 살았을 무렵이었고, 그 후에는 나치가 생겨난 곳이기도 하는 등 전혜린이 본 뮌헨은 이미 온갖 상채기로 흉물이 된 것이었다.

뮌헨

토마스 만이 그의 단편소설 「글라우디스 데이」1902[35] 에서 다음과 같이 썼듯이 당시의 뮌헨은 예술의 도시였다.

> 뮌헨은 빛나고 있었다. … 뒷머리에 둥글고 작은 모자를 걸치고, 넥타이를 느슨히 맨 채 지팡이를 들지 않은 젊은 예술가들, 그림을 그려 집세를 충당하는 아무런 걱정 없는 젊은이들이 밝고 푸른 오전의 분위기를 맛보기 위해 산책을 하고 있다. … 미술 가구상과 근대적인 사치품 시장 앞에 머무르다 보면 언제나 새로운 즐거움이 샘솟는다. … 사방에 조그만 조각품 가게며 액자 가게, 골동품

가게가 즐비하다. … 그리고 아무리 작고 보잘것없는 가게의 주인이라도 도나텔로와 미노 다 피에솔로에게서 개인적으로 복제권을 얻은 듯이 말한다.[36]

예술이 꽃피어나고, 예술이 지배하고 있으며, 예술이 장미로 휘감은 왕의 홀笏을 도시에 내밀며 미소 짓고 있다. 예술이 번성하는 것에 다들 존경할 만하게 관심을 보이고 있고, 예술에 일조하기 위해 열심히, 헌신적으로 연습하고 선전하며, 선, 장식, 형태, 감각 및 아름다움은 진심으로 열렬하게 예찬하고 있다. … 이렇게 뮌헨은 빛나고 있었다.[37]

1895년 당시 뮌헨에 살던 화가와 조각가는 1180명으로 독일 전체 미술가의 13%를 차지했다. 이는 인구가 뮌헨보다 네 배나 많은 베를린1159명보다 높은 수치였다.[38] 그들이 집중된 뮌헨의 슈바빙을 뮈잠은 독일의 몽마르트로 묘사했다.[39] 뮌헨 북쪽 뮌헨대학교가 있는 그곳에는 토마스 만, 루 살로메, 릴케, 게오르게 등 많은 문인과 화가들이 살았다.

뮌헨의 슈바빙은 1892년, 독일 최초의 전통에서의 분리파운동이 시작된 곳이었고, 1903년 빈에서의 전람회에 앞서 1898년 최초의 전시회가 그곳에서 열렸다. 그 후 칸딘스키, 클레, 야후렌스키, 마르크 등 여러 화가가 슈바빙에서 살며 '청기사'라는 이름 아래 함께 창작을 했다. 당시 뮌헨대학교 경제학교수로 사회개혁가였던 에드가 야페Edgar Jaffé, 1866~1921도 그들의 작품을 샀다. 뒤에 막스 베버 그리고 좀바르트와 함께 <사회과학 및 사회정책 논총>Archiv für Sozialwissenschaften und Sozialpolitik을 편집한 그는 특히 이 책에 등장하는 엘제 폰 리히트호펜의 첫 남편으로 이 책의 뒷부분에서도 자주 등장할 것이다.

반면 당시의 베를린 미술계는 이에 대립하여 거대한 영웅주의 조각과 회화 작품을 양산했다. 또 황제의 부인이 직접 리햐르트 슈트라우스Richard Strauss, 1864~1949의 에로스적인 오페라 <살로메>*Salome*의 무대장치를 바꾸게 하고 오페라 <장미의 기사> *Der Rosenkavalier* 공연을 저지했다. 이러한 황제적인 부르주아 도덕은 슈바빙에서는 베데킨트와 뮈잠이 노래를 부르고 브루노 발터Bruno Walter, 1876~1962가 피아노를 친 카바레에서 풍자되었다. 그로스 부부, 야페, 뮈잠 , 프리다 위클리가 그곳에 자주 모였다.

그러나 그로스와 같이 모권제와 성해방을 주장했음에도 불구하고 로렌스는 뒤에 슈바빙의 환영을 받지 못했다. 로렌스는 사실 해방보다도 생산성, 규율, 질서를 더욱 존중한 보수주의자였기 때문이었다. 로렌스만이 아니라 부르주아로서 부르주아를 위해 글을 쓴 토마스 만도 환영받지 못했고 도리어 사회주의자였던 그의 형 하인리히 만이 뮌헨에서 환영받았다.

당시의 독일은 베를린, 뮌헨, 하이델베르크가 3각의 중심이었다. 베를린은 부권적이고 조직적인 권력, 하이델베르크는 정치적이고 문화적인 계몽, 뮌헨은 개인적이고 정치적인 혁명을 대표했다. 우리가 뒤에서 보게 될 막스 베버는 뮌헨이 아니라 베를린과 하이델베르크를 대표하는 사람이었다.

내가 1990년대 초에 처음 찾은 뮌헨은 올림픽을 유치할 정도로 발전한 현대도시로서 더욱 더 흉측했다. 아직도 옛날 그대로 남은 것이라는 슈바빙도 거대한 석재건축의 거리로 친근감을 주지 못했다. 19세기말에 창조된 아르 누보인 유겐트스틸이 미술관에 남아 있을 정도였지, 그 유겐트스틸이란 말이 그 거리의 잡지 <유겐

트-뮌헨 예술과 생활을 위한 그림주간잡지>*Jugend–Münchner illustrierte Wochenschrift für Kunst und Leben*에서 비롯되었던 새로운 예술창조의 분위기를 거리에서 맛보기는 어려웠다.

그보다 더 일반적이고 뮌헨의 세기말을 상징했다고 할 수 있는 잡지 <심플리시시무스>*Simplicissimus*는 당시 "부도덕적, 포르노적, 혁명적, 사회주의적"이라는 비난을 받았다. 한국인에게는 혁명이나 사회주의를 도덕적이고 반포르노적인 것과 연결하는 경향이 있는지 모르지만, 적어도 19세기말의 뮌헨에서는 그 네 가지가 함께였다. 그러나 1950년대 후반에 뮌헨대학교의 유일한 동양여성이었다는 전혜린의 슈바빙에는 이미 혁명이나 사회주의는 없고 부도덕과 포르노만 남은 탓일까, 내가 전혜린의 책에서 읽은 것도 사실 그런 것밖에 기억이 없다.

그러나 그로스가 빈이 아니라 뮌헨을 택한 것은 그 혁명과 사회주의 때문이었다. 물론 그로스는 1918년의 뮌헨의 예술가들에 의한 아나키즘 혁명을 경험하지는 못했지만, 그 자신 이미 세기말에 뮌헨에서 아나키즘에 젖었다. 그러나 뮌헨에서도 만족하지 못해 스트라스부르크와 킬 대학 등을 전전했다.

의사 그로스

22세가 된 1899년 그로스는 의사[40] 자격을 따서 남미로 가는 항해선의 의사로 함부르크를 출발했다. 당시 그의 관심은 식물과 마약뿐이었고, 항해 중에도 마약에 취해 지냈다. 그 후 그는 파타고니아Patagonia에 도착했으나, 칠레의 최남단 푼타 아레나스Punta arenas에서 자유의 땅 푸에고Fuego 섬을 본 경험을 말하면서 그곳은 어떤 국가에도 동화되지 않은 곳이며 법이 없는 아나키스트의 고향이라고 말했다. 파타고니아에서 그는 오지 여행을 하면서 식물학 연구를 계속했다.

1901년부터 2년간 뮌헨과 그라츠의 병원에서 정신과 조수로 근무하면서 그는 뇌정신의학에 관심을 기울였다. 정신병의 원인에 대해 종래 여러 가지 학설이 있었으나, 19세기 전반 독일에서는 낭만주의적 정신의학의 심리원인설이 대세였다. 이는 정신장애란 사악한 행위나 죄, 반윤리적 행위나 반종교적 행위에 의해 생긴다고 보는 견해였다. 이에 반대하여 정신장애를 뇌의 변화로 설명하는 뇌장애설이 생겨났다.

당시 그 분야의 최고 권위자는 실어증 失語症 연구로 유명한 베르니케Carl Wernicke, 1848~1905[41]였다. 그로스는 베르니케가 『정신의학 강요』*Grundriss der Psychiatrie in klinischen Vorlesungen*, 1894에서 주장한 분리分離가설에 관심을 가졌다. 이는 뇌피질腦皮質과 신경섬유의 기능적 분리에 의해 정신장애가 생긴다고 보는 것이었다. 1902년 그로스가 발표한 최초의 대작 『대뇌의 2차 기능』*Die cerebrale Sekundärfunktion*[42]이 그 연구 결과였다.

한편 심리원인설도 계속 발전했고, 정신장애의 치료가 심리적 조작에 의해 이루어져 성공했다. 히스테리 치료에 최면요법을 사용한 샤르코Jean-Martin Charcot, 1825~1893의 제자인 프로이트는 심리원인설에 입각하여 치료에 정신분석을 도입했다. 그는 블로일러Eugen Bleuler, 1857~1939와의 공저인 『히스테리 연구』*Studien über Hysterie,* 1895에서 정신분석이라는 말을 처음 사용했고, 『꿈의 분석』으로 정신분석학을 수립했다. 프로이트의 학설을 제일 먼저 지지한 사람은 영국의 엘리스Haevelock Ellis, 1859~1939였다. 엘리스가 1897년부터 1928년 사이에 발표한 『성 심리 연구』*Study of Psychology of Sex*는 프로이트 학설의 대중화에 크게 기여했다.

적어도 1904년 이전에 프로이트를 만난 그로스도 프로이트의 초기 업적을 섭렵한 뒤 정신분석학을 지지했고, 뇌정신의학과 정신분석을 결합하고자 했다.[43] 당시 그의 아버지 한스 그로스도 범죄의 형태를 분류하는 방법으로 정신분석학에 흥미를 가져 아들을 공동연구자로 삼았다. 그러나 아버지가 범인을 처벌하기 위해 연구한 반면, 아들은 모든 형벌의 폐지를 요구한 점에서 근본적으로 달랐다. 당시 그로스는 그의 아버지나 프로이트와 마찬가지로 과학적이고도 합리적으로 연구했으나, 뒤에는 이런 업적을 스스로 부정했다.

그로스의 최초 논문은 그의 아버지가 편집한 잡지에 실렸으나, 이미 아버지와의 갈등을 보여준 것이었다. 사회적 금지에 대한 심리학을 다룬 그 논문에서 그는 사회에 의한 처벌은 필요하지만, 그것은 잔혹하고 부당한 것이라고 비판했다. 또한 정신적 장애는 프로이트가 말한 리비도의 문제에 집약되는 것만이 아니라 여러 가지 사회구조의 모순, 특히 사회의 계급 차별 문제가 병인의 근본이라고 생각했다. 따라서 그는 사회구조 자체의 변혁이 필요하다고 주장했다.

특히 아버지와의 대립을 심리적, 문화적, 역사적 유형의 상위로 설명하고, 인간정신의 시대적 차이를 논의했다. 그는 정상적이든 비정상적이든 간에 두 가지 심성, 즉 '광범의식형=남성형'과 '심층의식형=여성형인 것'이 있다고 보았고 이를 도스토예프스키 소설의 주인공들, 가령 드미트리와 미슈킨으로 각각 설명했다.

광범의식형 인간의 감정은 언제나 단순소박하고 그런 자들은 영웅적이고 헌신적인 이상을 갖지만 진부하다고 그로스는 보았다. 반면 심층의식형은 경험의 조화와 통일성에 대한 상징적 추상과 복합적인 것의 단순화를 강력하게 지향하므로 감성적이라고 했다. 그로스나 로렌스, 그레저나 헤세가 후자에 속한다는 것은 명백했다.

이 두 가지 형태는 문명적 인간과 문화적 인간의 대립이기도 하다고 그로스는 말했다. 또는 사회적 사실을 취급하는 실제적 인간과, 이념을 취급하는 독창적인 인간의 구분, 또는 전장의 현실적인 인간과, 고고한 이미지를 만드는 인간의 대립이라고도 했다. 그리고 전자는 제국형성기에 맞고, 후자는 제국을 넘어서려고 하는 고급문화에서 나온다고 보았다. 전자는 비스마르크, 후자는 카프카와 릴케가 각각 대표했다.

고급문화의 시대에는 낡은 가치가 타당성을 상실하므로 새로운 가치, 가령 과거의 장식과는 대조적인 단순함과 심각함을 추구하는 현대예술이 필요하다고 그로스는 보았다. 그는 빈분리파만이 아니라 당시 현대미술의 중심이었던 슈바빙 자체를 자신과 동일시했다. 이는 칸딘스키가 1910년에 쓴 『예술의 정신적인 것에 대하여』*Über das Geistige in der Kunst*와 같은 논조였다. 따라서 현대예술에 대해 그로스는 이미 그보다 더 빨리 1902년에 현대미술을 예언한 것이었다.

그로스와 몬테베리타

그로스는 1902년 6월, 같은 그라츠 출신이고 아버지와 같은 법과대학 교수 출신 변호사의 딸인 프리다 슈로퍼Frieda Schloffer, 1879~1956와 비밀 약혼을 했다. 어머니가 죽고 난 뒤 프라이부르크에 사는 백부인 릴의 집에 살면서 그곳의 여고를 다니며 그녀는 엘제 폰 리히트호펜을 알았다. 그로스를 만날 무렵의 그녀는 바그너에 심취했고, 숨 막히는 그라츠의 분위기를 싫어해 런던의 토인비 홀Toynbee Hall에서 사회활동을 하려고 했다. 이는 그녀가 여고 동창생인 엘제에게 보낸 편지에서도 알 수 있는데 엘제는 프리다 폰 리히트호펜의 언니로서 뒤에 막스 베버의 애인이 된 여성이었다.

두 사람의 약혼이 그라츠에 알려지자 프리다 슈로퍼의 아버지를 비롯한 그라츠 시민들은 충격을 받았다. 모두 그로스를 싫어했기 때문이었다. 그러나 프리다 슈로퍼는 그를 만나서 자신의 이상을 펼칠 수 있다고 믿게 되었고, 그 뒤 그녀는 그로스보다 더욱 진보적으로 몬테베리타의 에로스 운동에 참가했다. 약혼을 했을 무렵 그로스는 스위스의 부르크횔츠리*Burghölzli* 병원에서 최초의 모르핀 중독 치료를 받았으나 곧 건강을 되찾았다.[44]

당시 진단서에는 "그는 의무감이 없으며, 어디에도 속하지 못하고, 무조건 자기 뜻대로 해야 하며, 공동 목표라는 의식이 전혀 없다"고 했고, 그 자신은 "어떤 것도 억압하지 마라"는 말을 신조로 삼았으며, 자신의 가장 중요한 목적이 '남들과 같아지지 않는 것'이고 1901년까지 자신은 무성無性이었다고 주장했다.[45]

1903년 신혼여행에서 그들은 니체의 『짜라투스트라는 이렇게 말했다』*Also sprach Zarathustra,* 1883~1885를 함께 읽었다. 당시 그로스의 아버지는 아직 프라하대학교의 교수로 있었으나, 신혼부부가 1905년 그라츠를 떠나기 1년 전에 그라츠대학교 교수로 취임했다. 따라서 그들이 그라츠를 떠난 이유 가운데 아버지가 그라츠로 왔다는 사실이 가장 결정적이었다.

결혼 후에도 그로스는 마약을 복용했으나 1904년, 프리다가 아이를 갖고 싶다고 하자 몬테베리타로 가서 마약을 끊었고 프리다는 임신을 했다. 그 뒤 다시 마약을 복용하고 슈바빙과 몬테베리타를 오가며 살았던 그로스는 거의 카페에서 지내고 집에는 거의 오지 않아 사실 가정생활이라는 것이 없었다. 여러 혁명가와 예술가들과 함께 살면서 자신의 성해방 이론에 따라 여러 여성[46]과 자유롭게 사랑을 나누었던 그는 모르핀 중독으로 인해 치료를 받아야 할 정도로 건강과 생활이 악화되었다.

그로스가 저명한 법대교수인 아버지를 피해 그라츠를 떠나 슈바빙과 몬테베리타에 온 뒤로, 당대 유럽의 가부장적인 권위를 대표한 그의 아버지와의 싸움은 당시 기성세대와의 갈등, 아니 기성 유럽문화와의 갈등을 상징하는 것으로 당대의 화제가 되었다. 당시 그는 뮈잠 같은 아나키스트들만이 아니라 베르펠이나 오텐Karl Otten, 1889~1963과 같은 표현주의 작가들에게도 영향을 끼쳤다.

그로스의 첫 결혼은 4년도 안 되어 끝났다. 1907년 4월, 그로스의 아내인 프리다는 프리다 폰 리히트호펜의 언니인 엘제 야페에게 그로스와 곧 헤어진다는 편지를 보냈다. 이를 보면 리히트호펜 자매와 그로스가 이미 사랑하는 사이였음을 알 수 있다. 그들은 뮌헨의 슈바빙에서 처음 만나서 그로스가 살았던 몬테베리타를 중심으로 사랑을 나누고 지낸 사이였다. 프리다 로렌스는 그때 만난 프리다 슈로프를 고대 로마의 최고 미녀 같았다고 회상했다.[47]

엘제와 프리다 자매는 모두 그로스를 사랑했고 특히 엘제는 뒤에 그로스의 아들을 낳았다. 프리다 폰 리히트호펜은 로렌스에게 그로스를 "너무나도 아름답고 피부가 흰 디오니소스"라고 말했고 로렌스는 이를 『미스터 눈』*Mr. Noon*이라는 작품에 그대로 썼다.[48] 프리다 폰 리히트호펜은 그로스를 위해 프로이트를 비롯한 모든 아버지를 물리쳤다. 모권적 여성에 의해 부권제는 타도되었다. 사실 그로스는 어머니를 깊이 사랑했으나, 그녀는 다른 평범한 독일 여성처럼 남편에게 철저히 복종하는 희생자였다. 당시 독일 여성에게는 자신을 공공연히 주장하는 것이 금지되어 있었다. 막스 베버를 비롯한 대부분의 독일인은 그런 가정 출신이었다. 자신의 어머니와 같은 여성을 의기양양한 프리다와 같은 여성으로 바꾸는 것, 그것이 그로스 삶의 사명이 되었다. 그 자매에 대해서는 뒤에서 다시 살펴보도록 하자.

그로스와 프로이트

앞에서 말했듯이 프로이트는 1904년 이전에 그로스를 알았다. 프로이트의 추천으로 그로스는 1906년부터 뮌헨에서 첨단의 정신의학연구소[49]에서 에밀 크레페린Emile Kraepelin. 1856~1926[50]교수의 조수로 일했으나, 곧 정신 착란 현상을 보였다. 그로스는 식탁에 앉아 식사를 하지도 못했고 잠잘 때 옷을 벗지도 않았으며 잠들 때도 불을 끄지 못했다. 연구소에 갈 때도 환자들이 잠든 밤에만 갔고, 자신에 대해 묻는 사람의 소리나 문을 두드리는 소리 등에 대해 자신을 감시하고 자신에 대한 음모를 하는 것이 아닌지 의심하곤 했다. 그로스의 이러한 징후는 사회화의 거부를 보여준 것이었다. 즉 유년시절에서 사회구성원으로의 성인으로 이행하는 것을 거부한 것이었다.

1907년 그로스는 '암스테르담 국제정신과 의학회'에서 프로이트의 제자인 칼 구스타프 융을 처음 만났다.[51] 당시 그들은 프로이트에 반대하는 여러 학파에 대항했다. 프로이트는 제자들 앞에서 그로스와 융이야말로 가장 독창적인 사람들이라고 찬양했을[52] 정도로 그들을 좋아했다.

그러나 1908년 프로이트는 그로스에게 정신병원에 가라고 권했고, 제자인 융에게 편지를 보내어 그로스가 1907년부터 아편과 코카인 상용으로 심신이 쇠약해져 폐쇄 병동에서 의사가 감시하는 가운데 치료를 받아야 한다고 하면서 치료를 부탁했다. 이에 따라 융은 부르크횔츠리 정신병원에서 그로스를 치료했다. 당시 그로스와 융은 서로를 분석했지만 그로스가 병원을 도망쳐 나와 치료가 중단되었음을 우리는 앞에서 언급한 영화 <데인저러스 메소드>에서 볼 수 있다.

당시 융에 의하면 그로스는 신경과민이었고 연애문제로 모르핀을 시작했으며 공동체와 사회화에 대한 감각이 없었다. 그로스 자신도 자신에게는 의무나 애국심에 대한 감각이 없다고 말했고, 이는 라반이나 로렌스를 비롯한 몬테베리타의 다른 사람들과 공통된 점이었다.

프로이트는 그로스가 편집광적이라고 판단하고 1909년부터는 정신분석학에 대한 그로스의 사상이 위험하다고 보고 그로스를 이단으로 취급했다. 당시 경찰이 그로스를 위험시한 것도 프로이트 학파 사람들이 그를 경찰에 중상한 탓이라는 견해도 있었다. 당시 경찰은 그로스가 부르크휠츠리 정신병원에서 무허가 의료행위를 했다고 보았다. 게다가 몬테베리타에서 죽은 로테 하테머에게 그로스가 독을 주어 자살하게 했다는 혐의를 받았다. 원래 경찰은 하테머가 아나키스트의 음모에 가담했다가 동료를 배반하여 독살되었다고 주장했다. 이는 당시 체포된 헝가리인 용의자의 진술에 따른 것이었다.

하테머는 이 책의 2장에서 보았듯이 1900년에 몬테베리타에 처음 왔던 7명의 젊은이 중 한 사람이었다. 하테머는 북독일 출신 프로이센 관리의 딸로서 부모에 반항해 몬테베리타에 왔을 때에는 아직 미성년이었다. 그녀는 몬테베리타 사람들이 처음 분열했을 때 중립적인 입장이었으나 차차 웨던코번 부부와 멀어지고 그레저처럼 혼자서 폐가를 빌어 은둔생활을 하며 정신이상의 증세를 보였다. 그리고 1905년 그로스가 몬테베리타에 왔을 때 그로스와 사랑을 나누었다.

1909년 융이 발표한 논문 「개인의 운명에 미치는 아버지의 의미」는 그로스 정신분석에서 비롯된 것이었다. 융은 프로이트의 퇴행이론이 옳다고 전제하고, 유전적으로나 심리적으로나 아버지가 어머니보다 가족에게 더욱 강력한 영향을 준다고 주장했다.[53] 이는 그로스의 정신병 증상이 감성만이 아니라 그의 지성으로부터도 유래했음을 뜻했다. 왜냐하면 그 분석은 융이 인정했듯이 상호적인 것이었기 때문이었다.

1909년 당시 그로스는 그가 진찰한 여성 환자들을 누구나 연인으로 삼는다는 소문이 나돌았다. 프로이트조차 마술사로 여겨진 시대였기 때문에 그런 소문은 얼마든지 조작이 가능했다. 당시에는 정신과의사가 정신분석학에 의한 치료를 하면 아나키스트라고 불렸을 정도로 정신분석에 대한 이해가 낮았다.

프로이트와 그로스의 관계는 아버지와 그로스의 관계를 반복한 것이었다. 즉 열광적인 칭찬과 사제관계의 형성 및 복종의 요구가, 상대에 대한 도전과 상대로부터의 거절, 그리고 마침내 관계의 붕괴로 이어졌다. 그러나 이는 사상의 차이에 의한 것이기도 했다. 본래 그로스는 프로이트의 혁명적이고 급진적인 통찰이 자신을 아버지로부터 해방시켜 준다고 믿었기 때문에 그것에 심취했다. 그러나 프로이트는 자신의 혁명적 사상을 과학적 체계, 즉 정치적으로 중립이고 보수적인 체계로 조직화했기 때문에 그로스는 그것에 당연히 반발했다. 그로스의 반발에 결정적인 역할을 한 사람이 프리다 위클리였다. 반면 프로이트의 그런 체계화 때문에 막스 베버는 프로이트에 찬성했다.

1911년, 그로스가 몬테베리타 환자들에게 마음대로 살라고 말해 문제가 생겼다. 그 직후 그로스가 준 코카인을 사용해 조피 벤츠가 자살했다. 뮌헨에서 대학 교수의 딸로 태어난 그녀는 슈바빙에서 모르는 사람이 없을 정도로 유명했다. 그로스는 이탈리아인 변호사의 집에 숨었다. 독일 경찰이 스위스 경찰에게 그로스를 감금하기 바라는 그 아버지의 뜻을 전했다. 그의 아버지는 독일과 스위스의 공공기관에 손을 써서 아들인 그로스가 금치산자이고, 며느리가 손자인 페터의 보호자로서는 부적격자라는 법적 선고를 받고자 노력했다. 스위스 경찰은 몬테베리타를 매우 위험한 곳이고 그곳 사람들을 사기꾼들이라고 보고 스파이를 보내어 정보를 수집했다. 그로스의 아내 프리다의 변호사는 막스 베버 부부로부터 프리다를 변호하는 증언을 들었고, 프리덴베르크 박사는 프릭을 변호하는 증언을 청취했다.

1912년, 융의 『리비도의 변환과 상징Symbole and wandlungen der libido』은 몬테베리타에서 중시한 태양숭배에 대한 분석이었다. 융에 의하면 "세계의 가시적인 아버지는 태양이고, 하늘의 불이다."[54] 아버지, 태양, 불, 신은 상징적인 동의어라고 본 융은 기독교에 의해 오랫동안 리비도가 억압되었으므로 태양숭배가 필요하다고 주장했다. "인간의 영혼이 도덕률로 인해 빠진 부조화는, 어떤 인간의 도덕률에도 따르지 않는 자연물로서의 태양에 의해, 다시금 완전한 조화를 회복할 수 있다."[55] "우리는 영혼의 역사의 심연으로부터, 불에 둘러싸이고 광륜光輪의 관을 쓴 젊고 아름다운 태양 영웅을 찾았다."[56] 이러한 생각은 융의 새로운 치료법의 종교적 토대를 형성했을 뿐 아니라 헤세를 비롯한 여러 작가에게도 영향을 미쳤다.

1912년 그로스는 몬테베리타에 아나키즘과 정신분석의 자유대학을 세우고자 했다. 당시 그곳의 사람들은 대부분 같은 생각을 했다. 그들이 그곳을 하나의 교육주教育州로 생각한 것은 독일의 오랜 전통으로 헤세의 『유리알 유희』에서도 볼 수 있는 것이었다. 당시 프란츠 융에 의하면 그로스는 자유대학 설립을 위해 뮌헨에 체류했다.

같은 해, 영국에서 그로스의 신봉자들이 사랑한 프리다 위클리가 작가이자 남편으로 자신의 이상형으로 본 D. H. 로렌스와 함께 도망쳤다. 그녀에게 로렌스는 그로스의 후계자였다. 그녀는 로렌스에게 그가 그로스와 프릭과 동족이므로 함께할 수 있는 계획을 짰다. 그 계획은 실현되지 못했으나, 그녀는 로렌스를 통해 영국에 몬테베리타의 정신을 불어넣었다.

그로스와 바흐오펜

프로이트에 낙담한 그로스는 부권적 권위로부터 자신을 완전히 해방시키기 위해 니체와 아나키즘에 매달렸다. 니체는 '우주론 서클'을 통하여 그로스에게 큰 영향을 끼쳤다. 그들은 니체를 숭배했지만 바그너는 숭배하지 않았다. 그러나 니체보다도 바흐오펜의 모권제가 더욱 중요한 영향을 미쳤다.

바흐오펜

바흐오펜은 1815년 스위스 바젤에서 귀족의 아들로 태어나 26세에 바젤대학교의 로마법 교수가 되었으나 몇 년 뒤 교수를 그만두고 재판관으로 살며 재야 학자로 저술을 했다. 1848년의 혁명에 충격을 받은 그는 유럽문화의 유산을 상상력으로 재구성하여 자신이 발견한 모권제로 유럽을 구출하고자 했다. 그것이 1861년의 『모권론』이었으나 그 책은 오랫동안 무시되어 재판은 1897년에야 나왔다.[57]

그러나 같은 주제를 부권제로 설명한 헨리 메인Henry Maine, 1822-1888의 『고대법 : 초기사회사와의 관계와 현대사상과의 관련』*Ancient Law: Its Connection with the Early History of Society , and Its Relation to Modern Ideas, 1861*은 같은 해 출판되자마자 엄청난 주목을 받았을 정도로 당대 사회는 가부장적이었다.

바흐오펜은 고대의 역사와 문학의 문헌을 연구하는 가운데 부권제 이전에 모권제가 존재했음을 발견했다. 아프로디테Aphrodite 여신으로 상징되는 자유로운 성교섭(난혼)으로부터 데메데르Demeder 여신으로 상징되는 규율적 모권제로 옮겨갔으나 본질적인 차이는 없었던 반면, 그 후 다시 아폴론 남신으로 상징되는 부권제로 바뀌면서 지금에 이르렀는데 이는 본질적인 변화였다고 그는 보았다.

> 인간에 대한 모성적 이해에서 부성적 이해로 나아간 것은 남녀의 성역학 역사에서 가장 중요한 전환점이다. 데메데르적 삶의 단계는 아프로디테적·난혼제적 삶의 단계와 아이를 낳는 모성의 지배를 공유하며, 단지 모성을 이해하는 순수성의 정도가 다를 뿐이다. 하지만 부성체계로 넘어가는 것은 원칙 자체의 변화, 이전 관점의 완전한 극복을 의미한다. 완전히 새로운 관점이 시작된다. 어머니와 아이의 관계가 물질적인 관계에 근거하고, 감각적으로 느낄 수 있으며, 언제나 자연의 진리라면, 수태시키

는 부성은 모든 점에서 전혀 다른 성격을 가지고 있다. 아이와 눈에 보이는 어떤 연관도 갖고 있지 않은 부성은 결혼관계에서도 단순한 허구의 성격을 한 번도 떨쳐버리지 못한다.[58]

바호오펜은 문화발달을 세 단계로 나누었다. 즉 지구, 달, 태양의 단계로서 앞의 둘은 모권적인 것이고 마지막 셋째는 부권적인 것이라고 보았다.[59]

첫째, 지구의 시대는 원시 유목민의 시대로 수렵과 가축사육으로 생활했고 농경과 결혼제도 없이 자유로운 성교가 허용되었다. 정치는 공동체적 민주주의로서 여성의 역할은 무차별적이고 무지배적이었고 남편이 아이의 주인이라는 관념이 없었다.

둘째, 달의 시대에는 농업이 발달하여 경제의 기반을 형성하고, 생활과 사랑을 증진시키는 사회조직이 나타났다. 법은 동물이나 동물의 신체에 위해를 가한 경우 중한 형벌을 부과했고, 모든 범죄 중에서 어머니 살해가 가장 중대했다. 종교는 농업을 주재하는 여신 중심이었고, 정신보다 신체, 낮보다 밤, 산 자보다 죽은 자가 우월했다.

셋째, 태양의 시대에 우리가 아는 문명과 문화가 시작되었다. 특히 혼인에 근거한 부권, 노동의 분화, 사유재산이 나타났다. 바호오펜은 표면적으로 진화론자이자 부권주의자였으나, 사실은 그가 발견한 모권제에 깊은 애정을 가졌다. 그에 의하면 역사는 모권과 부권의 투쟁이었다. 바호오펜의 모권론은 그로스는 물론 로렌스에게도 깊은 영향을 미쳤다.

앞에서 말했듯이 그로스는 기독교와 그 가치, 즉 과학, 소유제, 진보관념, 정숙한 여성관, 근로정신과 싸웠다. 그는 유대-기독교적인 유럽에 대항하여 바빌로니아 문명을 지지했고, 창세기를 모권적으로 재해석하여 성서를 반기독교적으로 이해했다. 나아가 그로스는 세계혁명을 위해서는 성해방이 필요하고 일부일처제는 결혼 자체와 같이 폭정이므로 다양한 성의 도착이라는 잃어버린 낙원이야말로 인간을 다시 만들 수 있다고 주장했다.

그로스는 모든 아이는 1세부터 3세까지 천재라고 생각하고, 결혼에 근거한 가정생활은 그 천재성을 파괴한다고 보아 아이들이 각각의 양친에게 개별적으로 귀속되는 부르주아적 가정구성을 부인했다. 원시민족은 이미 위대한 발견을 한 반면, 문명인인 우리는 근본에서부터 썩고 있으며, 특히 가장 우둔한 부권제인 기독교에 입각한 서양문명이 그렇다고 개탄했다. 그로스는 논문 「파괴 상징에 대하여」에서 다음과 같이 말했다.

> 현재의 사회질서는 여성의 자유를 단념시키는 것 위에 성립했다. 이 사실을 내적인 성적 갈등, 정확하게 말하면 성적 강간과 파괴 상징에 필연적인 심리적 표현에서 본다. … 각 사회질서의 근본원리는 모성을 가능하게 하는 여성에 대한 물질적 배려이다. 현재의 부권 지배 사회 질서에서는 한 사람의 여성의 모성을 가능하게 하는 것은, 한 사람의 남성에게 기대되고 있다. 이는 여성이 남성에게, 모성을 위하여 물질적으로, 나아가 보편적으로 의존하는 것을 의미한다.[60]

그로스는 죽기 1년 전인 1919년에 쓴 논문「파라다이스라는 상징에 나타난 공산주의의 기본이념」*Die kommunistische Grundidee in der Paradiessymbolik*에서 성경에서는 '생육하고 번성하여 땅에 충만하라'

고 했으니 원죄라는 상징 자체는 성교를 의미하는 것이 아니고, 성적 욕망을 내려놓아야 한다고 가르친 것도 아니라고 보았다. 그럼에도 그동안 기독교인들이 성경을 잘못 해석해 원죄로 선악을 구분하는 가치체계를 만들었고, 성욕과 여자는 악, 남자는 그 악을 지배하는 존재라고 조작해 부권사상을 확립했으며, 인간을 수치심에 물들게 하여 성의 순수성을 상실했다고 비판했다. 그리고 부권제에서는 남성이 여성을 부양하여 여성은 안정을 얻고 신뢰할 수 있으며 안전한 생활을 약속받았으나, 새로운 법률관계에서는 매춘이나 결혼으로 자기를 파는 것이 되었다고도 비판했다.

그로스에 의하면 부권 세계에서는 남성의 세계가 과도하게 평가되며 추상과 정신과 이성이 주도하고 자연과학이 지배한다. 그리고 여성 세계에서는 공상과 감정이 주도하고 추상과 객관적 판단이 불가능하며 여성은 자연과학에 친하지 않다고 남성은 생각한다. 이에 대해 여권 세계에서는 성적인 것에 대한 어떤 제한도, 규범도, 도덕도, 규제도 없고, 부친의 감독 역할도 없이, 아동에 대한 배려는 사회의 연대 책임이 된다. 인간관계는 자유롭고, 권위의 욕구나 권력에의 동기도 없고, 남녀관계는 아나키가 지배한다.

> 모권제도는 양성의 관계를 의무와 도덕과 책임으로부터 해방하고, 경제적, 법률적, 도덕적 구속으로부터 해방하며, 권력과 정복으로부터 해방하고, 계약과 권위로부터 해방하며, 결혼과 매춘으로부터 해방한다.[61]

따라서 그로스는 모두가 자유를 누리는 모권제로 돌아가야 한다고 주장했다. 이를 위해 그로스는 음란난무 요법을 믿었고 실제로 적용했다. 또 그는 중세의 나체주의자를 연구했고 그 자신은 기질적으로 나체주의자였다. 이는 그로스가 뇌정신의학자와 정신분석가를 거쳐, 사회체제비판가가 되었음을 뜻했다. 즉 그는 정신장애란 뇌의 문제가 아니고, 또 개인의 내면만이 아니라, 사회체제가 개인의 자유를 속박하고 억압한 결과로 장애가 생기기 때문에, 억압 없는 사회를 만드는 것을 최종 목적으로 삼았다. 1913년 그로스는 베를린에서 잡지 <행동> 그룹에 속했고 「문화의 위기」라는 논문에서 다음과 같이 주장했다.

> 무의식 심리학은 혁명의 철학이다. 그것은 정신 내부의 혁명이 발효가 되어, 타고난 무의식에 의해 속박되어 있는 개성을 해방할 사명이 있다. 내부의 해방을 가능하게 하고, 혁명의 준비를 하는 것을 사명으로 한다.[62]

이러한 그로스의 주장에 대해 루드비히 루비나가 "의사가 병원을 나오는가"라는 취지의 비판을 했다. 이에 대해 그로스는 다음과 같이 답했다.

> 나는 다음을 보여주는 것을 생애의 과제로 삼아왔다. 즉 현재의 권위적 체제의 직접적 결과로, 어떤 인간도 환자가 된다는 것이다. 특히 자신이 갖는 가치의 결과, 높은 기준을 갖는 사람이 그렇다. 이를 아는 것이 건전한 인간이 필연적으로 갖게 되는 혁명의 요구이고, 임상의 밑 준비로서 혁명적 인간의 내면적 해방이다. 그것은 기초로서의 생명에 대한, 개인의 권리 주장과 일치한다. 그리고 그것은 타고난 개인의 모든 가능성을 전개하는 것이다.[63]

그로스와 아나키즘

그로스의 아나키즘은 뮈잠과 란다우어를 중심으로 한 슈바빙의 '행동그룹'Gruppe Tay, Aktion Grupp과 직결되었다. 그들은 앞에서 말한 '우주론 서클'에 비해 더욱 정치적이었고, 그 점에서 그로스는 '우주론 서클'이나 D. H. 로렌스와는 달랐다.

그로스는 1912년 '행동그룹'에 가입하여 란다우어, 크로폿킨, 슈티르너, 니체의 책들을 함께 읽었다. 특히 개성을 주장하는 자아주의자의 연맹을 이상사회로 본 슈티르너Max Stirner, 1806~1856에 공감했다.[64] 슈티르너는 『유일자와 그 소유』*Der Einzige und sein Eigentum, 1845*에서 참된 개인은 필연적으로 국가의 적이고, 권리란 국가가 날조한 사기에 불과하다고 보았다. 그리고 혁명이 아닌 반란을, 대중이 아닌 개인의 봉기를 주장했다. 그는 극단적인 반지성주의자이자 반도덕주의자였다. 모든 종교와 이데올로기가 공허한 개념에 기초해 있다고 주장한 그는 개인을 넘어서 권위를 주장하는 사회기관, 국가, 사법기관, 교회, 대학 같은 교육체계까지 공허하다고 보았다. 나아가 민족주의, 국가주의, 자본주의, 사회주의, 공산주의까지 당시 사상의 모든 영역을 공격했다.

한편 그로스는 완전한 성해방을 주장하여 란다우어와 대립했다. 란다우어는 이상주의자로서 정신분석이 동성애 해방을 주장한다는 이유에서 정신분석에 반대했으며, 그에게 아나키즘이란 더욱 실천적인 문제로서 실현가능한 이상사회의 추구였지, 개인적이고 감정적인 자유를 그다지 중시하는 사상이 아니었다. 반면 그로스의 주장은 예술가들에게는 널리 받아들여졌다.

그러나 란다우어가 사회주의란 가장 빈곤한 때에 찾아온다는 마르크스의 주장에 반대해 사회주의는 언제 어디서나 가능하다고 보았고, 따라서 지금 당장 여기서 사회주의에 착수해야 한다고 주장하면서 그 하나로 농촌공동체를 세우자고 한 점에 대해 그로스는 공감했다. 그것은 톨스토이와 크로폿킨의 가르침에 따른 것이었다. 그러나 제1차 대전 전후의 위기상황에서 그런 공동체를 세우는 것보다 반전운동이 란다우어에게는 더욱 절박했다. 전후에 그는 다시 공동체 운동을 일으키려고 했지만 1919년에 49세의 나이로 반동에 의해 살해되었기 때문에 그것은 불가능했다. 한편 뮈잠은 1902년 베를린 교외에 세워진 아나키스트 공동체에 살았다. 그로스는 1910년 뮌헨을 떠나 몬테베리타에 들어갔음은 앞에서 말했다.

란다우어는 사회주의의 기초가 생산력 발전이 아니라 인간의 사회적 관계에 있다고 믿었다. 그는 자본주의 국가가 혁명에 의해서 전복될 수 있다거나, 새로운 사회공동체가 국가권력의 장악을 통해서 실현될 수 있다고 생각하지 않았다. 지금과는 다른 종류의 인간관계의 형성, 즉 서로서로에 대하여 지금과는 다른 방식으로 행동함으로써 지금 당장 국가의 지배를 벗어나거나 심지어 국가를 폐기할 수 있다고 그는 믿었다.

제1차 대전 이후 수많은 공동체운동이 전개되는 가운데, 란다우어 숭배자인 에버하르트 아르놀트Eberhard Arnold, 1883~1935는 독일에서 유일한 톨스토이주의 공동체인 잔네르츠Sannerz를 설립하고, 이어 '형제 농원'Bruderhof을 만들어 원시기독교적인 사랑의 공산주의를 부활시키고자 했다. 그 공동체의 원리는 다윈의 경쟁원리에 대립하는 크로폿킨의 상호부조 원리로서 란다우어는 1908년 크로폿킨의 『상호부조: 진화의 요인』*Mutual Aid: A Factor of Evolution, 1902*를 독일어로 번역했다.

1921년 뒤셀도르프 부근에 세워진 '자유로운 땅'Freies Land이라는 공동체는 그러한 란다우어의 이념에 따른 것임을 명시했다. 그러나 그들은 도시와 전원의 협력을 주장하여 이중의 사회참여를 실현하고자 했다. 즉 시골에 살면서도 뒤셀도르프 최대의 공장에서 일하면서 그 파업에도 적극 참가했다. 이는 당시 대부분의 아나키스트 공동체가 산업과 도시를 멀리한 것에 비해 특이한 경우였다.

그로스의 학문

그로스는 전통적인 의미의 학문적 업적을 거대하게 쌓지 못했음에도 불구하고 지적으로는 대단히 활발하고 생산적이었다. 그는 4권의 뛰어난 책[65]과 여러 논문을 썼고, 더 많은 연구가 있었으나 불행히도 1913년 체포 시에 모두 분실되었다. 그 뒤에도 그는 그런 작업들이 동료들의 인정을 받기 위한 불성실한 것이었다고 후회하여 파기했다. 이는 자신을 과학자가 아닌 혁명가로 본 탓이기도 했다.

정신의학에 대한 그의 공헌은 환자의 저변의식을 정확하게 파악하여 환자 개개인에게 철학자가 되었다는 점이었다. 이는 오늘날의 R. D. 렝과 같은 역할로서 정통파 정신분석가들로부터는 높은 평가를 받지 못했다. 반면 뮈잠은 그로스가 성적인 측면에만 몰두하는 정신분석을 구출하여 정신적 경험이 모두 사회적 조건에 의한다고 본 점을 높이 평가했다. 프로이트도 1908년 2월 28일 융에게 보낸 편지에서 그의 제자 중에서 독창적인 존재는 융과 그로스뿐이라고 말했다. 그러나 그 1년 뒤에는 그로스가 극단적인 점은 잘못이고, 프로이트가 추진하는 운동 전체에 위험한 것이라고 평했다. 프로이트로서는 그로스의 코카인 중독과 성해방주의가 못마땅했다.

그러나 융은 프로이트보다 그로스를 더욱 높이 평가했다. 특히 1920년 융이 발표한 『심리학적 유형』*Psychologische Typen*[66]은 그로스의

『대뇌의 2차 기능』에서 제기된 인간의 두 유형을 발전시켜 내향적-외향적으로 나눈 것이었다.[67]

융에 의하면 그로스는 1차 기능이 끝난 다음에 "작동에 들어가는 뇌 세포의 작용"[68]을 2차 기능으로 이해한다. 1차 기능은 "세포의 실제 작동, 예를 들면 관념 같은 명확한 정신작용의 출현"이고, 2차 기능은 "회복의 과정이고 동화를 통한 재건"이다. 그로스가 밝힌 대뇌의 2차 기능을 융은 일반 심리로 발전시켰다. 그로스는 외향성으로는 자신의 아버지, 내향으로는 자신을 거론했다. 외향성은 2차 기능이 약하고 짧은 실무형으로 문제의 본질까지 들여다보지 않는 반면, 2차 기능이 길고 강한 내향성은 대상을 깊게 생각하고 감정에 움직이며 심미적이고 윤리적이고 종교적인 사고에 젖는다.

그로스에게 프로이트는 중요했으나 니체만큼 중요하지는 않았다. 프로이트의 기술과 니체의 가치가 그로스의 방정식이었다. 그로스는 프로이트가 니체의 연장이자 응용이라고 보았다. 그의 아버지 한스 그로스의 세대에게는 니체도 사회주의도 무시되었으나, 그 아들의 세대에는 니체와 사회주의의 세례를 받았고 심지어 그 둘을 같은 것으로 잘못 생각하기도 했다.

프로이트와 그로스의 관계는 비극이었다. 프로이트는 어디까지나 의사였으나 그로스는 노이로제 치료를 위해서는 사회적 문화적 혁명이 필요하다고 본 사상가이자 혁명가였으므로 프로이트는 그로스를 비난했다. 현대사회에서 인간은 병들지 않을 수 없다. 감수성이 민감하면 민감할수록 중한 병에 든다. 그로스는 자신도 환자임을 자신의 환자에게 숨기지 않았다. 병이란 그 자신의 기본적 인격이라고 생각했다. 프로이트는 이미 1909년에 그로스의 사상은 위험하다고 판단했다. 그 후 그로스는 프로이트에게는 이단시되었다. 그 후 국가권력과의 갈등은 프로이트 학파의 중상모략에 의한 것이었다.

자매가 함께 사랑한 남자

앞에서 보았듯이 프리다 슈로퍼는 양가의 반대를 무릅쓰고 신경정신의학연구소의 조수였던 오토 그로스와 결혼했다. 당시부터 그로스는 약물중독 상태였다. 러시아소설과 구약성서를 함께 읽기 좋아한 젊은 그로스 부부는 행복했으나 그라츠에서는 사회적으로 고립되었기에 1906년 뮌헨으로 이사했다.

그런데 프리다 슈로퍼는 프라이부르크 기숙학교에서 자기보다 3년 위인 엘제 폰 리히트호펜과 친하게 지냈다. 프리다는 프라이부르크대학 철학교수의 질녀로서 그라츠의 교양 있는 가족 출신이었다. 엘제가 베버가를 안 것도 그녀를 통해서였다. 그녀는 엘제를 존경했고, 엘제가 자신의 남편인 그로스와 성관계를 가져 아이를 낳은 뒤에도 그녀에 대한 존경은 변하지 않았다.

그 직후에 엘제는 뮌헨에 왔다가 그로스와 성관계를 맺었다. 그로스에게 성이란 일종의 종교적 해방을 의미했으니 그 일로 죄의식을 느끼지는 않았다. 또한 두 아이의 어머니였던 엘제도 그녀가 일기에 썼듯이 그 일로 자신의 본성을 처음으로 발견했으니 죄의식 같은 것은 없었다.

노팅엄 대학에서 교수부인으로 살던 엘제의 여동생 프리다 위클리도 그 감정과 충동을 억제하다가 자신의 본성을 처음으로 발견한 것은 1906년 그로스를 만나고 나서였고, 뒤에 그녀가 D. H. 로렌스와 함께 노팅엄을 도망친 것도 그로스 탓이었다. 사실 그로스는 그녀에게 남편을 떠나라고 말했고 그녀도 그럴 생각이 있었으며 그러기 직전까지 가기도 했으나, 언니 엘제 때문에 그것은 실현되지 못했다. 프리다에 대한 남편의 사랑이 그로스의 사랑보다 더욱 깊다고 엘제가 말했기 때문이었다. 누구의 사랑이 더 깊었는지는 알 수 없지만, 프리다의 결단을 촉구하면서 결정적으로 성해방을 부정한 엘제의 주장이 프리다의 마음을 움직였다.

당시 프리다가 자신의 마음을 결정한 가장 중요한 이유가 무엇이었던 간에—그녀는 회상록에서 그로스가 "현실 위에 서 있지 않았기 때문"[69]이라고 했다—그녀는 남편을 떠나지 않았다. 대신 그녀는 그로스의 제자이자 그로스의 아내인 프리다의 연인이었던 에른스트 프릭과 만나려고 했다. 그녀와 로렌스는 로렌스와 프릭이 함께 쓰는 책을 계획했기 때문이었다. 로렌스와 프릭은 같은 노동자 계급 출신이었다.

프리다 위클리도 1910년경까지는 프릭과 연애관계에 있었다. 그녀는 프릭을 슈바빙에서 그로스와 함께 만났다. 같은 무렵 프리다 그로스도 프릭에게 반했다. 그로스는 두 사람의 연애를 저지하기는커녕 도리어 성관계를 맺도록 권유했다. 프리다 위클리는 그녀가 남편을 떠나기 전부터 프릭과의 사랑에 대해 말했다. 그녀에게 그로스와 로렌스는 같은 종류의 사람이었다.

그로스와 프리다 위클리의 사랑이 다른 남자들의 인생에서 '비개인적인' 사랑을 낳은 것은 당연했다. 프리다가 그로스에게 "당신은 에로스입니다."라고 쓴 것은 이데올로기적인 주장이었고 그 배후에는 철학적이고 형이상학적인 가치, 특히 생명 가치로서의 에로티시즘에 대한 신앙이 있었다. 그로스가 가르친 에로티시즘은 개인적인 것을 초월한, 독점욕에 지배된 질투를 초월한 하나의 운동으로 다른 운동이나 다른 신앙과 싸웠다.

그로스는 프리다 위클리를 태양이라고 불렀고, 그녀로부터 모든 힘, 아름다움과 장엄함이 나온다고 했다. 그녀의 행복은 세계에 태양을 주는 것이라고 느껴 태양을 보여 달라고 간원하게 만들었다. 로렌스는 태양에다가 황금, 웃음, 새로움, 아이 등의 이미지로 불렀다.

엘제와 그로스의 사랑 그리고 베버와의 투쟁

위에서 말했듯이 이성적인 엘제는 동생인 프리다 위클리가 그로스와 사랑에 빠져 가정을 버리려는 것을 말렸으나, 이제는 그녀 자신이 그로스와 사랑에 빠졌다. 그러자 이를 결혼에 반대하는 반反시민계급적인 것이라고 본 막스 베버 부부는 그들을 격렬하게 비판했다. 뒤에 막스 베버의 전기를 쓴 그의 부인 마리안 베버 Marianne Weber, 1870~1954는 새로운 에로티시즘이 이성과 개혁의 도시인 하이델베르크로 왔다고 우려했다. 그녀에 의하면 "부르주아 사회에서 낙오한 기이한 사람들인 아나키스트, 자연회귀파, 채식주의자 등, 자신의 이상을 실현하고 새로운 세계 질서의 핵을 만들고자 하는 현대의 여러 종파 사람들의 피난장소"가 몬테베리타이고 그것에 의해 "정신의학적 가치관을 갖는 인간들과의 사이에 무수한 대결이 생겨났다."[70]

특히 그들의 중대한 적은 그로스였다. 그는 1907년 봄, 에드가 야페 집에 머물렀는데 그 사이에 에드가 야페는 그로스를 신봉하게 되었다. 같은 해 야페의 부인 엘제와 그로스의 부인 프리다가 같이 그로스의 아들을 낳았고 각자의 아들을 똑같이 페터라고 불렀다. 그 뒤에도 두 여인은 변함없이 서로를 사랑했고, 프리다 그로스는 그로스가 엘제와 같이 하이델베르크에 있을 때 그들에게 "사랑하는 두 사람에게"로 시작하는 편지를 썼다. 그 네 사람에게 이는 에로스 운동의 승리이자 '세계의 봄'이었다.

그러나 베버 부부는 달리 생각했다. 그로스 등은 모든 부부에게 충격을 주었다. 베버 부부는 프로이트의 책을 읽으면서 도전에 응하기 시작했다. 그들을 비롯하여 하이델베르크 지성인들은, 아니 당대 독일 지성인들은 누구나 그로스 등의 사고와 행동을 받아들일 수 없었고, 도리어 불행한 결혼생활을 하는 그들을 동정했다. 그러나 마리안 베버는 그들이 너무나 좋은 사람들이라고 찬양했다.[71]

특히 베버 부부에게는 엘제가 그러했다. 유부녀인 엘제는 그로스의 아들을 낳았을 뿐만 아니라 그로스의 아내를 동료이자 누이 동생으로 도왔고, 막스 베버의 동생인 알프레드 베버와 공공연히 동거를 했는데도 그러했다. 그러나 그녀는 자신에 대한 막스 베버의 사랑을 마리안 베버에게 폭로하여 그들의 결혼생활을 파괴할 생각은 추호도 없었고, 막스 베버가 죽은 뒤에도 마리안 베버에게 그들의 이야기를 하지 않았다. 즉 마리안 베버는 하이델베르크와 베버 부부, 그리고 그들이 숭배한 양심과 의식, 이성과 의지, 개혁과 진보에 대한 충성을 계속 지켰다. 그러나 이는 그로스의 입장에서 보면 불만이었다.

엘제에 대한 막스 베버의 사랑은 1907년 이전에 시작되었다. 1907년 그로스는 부권제로부터 여성의 해방을 주장한 에세이를 베버에게 보냈다. 베버가 편집하는 <사회과학 및 사회정책 논총>에 싣도록 하기 위해서였다. 그러나 베버는 야페에게 편지를 보내어 자신이 그 에세이 게재를 거부하니 엘제도 그로스와의 관계를 끊으라고 요구했다. 베버는 프로이트와 그로스의 저작을 구별하여, 프로이트는 '예언적'이지 않고 '과학적'이기 때문에 수용하지만, 그로스의 '가치 자유', '이성', '객관'이 아닌 '사이비 과학'은 수용할 수 없다고 말했다. 또 그로스가 자신의 적을 '민주주의'와 동일시하듯이 베버도 그로스를 니체 및 '귀족정치'의 원리와 같이 보고 적대시했다. 그리하여 베버는 지식의 측에, 그로스는 삶의 측에 서게 되었다. 그러나 베버는 그로스의 인간과 학설을 구별하고, 그로스라는 인간 자체에는 매력이 있음을 인정했다.[72]

그리하여 엘제는 베버가 말하는 가치에 충성을 맹세하고, 프리다는 그로스와 프릭을 위해 남편을 떠나지 않았다. 그러나 그만큼 그로스의 운명은 더욱 광기적이고 범죄적인, 더욱 위험하고 파괴적인 것으로 되었다. 사실 하이델베르크 출입을 거부당한 그로스는 몬테베리타나 다른 '새로운 종교의 마을'로 돌아갔다.

그로스와 그 주변의 어지러운 자유연애는 베버 부부가 가장 싫어한 것이었다. 사실 1909년에 그로스의 부인 프리다는 그로스의 친구인 프릭과 사랑하여 세 차례나 임신을 했다. 그러나 프릭은 또 한 사람의 프리다, 즉 엘제의 여동생과 사랑했기 때문에 프리다 그로스와의 관계는 끝났다.

한편 앞에서 보았듯이 1912년 아나키스트 여성화가이자 그로스의 애인 조피 벤츠가 몬테베리타에서 코카인 과복용으로 스스로 죽음을 맞이했다. 평소 정신병을 앓던 그녀는 한 달 동안 그로스에게 치료를 받고 있었다. 그로스는 그녀가 자살할 상태에 있음을 알면서도 그녀를 병원에 데리고 가기를 거부했으며, 그 결과 하테머의 경우와 달리 경찰은 그로스를 체포하고자 했는데 그 체포에 아버지 한스 그로스가 적극적인 역할을 했다. 당시 그로스는 오스트리아의 요양원에서 모르핀 해독을 위한 치료를 받고 있었다. 이어 그로스의 부인까지 자살했다는 소문이 퍼졌으나, 이는 사실과 달랐고 그 전후 그로스 부부는 전혀 변한 바가 없었다.

그러나 사회의 시선은 달랐다. 앞에서 보았듯이 이미 1911년 그로스에 대한 체포영장이 내려졌다. 아버지의 요청으로 그것은 일단 철회되었으나, 1912년 아버지는 유언장을 쓰면서 그로스가 자유연애, 아나키즘, 아내에게 타인의 아이를 임신할 수 있는 권리를 인정한 것 등을 이유로 하여 정신이상이므로 유산을 줄 수 없다고 명기했다. 이어 1913년 그는 베를린 경찰을 찾아가 아들을 정신병원에 구금해달라고 요구하고, 프리다 그로스로부터 손자를 뺏었다.

막스 베버 부부는 그녀를 옹호했지만 소용이 없었다. 마리안 베버는 『막스 베버』에서 그 여성의 이름을 도라(Dora)라고 썼지만 사실은 프리다 그로스였다. 당시 프리다는 프릭과 동거 중이었으나, 그는 러시아 아나키스트 구출을 위한 테러 행위로 레겐스도르프 교도소에서 1년간 복역 중이었다. 1913년 그로스는 아버지와 당국에 의해 사회적인 위험인물로 간주되어 정신병원에 수용되었다.

그로스 석방 운동

1913년 11월 그로스가 체포되자 몬테베리타 지지자들은 충격을 받았고, 유럽 각지에서 그를 지원하는 운동이 이어졌다. 이는 당시 비스마르크가 일반인에게 미친 영향력과 같은 것이어서 모든 사람들에게 충격을 주었다. 그로스의 친구인 프란츠 융은 <행동> 특집호에서 독일인 식민개척자들이 남서아프리카의 헤레로 Hereros[73] 부족을 억압한 것에 관한 논문인 「모렝가」*Morenga*를 그로스에게 헌정했다. 1904년 10월, 아돌프 레브레히트 폰 트로타 제독은 헤레로족을 박멸하라고 명령했다. 그들은 사막으로 내쫓겨 물과 음식 공급이 끊긴 채 절멸했다. 그 뒤 수많은 인종학살이 아프리카에서 자행되었다. 프란츠 융에 의하면 독일의 부권제는 자국 청년을 취급하는 방법으로 원주민을 취급했다. 그는 뒤에 뮌헨의 잡지 <혁명>에서 그로스를 지원하고, 한스 그로스를 비판하는 글을 싣도록 독자들에게 요청하면서 그 잡지 1천 부를 그라츠와 빈으로 보내었다.

프랑스 시인 아폴리네르Guillaume Apollinaire, 1880-1919는 그의 신문 칼럼에서 그로스를 정신분석학의 창시자로 소개하고 그의 체포를 언급하여 이를 유럽의 스캔들로 만들었다. 독자의 한 사람인 파리의 초현실주의 작가 블레즈 상드라르Blaise Cendrars, 1887-1961는 빛나는 아들의 업적을 무시하고 조금도 주저하지 않고 죽이려고 하는 편협한 아버지의 어리석은 행위를 고발해야 한다고 주장했다. 그리고 그들의 아버지는 모두 그렇다고도 했다. 그가 강조한 것은 그로스의 독자적인 정신분석학과 그 반反부권적인 지향의 시대적 의의였다.

빈의 '문학 및 음악학술동맹'은 "오토 그로스를 석방하라"는 메시지를 담은 삐라를 1만 부 인쇄하고, <빈 신자유신문>Wien Neue Freie Zeitung은 한스 그로스에 반대한다는 입장을 밝혔다. 학술월간지 <비커 보테>*Wiecker Bote*도 같은 입장의 글을 실었다. 그러나 의학과 법학의 지원을 받은 아버지 쪽이 더욱 더 강력했다. 1913년 12월, 법률에 따른다면 그로스는 분명히 미쳤다고 두 명의 의사가 판단하였고, 1914년 1월, 한스 그로스가 그로스의 법률상 보호자로 지명되었다. 그러나 각지의 항의 운동의 결과, 그로스는 프로이트의 제자인 빌헬름 슈테켈Wilhelm Stekel, 1868-1940의 정신분석을 받는다는 조건으로 1914년 2월, 병원에서 풀려났다.

그로스는 체포 직전, 무의식의 심리학이 혁명의 철학이라고 선언하고, 정신분석학에는 자유롭게 사는 인간을 만들고 전제적인 자아에 대해 혼의 내부에 혁명의 발효를 만들어야 할 역할이 있으며, 모든 가치의 변혁이 니체의 사상과 프로이트의 방법에 의해 시작되었다고 주장했다.[74]

그로스의 죽음

1915년 그로스의 아버지가 죽었지만 그로스는 여전히 보호 상태에 놓였다. 1916년 친구인 쿠의 여동생인 마리안 쿠가 그로스의 딸을 낳았고, 1917년 이후에는 앞에서 보았듯이 프라하에서 카프카와 베르펠 등과 잡지 일을 기획하는 등 여러 가지 활동을 했다.

1919년 바이에른 혁명이 실패한 뒤 그로스는 1920년 3월, 그를 보호하던 베를린 친구 집에서 나간 뒤 굶주린 채 길거리를 헤매다가 요양원에서 죽었다. 죽기 직전 그는 당시 티푸스가 유행한 러시아로 가서 의사로 활동하고 싶어 했으나 그의 건강이 허락하지 않았다. 이어 헝가리에 가려고 했으나 그가 국경에 도착하기 직전 헝가리의 공산주의 정권은 붕괴했다. 결국 그로스는 굶어 죽었다. 포만한 시민사회에서 그에게는 굶어 죽는 것 외에 다른 길이 없었다. 그해 몬테베리타는 팔렸고 몬테베리타 사람들도 뿔뿔이 흩어졌다.

그러나 그로스는 여러 작품에 살아남았다. 가령 표현주의 작가인 레온하르트 프랑크Leonhard Frank, 1882~1961는 1952년에 쓴 자서전적인 소설 『왼쪽, 거기에 심장이 있다』*Links, wo das Herz ist*에서 슈바빙의 카페 슈테파니Cafe Stephanie가 주인공에게는 새로운 삶의 방식을 가르친 대학이었다고 했는데, 그 주인공의 스승이 그로스였다. 휘트먼을 좋아한 프랑크는 평화와 사형폐지를 주장한 작가로도 유명했다. 그는 헤세의 『수레바퀴 아래서』와 무질의『사관생도 퇴를레스의 망설임』*Die Verwirrungen des Zöglings Törless, 1906*과 같은 주제인 부르주아 교육시스템을 사회 전체의 모델로 비판한 『도적단』*Die Räuberbande, 1914*을 썼다.

그 밖에 사형반대를 주장한 『원인』*Die Ursache, 1915*부터 『예수의 제자들』*Die Jünger Jesu, 1949*에 이르는 프랑크의 여러 소설에 등장하는 정신의학에 대한 고발에도 그로스의 영향을 볼 수 있다. 특히 계급 사이에서 방황하는 부르주아 지식인을 묘사하여 크게 히트한 『시민』Der Burger, 1924은 사회비판적 앙가주망의 리얼리즘 소설이면서도 사회경제적 분석보다는 인간의 결단을 규정하는 요소로 내면적 체험의 공간을 중시하여 작가를 '감정의 사회주의자'라고 불리게 했다. 앞에서 본 헤세가 대표한 '속물적인 성인의 세계'와 대립하는 '이상적인 진보적 청년상'이라는 대립구도는 1920년대에 유행한 문학적 주제였는데, 헤세보다는 프랑크가 더욱 구체적으로 사회적 평면에서 그런 주제를 다루었다. 그러나 노동운동을 비롯한 사회해방에의 희망에까지 프랑크는 이르지 못했는데, 이는 그로스의 한계이기도 했다.

그로스를 위해서는 그의 사상을 전한 프란츠 융과 에른스트 폴락Ernst Polak, 1886~1947 같은 사람들에 대해서도 조금이나마 언급할 필요가 있다. 프란츠 융은 그로스 만년에 그와 함께 살면서 그에 대한 충실한 기록자로서 그 후 러시아 혁명, 반나치스 운동에 가담했다.[75] 폴락은 카프카의 연인[76]이었던 밀레나 예젠스카Milena jesenska의 남편이자 카프카의 『성』에 나오는 크람의 모델이었고 베르펠, 무질, 브로흐, 브로트의 친구이기도 했다.

그로스의 부활

1960년대에 부활한 다다이즘과 표현주의, 사르트르가 수행하는 승려와 같다고 한 프랑스의 실존주의 작가 장 주네Jean Genet, 1910~1986, 체제와 가족을 거부하며 억압이 없는 유토피아의 건설을 주장한 노먼 브라운Norman Brown, 1913~2002, 반정신의학의 R. D. 랭, 환각제를 통한 집단정신요법을 연구한 티모시 리얼리Timothy Leary, 1920~1996 등의 그로스에 대한 강력한 관심은 그야말로 그로스의 부활이었다. 특히 리얼리와 렝은 그 삶과 생각에서 그로스의 현대판이었다.

빌헬름 라이히의 성이론에 대한 관심도 사실 그로스의 부활이었다. 라이히도 그로스처럼 심리적 건강의 근본은 정치혁명에 있다고 주장했다. 라이히의 오르가즘이론, 성격론, 성격분석론은 모두 그로스의 사고와 같았고 특히 라이히의 『파시즘의 대중심리』*Die Massenpsychologie des Faschismus, 1933*와 『문화적 투쟁으로서의 성』*Die Sexualität im Kulturkampf, 1936*에 나타나는 모권제 이론은 그로스의 모권제 이론과 거의 일치했다. 그로스와 마찬가지로 라이히는 개인생활에도 사회생활에도 순수한 원초적 형식이 반드시 있어야 하고, 우리는 그곳으로 돌아가야 한다고 믿었다. 그로스와 마찬가지로 라이히도 프로이트주의와 마르크스주의를 결합하고자 했고, 그 결과 쌍방의 정통파로부터 거부당했다.

1929년부터 1935년 사이에 라이히는 6권의 책을 써서 두 가지를 결합했다. 프로이트는 라이히의 '자학적 성격'이 공산당을 위해 책을 쓰게 했다고 단언했으나 도리어 라이히는 공산당에서 추방당했다. 오스트리아공산당은 1930년에 라이히의 사회주의적인 성과 위생의 진료소를 폐쇄했고, 1932년에는 독일공산당이 그의 책 출판을 금지했다. 그래서 라이히는 독일을 떠나 정치로부터 멀어졌다. 그로스와 마찬가지로 라이히도 정치적 행동을 하기에는 너무나 관념적이었다. 그는 1939년 미국으로 건너가 1942년 메인에 자신의 사설연구소를 설립했다가 1957년에 옥중에서 죽었다. 그는 프리다와 마찬가지로 미국이 유럽보다도 동정적이고 공감적이라고 느꼈는데, 그로스도 미국에 왔더라면 마찬가지였으리라.

라이히와 같이 베를린 정신분석연구소에서 근무한 에리히 프롬 Erich Fromm, 1900~1980[77]도 프로이트주의와 마르크스주의를 결합하고자 했고 바흐오펜의 모권제 이론의 영향을 받았다. 라이히 사상은 1960년대에 학교를 부정한 미국의 아나키스트 폴 굿맨Paul Goodman, 1911~1972, 반전주의자인 미국 소설가 노먼 메일러Norman Mailer, 1923~2007, 반문화운동을 대표하는 미국의 평론가 수잔 손택Susan Sontag, 1933~2004 등에 의해 다시 부활했다. 이는 그로스도 함께 부활한 것을 뜻했다.

5장 릴케와 로렌스

릴케

릴케

5장에서 살펴볼 릴케와 로렌스는 직접 만난 적도 없고 서로 영향을 준 바도 없다. 두 사람 모두 리히트호펜 자매들을 통해 간접적으로 그로스와 관련되었고, 릴케는 몬테베리타에 살았던 레벤트로와 알았던 정도였다. 그 밖에 조금이라도 닮은 점이 있다면 두 사람 모두 연상의 여인을 사랑했다는 점이다. 즉 릴케는 루 살로메, 로렌스는 프리다 리히트호펜을 각각 사랑했다. 그러나 로렌스와 달리 릴케는 여러 여인을 만났다. 그런 점보다 더 유사한 점은 두 사람 모두 성적 묘사에 적극적이었다는 점이지만, 이는 자유롭고 평등한 성관계라기보다도 남성중심주의였다는 점에서 문제였다.

또 두 사람 모두 니체 등의 영향을 받은 귀족주의자로, 이 책에서 다루는 몬테베리타 정신의 왜곡이었다는 점에서도 같았다.[1] 5장에서는 그런 몇 가지를 중심으로 살펴보고자 한다. 이처럼 5장에서 로렌스를 몬테베리타의 왜곡으로 본다고 해도 막스 베버보다는 몬테베리타 정신에 가까웠다고 보는 것이 6장의 내용이다. 이처럼 5-6장은 우리에게 유명한 릴케, 로렌스, 베버가 몬테베리타와 어떻게 관련되는지를 살펴보아 몬테베리타에 대한 이해를 돕고자 하는 것이지만, 3-4장에서 다룬 그레저와 그로스와는 대조적인 사람들이라는 점에서 다르고, 서로 양극을 이루게 된다.

릴케는 1875년 프라하에서 태어나 1926년 스위스 시에르Sierre 교외의 뮈조트Muzot 성관에서 죽었다. 뮈조트 성관보다 더 유명한 곳은 그의 시에도 나오는 두이노 성Duino이다. 성관이니 성이니 하는 것이 릴케의 귀족 취미를 상징한다. 그곳들을 찾아 멋진 기행문을 남기는 사람들이 많지만 나는 그러고 싶지 않았다. 그런 곳을 다녀서 그에 대한 경멸만 쌓였기 때문이다. 몬테베리타 사람들처럼 그도 평생 여행을 했지만 주로 이런 성을 돌아다닌 점에서 달랐다.

릴케는 앞의 3장에서 본 '슈바빙의 여왕'이자 몬테베리타의 가장 유명한 페미니스트인 레벤트로의 친구였다. 그는 게오르게와 함께 우주론 서클과 접촉했고, 바흐오펜의 책을 읽고 자유로운 모성을 숭배했으며, 몬테베리타 사람들처럼 채식주의자였다. 게다가 그는 레벤트로와 함께 몬테베리타에서 살았던 그로스에 대해 상당한 도전의식까지 가졌다. 이는 그가 1908년부터 친하게 지낸 스위스 출신의 시인이자 작가인 레지나 울만Regina Ullmann,

1884~1961이 그 해 그로스의 아이를 낳았고, 그 뒤 릴케는 그녀를 도와 아이를 양육해야 했기 때문이기도 했다.

1884년 유대인 상인의 딸로 태어난 울만은 1902년부터 뮌헨에서 어렵게 살면서 릴케의 시를 읽고 그와 편지를 교환했다. 1906년 첫 사생아 딸을 낳은 뒤 1908년 그로스의 딸을 낳았지만 두 딸 모두 자신이 키우지는 않았다. 그 뒤 그녀는 릴케의 도움으로 명성을 얻고 경제적인 도움도 받았지만 1935년 나치의 탄압으로 스위스로 돌아갔다. 남들에 대한 평가에 인색했던 릴케였지만 울만은 특별히 높이 평가하여 그녀의 단편집 『삶의 땅에 대해』*Von der Erde des Lebens, 1910*의 서문을 써주었다. 관념과 이미지를 응축시키는 표현 방법 등에서 두 사람은 공통점이 있었다.[2]

릴케는 1915년 그로스와 엘제 야페 사이에 태어난 아이가 죽었을 때 「어느 소년의 죽음을 위한 진혼곡」[3]을 쓰기도 했다. 그는 제1차 대전 중에는 야페 집에 자주 드나들었고 1918년에는 혁명가들에게 비폭력을 호소하는 에드가 야페의 연설회에 참석하기도 했다. 릴케의 생활에 나타나는 귀족적이고 영웅주의적인 측면에도 불구하고 릴케는 몬테베리타 사람들과 공통점이 많았다. 이는 특히 그의 『젊은 노동자의 편지』*Der Brief des jungen Arbeiters, 1922*에서 볼 수 있는 몸짓Gewerde에 대한 열중과 에로스설에 나타났다.

『젊은 노동자의 편지』에서 젊은 노동자란 릴케 자신을 말한다. 그는 평생 노동자 편에 선 적이 없었지만 로댕을 만난 뒤로 예술가를 노동자와 같이 열심히 만드는 존재라고 생각했다. 그는 코란에는 "항상 강한 힘을 가진 신, 신을 가리키는 손가락이" 있지만 기독교 세계의 인간들은 "가리키는 손가락을 이해하지 못하고 손을 핥아야 한다고 생각하는 개와 같"아 "그들, 마음이 아집으로 가득 찬 사람들 안에는 그리스도가 살지 않는다."라고 했다.[4] 그 아집이란 "현재적인 것을 평가절하하고", "관심을 저 피안의 곳으로 돌려놓는" 것인[5] 반면 성 프란체스코는 이 세상을 찬양했다고 릴케는 보았다.

이어 릴케는 힘에 대한 반항이 아니라 복종을 주장하면서 그것이 러시아 10월 혁명과 독일 11월 혁명의 대조적인 점이라고 보았다. 그리고 인간이 측정할 수 없는 사랑도 그런 복종인데 기독교는 이를 무시했다고 주장했다.

> 우리의 가장 내밀한 곳으로 들어가지 못하게 하는 것은 무엇입니까? 왜 우리는 그것의 주위를 배회하다가 결국 침입자나 도둑처럼 우리 자신의 아름다운 성性으로 빠져 들어가며, 그 안에서 정신없이 부딪히고 헛디디다가 마침내 갑자기 체포된 사람처럼 기독교의 희미한 빛으로 다시 내동댕이쳐집니까? 그것이 과실이나 죄라면 왜 그것은 내적인 긴장 상태의 정서에서 만들어져야 합니까? … 왜 사람들은 우리가 우리의 성을 마음대로 할 수 있음으로서 벌이는 축제를 한 곳에 자리 잡게 하지 않고 고향 없이 떠돌게 만들었습니까?[6]

이러한 성을 그는 "언젠가 우리는 어디에서나 아이였"으나 "지금 우리는 오직 한 곳에서만 아직 아이"[7]라고 비유하며 "그리스도 때문에 나를 나쁘게 만들고 싶지 않으며, 신에게 좋은 사람이고 싶"다고 말했다.[8]

릴케는 성적인 시를 많이 썼다. 그의 시집 중에 제목도 경건한 『기도시집』, 그 중에서 특히 3부 「가난과 죽음의 시집」에 나오는 다음 시를 소리 내어 읽어보라.

주여, 한 사람을 위대하게 만들어주소서,
그의 삶에 훌륭한 자궁을 하나 만들어주시고,
싱그러운 금발의 깊은 숲속에
그의 음경을 문처럼 장식하시어
이름 할 수 없는 그 음경 속으로
무수한 전사를, 흰 군사의 무리를,
그 수없는 정자를 지나게 하소서.[9]

이 시는 남성의 음부를 '싱그러운 금발의 깊은 숲속'에 '성문처럼 세워' 그 속의 '무수한 전사', '흰 군사의 무리'인 '그 수없는 정자'를 여성의 자궁으로 들어가도록 하여 남자를 '위대하게' 만들어달라는 기막힌 내용의 기도문이다. 여기서 시인이 노래하는 것은 남자를 성적으로 위대하게 하는 것이지 여인과의 사랑을 성적으로 노래하거나 그 사랑의 완전함 혹은 절대성을 찬양하는 것이 아니다. 게다가 자신의 수많은 왕성한 정자를 무수한 전사와 군사 무리라는 대단히 군사적이고 전투적인 비유로 찬양하고 있다.

릴케는 이 같은 에로틱한 시를 많이 썼는데, 다행히도(?) 우리나라에는 그런 것들을 모아둔 책까지 나와 있다.[10] 게다가 릴케는 시 창작을 섹스에 비유했을 뿐만 아니라 자신의 삶이나 시에서 언제나 자신이 완벽한 섹스를 하는 남성처럼 위대해지기를 추구했다. 그 위대함은 그의 작품에서 신, 천사, 영웅, 기사, 기수, 군인, 장군, 왕, 시인, 말테,[11] 오르페우스 등 여러 가지 모습으로 나타난다. 릴케가 위대하지 않은 인간 대중만 버글거린다고 본 이 세상에서 언제나 고독하게 마련인 그들은, 마찬가지로 위대한 여인들을 통과하듯 지나치며 황홀한 순간의 사랑을 나눈 뒤에 반드시 장렬한 죽음을 맞이함으로써 삶과 죽음을 초월하여 신이 된다. 릴케의 삶과 시에 숨겨진 반민주적 본질을 드러내는 부분이다. 릴케를 제대로 읽어보면 그의 사고가 "소아적 성에 대한 프로이트의 가정과 일치"[12]함을 알 수 있다는 지적이 그래서 일리가 있다. 여하튼 이러한 릴케의 시는 뒤에서 보는 로렌스 소설에 나오는 남근숭배주의와 매우 닮아 있다.

릴케의 로댕과 보릅스베데

릴케가 1903년에 쓴 로댕론은 몸, 움직임, 생명, 표현, 몸짓에 대한 열광으로 가득 차 있다. 릴케에 의하면 "우선 사람의 몸을 제대로 인식하는 것이 중요하다는 것을 로댕은 알고 있었다."[13]

> 이제야 비로소 전통적인 조각의 개념들은 그에게 모두 무가치하게 된 것이다. 포즈라는 것, 군상이나 구성 따위도 없었다. 살아 있는 표현만 헤아릴 수 없이 많을 뿐, 오로지 생명만 존재할 뿐이었다. 그가 찾아낸 표현 수단은 바로 이 생명을 향하고 있었던 것이다. 이제 이 생명을, 그리고 생명의 충일함을 표현하는 일이 중요했다. 로댕은 자기가 바라보는 어느 곳에나 존재하던 생명을 포착했다.[14]

그리고 릴케는 로댕의 <청동시대>가 완전히 성숙한 조각가가 인간의 신체를 완전하게 장악하는 기술을 익혔음을 보여준다고 했다.[15] 그 얼굴에 나타난 것이 몸의 모든 세부에까지 골고루 미쳤다는 것이었다. 이는 로댕의 작업에서 '몸짓의 탄생'을 뜻했다.[16] 몸짓 그것은 점차 그러한 균형과 힘을 갖기에 이르렀다고 릴케는 보았다.

이와 유사한 생각은 릴케가 1902년에 쓴 보릅스베데Worpswede의 화가들에 관한 에세이에서도 볼 수 있다. 그 글에서 그는 밀레의 농민들은 조용하고 소박하며 가장 직접적으로 대지를 향해 커다란 몸짓을 하고 있는데, 신경질적인 도시 사람들도 그런 농민들 사이에 있으면 그렇게 된다고 했다. 밀레 농민화의 중심주제는 고독과 몸짓이라고 본 릴케는 다음과 같이 썼다.

> 밀레가 그리는 농부들은 얼마 안 되는 대범한 몸놀림을 아직도 지니고 있다. 이것은 언제라도 지름길을 통해 대지로 나아갈 수 있는 묵묵하고 소박한 동작이다. 그런데 인간, 까다롭고 신경질적인 도시인들은 이 무딘 농부들 속에서 귀족이 된 것처럼 느낀다. 무엇과도 조화를 이룰 수 없는 인간은 그들에게서 자연 곁에서 자기 생을 보내는 존재를 발견한다. 농부들에게서 영웅의 모습을 보려는 것이다. … 밀레는 파리를 혐오했다. … 고독과 몸짓이라고 부를 수도 있을 그의 예술이 지닌 본질적 요소들은 원래 이 형상들이 지닌 가치가 아니라 그에 상응하는 풍경의 가치들이다. 평야는 고독에, 그리고 평야를 이루는 배경이 되는 하늘은 몸짓에 상응한다.[17]

릴케가 밀레 그림의 주제라고 본 고독과 몸짓은 몬테베르티의 라반과 로렌스가 농민생활로부터 세련된 예술 속으로 옮겨가고자 시도한 것이기도 했다. 앞에서 보았듯이 『젊은 노동자의 편지』에서 릴케가 십자가와 금욕주의의 종교를 거부한 것도 두 사람과 통했다. 즉 이 세상에 우리에게 주어져 있는 것이야말로 우리를 감각의 극한에까지 행복하게 할 수 있는 것이라고 알아야 한다는 것이었다. 이는 무엇보다도 성적 결합의 에로티시즘을 뜻하는데 이를 기독교가 우리와 멀게 만들었다고 릴케는 보았다.

2016년에 제작된 영화 <파울라>Paula는 보릅스베데에서 화가로 성장한 파울라 모더존-베커Modersohn-Becker 1876~1907의 생애를 그린 작품이다. 그 영화에서 보듯이 그녀는 릴케의 권유에 의해 파리로 간다. 그녀는 누드화를 그렸다는 이유로 나치에 의해 퇴폐화가로 낙인 찍혀 조롱당했다.

릴케 '내면성'의 모순

릴케를 오로지 내면의 시인이라 하면서 그가 자신이 살았던 시대의 전쟁이나 혁명에 무관심했다고 하는 견해[18]도 있지만, 제1차 세계대전이 터졌을 때 그는 전쟁에 열광해 「다섯 노래/1914년 8월」을 썼다. 그 제1가의 일부를 보자.

> 마침내 신이 나타났구나.
> 우리가 평화의 신을 더 이상 잡아두지 못하니,
> 전쟁의 신이 갑자기 우리를 붙잡아 불덩이를 휘두르는구나.
> 고향으로 가득 찬 가슴 위로 그의 붉은 하늘이 울부짖는구나.
> 그곳은 그의 거처.[19]

이 시를 릴케가 "그에게 숨겨진 감동과 고통을 신격화해보려 했을 뿐"이라고 보는 견해[20]가 있지만, 전쟁 자체를 새로운 신으로 찬양한 것임에 틀림없다. 아무리 전쟁을 싫어하는 평화의 시인이라고 해도 전쟁이 터지면 조국의 승리를 위해 노래하게 마련이라고 볼 애국주의자가 있을지 모르지만, 이 시는 당대 유럽인들이 서로 싸우면서 자기 조국의 승리를 노래한 여타의 수많은 국수주의 시와는 달랐다. 차라리 애국주의적 시라면 이해라도 할 텐데—그것에 찬성하고 말고는 차치하고— 평생 장미를 노래한 내면이 나약한 시인이 전쟁의 신 자체를 찬양하다니, 이를 어떻게 해석해야 할까? 그는 혹시 로마를 불태우고서 노래한 폭군 황제 네로의 피를 타고난 방화악마적인 시인은 아닌가? 사실 릴케는 한때 자신을 로마의 시저라고 부르기도 했다.[21]

릴케는 1917년의 러시아혁명과 독일 바이에른혁명에 감동하기도 했지만 그것도 그 사회주의 이념 자체에 공감한 것이 아니라 혁명 과정에서 벌어지는 거대한 군중집회에 매혹된 탓이었다. 마치 위 시에서 그가 '불덩이'니 '붉은 하늘'이니 하며 전쟁을 찬양하듯이 말이다. 릴케가 이탈리아 파시즘의 지도자 무솔리니를 고대 로마인의 정복정신을 부활시킨 것이라고 찬양한 것도 그 연장선상에서 이해된다. 릴케는 폭력을 사용해서라도 강력한 권력과 엄격한 질서를 강제함이 의회주의보다 옳고, 국수주의는 불가결한 것으로 그것과 반대되는 국제주의나 인류라는 추상적 개념보다 옳은 것이라고까지 주장했다. 이는 앞의 3장에서 본 제1차 대전 전후의 토마스 만을 연상하게 하는데, 그래도 파시즘에 반대한 토마스 만과 달리 릴케는 파시즘을 찬양했다.

자신이 시를 통해 절대를 탐구하고 로댕이 흙으로 인간을 빚었듯이 무솔리니는 국가라는 절대를 조형한다고 릴케는 찬양했다. 그 직후 릴케는 죽었는데 만일 그가 계속 살았더라면 히틀러와 나치즘까지도 찬양했을지 모른다. 옛 서독의 시인이며 릴케 연구가인 한스 에곤 홀트후젠은 서독만이 아니라 우리나라에서도 유명해서 그의 릴케 평전이 1979년에 우리말로 번역된 적이 있었는데,

바로 그가 니체, 슈펭글러, 릴케의 영향을 받아 1939년 독일의 폴란드 침공을 환영했음은 유명한 에피소드다.[22] 릴케 자신 제1차 세계대전을 환영했으니 당연히 제2차 세계대전도, 히틀러도 환영했으리라.

내가 이해하는 릴케는 이런 사람이다. 릴케의 무솔리니 찬양에 관한 에피소드는 릴케의 전기에는 대부분 생략되어 있으나, 나는 결코 무시해서는 안 되는 중요한 점이라고 생각한다. 절대자인 시인의 죽음을 노래한 릴케 만년의 「묘비명」[23]과 릴케 만년의 무솔리니 찬양은 서로 통하는 바가 있다.[24]

문학을 하는 사람들은 이러한 시인의 정치 에피소드를 그야말로 에피소드에 불과한 것이라고 보고 그것이 시인의 아름다운 삶 자체나 아름다운 시와는 무관한 것이라고 생각하곤 한다. 그래서 일제 때 친일한 문학인이나 독재정권에 아부한 문인들의 행태를 한때의 실수로 보고, 또 릴케를 누구보다도 좋아한 「꽃」의 시인 김춘수가 독재정권 하에서 여당 국회의원을 지낸 사실도 크게 시비하지 않는지도 모른다. 김춘수보다 앞서 릴케를 자신의 시에 언급한 민족주의 시인 윤동주가 릴케의 파시즘 찬양을 과연 알고 있었는지 모르지만, 그냥 몰랐을 거라고 생각하는 편이 마음 편한 것처럼.

우리에게 릴케는 고독과 사랑과 죽음의 서정 시인이라는 이미지가 있다. 그러나 실상 릴케는 대단히 사교적이고 육욕적이며 소란스러운 사람이었다. 그는 언제나 자신이 "어마어마한 소리로 호령을 발하고 우주에서 오는 신호들을 받아 그것들을 나의 떠들썩한 예포로 굉굉 울리게 답"했다고 했다.[25] 그야말로 전장의 장군 모습이다. 아니 신의 모습이다. 그는 신이 되고자 한 시인이었다. 그러나 신이 되었을까? 가끔 섹스를 하거나 시작에 몰두할 때면

신이 되었다고 느낀 것 같기도 하나, 그 자신도 자신이 결코 신이 아님을 알고 쓸쓸하게 죽었는지도 모른다. 그는 신이 되려고 가족까지 포기하고 신이 되기 위해 그들이 불행해지는 것에도 아랑곳하지 않았다. 그러나 그 자신도 신이 되지는 못했다. 그래서 그의 삶은 고통이었다. 그런 릴케의 모습을 그와 만난 적이 없는 로렌스에서도 볼 수 있다.

노팅엄의 로렌스와 프리다

1990년 봄 나는 런던으로 가는 비행기에서 우연히 노팅엄에 사는 어느 부인과 함께 자리했다. 목적지가 같은 노팅엄이라는 것을 알고 금방 친구가 되었다. 처음 몇 마디 인사를 나눈 뒤 그녀가 나에게 물었던 말은 로렌스를 연구하러 가느냐는 것이었다. 로렌스가 그곳 출신으로 노팅엄 대학을 나왔고 그 대학에 세계적으로 유명한 로렌스 자료관이 있었음을 그 전부터 알고 있었고, 로렌스에 대한 관심도 나에게 있었지만, 노팅엄 대학에 로렌스를 연구하러 동양인이 많이 오는 줄은 몰랐다.

그녀의 질문이 퉁명스러워 내가 로렌스 때문이 아니라 인권법을 공부하러 간다고 했더니 그녀는 반가워하면서 자기나 노팅엄 사람들은 로렌스를 싫어하고 특히 그를 유혹하여 도망친 독일 여성 프리다를 싫어한다고 했다. 나도 그렇다고 맞장구를 쳤더니 그녀는 거의 황홀의 지경(이라고 나는 착각했다. 우리와는 눈동자 색깔이 달라서였을까?)으로 나를 쳐다보았다. 그리고는 로렌스가 좋은 소설가가 될 수 있었는데 프리다 때문에 음란한 작품을 썼다고 안타까워했다. 특히 『채털리 부인의 연인』*Lady Chatterley's Lover, 1928*이 문제라고 했다. 로렌스를 위대한 작가의 반열에 올린 영국의 저명한 비평가 리비스Frank R. Leavis, 1895-1978가 유독 『채털리 부인의 연인』을 실패작이라고 본 것은 영국인의 일반적인 상식이었는지도 모른다.

로렌스가 노팅엄 대학의 학생 신분으로 교수의 부인을 유혹해 (아니면 반대로 교수부인이 그를 유혹해) 도망쳤다는 이야기는 유명하지만, 그 뒤 노팅엄 대학에서 몇 달 지내면서 로렌스에 대한 평가가 정말 나쁘다는 점에 놀랐다. 가령 노팅엄 대학 옆에 영화 <채털리 부인의 연인>을 촬영했다는 광활하고 멋진 공원이 있지만 우리의 경우와 달리 그런 촬영에 대한 표지가 전혀 없었다. 과거 귀족의 영지였던 그곳은 그의 초라한 생가와 너무나 대조적이었다. 노팅엄에서 13Km 정도 떨어진 그의 생가는 그의 생애 사진으로 꾸며져 있기는 했지만 정말 보잘것없었고, 노팅엄 시 박물관 같은 곳에는 우리가 전혀 모르는 옛날 군인들의 초상화가 잔뜩 걸려 있었지만 로렌스의 초상커녕 이름조차 없었다.

로렌스의 수많은 상상적 경험과 소설의 착상은 독일문화와의 모든 접촉을 포함한 프리다와의 관계에서 비롯되었으나 이 사실은 한국은 물론 세계적으로도 잘 알려져 있지 않다. 도리어 영국에서는 로렌스를 찬양한 리비스에 의해 프리다의 역할은 왜곡된 점이 있다. 리비스는 프리다에 대해 "그녀는 로렌스의 아내로서 가정이 없고, 자기 자녀들을 포기했기 때문에 어머니의 역할을 한 적도 없다. 실제로 모성적인 타입도 아니고 지적이지도 않았다. 즉 어떤 공동체에도 속하지 않았고 사회적 기능도 하지 못했으며 아무것도 한 일이 없었다."[26]고 했다.

리비스가 말했듯이 프리다가 전형적인 가정의 현모양처가 아닌 점은 분명하다. 그렇지 않았다면 자기보다 열네 살 연상인 교수와 세 자녀를 둔 그녀가 자기보다 네 살이나 어린 27세의 남편 제자와 도망을 치지는 않았으리라. 그러나 그녀가 "지적이지 않았다"거나 "아무것도 한 일이 없다"는 평가는 납득하기 어렵다. 뒤에서 보듯이 그녀는 당대 여성으로서는 대단히(라는 말은 지극히 추상적이지만, 매우 높은 수준이라고 볼 수 있다) 지적이었고 로렌스를 진심으로 사랑했으며, 20세기 최고 작가 중의 한 사람인 로렌스의 삶과 예술에 결정적인 영향을 끼쳤기 때문이다. 로렌스와 함께 프리다는 이 책의 주제인 '지와 사랑의 방랑'에 가장 적합한 히로인이(지만 비판적으로 볼 점이 많)다.

프리다가 로렌스에게 미친 지적 영향으로서 중요한 것은 정신분석에 대한 것이었다. 그들이 처음 만난 1912년 3월, 프리다는 로렌스에게 프로이트와 오이디푸스 콤플렉스에 대한 이야기를 했다. 앞에서 보았듯이 프로이트는 오이디푸스 콤플렉스 이론을 『꿈의 분석』에서 처음으로 제기했는데 그 책이 영어로 번역된 것은 1913년이었다. 따라서 1912년까지 프로이트 이론은 영국에 거의 알려지지 않았다. 프리다는 그것을 1906년 그로스를 만나 그로부터 처음 들었다. 그녀는 프로이트의 이론과 그로스의 이론을 1912년 로렌스에게 전했다. 로렌스가 정신분석에 대해 알게 된 것은 그 때가 처음이었다. 로렌스가 영국을 도망친 뒤부터 최종 원고[27]를 쓰기 시작한 『아들과 연인』은 그 소산이었다. 즉 로렌스가 그 소설에서 묘사한 자기 가정의 문제점을 오이디푸스 콤플렉스로 바라보는 시각을 프리다가 제공했다.

로렌스 이미지

나는 오랫동안 D. H. 로렌스를 그리 좋아하지 않았다. 어린 시절 그의 작품을 읽은 뒤로 성에 눈을 뜨게 되었던 것이 썩 좋은 추억이 아니었기 때문이기도 했다. 『세계문학전집』이라는 엄청난 가치가 부여된 책들의 하나로 번역된 『채털리 부인의 연인』이나 『무지개』를 읽은 중학생이 그 책을 보고 자위행위를 시작하였고 그러면서도 끝없이 죄의식에 사로잡혀 결국은 그 책들을 불사르게 되었다면 죽은 로렌스나 그에 대해 그렇게도 찬탄하는 문학 연구가들은 뭐라고 할 것인가? 물론 자신들과는 무관한 일이라고 하겠지만 나에게는 분명 쓰라린 추억이다. 로렌스 자신은 "모든 젊은 아가씨들에게 그들이 열일곱 살 때"[28] 『채털리부인의 연인』을 주는 것이 더 나을 것이라고 했는데 우리는 열일곱 살이 아니라 일곱 살에도 읽을 수 있다.

로렌스의 그 말은 '『채털리 부인의 연인』 이야기'에 나온다. 이는 1929년 『채털리 부인의 연인』의 보급판을 출판하고 난 뒤 로렌스가 집필하여 1930년에 낸 글이다. 이 글에서 로렌스는 "행위에 대한 의식과 행위 자체의 균형을 맞추자. 이 둘을 조화시키자"는 주장을 한 뒤 여성들이 "아무것도 모르고, 성적으로는 생각할 수 있는 능력이 없는, 이 점에서는 바보이기 때문"에 젊은 나이부터 그 소설을 읽게 하자고 한다.

그러나 로렌스의 소설들은 영국이나 미국은 물론 가까운 일본에서도 '그냥' 출판되지 못하고 재판을 거쳤다. 그 재판은 사실 야만에 가까운 '개판'이었으나, 적어도 당시의 소년소녀에게는 하나의 독서기준이 될 수 있는 것이었다. 그러나 우리나라에서는 그 어떤 재판을 받은 적도 없고, 소년소녀를 위한 음란기준 논의에서 문제가 되지도 않았다. 이는 우리나라가 그만큼 출판의 자유를 존중하는 사회였던 탓일까? 그러나 누구도 영미 등에 비해 우리나라가 그런 자유사회였다고 말하지는 못하리라.

나는 어른이 되어서도 로렌스의 작품을 내 서재에 두지 않았다. 아이들이 읽고서 또 다시 나와 같은 이상한 악순환을 거듭할까 두려워서였다. 물론 컴퓨터니 인터넷이니 신문 잡지니 기타 수많은 정보물이 그런 나의 노력을 우습게 만드는 것이 사실이다.

그러나 서재는 서재다. 나는 아직도 로렌스의 소설을 서재에 두지 않는다. 그의 성해방에 대해 머리나 가슴으로는 찬성하지만, 스스로 그렇게 하고자 하지 못하며, 남에게도 그렇게 권할 수 없기 때문이다.

2007년에 노벨문학상을 받은 영국의 도리스 레싱Doris Lessing 1919~2013이 말하듯이 『채털리 부인의 연인』을 "정신적으로 성숙하지 않은 상태에서 읽으면, 특히 열광적인 제3판을 잘 모르고 읽으면, 독자들은 도대체 무엇에 대해 이 모든 설교를 이처럼 절박하게 하고 있는지 의아하게 생각할 것이다."[29] 레싱은 『채털리 부인의 연인』이 나온 20세기 초 서양사회가 "얌전 빼는 사회, 억압받고 융통성이 없는 사회"였음을 지금 우리는 모르기 때문에 더욱 그렇다고 한다.

그러나 나는 그 뒤 1세기가 지난 21세기 초 한국 사회는 여전히 "얌전 빼는 사회, 억압받고 융통성이 없는 사회"라고 본다. 적어도 성에 대한 의식과 행동은 여전히 그렇다. 그런 사회에서 아이든 어른이든 "정신적으로 성숙하지 않은 상태에서 읽으면" 이 소설은 문제를 낳는다. 특히 아이들에게 그렇다. 따라서 로렌스 소설을 아이들이 읽는 경우 특별한 배려가 필요하다. 물론 어른들도 그 책을 성적 흥미 본위로 읽을 수 있다. 특히 성에 대한 콤플렉스가 범사회적이라고 할 수 있는 한국에서 그렇다.

반드시 로렌스의 영향이라고 볼 수는 없겠지만 그의 소설이나 그 영화화된 작품의 아류로 성의 자유, 성의 개방, 성해방, 불륜 등을 무분별하게 표현하는 소설이나 영화 등이 우리의 대중문화 중 큰 부분을 차지하고 있다. 그리고 그것들에 대한 비판에 맞서 로렌스나 그 유사한 문학을 원용하여 정당화하는 경향까지 나타나고 있다. 나는 이러한 경향이야말로 로렌스가 평생 투쟁하고자 한

적이라고 본다. 그래서 로렌스를 성의 관점에서만 읽지 않는 것이 대단히 중요하다고 본다.

로렌스를 성의 관점에서 읽는 것

앞에서 본 헤세만큼은 아니지만 로렌스도 한국에서 인기가 높다. 최근의 민음사판 『세계문학전집』에는 로렌스 작품이 3점이나 있다. 『아들과 연인』59권, 『채털리 부인의 연인』85권, 『무지개』135권이다. 헤세 소설 7권에 비하면 반도 안 되지만 1인의 작품으로는 많은 편이다. 그 전후에 다른 번역판도 많이 나왔지만 역시 헤세에 비할 바는 아니다.

그런데 묘하게도, 외국 소설에는 으레 있기 마련인 해설이 로렌스 번역판에는 그리 충실하지 않다. 연구서들을 보아도 한국인에게 로렌스가 어떤 의미가 있는지에 대한 언급이 거의 없다. 헤세에게 흔히 볼 수 있는 동양 이미지에 대한 언급도 거의 없다. 로렌스 소설에서 동양 이미지는 대단히 중요한데도 말이다.[30]

로렌스에 대한 우리 책 중에서 가장 간결한 해설서의 처음에서 이재우는 로렌스가 "요즈음 대학 강단에서 가장 많이 논의되는 영국 작가 중의 한 사람"이라고 하는데 1996년에 나온 그 책에서 말하는 '요즈음'이 정확하게 언제인지, 어느 나라 대학에서의 이야기인지 불명하다. 뒤에서 보듯이 세계적으로는 1950-1960년대에 대학에서 인기가 있었던 로렌스는 1970년대 이후 인기가 떨어졌기 때문이다. 여하튼 이재우가 쓴 로렌스에 대한 책은 머리말과 맺음말에서 다음과 같이 말한다.

> 로렌스는 기계와 정신과 지성을 강조하는 서구문화에 항거하여 인간의 근원적인 육체와 생명의 우위를 강조한

> 점에서 그의 문학은 현대 문명에 대한 뜻 깊은 비판이라 할 수 있고, 그의 사상과 작품은 현대를 살아가는 우리들에게 소중한 비전을 제시해주고 있다.[31]

이재우의 책은 대부분 로렌스 작품의 해설인데 그 앞에 로렌스의 성에 대한 견해가 설명되어 있다. 인간에게 성이 무엇보다 중요하다는 것이다. 그러나 이러한 말에는 오해의 여지가 있다. 위에서 인용한 '『채털리 부인의 연인』 이야기'에서도 로렌스 자신 『채털리 부인의 연인』의 요점을 다음과 같이 설명했다.

> 나는 남자들이나 여자들이나 모두 성을 충분하고 완전히, 그리고 정직하고 깨끗하게 생각할 수 있기를 원한다. 설령 우리가 완전히 만족할 수 있을 만큼 성적으로 행동할 수는 없다 하더라도 적어도 성적으로 깨끗하게 생각은 하도록 하자.[32]

여기서 '완전히 만족할 수 있는 성적 행동'이나 '성적으로 깨끗한 생각'이란 무엇을 말하는 것일까? 그것들, 특히 '완전히 만족할 수 있는 성적 행동'이란 『채털리 부인의 연인』에 나오듯이 남녀가 수없는 섹스를 통해 언제나 절정에 달하는 것을 말하는 것일까?

로렌스는 자신의 입장을 "정신과 육체가 조화를 이룰 때, 이 둘 사이에 자연스러운 균형이 유지될 때, 그리고 정신과 육체가 서로를 자연스럽게 존중할 때 삶은 견딜 만해진다"는 것으로 설명한다.[33] 이 말은 펭귄판 『채털리 부인의 연인』의 뒷표지에도 인용되어 있을 정도로 로렌스의 사상을 대변하는 말이다. 그러나 정신과 육체의 조화란 과연 무엇일까?

또한 로렌스는 "섹스에 대해 욕설을 퍼붓는 것, 그것은 우리 시대의 범죄이다. 왜냐하면 우리에게 필요한 것은 육체에 대한, 그리고 섹스에 대한 부드러운 애정이기 때문이다. 우리는 다정다감한 섹스를 해야 한다"고 역설했다고 레싱은 펭귄판 『채털리 부인의 연인』의 서문에서 말한다.[34] 그러나 레싱이 말하는 육체와 섹스에 대한 부드러운 애정 내지 다정다감한 섹스란 무엇인가? 이는 같은 글에서 레싱이 "로렌스는 섹스의 기교에 관해 말도 안 되는 허튼 소리를 종종 글로 썼"[35]다고 한 것과 아무런 관련이 없는 말일까? 또는 밀렛이 『채털리 부인의 연인』은 "성정치학의 반동적 분위기를 동반하고 있는 섹스테크닉 길잡이라고 할 수 있으므로, 그 점에서 완전히 실패작은 아닌 셈"이라고 빈정된 것과 얼마나 다른 것일까?[36]

레싱은 『채털리 부인의 연인』을 쓸 무렵 로렌스는 결핵에 걸려 감정적으로 더욱 탐닉했고 프리다가 건장한 이탈리아 남성과 연애를 하고 있었기 때문에 그녀에 대한 감정이 매우 악화된 상태여서 자기혐오증에 가득했었다고 한다.[37] 게다가 1926년부터 발기부전 상태였다고 한다.[38]

로렌스와 프리다

1912년 4월 초, 로렌스는 어니스트 위클리Ernest Weekley, 1865-1954 교수를 찾아갔다. 앞에서 보았듯이 로렌스는 1906년 노팅엄 대학에서 그의 수업을 들었다. 당시 로렌스는 연인과 이별하고 어머니를 잃고 3년 5개월 동안 교사로 근무한 초등학교를 막 그만둔 시절이었다. 그는 독일의 대학에서 영어 강사직을 얻고자 대학시절의 스승을 찾아갔으나 아무런 소득이 없었다. 대신 그는 교수의 아내 프리다를 만나 사랑하게 되었다. 당시를 프리다는 뒤에 다음과 같이 회상했다.

> 그 때 왜 그가 나를 사랑하고 나를 요구했는지 지금도 알 수 없다. 확실히 나는 그가 말하는 '성을 머리에 갖는 것', 즉 이성으로 남자를 사랑하는 경향이 있었다. 참된 나 자신은 야생의 동물처럼 접촉을 두려워하고 회피했다.[39]

이 말은 프리다가 이성을 중시하면서도 야성적인 면을 가진 모순된 존재임을 보여준다. 여하튼 로렌스와 프리다는 만난 지 한 달도 안 된 5월 초, 밤배를 타고 독일로 도망쳤다. 이 사건에서 가장 참담했던 사람은 당연히 위클리 교수였다.

런던에서 태어난 위클리는 베른, 캠브리지, 파리, 프라이부르크 등의 대학교에서 어원학을 공부했고, 결혼 3년 전 17세의 프리다를 처음 만났을 때는 프라이부르크 대학교에서 영어강사를 하고 있었다. 그때 위클리는 자신에게 소중한 것은 사회가 지켜준다고 믿었다. 그래서 뒤에 그의 아내가 자신을 버리고 자기 제자와 도망치자 그는 파멸하여 정신분열에 걸렸고 결국은 그를 가장 비신사적인 태도, 즉 관용을 버리고 엄격하게 변하게 만들었다.

사실 프리다와 위클리의 결혼은 전혀 맞지 않은 것이었다. 두 사람은 사랑하지 않았다. 그럼에도 위클리는 프리다를 만난 다음 해 노팅엄 대학 교수로 채용되어 2년 뒤 프리다와 결혼하고 함께 노팅엄 대학으로 가서 3명의 자녀를 두고 경제적으로나 사회적으로 윤택한 생활을 했다. 그리고 그 7년 뒤인 같은 해, 프리다는 그로스를 만났다.[40] 그 만남은 어둠 속에서 살던 프리다를 해방시켰다. 그리고 다시 6년 뒤 프리다는 로렌스를 만나 그를 해방시켰다.

같은 해 위클리는 최초의 저서인 『말의 로망스』*The Romance of Words*를 출판했을 정도로 학자로서 노력하고 있었다. 로망스를 상실한 오늘날의 과학적 어원학에서 보면 이 책은 낡은 취향의 통속적인 입문서에 불과하지만, 읽기에는 즐거운 내용으로 지금도 많은 독자를 거느려 판을 거듭하는 책이다.

프리다와의 도망은 로렌스에게 최초의 외국경험이었고, 그 뒤 그는 그가 간 어떤 나라의 말도 알지 못했으며, 돈도 한 푼 없었다. 처음에 두 사람은 프리다의 언니인 엘제의 친구가 빌려준, 프랑스[41] 북동부에 있는 메츠Metz의 시골집에서 살았다. 로렌스는 집 부근에 핀 꽃 이름도 몰랐고, 이웃 사람들은 모두 그를 이상한 자라고 생각했으며, 요새 부근을 산책하다가 스파이로 오인받아 체포되기도 했다. 그래서 프리다는 로렌스에 대해 아무것도 알리지 않은 채 아버지(그는 당시 메츠의 도지사였다)에게 부탁하여 그를 석방시켜야 했다. 로렌스에 대해 알게 된 프리다의 부모는 당연히 그들의 결혼에 반대했다. 부친의 명에 의해 로렌스는 프리다와 헤어져 라인란트에 있는 친척집으로 갔다. 그 길에서 쓴 시가 뒤에 시집 『보라, 우리는 승리했다』*Look! We Have Come Through*에 실린 「헨네프 부근에서」*Bei Hennef*이다.

작은 강은 황혼에 흐르고,
창백한 하늘은 방황하는,
황홀의 경지.

모든 것은 조용히 잠들고,
모든 고통과 근심이
황혼 밑에 사라지네.

이제 황혼과 부드러운 강물 소리만
영원히 흐르리.

마침내 그대 위한 사랑이 여기 있음을 알았어,
나는 그 모두를 볼 수 있어, 황혼처럼 완벽하지,
그건 커서, 너무 커서 예전에는 볼 수 없었어,
불빛은 작고 깜빡일 뿐이었고,
방해꾼들, 고통과 근심 때문에.

그대는 부르고, 나는 답하고,
그대는 바라고, 나는 성취하고,
그대는 밤, 나는 낮.
　그 밖에 무엇이 필요하랴-너무나도 완벽하다,
　그대와 나,
　그 밖에 무엇이?
이상하지, 그럼에도 우리가 괴롭다니![42]

로렌스 전기에서는 그가 '참된 사랑을 발견'한 것은 프리다를 만난 뒤였다고 흔히 설명된다. 그 근거로 제시되는 것은 프리다를 만난 3개월 후에 쓴 다음 편지다.

> 나는 프리다를 너무 사랑합니다. 그런 이야기를 한다는 게 이상합니다. 사랑이 무언지 예전엔 정말 몰랐었습니다. 세상은 우리의 상상을 초월하여 굉장하고 아름답고 훌륭합니다. 그 전에는 사랑이 무언지 전혀 생각지 못했습니다. 인생은 신처럼 위대할 수가 있습니다. 정말 그렇

습니다. 제가 그것을 알게 된 것을 신께 감사드립니다.[43]

그러나 앞에서 인용한 시에서 로렌스가 "이상하지, 이 모든 것에도 우리가 괴롭다니!"라고 노래했듯이 두 사람의 사랑은 평탄하지 않았다. 프리다는 그 회상록의 서문에서 로렌스와의 투쟁 생활을 요약하여 남성과 여성의 투쟁, 계급의 투쟁, 민족 차이에서 오는 투쟁이라고 했다. 독일과 이탈리아에서 함께 살며 두 사람은 서로가 너무나 다른 것을 알고 놀랐다. 무엇보다도 육체적으로도 정신적으로도 프리다는 강하고 로렌스는 약했다.

따라서 로렌스는 프리다를 비롯한 여성을 두려워했다. 그가 성을 이상화한 것은 그러한 두려움에서 비롯되었다. 특히 남근숭배를 비롯하여 여성에게 남성을 위한 절대적인 봉사를 요구한 남성 우위가 나타났다. 이는 「귀부인 처」*Lady Wife*라는 다음 시에서 요약된다.

> 이제 봉사하라, 여자여, 여성의 의무로서,
> 입 다물고 봉사하라.
> 나도 목전의 신비에 봉사하고 투쟁해야 하기
> 때문에.

그는 프리다의 자아를 없애고자 하면서도 자신의 자아는 유지하고자 했다. 그런 점에서 그는 철저한 이기주의자이지만 자신은 그렇게 생각하지 않고 그 모순을 어떻게든 합리화하고자 했다.

리히트호펜 자매

여기서 이 책의 히로인들인 리히트호펜 자매에 대해 이야기해

보자. 엘제 리히트호펜과 프리다 리히트호펜은 프리드리히 폰 리히트호펜Friedrich von Richthofen, 1844~1916 남작의 장녀와 차녀로 1874년과 1879년, 뮌헨이 중심인 독일 바바리아에서 태어났다. 그들의 아버지 남작은 프로이센의 융커로서 고지 실레지아에서 태어나, 비스마르크가 국정은 다수결이 아니라 피와 철에 의해 결정한다는 연설을 한 1862년, 즉 17세에 프로이센군에 입대하였다. 이어 1870년 보불전쟁1870-1871에 참전했다가 부상을 입은 뒤 포로가 되었다가, 프랑스에서 양도받은 메츠의 군정에 도지사로 종사하며 세 딸을 낳고 키웠다.

엘제 리히트 호펜

프리다 리히트호펜

그의 동생 만프레드 폰 리히트호펜Manfred von Richthofen, 1892~1918은 제1차 대전 때 적기 80대를 격추시킨 뒤 북프랑스 하늘에서 산화한 유명한 조종사로 역사에 기록된 인물이었다. 이는 제1차 대전의 전 참전국을 통틀어 최고의 격추기록으로서 그는 공중전의 기체 조작에서 천재적인 능력을 발휘하였고, 동체 전부를 주로 진홍眞紅색으로 칠한 '포커 Dr 1 전투기'에 탑승하여 싸웠기 때문에 '붉은 남작' 이라고도 불렸다.

1871년 하나로 통일된 비스마르크 시대 이전의 독일은 지역색이 다양했으나 그 뒤로는 모두가 프로이센 일색이 되었고, 언제나 군복을 입은 황제의 명령에 따라 일사불란하게 움직였다. 독일의 중심은 군대와 직결된 관료였다. 막스 베버는 그 관료제에 의해 자발성과 자유가 죽는 서양의 미래를 보았다.

그의 동생 알프레드 베버는 1910년 당시 독일의 상업부문에 노동자 50만 명에 관료 15만 명, 공업부문에 노동자 850만 명에 관료가 86만 명이라고 추산했는데 이는 1882년의 10배에 이르는 수치였다. 1882년에는 민간 공영기업에 관료가 70만 명이었으나 1911년에는 2백만 명으로 늘었다. 반면 비농업 경제 부문의 자유업은 20~30만 명에 불과했다. 이런 상태를 막스 베버는 '철망의 우리'stahlhartes Gehäuse에 갇힌 것이라고 비유했다. 이러한 '철망의 우리'는 사적 생활에서도 마찬가지였다.

그러한 관료를 양성하는 교육에서 압도적인 지위를 차지한 것이 법학이었고 그 과목을 중심으로한 관료시험이었다. 또한 관료제는 루터파 국교에 의해 완벽하게 지지되어 서민에게 국가의 명령을 무조건 수긍하게 만들었다. 또한 부인에게는 남편에게 절대적으로 복종하도록 만들었다. 뒤에 엘제와 프리다는 결혼을 중심으로 한 독일 부권제 사회에 반발했다.

당시 독일에서는 민주주의적인 연대책임이라는 관념이 매우 박약했고, 따라서 정당제가 발달하지 못했으며, 그 결과 민주적 의회제도도 전혀 발달하지 못했다. 또 체제 측인지 반체제 측인지를 따지는 버릇 때문에 극단적인 좌우익은 있었지만 중도적인 자유주의는 정착되지 못했다. 이는 독일 경제의 급작스러운 성장으로 인해 경제적 개인주의의 소자본가가 발전하지 못한 탓이기도 했다. 여성해방운동도 평범한 자유주의 형태가 아니라 극단적인 복종주의이거나 마찬가지로 극단적인 에로스주의로 나타났다.

이런 19세기말의 독일은 21세기 초의 한국과 여러 가지로 오버랩된다고 느끼는 것이 나 혼자만일까? 그런 혼란은 자본주의 초기 사회에서는 어쩔 수 없이 겪어야 되는 것일까? 이런 독일에서 정신병자나 정신적인 압박을 받는 사람들이 많이 생겨난 것이 지극히 당연한 현상이었다. 이 책에 등장하는 독일인들과 오스트리아인들이 대부분 그러했다. 막스 베버는 두통, 그 부인은 불면증, 그로스는 약물중독, 그 부인은 족통 등이었다.

리히트호펜의 장녀 엘제는 당대의 비스마르크 부권제 사회에 항의하기 위해 학문과 사회개혁의 세계에 뛰어들었다. 차녀 프리다도 대학에 들어가기는 했으나, 곧 도망쳐 여성적인 농민의 세계와 원시세계로 뛰어들었다. 당시 여성의 세계는 남성의 세계에 종속되었기 때문이다. 비스마르크 시대의 대학도 철저히 권위주의적이었다. 당시 미국의 대학 교수보다 월급도 월등히 높았고 독일 내에서도 일반적인 중산계급보다 훨씬 위엄이 있었다. 특히 학생들에게는 전제적이고 부권적인 권력을 행사했다.

엘제는 교사가 되기 위해 하이델베르크에서 공부한 최초의 여성(당시 4명) 중 한 사람으로서 막스 베버 밑에서 공부해 노동법의 역사에 대한 논문으로 박사학위를 땄다. 이는 그녀가 일찍부터 자유와 정의의 투사였음을 보여주었으나, 그녀의 저항은 어디까지나 베버적이고 하이델베르크적이었음을 주의할 필요가 있다. 즉 자유주의적이고 개혁주의적이며 합법적이고 지식인적이었다. 그러나 그는 공화주의자는 아니었고 권력국가인 독일의 역할을 긍정하여 제1차 대전도 환영한 제국주의자인 점에서 토마스 만과 유사했다. 당시 베버의 아내 마리안 베버는 엘제와 함께, 뒤에 그로스의 아내가 된 프리다 슈로퍼와도 친했다.

엘제는 바덴 주 최초의 여성공장 시찰관으로 여성 노동자의 권리를 보호하기 위해 일했으며, 베버와 같이 자유주의 개혁가였던 에드가 야페와 결혼했으나, 뒤에는 막스 베버의 동생 알프레드 베버와 사랑을 했고, 막스 베버도 그녀를 짝사랑했으며, 또 오토 그로스를 사랑해 사생아까지 낳았다. 이러한 자유연애는 매우 혼란스럽게 보일지 모르지만, 그들의 관계는 사회적 절도와 도덕적이고 지적인 엄격함으로 이루어져 있었음을 주의할 필요가 있다. 그녀가 살았던 하이델베르크는 뮌헨과 달리, 지성과 사회적 도덕과 정치이론, 특히 자유주의적 개혁을 존중하는 도시였기 때문에 더욱 그러했다.

『무지개』의 야생마, 프리다

프리다는 언니와는 달리 감정과 충동의 야생마였다. 뒤에 로렌스가 다음과 같이 『무지개』*The Rainbow, 1915*에 그린 젊은 안나 브랑윈Anna Branwen이 바로 그녀였다.

> 학교에서 안나는 자유분방하게 뛰놀고 춤추었으며 하고 싶은 대로 행동을 했고 존경심이라고는 없어 코티스 선생의 골치를 썩였다. … 그녀는 수줍으면서도 동시에 야성적인 데가 있었다. 그녀는 평범한 사람들에 대해 묘한 경멸감을 가지고 있었다. 그것은 관대한 우월감이었다. … 어린아이로서의 그녀는 범처럼 오만하고 자존심이 무척이나 강했다. … 그녀는 자기에게 너무 가까이 접근하는 사람들을 미워했다. 마치 야생동물처럼 그녀는 항상 일정한 거리를 두고 행동했다. 그녀는 절친한 관계를 불신했다.[44]

> 그녀는 해야 할 공부를 하지 않았다. 원하지 않는데 왜 공부를 해야만 하는지 그 이유를 알지 못했다. 그녀가 그걸 해야만 하는 비밀스러운 이유라도 있단 말인가? … 도대체 그녀가 그것을 알든 모르든 그것이 무슨 문제란 말인가? 그것이 조금이라도 중요하다는 것을 그녀에게 설득시킬 수 있는 것은 아무것도 없었다. 왜냐하면 그녀는 속으로 여선생의 본성을 경멸하고 있었기 때문이다. 그래서 애나는 항상 학교 당국과의 사이가 좋지 않았다. … 그들이 그녀에게 힘을 행사하고 있는 한, 그녀는 그들을 미워했다. 그러나 그녀는 늘 이상을 간직하고 있었다. 자질구레한 속박에서 벗어난 자유롭고 자랑스러운 숙녀 내지는 자질구레한 걱정을 넘어선 곳에 사는 숙녀, 이것이 그녀의 이상이었다.[45]

『무지개』는 본래 『자매』*Sisters*라는 제목으로 구상되었을 만큼 엘제와 프리다를 염두에 두고 쓴 작품이었으나 엘제는 전혀 드러나지 않고 프리다만이 부각된다. 프리다는 자신이 어린 시절에 다닌 수도원학교의 수녀들도 언제나 그녀 뒤를 쫓아다니며 "조용히"라고 외쳤고 이에 반항했다. 그런 프리다는 앞에서 본 헤세가 그린 청춘의 모습과 흡사했다.

또 『무지개』에 나오는 어린 시절의 어슐라Ursula도 프리다를 잘 보여준다. 어슐라Ursula처럼 프리다는 아버지의 정원 일을 도우려 하지만 일이 서툴러 아버지가 잔소리를 하자 그녀는 마음의 상처를 입고 도망간다.[46] 엘제와 달리 프리다는 그런 일을 못했고, 또 하려고 하지도 않았다. 그러나 그녀의 상처받은 자존심은 그녀를 인정하는 남성에게는 열정으로 폭발했다. 그 남성이 그로스이고 로렌스였다. 『무지개』에서 나오는 스크레벤스키Skrebensky는 그로스나 로렌스와는 달리 "최대다수의 최대행복만이 문제"[47]인 벤담주의자이어서 결국 어슐라는 그와의 결혼을 포기하는 것으로 소설이 끝난다.

그녀가 학교공부에서 영국문학을 암기하는 것에 대해 "무엇 때문에 자기가 읽은 것들을 기억해야 한단 말인가?"하고 반발하고 정치사에 나오는 "장관이란 작자들을 증오"[48]하는 점도 프리다와 같았다. 무엇보다도 "그녀는 자유분방하고 손댈 수 없는 하나의 짐승"이라는 점에서 프리다였다. "그런 그녀가 일단 반항을 선언하고 나면 그녀에게는 어떤 법률도, 어떤 규칙도 없었다."[49] "이런 행동은 기독교인의 평등을 주장하는 민주적인 사상과는 들어맞지 않는 것이었다." "만약 예수가 그저 평범한 삶을 산 인간에 불과하다면 그녀는 그런 예수에게 관심을 가질 수 없"었다. "초인간적인 것은 허용치 않으려고 하고 자기 자신을 넘어서는 것은 무엇이든 존재치 않는다고 부정하려드는 것은 저속한 정신이었다."[50]

프리다는 아름다우면서도 독일 여성답게 강한 인상이었다. 많은 사람들이 그녀를 자연의 기쁨과 힘 그 자체인 목소리를 지닌 작은 할머니였다고 회상했다. 바로 로렌스가 채털리 부인을 비롯하여 그의 소설에 나오는 여러 주인공으로 표현한 그녀였다. 우리가 영화에서 보는 요부형의 채털리 부인과는 전혀 달랐다.

반면 엘제는 정말 아름답지만 그 아름다움이 조금은 형식적이고 차가운 모습이었다. 그녀는 유부녀였으면서도 뒤에 막스 베버의 제자이자 애인이자 친구로 베버는 물론 그를 둘러싼 지성인들의 여신이 되었으나, 베버도 엘제도 가정을 버리고 도망치지는 않았다.

엘제와 프리다의 차이는 괴테에 대한 태도에서도 분명히 드러났다. 즉 엘제는 괴테를 좋아했지만 프리다는 싫어했다. 프리다가 보기에 『파우스트』*Faust* 1832의 그레트헨은 남자에게 종속하고 부권적 감성에 젖은 여자였고, 이피게네이아는 증오해야 할 자기희생의 이상이었다.

따라서 그녀는 엘제의 결혼을 이피게네이아와 같은 희생이라고 비난했다. 그리고 뒤에 로렌스를 그가 괴테와 반대라는 점에서 찬양했다. 즉 괴테처럼 "나는 영원하다"라고 말하지도, 문화적 자기 제도화나 예술적 자기 대리석화를 시도하지도 않았기에 좋아했다. 로렌스도 그녀와 같이 『빌헬름 마이스터의 수업시대』 Wilhelm Meisters Lehrjahre 1777~1786 를"매우 비논리적인 책"이라고 했다. 이러한 자매의 괴테에 대한 상반된 태도는 사실 독일의 고급문화 전체에 대한 것이었다.

한편 프리다와 달리 엘제가 존경한 괴테는 문화, 교양, 정신, 아폴로적 심성을 상징했다. 엘제에 반발한 프리다는 당연히 괴테에 대해서도 반발하고 에로스로 달려갔다. 에로스적인 주제를 다룬 것이 문화라면 그것을 거부했다. 그래서 엘제와 알프레드 베버가 좋아한 바그너의 <트리스탄과 이졸데>Tristan and Isolde는 프리다에게 타나토스Tanatos, 즉 죽음의 냄새가 너무나 강한 것이었다. 이 자매는 에로스와 타나토스, 즉 사랑과 죽음을 각각 대변했다.

엘제는 미적이라기보다도 지적이고 창조적이라기보다도 분석적이었다. 그녀가 피카소를 비롯한 현대미술을 전혀 이해하지 못한 반면 프리다는 전화조차 사용하지 않았고 모든 지적인 것을 거부했으며, 조직적인 일조차 발작처럼 해치웠고 어떤 개념적 구축도 일관성도 없었다. 심지어 뛰어난 감수성에도 불구하고 말이 서툴렀다. 이는 어쩌면 엘제와의 비교와 경쟁을 그녀 스스로 거부한 탓인지도 모른다. 그리고 생애 후반에는 로렌스와의 비교와 경쟁을 거부한 탓인지 모른다. 사실 로렌스는 엘제와 비슷했다. 세 자매 중에 프리다가 제일 먼저 20세에 15세 연상의 영국인 위클리와 결혼했다.

하이델베르크의 여왕, 엘제

뛰어난 지성의 엘제는 하이델베르크의 여신이 되었다. 1899년부터 그녀는 막스 베버의 동생인 알프레드 베버와 사랑했다. 그러다 3년 뒤 갑자기 막스 베버의 제자인 에드가 야페와 결혼했다. 그들은 서로 사랑한 사이가 아니었기 때문에 그들의 결혼은 엘제의 자매나 친구들에게 충격을 주었다. 당시 영국에서 상류 계급 출신의 최고 지성이었던 베아트리체 포터Beatrice Potter, 1858~1943가 하류 계급 출신의 공무원인 시드니 웹Sidney Webb, 1859~1947과 결혼한 것과 마찬가지였다.

그러나 사실상 엘제가 결혼한 상대는 하이델베르크였으니 그 사람이 누구이든 상관없었다. 게다가 야페는 하이델베르크 출신의 유대인 부자였다. 그리고 그들이 움직이는 하이델베르크는 자유주의적 개혁의 도시였다. 당시 사회학은 새로운 학문으로 유대인의 학문이라고도 했다.

당시의 독일 대학은 세계 학문의 중심이었다. 가령 1895년 소르본 대학에는 미국 유학생이 30명이었으나 베를린 대학에는 200명에 이르렀다. 1870년 이전에 유학생, 특히 미국 유학생은 주로 과학과 의학을 공부하러 왔으나 그 후에는 주로 인문사회과학을 공부했다. 자유주의적인 바덴Baden지방의 하이델베르크와 프라이부르크의 대학은 특히 역사, 철학, 사회과학에서 우수했고 진보적인 분위기를 자랑했다. 반면 베를린 대학은 국수주의의 중심이었다. 독일 지성계에서 하이델베르크의 위치는 그 1세기 전 괴테와 실러가 있었던 바이마르와 같았다.

당시에는 베를린 대학보다 하이델베르크 대학 교수의 급료가 더욱 높았고 사회적 지위도 더 높았다. 하이델베르크의 교수들은 독일에서 최고급 지성인들이었다. 가령 철학에 빈델반트와 리케르트, 신학에 트뢸치, 사회학에 베버 형제, 심리학에 야스퍼스가 있었다. 보통 사람이 1년에 한두 번 여는 공식 만찬회를 매주 여는 교수들도 많았다. 가령 예술사 교수의 부인이었던 바그너의 딸은 매주 만찬을 베풀었고 그것이 끝나면 손님들은 남편의 강의에 참석했다. 그 부부와 함께 베버 부부가 가장 유명했다. 베버의 일요일 만찬에는 베버의 제자인 지멜Georg Simmel 1858~1918, 루카치, 에른스트 브로흐Ernst Broch 1885~1977를 비롯하여 여러 나라의 진보적인 학자들이 다수 참가했다.

야페는 엘제를 위해 하이델베르크 전체를 볼 수 있는 가장 높은 곳에 멋진 4층 별장을 지었고 그녀는 그곳에서 정말 여왕처럼 살았으며 특히 남편을 통하여 더욱 더 확고하게 하이델베르크 학문의 여왕으로 군림했다. 그녀는 결코 그를 사랑하지는 않았으나 그가 바란 우정만큼은 확실히 주었다. 그녀는 남편의 재산을 가지고 그녀의 가족도 도울 수 있었다.

한편 프리다는 같은 교수의 부인이었어도 전혀 화려하지 않았고 영국 시골에 처박혀 아이들만 바라보고 살았다. 사실 세 자매의 결혼은 모두 사랑하지 않은 사람들과의 결혼이었다. 프리다가 결혼한 2년 뒤에 막내 요한나 폰 리히트호펜Johanna von Richthofen, 1882~1971는 17세에 나이가 두 배나 많은 멋진 용모의 참모장교와 결혼했으나 역시 사랑은 없었다. 엘제는 1911년 이후 뮌헨에서도 하이델베르크에서처럼 살았지만 역시 행복하지는 못했다.

『이탈리아의 황혼』

1912년부터 1914년 사이에 로렌스는 프리다의 가족과 사귀는 데 전력을 기울였고[51] 그들은 그의 창작에 중요한 영향을 미쳤다. 프리다와 그녀의 가족은 로렌스의 소설에 자주 등장했다. 가령 1913년부터 쓴 단편 『자매』는 프리다 자매 이야기였다. 1926년부터 쓰기 시작한 『채털리 부인의 연인』도 프리다 자매를 모델로 했다. 즉 소설에 나오는 코니의 언니 힐다는 엘제였다. 특히 프리다의 상상적 자산은 로렌스 창작의 기본이 되었고 그녀를 둘러싼 그녀 가족도 그의 소설에 주인공들이 되었다.

『자매』는 뒤에 『무지개』와 『사랑에 빠진 여인들』[52]로 나누어지는 프리다를 보여준다. 여성교양소설이라고 할 수 있는 이 두 소설의 주인공인 어슐라가 스크레벤스키를 만나고 버킨과 이탈리아로 가면서 알프스 산맥에 군돌프를 남기는 등, 프리다를 아론이나 빌헬름으로 묘사한 것이다. 어슐라가 알프스를 떠나 새로 향하는 이탈리아는 풍요와 결실의 성모 마리아의 땅이다. 그들은 20세기 문명의 광기에 사로잡힌 영국과 독일을 떠나 6주를 걸어서 이탈리아로 간다.

1912년의 이탈리아 기행문은 그해말 부터 쓰기 시작해 1916년 『이탈리아의 황혼』*Twilight in Italy*으로 출판되었다. 로렌스는 1913년 은밀하게 몬테베리타를 찾았다. 그리고 도보로 알프스를 넘어 이탈리아로 갔다. 도중에 만난 이탈리아 이민 노동자는 다음과 같이 항변했다.

> 정부라는 게 도대체 무엇인가? 세금을 거두고, 군대도 경찰도 가지고 있지. 그러나 우리는 군대 없이도 살고, 자신들이 경찰이 될 수 있어. 도로도 만들어. 누가 정부 따

위를 바라는가? 그런 것을 바라는 놈들은 부정을 태연하게 저지르고, 사람들을 짓밟고서 이익을 얻으려고 하는 자들이야. 부정과 악의 도구야.[53]

그레저와 그로스의 말을 연상시키는 위의 주장에 대해 로렌스는 다음과 같이 썼다.

> 나는 답하고 싶지 않았다. 나는 그들 중에서 새로운 정신이 있음을 느꼈다. 기묘하고 순수하고 그동안 알지 못한 것을, 그러나 상당히 위험한 것을 느꼈다. 그는 내가 미치지 못하는 것을 추구했다. 나의 영혼은 눈물을 흘렸다. 아이들이 밤에 우는 것처럼 한없이 울었다. 나는 대응할 수 없었다. 나는 답할 수 없었다. 그는 교육을 받은 영국인에게 자신의 생각이 옳다는 말을 듣고 싶어 했다. 그러나 나는 그렇게 말하지 않았다. 순수함, 진실함, 별과 같은 정신의 탄생을 향한 새로운 고뇌를 이해했다. 그러나 나는 그들의 말이 옳다고 말하지 않았다. 나의 영혼은 대응하지 않았다. 나는 인간의 완전함을 믿지 않았다. 인간들 사이의 무한한 조화를 믿지 않았다.[54]

로렌스는 그로스처럼 자신의 삶을 지키는 것에는 전혀 관심이 없었지만, 자기 내면의 보수주의에 직면하여 불쾌했던 것이다. 이탈리아인은 그에게 프릭이 쓴 아나키즘 신문 등을 권했지만 그는 그것을 읽고 싶지 않았다고 썼다.[55] 당시 그는 혼자서 여행하는 그로스인 양 행세했지만 몬테베리타 사람들을 만나지는 않았다.[56]

여하튼 『이탈리아의 황혼』에서 로렌스는 중세에 원시적이고 동물적인 인간성을 바꾸려고 한 기독교는 추상적인 정신을 최고로 삼아 자기를 포기하라고 가르쳤다고 주장했다. 그는 르네상스 이래 서양은 감각적이고 육체적인 것을 망각하고 지적이고 정신적으로 것으로만 치달았으며, 특히 퓨리터니즘은 비아非我, Not-Me, 즉 육체와 욕망을 없애라고 했고 그러한 자기소멸이 근대과학의 기계문명을 낳았다고 보았다. 로렌스는 이러한 기독교에 반항하여 태고의 육체적인 것, 아我, Me를 믿는 원시적 이교로 돌아가야 한다고 주장하고 그것이 이탈리아 농민에게서 보는 르네상스 이전의 감각적이고 육체적인 삶의 방식에 남아 있다고 하며 그것을 찬양했다. 특히 이탈리아 농민의 남녀관계는 증오로 가득 찬 투쟁이었던 점을 찬양하면서 현대 이탈리아 농민, 특히 남성이 기계문명에 의해 그 원시성을 잃었다고 개탄했다.

이러한 고대문명 예찬과 현대문명 비판은 로렌스 만년의 마지막 기행인 『에트루리아 유적』*Etruscan Places*1932에서도 '생명의 자연스러운 개화'에 대한 찬양으로 반복되었다. 이러한 이탈리아 이미지는 앞에서 본 바흐오펜의 사상에 근거한 것이기도 했다. 이탈리아가 갖는 의미나, 진짜 이탈리아와 가짜 이탈리아의 구별 방법에서도 로렌스는 바흐오펜을 따랐다. 바흐오펜처럼 로렌스도 프로이센을 로마와 결부시켜 그 둘 모두를 증오하고 에트루리아야말로 참된 이탈리아라고 주장했다. 즉 에트루리아야말로 고전적 부권제 이전의 모권제 사회였다고 보았다. 바흐오펜은 니체의 아폴론-디오니소스 구분에 영향을 미쳤으므로 로렌스도 니체를 받아들였다.

『무지개』

프리다와 도망치기 2년 전인 1910년부터 쓰기 시작한 『아들과 연인』을 로렌스는 1913년에 완성하고 이어 『무지개』를 쓰기 시작해 1914년에 완성했다. 1914년 5월에 프리다는 정식으로 이혼하고 로렌스와 함께 런던에서 살았다. 1915년 『무지개』가 출판되자 노골적인 성 묘사를 이유로 치안판사로부터 발매 금지를 당했다. 그 직후 로렌스가 누구보다도 먼저 파시즘의 철학을 전개했다고 러셀Bertland Russel, 1872-1970이 말했다. 러셀에 의하면 로렌스는 "멍청한 대통령을 가진 어리석은 공화국이 아니라 줄리어스 시저 같은 선출된 국왕이 필요"하고 "절대 권력이 확립되면 로렌스 자신이 줄리어스 시저가 될 것으로 상상"[57]했다.

러셀은 프리다에 대해서도 같은 입장이었다. 그에 의하면 "아직 영국에 정신분석학이 별로 알려지지 않았던 시절, 그녀는 해마다 여름이면 오스트리아에 있는 프로이트주의자들의 근거지에 가서 얼마간 있다 오곤 했다. 어쨌거나 나중에 무솔리니와 히틀러에 의해 전개될 사상을 그녀가 일찌감치 흡수한 셈인데, 그런 생각들을, 이른바 피의 의식을 통해 로렌스에게 전해주었던 것이다."[58] 이 문장을 보면 러셀이 프로이트주의를 파시즘의 선구로 본 것 같다. 그는 프로이트의 "심리학 이론에서 가장 중요한 것은 무의식이라는 개념인데, 이 무의식은 그 본성 때문에 직접 관찰할 수 없는 것이다. 이 이론이 과연 건전한 이론인가 하는 문제를 잠시 동안 제쳐두기로 한다면 우리는 이 이론이 제대로 격식을 갖춘 과학적 가설이라고 인정하지 않을 수 없을 것"[59]이라고도 하면서도 다시 프로이트가 "전개한 자세한 설명 중의 상당 부분이 전적으로 믿을 만한 설명일 수 없다는 건 의심의 여지가 없다"고 했다.[60] 그러나 그는 프로이트주의가 왜 파시즘의 선구인지를 설명하지 않았다.

『무지개』는 흔히 1840년부터 1905년에 이르는 브랑윈 가문의

3세대를 통한 남녀관계를 보여주는 것으로 이해되어 왔다. 제1세대인 노팅엄의 농부 톰 브랑윈Tom Branwen은 폴란드 출신의 연상 미망인인 지식계급 출신의 리디아 렌스키Lydia Lenski와 결혼하지만 갈등하는데 이는 로렌스와 프리다의 관계를 연상하게 한다. 이는 육체보다 정신적인 애정이 결여된 상태로서 현대문명에 감염되기 이전의 균형 상태를 보여준다.

제2세대인 윌 브랑윈Will Branwen과 안나 랜스키Anna Lenski는 제1세대보다는 보다 충만한 관계를 보여주지만 여성 우위에 의해 투쟁적인 관계로 변하는 탓으로 균형 잡힌 조화를 이루지 못해 역시 문제가 있다. 이러한 문제를 또 다시 로렌스와 프리다의 관계를 보여준다. 이어 로렌스는 제3세대인 어슐라 브랑윈과 안톤 스크레벤스키의 사랑을 통해 이상적인 양성관계를 보여준다. 즉 강한 자아를 가진 남녀가 상대방을 정복하거나 자신의 자아를 소멸시키지 않고 서로가 자아를 강하게 주장하는 대립과 투쟁의 관계다. 이 역시 로렌스가 프리다와 앞으로 추구하고자 한 사랑의 이상을 보여준다.

이상 각 세대는 각각 농업, 교회, 산업이 지배하는 시대로 구분된다. 이러한 구분에 따른 소설의 전개를 종래 리비스 등에 의해 사회사적 묘사로 높이 평가되어 왔으나, 최근에는 그것이 '역사'의 관점이 아니라 '신화'의 관점에서 형식적 법칙에 따라 추상적으로 묘사된 것에 불과하다는 비판이 제기되고 있다.[61] 이러한 추상화는 로렌스의 모든 소설의 특징을 이루는 것이다.

그러나 '신화'의 관점이라고 해서 반드시 문제가 있다고는 볼 수 없다. 뒤에서 보듯이 프리다를 모델로 한 어슐라는 사랑하는 스크레벤스키를 통해 부르주아 민주주의의 윤리, 제국주의, 전쟁을 혐오한다. 이러한 현대문명의 상징이 톰 브랑윈의 고향인 위기스턴의 탄광촌이다. 로렌스의 고향인 이스트우드Eastwood를 상형화한 "이 마을의 한복판에는 볼품없이 크고 탁 트인 공간이 있었는데," "이곳에는 회합 장소도, 중추적인 건물도, 간선 도로도, 어떤 유기적인 조직도 없었다." 그곳의 "광부들은 살아있는 사람이라기보다는 차라리 유령들 같았다."[62] "마치 어떤 소름 끼치는 꿈을 꾸고 있는 것처럼 흉측스럽고 죽은 듯한 무정형의 분위기로 곳곳이 가득 차 있었다."[63] "탄광은 그 모든 광부들을 소유하고" 광부들은 가정에서 "의미 없는 고깃덩어리", "돌아가지 않는 기계, 고장 난 기계에 불과하다."[64] 이는 공동체의 부정을 상징한다. 그 광산촌을 보고 어슐라는 결심한다.

> 이제 그녀는 그 거대한 탄광, 사람들 모두를 포로로 잡아버린 그 거대한 기계에 종속되지 않을 것이었다. 마음속으로 그녀는 그것을 거부하고 있었고 기계의 위력마저 부인하고 있었다. 그것은 공허하고 무의미한 것으로, 인간이 저버려야 할 대상이었다. 그리고 그녀는 기계가 무의미하다는 것을 알고 있었다.[65]

『사랑하는 여인들』

마지막 장면에 무지개가 떠오르는 소설 『무지개』를 잇는 『사랑하는 여인들』에는 무지개가 없고 소설 전체는 어둠으로 뒤덮인다. 26세의 중등학교 교사인 어슐라와 조각가인 25세의 구드룬Gudrun이 각각 엘제와 프리다를 연상하게 하고, 재벌가 장남인 제랄드Gerald는 로렌스, 독일 알프스 조각가인 뢰르케Lörke는 그로스를 연상시킨다. "소년 같은 형상을 한 자그마한 남자"[66]라는 표현은 그로스의 트레이드마크와 같은 표현이다. 그러나 그로스를 연상시키는 더 그럴듯한 표현은 다음과 같은 것이다.

> 구드룬이 보기에 뢰르케 속에는 모든 삶의 밑바닥 암반이 들어 있었다. 그 밖의 다른 사람들은 모두 저마다의 환상을, 각자의 과거와 미래를 갖고 있었고, 갖고 있어야 했다. 그러나 철저한 금욕주의를 가진 그는 아무런 환상도 없이, 과거도 미래도 없이 살았다. 요컨대 그는 자기 자신을 속이지 않았다. 말하자면 그 어떤 것에도 연연하지 않았고, 그 어떤 것에 대해서도 고민하지 않았다. 그 무엇과도 일체가 되려는 노력은 눈곱만큼도 하지 않았다. 그는 철저히 단절된 순수한 의지로, 금욕적이고 찰나적인 상태로 존재했다. 오직 자기의 일이 있을 뿐이었다.
>
> 또 하나 신기한 것은, 그의 궁핍함, 그의 어린 시절의 수모가 그녀에게 매력적이라는 점이었다. 그녀는 학교와 대학을 거쳐 평범한 길을 걸어온 남자, 소위 신사란 존재는 어딘가 재미없고 시시했다. 하지만 진창에서 자란 이 남자에 대해서는 가슴속에서 어떤 격렬한 동정심이 솟구쳤다. 그 사람이야말로 삶의 하계를 이루는 것 같았다. 그를 넘어선다는 건 불가능했다.
>
> 어슐라도 뢰르케에게 끌렸다. 자매의 가슴속에 그는 모종의 존경심을 불러일으켰다. 그러나 어슐라에겐 그가 형언할 수 없이 저열하고 거짓된 비속한 존재로 보이는 순간들이 있었다.[67]

이 글에서 '신사'란 프리다의 남편인 위클리 교수나 막스 베버를 연상시킨다. 그로스도 대학을 나왔지만 마약중독자이므로 결코 신사라고 할 수는 없었다. 게다가 그로스가 자매와 사랑을 나누는 점도 위 소설에서 자매가 뢰르케에게 끌리는 점과 유사하다. 또 엘제가 그로스를 사랑해서 아이까지 낳았으면서도 하이델베르크의 여왕답게 그로스의 비속함을 비판한 것도 위 소설에서 어슐라가 취하는 태도와 유사하다.

어슐라와 버킨Birkin, 구드룬과 제랄드가 알프스에서 만난 독일인들이 주로 "뮌헨 출신"[68]이라는 점도 그로스와 프리다가 살았던 뮌헨을 연상시킨다. 그들은 열심히 춤을 춘다. 그들과 함께 춤을 추는 제랄드를 보고 구드룬은 "그 사람에게 일부일처란 말이 안 되는 소리야. 천성적으로 난잡해. 그의 본성이 그래."[69]라고 하는 것은 로렌스가 그로스를 비판하는 것처럼 보인다. 소설의 마지막에 구드룬은 자신이 다음과 같이 생각하는 드레스덴으로 가는데, 이는 뢰르케의 권유에 의한 새로운 유토피아의 탐색이다.

> 적어도 드레스덴에서는 이 모든 것을 등질 수 있을 거야. 거기엔 재미있는 일도 많겠지. 리듬체조 발표회랑 독일 오페라, 그리고 독일 극장에 가는 것도 재미있을 거고. 독일식 보헤미안 삶을 살아보는 것도 재미있을 거야. 뢰르케는 진짜 예술가인 데다 자유로운 개인이잖아. 그 많은 것들로부터 탈출하게 되는 게지.[70]

그녀가 등지고자 하고 탈출하고자 하는 것은 단조로운 노동이다. 특히 영국의 그것이다. 산업화된 현대세계다.

『미스터 눈』

『미스터 눈』의 1부는 영국, 2부는 독일을 각각 배경으로 하고, 1

부의 주인공은 로렌스의 친구이지만 2부는 로렌스 자신의 체험을 쓴 것이다. 1부는 로렌스가 죽은 뒤 1934년에 출판되었으나, 그로스가 죽은 1920년 뒤에 쓴 2부는 미완성인 채로 1984년에 처음 출판되었다. 가벼운 연애담인 1부와 달리 2부는 이상적인 사랑에 대해 논한다.

2부는 데치Detsch에 사는 부모를 찾아 독일에 온 요한나 키리Johanna Keighley가 내려야 할 역을 지나치고 뮌헨에 잘못 내려 그곳의 지인인 크레이머Alfred Kramer 교수 집을 찾아갔다가 그곳에 가끔 들리는 미스터 눈을 만나 사랑하게 된다는 이야기다. 키리는 프리다, 눈은 로렌스를 모델로 하지만, 실제로 로렌스는 뮌헨이 아니라 노팅엄에서 프리다를 만났다. 그러나 프리다가 뮌헨에서 그로스를 만나는 것은 소설에 그대로 나온다.

크레이머 교수는 당시 하이델베르크대학교 교수였던 야페, 교수의 부인인 루이제Louise는 엘제를 각각 모델로 한다. 그녀를 만난 눈은 사토리스Ludwig Sartoris 교수와도 만나는데 그는 알프레드 베버를 모델로 한다. 그리고 에버아드Eberhard는 그로스, 빌헬민Wilhelmine은 그로스의 아내를 모델로 한다.[71]

2부에서 눈이 키리에게 1부의 사랑이야기를 하자 눈에게 키리는 연애에는 이상이 있다고 하면서 자신이 사랑한 에버아드에 대해 말한다. 그가 본래는 루이제의 애인이었지만 평범한 주부였던 자신을 "자유롭게" 만들어 주었다는 것이다.[72] 잠도 자지 않고 계속 이야기를 한 에버아드와의 사랑은 2주 만에 끝났지만, 그는 프로이트보다 더 품위 있다고 키리는 말한다. 키리가 말하는 에버아드 사상의 핵심은 성의 아나키즘이다.

그는 내게 사랑을 믿게 만들었어요— 사랑의 신성함을

> 요. 그는 내가 결혼이나 모든 그런 등속이 공포를 근거로 하고 있다는 것을 확실히 알게 해주었어요. 어떻게 사랑이 나쁠 수 있어요? 나쁜 것은 질투나 시기죠. 사랑이란 한 개인보다 소중한 것입니다. 개인이란 아주 보잘것없고 초라한 거에요— 그리고 성 없는 사랑은 존재할 수 없죠.[73]

즉 서로를 독점하는 소유관계로 이루어지는 일부일처제는 성을 억압하여 정신병을 낳게 하는 것이라는 이유에서 거부하고, 소유라는 감정이나 질투 없이 오로지 사랑(섹스)에만 근거하는 이상적인 남녀관계를 추구하는 것이다. 이에 대해 눈은 "질투란 사랑이나 웃음처럼 자연스러운 거"[74]라 하며 반론한다. 그러나 키리는 "질투는 야비하고 끔찍하고" "결혼이란 천하고 소유하는 것"이라고 대꾸한다.[75] 뒤에 그로스를 따른 뮈잠은 질투란 부정한 권력 충동의 요구이고, 사랑과 결혼(상호감독)의 동일화 속에 인간성을 범하고 자유에 반대하며 반동의 이익에 봉사하는 노예도덕이 숨어있다고 주장했다.[76]

로렌스는 그로스의 성해방을 기본적으로 수용하지만 난교는 개성이 없는 결합이라는 이유에서 반대하고 결혼은 신성하다고 주장한다. 이는 『미스터 눈』에 이어 『채털리 부인의 사랑』에 그대로 나타난다. 그러나 더 심각한 문제는 남근숭배주의와 남성숭배주의다.

로렌스의 남근숭배주의와 남성조종주의

『채털리 부인의 연인』이 재판을 받은 것은 외설에 가까운 묘사가 많기 때문이었다. 재판이 끝난 뒤 그 소설은 성해방의 교본처럼 환영을 받았다. 그러나 1970년대에 와서 페미니스트들은 그 소설이 남근숭배에 근거한 점을 비판했다. 가령 다음 같은 묘사를 보라.

> "저기 누워유!" 사냥터지기가 부드럽게 말하고는 문을 닫았다. 실내가 어두워졌다. 칠흑 같이 깜깜해졌다.
>
> 묘하게 순종적인 태도로 코니는 담요 위에 누웠다. …
>
> 그러고는 곧 바로 그녀에게로, 평화로운 대지 같은 그녀의 부드럽고 활동하지 않는 육체 속으로 들어왔다. 여자의 몸속으로 들어가는 것, 그것은 그에게 순수한 평화의 순간이었다. 코니는 마치 잠에 취한 듯, 항상 잠에 취해 있었던 듯 가만히 누워 있었다. 행위와 오르가슴은 그의 것, 모두 그의 것이었다.[77]

위 인용문은 남녀 주인공의 첫 정사 장면이다. 한글 번역본[78]으로 700쪽이 넘는 소설의 중간쯤에 나오는 이 장면 앞에 코니의 불행한 결혼생활에 대한 묘사가 길게 나오므로 그것을 이해하지 않고서는 이 장면의 의미를 알 수 없다고 할 수 있으나, 위 장면 뒤에 계속 나오는, 더욱 노골적인 정사 장면들이 "남성은 능동적이고 여성은 수동적"이라고 하는 프로이트의 학설을 그대로 따르고 있는 점은 분명해 보인다. 그러나 여기서 프로이트의 학설이라고 해서 대단한 것은 아니다. 왜냐하면 섹스는 남자를 위한 것이라고 보는 견해는 로렌스가 그 소설을 쓴 20세기 초 영국만이 아니라 언제 어디서나 일반적인 것이기 때문이다. 게다가 남자는 오직 한마디, '누워라'라고 명령하는 위압적인 존재임도 변함이 없다.

위 장면에 이어 다음과 같은 묘사가 나온다.

> 고통 받는 현대 여성으로서 그녀의 머리는 여전히 쉬지 못했다. 이것이 현실일까? 코니는 알고 있었다. 만일 그녀가 자신을 그 사내에게 주었다면, 이것은 현실이다. 그렇지만 자신을 그녀 자신에게만 간직하고 주지 않았다면, 이것은 아무것도 아니다. 그녀는 스스로 늙었다고, 수백만 년이나 나이를 먹었다고 느꼈다. 그리고 마침내 자기 자신이라는 무거운 짐을 더 이상 견딜 수 없다고 느꼈다. 누구든지 그녀를 차지하고 싶으면 그렇게 해도 좋다고 자포 자기하는 심정이었다. 누구든지 그녀를 취할 수 있다고.[79]

위 인용문에서 '현실'이라고 번역된 것은 real이다. 이는 '참'으로도 번역될 수 있다. 그녀에게는 섹스가 '참'이다. 그것은 대상을 가리지 않는다. 사냥터지기는 우연히 만난 대상에 불과하다. 그들에게는 섹스 이전의 정신적인 사랑 같은 것이 전제되지 않는다. 그런 사랑을 보여주는 어떤 대화도 소설에는 없다. 정사 이전에 그녀는 사냥터지기가 목욕하는 장면을 훔쳐보고 강한 자극을 받았을 뿐이다. 몇 차례의 정사 이후 그녀가 사랑을 확인하는 것도 정사 때다.

> 그렇다. 이것이 사랑이었다. 엉덩이를 이렇게 우스꽝스럽게 들썩이는 짓과 가련하고 하찮은 작은 페니스가 축축하고 조그마하게 시드는 것이 말이다. 이것이 그 신성한 사랑이었다.[80]

그러나 그녀는 남자에게 사랑할 수 없다고 말한다. 이에 남자는 억지로 사랑하려고 하지 말라고 답한다. 여기서 말하는 사랑이란 섹스, 서로가 만족하는 섹스다. 이어 그들이 서로 만족하는 섹스를 하자 여자는 "녹아 없어져 존재하지 않았고, 이윽고 다시 때어났다. 진정한 한 여인으로."[81] 그것은 남성의 페니스에 대한 사랑이다. "그것은 뿌리, 사랑스러운 모든 것의 뿌리, 모든 충만한 아름다움의 원초적 뿌리였다."[82] 다시 얼마 뒤의 정사 뒤에 그녀는 페니스를 보면서 말한다.

> "참 도도하네요! 그리고 당당하고요! 이제 저는 남자들이 왜 그처럼 거만한지 알겠어요. 그렇지만 아름다워요. 정말로요. 마치 또 다른 존재인 것 같아요. 그렇지만 정말 사랑스러워요. 저것이 나에게 다가오고 있는 것 같아요."[83]

로렌스가 추구한 것은 남근숭배다. 그는 가부장제의 억압되고 억압된 성을 해방시킨다고 주장하지만 이는 진정한 해방이 아니라 남근숭배라는 또 하나의 가부장적 성숭배를 뜻할 뿐일 수도 있다. 이는 남성 자신에 의한 것일 뿐만 아니라 여성에 의한 것이기도 하다. 여성은 남근숭배에 의해 비로소 해방된다는 것이다. 즉 전쟁에서 남근을 잃은 남편으로 인한 불행이 비로소 행복으로 바뀐다는 것이다. 나는 이러한 로렌스의 남근숭배가 진정한 성해방이라고 생각하지 않는다. 『채털리 부인의 연인』 등에 수없이 나오는 성교 장면에서도 그러한 구별은 나온다.

> 그가 자기 마음대로, 그의 의지대로 그녀를 다루도록 내버려두기 위해서는 그녀도 많은 노력을 대가로 치러야

> 했다. 코니는 마치 노예처럼, 육체적인 시중을 드는 노예처럼 수동적으로 그의 명령을 따르는 존재가 되어야 했다.[84]

그런데 여기서 남자가 마음대로 한다는 것은 『캥거루』의 경우 아론이 12년간 결혼생활에서도 언제나 "스스로를 억제하고, 그 기분을 밖으로 드러내지" 않는 것을 말한다.[85] 이러한 불감증은 남성이 여성을 지배하는 무기이다. 여기서 성은 참된 사랑이 아니라 지배를 위한 권력의 수단이 된다. 진정한 성해방이 무엇인가에 대해서는 여러 가지 논의가 가능하겠지만, 적어도 로렌스가 주장하는 가부장적인 남근숭배나 불감증 남성의 여성 지배는 아닐 것이다.

나아가 여성을 성적 노예로 두는 노예제 사회나 파시즘 사회가 우리의 이상사회는 분명히 아닐 것이다. 로렌스가 동양사회를 노예제사회로 묘사한 것도 반드시 옳다고 할 수 없다. 로렌스의 오리엔탈리즘은 여성에 대한 무지와 왜곡 및 편견과 연결되어 있다. 즉 동양은 여성이다. 그것도 진정한 자유를 모르는 전제이고 따라서 서양의 지배와 조종을 받아야 한다는 것이다. 반면 지배자인 서양인 남성은 능동적이고 적극적인 불감증으로 수동적이고 소극적인 동양인 여성을 지배하고 조종한다. 그러나 그 서양도 지금은 자본주의나 민주주의를 하니 파괴되어야 하고 귀족제 파시즘으로 부활해야 한다는 것이다. 즉 로렌스 문학 내지 사상은 남근숭배주의-파시즘-제국주의-오리엔탈리즘-종말론으로 구성된다.

로렌스 르네상스?

로렌스는 1930년에 죽었는데 그 전은 물론 그 후에도 오랫동안 그다지 높이 평가되지 못했다. 그가 높이 평가된 것은 1950년 전후였다. 그 시기는 우리나라에서 영문학을 제대로 연구하기 시작한 때와 맞물린다.[86] 그래서 우리나라에서는 영문학을 본격적으로 연구하는 처음부터 높이 평가되었고 『채털리 부인의 연인』을 비롯한 여러 소설들이 여러 번 번역되었다.

로렌스의 인기는 영미권에서 1968년 전후에 절정에 달했다. 그 배경에는 1960년부터 10년간 계속된 로렌스의 『채털리 부인의 연인』에 대한 재판과 1960년대의 성해방 분위기가 있었다. 재판 직후 몇 달 동안 『채털리 부인의 연인』은 미국에서 6백만 부, 영국에서 2백만 부나 팔렸다.

당시 재판에서 검사는 배심원들에게 아내와 하인의 불륜을 다룬 그 소설을 "당신들의 아내나 하인들에게 읽히고 싶은가?"라고 물었다. 검사는 이 질문을 결정적인 것이라고 생각했지만 그 순간 재판에서 질 것이 명확해졌다. 왜냐하면 검사는 당시의 사회변화, 즉 더 이상 하인이 존재하지 않게 된 사회 변화에 무심했기 때문이었다. 도리어 배심원들을 비롯한 당시 사람들에게는 시골 노동자 계급 출신인 로렌스의 소설이 생명력이 없는 속물인 특권 계급의 문화를 격파한 것으로 보였다.

이러한 사회 변화에 근거하여 영국에서 로렌스가 높이 평가되는 데에 기여한 사람은 누구보다도 리비스였다. 소수파 문화의 열렬한 옹호자인 그는 로렌스를 현대영문학에서 최고의 작가라고 칭송하고 현대 산업사회의 과학기술 만능주의에 대립하는 삶의 옹호자라고 주장했다.[87] 앞에서 인용한 이재우를 비롯한 사람들의 로렌스 평가는 그 답습이었다.

그런데 1950년대의 로렌스 르네상스는 그때부터 시작된 냉전과 맞물렸다는 점도 잊어서는 안 된다. 로렌스가 현대문명의 성억압에 대항한 것은 비정치적이고 개인주의적인 저항이었기 때문에 지배 세력에 대한 정치적인 저항으로는 작용하지 못하고 도리어 지배 세력에 의해 이용되었다. 그래서 성을 신성화한 로렌스 우상화는 1969년부터 쇠퇴하기 시작했다. 반면 그 대표적인 논자는 페미니스트인 밀렛Kate Millet, 1934-2017이었다. 반면 이재우를 비롯한 한국에서의 로렌스 평가는 여전히 대체로 1950-1960년대 영문학의 수준에 머물러 있으나 범세계적으로는 페미니즘과 마르크스주의에 의한 로렌스 비판이 활발하다.

이는 1960년대에 생물적 성차인 섹스와 섹슈얼리티가 문제였던 것이 1970년대부터 사회적 성차인 젠더로 관심이 옮겨간 결과이기도 했다. 그래서 성해방의 도사로 보였던 로렌스가 남성지상주의인 여성억압자, 심지어 파시즘적인 의도로 문화를 신격화한 자로 변모했다.

로렌스의 반민주주의, 반사회주의

앞에서 든 우리나라 연구자들이 로렌스가 항거했다고 보는 "기계와 정신과 지성을 강조하는 서구문화"란 먼저 자본주의 내지 산업주의다. 로렌스에 의하면 19세기 초까지도 "사람들은 거의 본능에 따라 살아갔다. 부친 시대의 사람들은 제대로 글을 읽지 못했다. 그리고 탄광을 사람들은 기계화 시키지 못했다. 규정에 따라 갱부들은 친숙한 공동체로서 일을 했기 때문에 그들은 묘한 친숙감을 가지고 서로를 적나라하게 알고 있었다."[88]

그러나 로렌스가 말하는 19세기 이전의 사회가 개인주의 이전의 아름다운 공동체였는지 의문이다. 이는 앞에서 말한 로렌스 소설의 특징인 신화적 추상화, 즉 당대의 사회 현실과는 동떨어진 관념적인 묘사로 보이기 때문이다. 즉 개인과 개인의 대립, 개인과 사회의 대립, 사회와 자연의 대립도 없이 농업 노동에 의해 그 모든 것은 완벽하게 조화된다고 본 것이다. 그러나 이는 19세기 초 영국의 농촌 현실의 묘사가 아니라 상상 속의 유기체적 공동체의 묘사일 뿐이다. 즉 로렌스가 꿈꾼 이상사회일 뿐이다. 여하튼 그것은 곧 배반되었다고 한다.

> 19세기에 인간의 정신을 배반한 것은 바로 추잡함이다. 번영하던 빅토리아 시대에 유산계급과 산업 발전론자가 저지른 커다란 죄과는 노동자들을 추잡하게 만든 것이었다. 천박과 혼돈 그리고 추잡한 환경, 추잡한 이상, 추잡한 종교, 추잡한 주택 그리고 노동자와 고용주 사이의 추잡한 관계 등으로 노동자들을 추락시켜 놓았다.[89]

로렌스는 19세기 이후의 사회, 특히 민주주의를 여러 작품에서 비판한다. 가령 『무지개』 마지막에서 "민주주의에선 욕심 많고 추악한 사람들만이 성공"하고 "결국 잘 밀고 나가는 사람만이 사람 구실을 하기 때문"이며 "타락한 족속들이나 민주주의를 부르짖기" 때문이라고 한다. "나만큼 돈을 가지고 있으면 나와 동등하다, 바로 이 생각을 나는 싫어해요. 내가 그들보다 훨씬 나은 인간이란 것을 잘 알아요. 난 국민이란 사람들이 싫어요. 그런 사람들은 나하고 동등하지 않아요. 나는 돈을 근거로 한 인간 평등은 싫어요. 그것은 더러운 평등이에요." 그래서 자신이 속한다고 생각하는 귀족주의를 찬양한다. "돈으로 산 귀족보다 타고난 귀족이 더 좋아요."[90] 여기서 우리는 로렌스가 19세기 산업화를 비판하는 이유가 민주주의적 평등사상에 있음을 주의해야 한다. 즉 민주주의는 평등을 주장하므로 부당하고 불평등을 주장하는 귀족주의가 옳다는 것이다. 이러한 주장은 『사랑에 빠진 여인들』에도 나온다.

당신의 민주주의는 새빨간 거짓이에요. … 정신에 있어서 나는, 한 개의 별이 다른 별과 떨어져 있듯이 별개이고, 질적으로 양적으로 달라요. 국가를 바로 그 사실 위에 세우란 말이오. 한 인간은 다른 인간보다 나을 것이 없어요. 모두가 평등해서가 아니라 서로가 본질적으로 타자이기 때문이고, 그래서 비교 조항이 존재하지 않는 겁니다. 비교하기 시작하는 순간, 한 사람이 다른 사람보다 더 나아 보이죠. 당신이 상상하는 불평등이란 전부 본래 있는 겁니다.[91]

평등을 거부하는 로렌스는 사회주의에 대해서도 당연히 반대한다.

유대인인 마르크스에 의해 시작된 이 이론적 사회주의는 대중 속의 권력에의 의지에 호소하고, 물질을 가장 중요한 것으로 내세웠기 때문에 유럽의 노동자들을 잔혹할 만큼 상처 입혀 왔다. 그들은 원래 마음이 넓었고 물질 제일주의가 아니었기 때문이다.[92]

로렌스는 사랑, 자유, 평등, 자기희생이라는 것을 낡은 이념으로 거부하고 인간의 불평등을 인정해야 한다고 본다. "순수한 개체로서의 타고난 위엄을 가진 자와, 섬기는 데 적합한 자 사이의 차이를 인식해야 한다."[93] 그 "두 개의 영향력의 균형을 깨면 하나가 단지 우위를 차지할 뿐 아니라 제3의 상태, 즉 오합지졸의 상태를 낳는다." 곧 "사람들이 모든 리더십에 반기를 들었을 때 폭도로 변할 수 있는 오합지졸이 생겨난다." 그것이 "정통파 정신의

권력에 대해 군중의 척추신경이 기도한 분별없는 처절한 복수"인 프랑스나 러시아의 혁명이라고 한다.[94]

타오스와 몬테베리타

로렌스는 몬테베리타를 찾은 적이 있지만 그곳에 살지는 않았다. 그곳 사람들과 맞지 않았기 때문이었다. 적어도 그로스와 비교할 때 로렌스는 훨씬 보수적이었다. 그러나 뒤에 그는 몬테베리타의 그로스를 사랑한 프리다와 함께 몬테베리타와 비슷한 인디언 마을 타오스Taos에서 살았다. 정식 이름이 푸에블로 데 타오스인 그곳은 지금 유네스코가 선정한 세계문화유산의 하나로서, 뉴멕시코와 아리조나 주 푸에블로Pueblo 인디언의 문화를 잘 보여주는, 리오그란데Rio Grande 강 지류 계곡에 위치한 어도비Adobe 벽돌집으로 주거용과 의례용 건물로 구성되어 있다.

로렌스 부부를 타오스로 부른 사람은 메이벨 루한Mabel Luhan, 1879~1962이었다. 로렌스가 타오스를 '메이벨 마을'이라고 불렀을 정도로 그 마을은 그녀와 깊이 관련되었다. 또한 프리다는 언니 엘제가 하이델베르크에서 뿌리를 내렸듯이 타오스에서 뿌리를 내렸다는 의미에서 타오스는 프리다의 마을이기도 했다.

메이벨은 프리다와 동갑으로 1879년 뉴욕 주 버팔로에서 태어나 프리다와 비슷한 나이에 결혼을 하고 아이도 낳았다. 그러나 그 직후 미망인이 되어 건축가와 재혼해 피렌체에서 살면서 토스카나의 자연에 도취했고 거트루드 스타인Gertrude Stein 1874~1946, 헨리 제임스Henry James 1843~1916 등과 사귀면서 당시의 탐미주의 운동에 눈떴으며 뒤에 미국 현대미술의 개척자가 되었다. 그녀는 자연을 숭배하고 문명을 거부했으며 무의식을 변호했다. 여성이란 생명의 창조적인 힘이라고 믿고 기계와 경찰관을 싫어했다. 그 뒤 두 번 더 결혼했으나 사실 그녀는 동성애자였다. 1913년부터 1920년 사이에 그녀는 이사도라 덩컨의 동생인 엘리자베스 덩컨Elizabeth Duncan 1904~1962과 사귀었다. 뒤에서 보듯이 이사도라 덩컨은 슈바빙이나 몬테베리타에서 그로스와 친하게 지냈다.

메이벨은 영화 <레드>Red의 주인공이자 러시아혁명에 대한 책 『세계를 뒤흔든 10일』*Ten Days That Shook the World* 1919을 쓴 존 리드John Reed, 1887~1920의 애인으로서 당시의 모든 혁명운동을 지원하기도 했다. 그러나 리드가 러시아혁명의 찬양자이자 혁명 영웅으로 크렘린에 묻힌 반면, 메이벨은 그에게 흥미를 잃고 1919년 화가와 결혼하여 타오스로 갔다. 이는 두 사람 사이의 부권주의와 모권주의가 갈등한 탓이었다. 메이벨은 잡지 <대중>*Mass*에 쓴 글 '전쟁의 비밀'에서 남자들은 전쟁을 즐긴다고 비난했다.

1920년 메이벨은 로렌스에게 편지를 써서 타오스에 오라고 했다. 그녀는 그곳의 풍경과 원주민 생활과 문화를 표현할 수 있는 사람은 로렌스밖에 없다고 믿었다. 그녀는 백인의 시대는 이미 끝났고 원주민이 세계의 주인공이 된다고 생각했다. 그곳에서 그녀는 인디언 토니 루한Tony Luhan, 1879~1963을 애인으로 삼고 세 번째의 화가 남편을 버렸다. 인디언과의 사랑을 통해 그녀는 자신의 불안하고 신경질적인 자기중심주의를 극복하고 자연과 생명과 조화를 이루는 삶을 찾았다. 로렌스 부부 역시 타오스에서 메이벨과 같은 새로운 삶을 찾았고, 로렌스는 그곳에서 『채털리 부인의 사랑』을 썼다. 로렌스가 죽은 뒤에도 프리다는 그곳을 떠나지 않았다.

프리다의 타오스는 엘제의 하이델베르크와는 극단적으로 대조적이었고, 몬테베리타와 너무나 유사했다. 그로스가 몬테베리타에 아나키즘 대학을 세우고자 했을 때, 메이벨은 뉴욕에 페러 학교를 세우고 아나키즘을 교육했다. 그곳의 교육과정은 엠마 골드만Emma Goldman 1869~1940과 알렉산더 버크만이 만들었고, 로베르 앙리와 조르주 페로즈가 그림을 가르쳤다. 그 밖에 수많은 아나키스트들이 자신의 경험에 대해 강의했다.

사실 로렌스가 최초로 미국에 공동체를 세우고자 했을 때 거기서 학교를 경영하려고 했고 그 학교는 당연히 그로스나 페러Francisco Ferrer 1859~1909의 학교였다. 그 무렵 몬테베리타에서는 프리다 그로스가 4명의 아이들과 함께 힘들게 살고 있었다. 그녀의 애인이었던 그로스의 제자 에른스트 프릭은 젊은 사진가 마르가르카 드 페레라와 함께 몬테베리타에서 살았는데 세 사람은 사이가 좋았다.

프릭은 아나키스트로 비현실적인 사람이었다. 1914년 이전에는 취리히의 감옥에서 죄수들을 구출하고자 하여 투옥되기도 했는데, 실제로는 아무런 역할을 하지 않았으면서도 법정에서 자기 역할을 과장해 말한 탓이었다. 프리다와 프릭, 그로스와 프리다 사이의 아이들은 모두 불행했던 만큼 몬테베리타는 사실 행복을 낳은 곳이 아니었다. 반면 타오스는 아스쿠너처럼 높은 목표를 설정하지 않았고, 따라서 실패도 그만큼 적었다.

6장 베버와 로렌스

하이델베르크

묘지를 찾는 특별한 취미가 나에게는 없지만, 어쩌다가 묘지를 찾을 때가 있다. 하이델베르크에서 베버의 묘지를 찾은 것도 그 묘비가 동양풍 비석인데다가 거기에 "그만큼 큰 그릇을 다시는 볼 수 없다."는 극찬의 말이 새겨져 있다는 이야기를 들어서였다. 적어도 서양에서는 다른 묘지를 많이 보지 못해 그런 묘비명을 어떻게 보아야 하는지 판단이 잘 서지 않았지만, 내가 본 몇 묘비는 매우 작고 글 같은 것도 없이 이름만 새겨진 것이 대부분이어서(몬타뇰라의 헤세 묘나 바이마르의 괴테와 실러 묘처럼) 베버 묘비는 정말 대단한 찬양이라는 느낌이 들었다. 그를 신처럼 떠받들었던 부인이 그 묘지를 만들었을까? 그러나 아무리 그래도 그렇지 평생 각방을 쓰면서 자식도 없이 살았던 여성해방론자 부인이 여제자를 비롯하여 이런저런 여자와 바람을 피우다가 일찍 죽은 남편을 위해 그런 묘비를 만들 수 있었을까? 조선시대라고 해도 그런 망부석의 미망인이 있을 수 있었을까? 아니면 그 '큰 그릇'이라는 말에는 묘한 비웃음이 숨어 있는 것일까? 심지어 그녀는 그 여제자와 함께 베버의 임종을 지키지 않았던가? 그런 임종이 베버에게나 그 미망인 그리고 그 여제자에게 과연 행복했을까?

막스 베버 묘지

그런 생각을 하면서 하이델베르크 중앙역에서 트램을 타고 다섯 정거장을 가면 닿는 '산상공동묘지'에서 베버 부부의 묘지와, 그곳에 세워진 묘비를 보았다. 묘비 뒷면에 있는 "모든 게 무상하다는 건 비유일 뿐"이라는 말은 괴테의 『파우스트』 마지막에 나오는 '신비의 합창'의 첫 구절이다. 그러나 그 '신비의 합창'에서 더 유명한 구절은 마지막의 "영원하고 여성적인 것이 우리를 끌어 올린다"는 것이다. 차라리 그 구절이 바람둥이 베버의 삶에 어울리는 것이 아니었을까? 물론 고상한 독일문학자들은 그런 말에 분노하며 '여성성'에 대해 난해한 철학적 고찰을 가할지 모른다. 그러나 베버는, 적어도 베버는 그런 여성성과 어울리지 않는다. 그는 철저히 남성적인 사람이었다. 위에서 본 한스 그로스처럼 자식을 정신병원에 집어넣는 정도는 아니었지만(다행인지 불행인지 베버에게는 자식이 없었다) 한스 그로스 이상으로 군국주의자이자 제국주의자였다. 그런 점에서 묘비명을 다시 읽어보면 베버는 세상에서 가장 위대한 사람으로 그런 꿈을 모두 이루었다는 뜻일지 모른다는 생각도 들었다.

베버 찬양자들은 물론 그렇게 보지 않는 것 같다. 그러나 나는 그가 앞에서 본 로렌스와 마찬가지로, 에드워드 사이드가 말한 오리엔탈리즘, 즉 동양 멸시의 대가이고, 사회주의나 아나키즘은 물론 민주주의도 멸시한 사람이며, 독일의 제국주의와 군국주의의 찬양자라고 본다. 따라서 나에게는 그 묘비명도 "그만큼 대단한 제국주의자를 다시는 볼 수 없다"는 식으로도 읽힌다.

앞에서 인용한 키어런 앨런은 막스 베버를 "열렬한 독일 민족주의자였으며, 자유주의를 신봉하는 자유주의자"[1]라고 했다. 그는 "'강대국'이나 '평화주의적' 형태의 자유무역을 대체하는 제국주의적 확장의 불가피성"[2]을 주장하고 제1차 대전 때 제국주의 독일을 찬양하면서 독일과 싸운 적군을 "야만인, 아프리카와 아시아의 미개인 건달"[3]이라고 불렀다. 심지어 그는 사회주의는 물론 민주주의도 불가능하다고 주장했다. 그러나 이러한 지적은 지극히 예외적인 것이었다. 특히 한국에서 그렇다.

베버는 우리에게 『프로테스탄티즘과 자본주의의 윤리』1904 로 유명하다. 이 책에서 베버는 프로테스탄티즘이 자본주의를 발달시켰고, 특히 미국의 자본주의를 크게 발전시켰다고 주장했다. 베버는 신랄한 폭로와 비판을 좋아하여 당대의 대학교수는 물론 동료 대부분과 제국 정부에 맞서 강력하게 자기주장을 하기도 했으나, 그보다 더욱 중요한 점은 현대 사회과학의 기본을 만들었다는 점이다. 베버는 이를 엄청난 신경 장애와 함께 이룬 점에서 그야말로 베토벤처럼 운명을 극복한 천재의 전형이었다.

프랑크푸르트에 남아 있는 거대한 베버의 집도 강력한 인상을 준다. 베버의 외할아버지가 1840년에 지은 거대한 저택인 그 집을 지멜은 사람이 살기에는 너무 아름다운 곳이라고 했다지만 나에게는 그냥 너무 거대하게만 보였다. 그 집 뒤로 나 있는 '철학자의 길'도 나에게는 아름답기는커녕 답답한 느낌이었다.

베버의 고향은 남쪽의 하이델베르크가 아니라 동쪽의 에르푸르트이다. 에르푸르트보다는 그 옆에 있는 바이마르가 우리에게는 더 친숙하다. 우리 헌법의 모델이었던 바이마르 헌법이 공포된 곳이고 괴테와 실러가 살았던 곳이기 때문이다. 우리에게는 실러보다 괴테가 더 유명하지만 무엇보다도 자유를 강조한 실러를 이 책에서는 더 중시할 수밖에 없다. 바이마르에 남아 있는 괴테의 집은 엄청나게 크고 귀족적이지만 실러의 집은 작고 서민적인 점도 그들의 삶이나 생각의 차이를 보여준다. 실러가 『빌헬름 텔』을 쓴 책상은 정말 작다. 괴테의 집에서 베버의 집이 생각난 것은 우연이었을까? 에르푸르트에 남아있는 베버의 생가도 거대한 저택이었다.

베버는 1864년 에르푸르트에서 태어났으나 곧 베를린으로 이사가 그곳에서 자랐기 때문에 전형적인 베를린 '부르주아' 아이로 교육을 받았다. 그의 성장기를 결정지은 독일 통일의 아버지 비스마르크는 특히 베를린을 완벽하게 지배했다. 베버의 아버지 막스 베버Max Weber, 1836~1897는 제국 의회와 프로이센 의회 및 베를린 시의회 의원을 겸한 직업정치인으로서 특히 비스마르크를 존경했다. 그런 가정에서 자란 막스 베버도 어려서부터 독일 국가주의의 이데올로기에 젖었다. 당시 독일의 교수들도 대부분 그런 이데올로기에 젖어 있다는 점에서 정치인과 조금도 다르지 않았고 그들은 막스 베버의 집을 자주 찾았다.

로렌스와 베버의 성장 차이

로렌스는 영국 시골의 노동자 집안에서 태어났다. 아버지는 글도 읽지 못했으나 어머니는 학교 교사였고, 그들은 베버의 부모와 달리 국가에 대한 의무커녕 관심도 없이 하루 살기에 바빴다. 반면 베버는 상류층 출신으로서 그 아버지는 국회의원이었다. 대조적 차이보다 더 중요한 것은 사랑에 대한 관점의 차이다. 즉 로렌스는 프리다와의 성관계에 의해 인간성과 상상력이 크게 변했으나, 베버의 경우는 반드시 그렇지 않았다. 베버와 그의 애인 엘제는 신념을 공유했고 그것에 의해 베버 역시 정신적으로 강화되었으나, 그들의 사랑은 이루어지지 못했다. 그들은 출생 가정의 구조나 오이디푸스적 갈등을 공유했고 또한 정치와 역사에 대해 그레저나 그로스와는 정반대의 보수적 입장을 공유했다.

베버와 로렌스는 출신이 전혀 달랐음에도 불구하고 두 집안 모두 각자의 어머니가 중심이었다는 점에서 공통적이었다. 이는 앞에서 본 그로스나 카프카, 또 베버와 로렌스를 만나게 되는 리히트호펜 자매의 어머니와도 달랐다. 그래서 베버나 로렌스나 어려서부터 아버지의 아들이 아니라 어머니의 아들이었다. 베버의 어머니는 미혼모, 문제아, 빈곤자 출산에 대한 그녀의 공헌으로 인해 1904년 베를린에서 여성으로서는 처음으로 시의회의 명예의원이 되었다. 로렌스의 어머니는 그런 명예를 누리지는 못했으나 역시 여성문제 해결을 위해 적극 활동했다.

막스 베버는 장남으로서 어머니로부터 큰 기대와 애정을 받았다. 특히 베버는 어려서 병약했기 때문에 더욱 그러했다. 어려서 학교에서는 반항적이어서 교사들의 환영을 받지는 못했다. 당시 독일에서 장남은 다른 형제에 비해 더욱 큰 권력을 가진 부권적 존재였고 특히 베버는 아버지를 닮았다.

베버는 가족 외의 사람과는 깊은 관계를 갖지 못했다. 최초의 연인 에미 바움가르텐도, 아내 마리안 베버도 친척이었다. 그러나 그녀들은 그의 어머니처럼, 아니 어머니보다 더욱 섬세하고 고상한 여성들이었지 성적 대상이 아니었다. 그는 자신보다 나이가 많고 강력한 남자를 친구로 갖지 못했고, 자신이 언제나 강한 입장에서 도울 수 있는 타인과 친구이기를 바랐다.

그래서 베버는 학창 시절이나 군대 시절이나 언제나 냉정하면서도 소탈하고 익살스러우며 자기 긍정적인 남자의 전형인 것처럼 행동했다. 뒤에 그가 가정 밖에서는 권력자로, 즉 교수이자 정치가이자 논객으로, 또 법정에서 돈키호테와 같이 행동한 것도 마찬가지였다. 이처럼 베버는 가정에서 자기가 약하다는 것을 자각하면서도 그것에 필적할 정도로 밖의 세계, 즉 남자들의 세계에서 힘을 확보했다. 그가 『직업으로서의 정치』에서 정치를 하겠다는 사람은 누구나, "모든 폭력성에 잠복해 있는 악마적인 힘들과 관계를 맺게 된다"[4]고 한 말은 그런 관점에서 읽을 수 있다.

이것이 베버의 파우스트적 계약이었다. 이와 대조적인 것이 로렌스의 에로스적 계약이었다. 그는 육체를 에로스적으로 사용하기 위해, 많은 사상적이고 감정적인 비난과 투쟁해야 했다. 두 사람 모두 어떤 대가를 지불해도 그 유약함으로부터 도망칠 결의를 했으나, 각자의 길은 반대였다. 이 두 가지 계약에 의해 베버는 남성의 세계, 로렌스는 여성의 세계로 들어갔고, 각자 그것을 대표했다. 그러나 두 사람 모두 다른 이성의 세계와 전혀 무관하지도 않았다.

로렌스에게 그 가정이 끼친 영향에 대해서는 『아들과 연인』에서 읽을 수 있다. 어머니에 대한 그의 헌신은 결코 완전한 행복도, 즐거움도, 자연스러운 것도 아니었다. 때로는 어머니에 대한 분노를 표현했는데, 베버는 이를 표현하지는 않았지만 마찬가지로 가진 감정이었다.

이처럼 양가에서 역할분담은 유사했다. 즉 남자에게는 관능성과 도덕적 무관심, 여성에게는 책임과 배려, 그리고 아이에게는 햄릿적인 내면의 갈등이 각각 부과되었다. 가정 내 역할분배도 마찬가지로 남자에게는 허상이, 여성에게는 실상이 부과되었다. 이러한 유사성은 당시 서양 가정의 일반적 패턴이었으나, 다른 패턴도 있었다. 여하튼 베버와 로렌스의 집안은 같은 패턴이었다.

특히 막스 베버는 '독일제국 건국의 아버지' 아들로 아버지와 자신에 대해 대단한 자부심을 가진 독일 제국의 장남이었다. 베르너 좀바르트, 하인리히 리케르트, 로베르트 미헬스도 마찬가지였다. 반면 로렌스에게는 그런 자부심이 전혀 없었다. 그런데 장남이 아닌 로렌스와 달리, 어려서 죽은 로렌스의 형은 베버와 비슷했다. 그의 모습은 『아들과 연인』에 자신만만하고 남성적이며 학교 성적도 좋은 스포츠맨 모습으로 등장했다. 이에 비해 로렌스는 병적일 정도로 여성적이어서 어머니의 보호 본능을 자극했으나 그는 삼남이었기에 어머니의 관심은 그리 크지 않았다.

이 점이 베버와 로렌스 두 사람의 근본적인 차이였고 이로부터 다른 많은 차이가 생겨났다. 즉 베버는 자기 문화가 정한 남자의 역할을 그대로 따라했으나 로렌스는 그렇지 못하고 남성적인 것을 거부했다. 그래서 두 사람의 상상력, 이해력, 자기 투영력은 서로 반대로 나아갔다. 베버는 남성에 대해 비판적이면서도 자신은 남성으로 살았다. 반면 그러면서도 로렌스는 남근숭배에 집착하는 모순을 보였다.

아버지에 대한 투쟁의 차이

우리는 3장에서 그로스가 오이디푸스 콤플렉스를 경험한 바를 보았다. 베버와 로렌스도 그와 마찬가지 경험을 했다. 이는 20세기 초 유럽인의 공통성이었다. 특히 가부장적인 독일과 오스트리아에서 그러했기에 프로이트가 이를 연구하지 않을 수 없었다. 물론 그로스와 로렌스에게는 베버보다 더욱 여성적인 요소를 포함했다는 차이가 있지만 말이다.

베버는 30살이 되기까지 부모의 집을 떠나지 못했으나 로렌스는 일찍이 집을 벗어났다. 오랫동안 부모와 함께 살면서 베버는 아버지가 어머니에게 폭력을 휘두르는 것을 보면서도 어머니를 보호할 수 없어 괴로워했다. 그러한 어머니를 위한 아버지와의 투쟁은 1897년 33세에 결혼하고 나서야 가능해졌다. 그는 아버지를 야만적인 이기주의자라고 비난했다. 당연히 아버지는 아들에게 집을 나가라고 요구했고, 그 뒤 아내에게 한 마디 말도 하지 않고 여행을 떠났다가 죽었다. 아들과의 싸움이 있은 지 7주 뒤였다.

그 직후 베버는 신경쇠약에 걸렸다. 아버지는 7주의 고통 이후 죽었지만 아들은 7년 동안 정상생활을 하지 못했고, 그 후 조금씩 나아졌지만 사실 죽을 때까지 완전히 회복되지는 못했다. 강의도 불가능해 막 취임한 하이델베르크대학교 교수직을 바로 사임하고 유럽의 여러 휴양지를 떠돌아야 했다. 특히 이탈리아를 좋아하여 그곳에 영주할 생각까지 했으나 이는 그의 인격을 형성한 남성세계를 전면 부인하는 것이니 불가능한 일이었다. 로렌스가 모권적인 이탈리아를 좋아했고 이탈리아에서 자신의 창조를 더욱 강화한 것과 반대로, 베버에게 이탈리아는 창조적 자아를 상실시키는 곳으로 기껏해야 휴식처에 불과했다. 고독한 베버는 가까운 사람 누구에게도 마음을 열지 못했고 아내에 대해서는 성적으로 불감증이었다. 그런 그가 엘제를 사랑한 것은 어쩌면 절박한 것이기도 했으나, 그녀와 도망치지 못한 것은 역시 그의 남성주의 때문이었다.

앞에서 보았듯이 부자 갈등이라는 문제에 대해 그로스는 아버지에 대한 개인적이고 사회적인 반항을 그 처방전으로 제시했다. 표현주의 극작가와 소설가들은 그 처방에 따랐다. 로렌스도 기본적으로는 같았으나 더욱 보수적이었다. 즉 부권제에 대해 모권제로 답했지만, 부권제 자체에 대해서는 공격하지 않았다. 다시 말하자면 로렌스는 그로스나 베버에 비해 아버지에 대한 반감을 거의 드러내지 않았다. 반면 베버는 '더욱 훌륭한' 부권주의를 추구한 부권주의자였다. 그것은 아내가 남편에게 저항하지 않으면 남편이 야만적으로 대하기 때문에 저항해야 한다는 것이었다. 반면 그로스는 부권주의 자체를 거부한 혁명가였다.

베버와 로렌스의 근본적 차이

오스트리아에도 영국에도 강력하게 제도화된 비부권적 문화의 요소가 있었지만, 독일에는 그런 것이 전혀 없었다. 베버가 속한 프로이센에는 그런 것이 어머니의 자유주의적 인도주의밖에 없었고, 그 외에는 비스마르크식 부권주의뿐이었다. 소위 당대의 자유주의적 교수들도 그런 부권주의에 젖었고 베버의 경우도 예외가 아니었다. 이런 강고한 부권주의가 결국 나치스와 히틀러를 초래했다.

이는 당시 제국에 국민의 대표로 구성된 의회가 있었어도 그것이 비스마르크에게는 마치 유치원생처럼 취급된 것과 마찬가지였다. 베버는 평생 비스마르크에 대항해 싸웠으면서도 동시에 그 권력의 매력에 사로잡혔다. 이러한 베버의 모순된 처지는 민주화 시대 전후의 한국에서도 마찬가지가 아니었을까? 즉 그 사회 자체가 권력, 남성 권력에 사로잡혀 있었다.

베버는 사회적 인간으로서도, 정치학자로서도 그 사회에 속한 인간이었으나, 로렌스는 그렇지 않았다. 우선 영국에는 비스마르크에 해당하는 권력적인 거물이 없었다. 당시의 빅토리아여왕은 모권적인 특성의 영국을 형성했다. 물론 그것은 본질적으로 부권적인 것의 변형에 불과했으나 그 정도로도 영국을 독일과는 다른 사회로 만들기에 충분했다. 영국에서 비스마르크에 대응할 만한 인물은 글래드스턴William Ewart Gladstone, 1809~1898이었으나, 그는 이상주의적인 개혁가에 불과했다.

또 다른 차이는 두 사람이 대학에서 배운 정신생활의 차이였다. 베버가 공부한 대학에 해당되는 것은 로렌스가 공부한 서민대학 노팅엄이 아니라 귀족대학 옥스브리지였다. 또한 영국의 휴머니즘 교육과 독일의 학문Wissenschaft 교육의 차이도 있었다. 로렌스는 자기가 배운 대학 교수 중에서 프리다의 남편인 위클리만이 신사였다고 했다. 즉 베버가 일상적으로 만난 위대한 학자를 로렌스는 한 사람도 만나지 못했다.

베버와 로렌스는 모두 천재이고 감수성이 뛰어났으며 신경질적이고 정력적이었다. 그러나 신체적으로는 달랐다. 베버는 훌륭한 체격과 인격, 뛰어난 용모와 강력하고 아름다운 바리톤 목소리, 긴 수염을 기른 전형적인 독일 교수였다. 반면 로렌스는 왜소한 체격과 초라한 용모의 민첩한 영국인으로서 그 외형에서 베버와 극단적으로 달랐다.

이 차이가 중요한 이유는, 베버 자신 자기를 큰 남자라고 생각해 큰 남자처럼 행동하고 남들에게 그런 인상을 주려고 했으나, 로렌스는 스스로 작은 남자라고 생각하고 자신을 시시하게 보았기 때문이었다. 베버는 그야말로 묵직했으나 로렌스는 가벼웠다. 행동도 말도 목소리도 그러했다. 베버의 눈은 위압적이고 방어적이었으나 로렌스의 눈은 생기로 흘러 넘쳤다. 요컨대 베버는 남성적이었고 베버는 여성적이었다. 그러나 학문적 능력으로는 큰 차이가 없었다. 베버처럼 로렌스도 고대 에트루리아인에 대한 책도 썼을 정도로 역사나 고고학 등에도 뛰어난 이해력을 보였다.

두 사람은 첫사랑을 비슷하게 고통으로 경험했다. 그러나 해결 방법은 전혀 달랐다. 베버는 첫사랑과 결혼했으나 로렌스는 첫사랑과 헤어졌다. 베버가 결혼한 첫사랑 앞의 여인이었던 에미 바움가르텐은 병상에 있어서 베버는 그녀와 순수한 정신적 사랑을 할 수밖에 없었다. 베버가 결혼한 마리안 베버는 매우 지적이었으나 신경질적이었고 선조 중에는 광인도 있었다.

베버는 마리안 베버와 지적인 교류는 물론 그녀가 자기와 달리 여성해방운동을 하도록 격려했다. 반면 로렌스는 첫사랑을 격려하지도 자기와 다른 사람으로 독립하도록 돕지도 않고 그냥 버렸다. 이는 부권주의자인 베버와 모권주의자인 로렌스가 서로 반대의 입장을 취한 것으로 생각된다. 그러나 여성해방운동이란 여성을 남성적으로 변화시키려는 요소를 갖는 점에서 사실 부권주의에 합치했다.

베버와 로렌스와 리히트호펜 자매

1893년 베버가 마리안 베버와 결혼했을 때 두 사람은 각각 29세, 23세였다. 반면 로렌스가 첫사랑인 미리엄과 가장 깊이 사귈 때인 1907년 두 사람은 모두 21세였다. 그러나 두 사람 모두 참된 사랑은 리히트호펜 자매들과 처음으로 했다. 로렌스가 프리다를 만난 2년 뒤인 1910년, 46세의 베버는 베네치아에서 엘제에게 사랑을 고백했다. 그러나 엘제는 마리안 베버를 배신할 수 없었다.

베버에게 그 사건은 하나의 혁명이었다. 엘제는 유부녀이면서도 베버에게 적이었던 동생 알프레드를 공공연히 사랑했는데 이는 엘제의 남편에게는 큰 고통이었으나 그나마 알프레드는 독신이었기 때문에 그에게 부인 문제는 없었다. 엘제는 알프레드와 1년에 두 번, 문화사회학 연구를 위해 이탈리아를 함께 여행했다.

이들에 대한 베버 부부의 관여 때문에 엘제는 1917년까지 베버와 연락을 하지 않았다. 그럼에도 1910년은 베버에게 새로운 삶을 발견한 때였다. 그가 1913년 성관계를 가진 어느 피아니스트는 사실 엘제를 대신한 것이었다.

프리다가 로렌스에게 얼마나 중요한 사랑이었는지는 1912년 이후 그가 쓴 모든 작품이 대변하고 있으므로 그 자료는 너무나 풍부한 반면 베버와 엘제 쪽은 거의 없다. 이는 베버가 끝까지 아내 마리안 베버를 버리지 않았고 앨제도 끝까지 야페 부인으로 살았기 때문이었다. 반면 로렌스는 그의 첫사랑을 버리고 유부녀인 프리다와 도망쳤기 때문이었다. 만일 로렌스가 프리다를 만나지 않았더라면 그는 첫사랑 미리엄에게 돌아갔을지도 모른다. 사실 미리엄은 그런 희망을 오랫동안 버리지 않았으나 로렌스가 프리다와 독일에 산다는 사실을 알고서 비로소 포기했다.

1912년 로렌스와 프리다가 도망친 것은 두 사람이 성해방이라는 사상을 공유했기 때문이었다. 반면 베버 부부는 그 사상에 완강하게 저항했다. 로렌스가 프리다에 대해 처음 표현한 것은 '독일적'이라는 것이었고 당시 그녀는 프로이트-그로스의 성이론에 젖어 있었다. 즉 그들은 처음부터 이데올로기적이고 에로스적인 사상의 동료였고, 로렌스는 그들의 도망을 '역사의 창조'라고 표현했다.

그러나 프리다에게 로렌스는 그 이상이었다. 즉 로렌스는 사상과 관능의 동지일 뿐만이 아니라, 자기의 도움을 필요로 하는 남자로서, 그녀는 그를 해방시켜 천재 작가로 만들었다고 자부했다. 그녀는 그의 모든 작품 집필을 도왔고 그가 다른 사상을 접하는 기준으로 '여성'을 제시했다. 그래서 그는 미래파를 남성적이고 지적이며 과학적인 반면 소박함이 없다는 이유로 거부했다. 로렌스는 프리다와 긴장된 관계 속에서 살았고 이를 통하여 작품을 창조했다.

에로스운동의 사상가들은 예술작품이란 다른 무엇보다도 먼저 생생해야 한다는 낭만주의적 관념을 신봉했다. 프리다와 로렌스도 마찬가지였다. 그들은 예술작품의 창작성이나 창조자로서의 예술가에 대해 특별한 가치를 인정하지 않았다. 그래서 프리다는 괴테를 비롯한 모든 위인을 싫어했음을 앞에서 보았다. 그녀는 그런 평가를 내리는 외부세계를 남자의 세계로 보았다. 그것은 그녀가 저항한 정신과 예술, 즉 하이델베르크의 베버와 엘제의 세계였다. 반면 그녀가 추구한 세계란 여성, 모권제, 사랑의 세계였다. 세계에서 가장 중요한 것은 사랑하는 능력이고 자신은 그것을 갖고 있다고 그녀는 생각했다. 반면 로렌스를 비롯한 다른 사람들에게는 그것이 없다고 보았다.

로렌스도 남성의 세계, 즉 의회와 군대와 감옥과 정치의 세계가 차차 없어지리라고 믿었다. 프리다와 함께 그는 부권제의 쇠퇴와 모권제의 부활을 희망했다. 로렌스는 1913년 『아들과 연인』을 출판하여 대작가가 되었다. 물론 프리다의 도움을 받은 작품이었다.

정치적 입장의 차이

베버는 29세가 된 1893년, 전독일연맹Alldeutscher Verbund이라는 단체에 들어갔다. 그 단체는 "독일에서 가장 악한 민족주의를 대변하는 단체"였으나, 그 단체가 폴란드 이민에 대한 국경 폐쇄 운동에 소극적이라는 이유에서 1899년 탈퇴했을 정도로 그는 독일중심주의에 철저했다.[5] 제1차 대전이 발발하자 베버는 열렬히 전쟁을 환영했다.

반면 제1차 대전으로 인해 프리다와 로렌스는 혼란에 빠졌고 평화주의 전쟁반대자들조차 마음을 합치기 어려웠다. 그들은 버트런드 러셀이나 막스 베버와도 교류하지 않았다. 왜냐하면 전쟁 찬성자나 반대자나 모두 남성의 세계라고 생각했기 때문이었다. 이는 '인류는 하나'라고 믿은 로렌스와 프리다에게는 엄청난 충격이었다. 그래서 전후에 로렌스는 남성의 세계를 소설로 썼고, 1925년에 와서야 본래의 세계로 돌아갔다.

한편 제1차 대전 이후 베버에게는 하이델베르크와 독일문화의 재건이라는 막중한 책임이 주어졌다. 하이델베르크는 슈바빙과 마찬가지로 독일의 중요한 정신적 고향이었다. 가령 엘제 야페는 남편이 죽은 뒤 그곳에 돌아왔고 그녀의 딸은 베버의 친구였던 교수와 결혼했다. 야페는 뮌헨에서 살다가 죽었으나 그의 방대한 장서는 하이델베르크로 옮겨져 경제학 도서관의 기초가 되었다. 그로스의 아들도 1930년대 그곳에서 야스퍼스의 제자로 공부했다.

심지어 굳이 하이델베르크에 살 필요가 없는 사람들도 돌아왔다. 가령 알프레드 베버는 보기 싫은 형 막스 베버가 있었음에도 프라하에서 이사했는데 이는 하이델베르크에 더 많은 훌륭한 사람들이 있었고, 그곳의 지적 생활이 '하이델베르크 정신'이라고 할 정도로 강렬했기 때문이었다. 베버는 그 특징을 모든 것에 대한 철저한 회의정신이라고 했다. 알프레드 베버가 하이델베르크에 돌아와 연구한 문화사회학은 하이델베르크에 꼭 맞는 것이었다.

그러나 역시 20세기가 시작된 뒤 1930년의 하이델베르크는 그의 형 막스 베버의 세계였다. 당시 베를린대학에는 제국에 충성하는 학자들이 모였고, 지방인 하이델베르크에는 제국에 저항하는 학자들이 모였다. 그 반항자들 중에서 가장 뛰어난 자가 막스 베버였다. 하이델베르크는 자유주의 독일을 대표했다. 1백 년전의 바이마르와 같았다. 그래서 제1차 대전 이후의 바이마르 공화국도 사실은 하이델베르크 공화국으로 불리는 것이 옳았다.

1908년 베버의 친구 마이네케Friedrich Meinecke, 1862~1954는 『세계시민주의와 민족국가: 독일 민족국가의 형성에 관한 연구』*Weltbürgertum und nationalstaat : studien zur genesis des deutschen nationalstaates*에서 독일의 중심이 바이마르에서 포츠담으로, 즉 괴테로부터 비스마르크로 옮겨진 과정을 설명했다. 마이네케는 그 결과를 인정했으나 대부분의 자유주의적 지식인은 본능적으로 바이마르를 선택했고, 1946년 마이네케도 자신의 입장을 수정해 바이마르로 돌아왔다. 그래서 정치사가인 트라이치케가 아니라 문화사가인 부르크하르트를 자신의 스승으로 받들게 되었다.

막스 베버는 사회적으로도 지적으로도 바이마르 전통을 잇는 하이델베르크의 중심이었다. 강인한 정신과 의지로 비타협적으로 진리에 봉사한 그는 생활의 모든 면에서 독자적인 의견을 말하고 정의의 편에 서서 싸운 돈키호테였다. 로렌스도 마찬가지였으나 그의 신화는 프리다와의 신경질적인 싸움이라는 측면을 가진 반면 베버의 신화는 어떤 경우에든 공적인 양심을 감동시켰다.

베버는 『유교와 도교』*Konfuzianismus und Taoismus, 1915*의 '독서인 신분'의 장에서 하이델베르크에 대해 말했다.[6] 공자는 무엇보다도 공무원이고 관료였고, 교사나 문필가란 역할은 그 다음이었다. 베버는 그리스적 교육을 받았고 그의 정책은 복지주의였다는 점에서 반드시 중국의 경우와 같지 않았으나 유사한 점이 있었다. 반면 중국에서 황제의 할렘이나 봉건대가족이 좋아한 도교가 유교의 적이었던 것처럼 독일의 봉건제와 슈바빙의 신비주의도 베버와 하이델베르크의 적이었다. 중국의 지식인들은 자연과학은 물론 마술에도 흥미가 없었다. 도교와 불교는 여성적-여권적이었으나, 유교는 남성적-부권적-합리적이자 로마적이었다. 그들은 죽음을 냉정하게 받아들였고, 죄의 관념을 갖지 않았다.

베버가 『고대 유대교』에서 설명한 예언자는 중국인보다 더욱 더 베버 자신에게 맞았다. 그들은 고독한 개인으로서 결코 사제계급에 속하지 않았다. 예언자는 자신들이 불합리한 황홀상태에서 받은 영감에 대해 엄격한 합리적 통제를 가하여 윤리적인 교훈으로 바꾸었다고 베버는 지적했다.

철학자 야스퍼스는 1958년 베버는 최대의 독일인이었다고 찬양했다. 법학자 라드부르흐Gustav Radbruch, 1878~1949는 자신에게 베버를 찬양할 자격조차 없다고 했다. 베버는 수업시간에 아무것도 들지 않고 들어와 마치 예술가가 창조하듯이, 화산이 폭발하는 듯한 열정과 속도로 강의를 했다. 그럼에도 완벽한 체계와 정확성을 갖춘 강의였다. 반면 알프레드 베버는 정열적이고 공격적으로 강의했다. 베버 형제, 특히 막스 베버를 따르는 사람이 많았으나 그 자신은 인물 숭배를 병으로 보았고 객관성만을 믿었다.

요컨대 막스 베버는 부권적 인물이었으나 그 중에서도 그는 개혁파였다. 자신은 부르주아로서 비스마르크를 비롯한 귀족계급의 적이라고 생각했고, 성을 비롯한 도덕문제에 대해서는 당시의 일반 시민과 다름이 없었다. 자신이 여성을 좋아한다고 했지만 아내 이외의 여성과 애정은 물론 우정도 어렵다고 말하며, 자신은 그로스와 같은 에로스적 남자와는 반대이고, 그런 남자를 자신은 증오한다고 했다. 그는 독일인이 금욕을 지키는 규율 있는 국민이어야 한다고 주장했으니, 그것은 비스마르크와는 물론 다른 점이었다.

제국주의의 비교

19세기말 독일은 제국주의 강화의 열병에 젖었다. 베버도 예외가 아니었다. 그는 아프리카인들에게는 문화가 없고 그들이 식민지 지배를 받아도 아무 문제가 없다고 생각했다. 그리고 외교적으로 동맹관계를 맺으려고 한 비스마르크를 제국주의에 무관심하다고 비판한 반면 군비를 확장하고자 한 군국주의 장군들을 지지했다.[7]

베버는 그의 주저로 고전의 반열에 올라있는 『프로테스탄티즘의 윤리와 자본주의 정신』 서문에서 동양에는 타당한 과학이 없고, 체계적 신학이 없으며, 천문학에 수학적 바탕이 없고, 중국의 역사 기술도 그리스의 역사가 투키디데스의 그것에 비길 수 없으며, 동양의 미술에는 원근법이 없고, 동양 음악에는 화음이 빠졌으며, 소나타와 심지어 바이올린도 없다고 했다.[8]

그러나 한국에서는 베버가 서구문화가 다른 문화보다 우월하다고 보지 않았고 다양한 문화권을 비교 연구했다고 본다.[9] 한국인의 베버 찬양은 독일인[10]의 베버 찬양보다 훨씬 강력하다.[11] 베버는 민주주의를 지지했지만 그것은 군주제가 제국주의에 맞지 않다고 생각한 탓이었다. 즉 독일 제국주의를 강화하기 위해 의회 민주주의가 필요하다고 생각했다. 또 노동계급을 회유하여 제국주의로 끌어올 수 있는 것도 민주주의라고 보았다.

베버는 사회주의에 반대했고 평등 사회의 주장을 유토피아라고 비판했다. 그리고 노동자 계급의 정치에 대해서는 철저히 불신했다. 노동자계급은 선동적 지도자에게 항상 순응하므로 진정한 의사결정은 소수에게 달렸다고 했다. 따라서 파업은 역사의 수레바퀴를 후진시킬 뿐이라고 주장하고 러시아혁명을 공격했다. 소수 인간에 의한 다수 인간의 지배는 역사의 법칙이라고 생각한 그는 관료제에 대한 대안으로 카리스마적 지배를 주장했다, 요컨대 그는 자신이 속한 계급과 제국의 강화를 그의 학문과 인생의 목표로 삼았다.

19세기말의 영국은 당시의 독일과 달리 이미 제국주의의 정상에 올라 있었다. 그런 상황에서 로렌스가 제국주의에 반대한 적은 없었다. 도리어 그의 작품에는 오리엔탈리즘적인 요소가 강하게 나타난다. 가령 로렌스는 『아론의 지팡이』에서 다음과 같이 말한다.

> 중국인이나 일본인 등의 동양인처럼 수천만 명이 무리지어 살아가는 인간들을 나로서는 도저히 너그럽게 봐줄 수가 없었다. 수천만 마리가 무리지어 살아가는 것은 해충뿐이다. 보다 고도화된 종은 천천히 번식해간다. … 그들을 아무리 미워해도 성에 차지 않을 정도이다.[12]

로렌스의 작품에 나오는 동양의 묘사는 항상 그렇게 '해충'같은 존재로 묘사될 뿐인데, 겁쟁이라는 것 외에 그 이유는 설명되지 않는다. 20세기 영미소설에서 동양을 이렇게 극단적으로 오해하고 폄훼하는 표현이 또 있을까? 이러한 묘사에 대해 그것은 작품 자체의 가치와는 무관한 것이라고 볼 수도 있을지 모른다. 그러나 소위 '지도자 소설' 내지 '정치 소설'의 하나로 여겨지는 『아론의 지팡이』에서 유색인종[13]은 '지도'해야 할 민중, 아니 로렌스가 이상적인 것으로 찬양하는 '정치'인 노예제도의 노예로 나타나는데 이는 그 소설의 주제라고 해도 과언이 아니다.

> 다시 한 번, 일종의 노예제도를 채용해야만 한다고요. 민중 따윈 말예요, 인간이 아닙니다. 그들은 곤충이고 도구이며, 그들의 운명은 노예가 되는 것이죠. 그들의 수가 너무 많아서 내가 생각하고 있는 것은 효과적으로 작용하지 못한다고 생각합니다. 그러나 결국 상당한 살육

> 이 있은 다음, 그들은 찬성하게 되겠죠. 그렇게 된다면 그들은 자신들에게 어울리는 건강하고 활력에 넘치는 노예제도를 선택할 겁니다.[14]

집단적 살육에 의해 노예제도를 채용해야 한다는 로렌스의 주장은 그 소설에 나오는 유대인 차별 묘사와 함께 나치에 의한 유대인 살육을 떠올리게 한다. 또한 나치에 의한 유대인 살육의 이유가 되기도 했던 사회주의 섬멸을 떠올리게도 한다. 『캥거루』에서도 로렌스는 오스트레일리아에서 문제는 유색 인종의 과잉이라고 하며, 그곳이 사회주의가 되면 "녀석들도 버젓한 노동자가 되"어 "국민을 지배하고 혹사"할 것을 두려워하고 "얼간이 같은 유색인종들은 자유의 의미를 알지 못하고" "녀석들에게 자유를 안겨주면 이쪽이 바보라고 여겨질 뿐"이라고 한다.[15] 따라서 "명령을 할 수 있는 남자가 발견되면 복종할 수 있는 그런 동료"가 필요하다고 주장하며[16] 파시스트가 바로 그런 사람이라고 말한다.

기이하게도 이러한 묘사에 대한 연구는 거의 없는 반면[17] 로렌스와 동양 종교 특히 불교와의 관련을 강조하는 연구는 많다.[18] 가령 석지현은 성 에너지를 강조한 로렌스가 밀교를 무의식적으로 이용한 위대한 작가이자 이 시대에 가장 창조적인 사람이라고 평했다.[19] 나아가 로렌스의 작품 전체가 밀교나 선불교, 힌두교와 요가와 관련이 깊다고 보는 견해[20]나 동양의 불이일원론과 깊이 연관된다고 보는 견해[21]도 있다. 이러한 논의의 가치를 전적으로 부정할 수는 없겠지만, 로렌스가 자기 작품에서 직접 불교 등에 언급한 부분을 무시한 채 그런 부분과 전혀 다르게 나름의 종교 해석에 비추어 로렌스 작품을 보는 점에는 의문이 있다.[22] 가령 로렌스는 그 대표작인 『채털리 부인의 연인』에서 남자 주인공이 인도에서 장교로 근무하며 다른 사병들과 동성애를 한 장면에서 다음과 같이 부처를 언급한다.

> 나는 육체적으로 그들과 접촉해야 했소. … 몸으로 그들을 알고 있어야 했기에 약간 부드러운 애정으로 그들을 대했소. … 그것은 깨달음의 문제요. 부처가 말한 것처럼 말이요. 그렇지만 부처조차 육체적인 깨달음은 피했소. 그리고 그 자연스럽고 육체적인, 부드러운 애정도 피했소. 심지어 남자들 사이에서도 제대로 된 남자다운 방식으로 그것을 행한다면 바람직한 것인데 말이요. 그건 남자들을 정말로 남자답게 만드는 거요.[23]

위 구절은 로렌스의 사상을 단적으로 보여준다. 육체적 접촉의 깨달음, 특히 남자들 사이의 그것이 그 사상의 핵심이기 때문이다. 이처럼 군대에서 '남자다운' 남성 동성애를 하는 것이 하필이면 부처가 말한 깨달음에 의한 것이라고 말하는 로렌스의 의도가 무엇인지 궁금해서 로렌스에 대한 여러 연구 업적을 찾아보았지만, 이에 대한 답을 얻지 못했다.

로렌스에 대한 여러 가지 평가 가운데 그를 동양 종교적인 작가로 평가하는 경향이 있다. 그러나 불교만이 아니라 기독교 등의 모든 종교의 차원에서도 그런 해석은 가능하고 실제로도 그런 해석이 많이 나왔다.[24] 그런 종교적 해석은 로렌스 작품만이 아니라 모든 문학 작품, 예술 작품에 대해서도 가능할 것이다. 이처럼 동양과 로렌스를 바로 연결하지는 않는다고 해도 로렌스가 서양문화를 비판하고 다른 비전을 보여준다는 것이 로렌스에 대한 더욱 일반적인 평가라고 할 수 있다. 로렌스에 대한 이러한 평가는 20세기

서양문학 전반에 대해서도 마찬가지로 내려질 수 있을 것이므로 특별히 로렌스에 대한 것이라고 보기 어렵지만, 로렌스의 경우 그 '소중한 비전'이란 무엇보다도 성의 강조라는 점에서 특이하다.

베버와 로렌스 정신의 비교

베버는 비인격적인 학문과 정치에 종사했으나 로렌스는 개인과 개인 사이의 예술적 상상력의 영역에 종사했다. 그래서 베버는 내면에, 로렌스는 사회에 대해 무지했다. 베버는 개인적인 것도 사회적으로 보았으나, 로렌스는 공적인 것을 사적인 것의 하위개념으로 보았다. 사실 그 어느 것이나 비현실적이었으나, 그 점이 그들을 위대하게 만드는 요소였다.

앞에서도 말했듯이 베버는 부권적, 로렌스는 모권적이었다. 그러나 베버가 부권적이라는 것은 합리적이라는 것을 반드시 포함한다. 그의 이론에 가장 중요한 이념형이란 환상이 아닌, 객관적이고 무의미하며 단조로운 현실의 인간, 따라서 의미와 가치를 스스로 창조하는 자유를 전제한다.

베버에게 자유인이란 목적을 가지고 행동하는 인간이라는 점에서 로렌스와 달랐다. 그는 비합리적인 예측 불가능성이나 놀이의 본능이 인간의 자유의 원천이라고 본 자유주의적 사고를 거부했다. 반면 로렌스에게 삶이란 목적을 갖는 것이 아니었다. 베버의 부권제는 삶과 사랑을 위해서가 아니라 법과 질서에 책임을 지는 인간의 방식이고, 로렌스의 경우는 관료나 감독자가 되거나 되고 싶지 않은 사람의 방식이었다.

부권제는 모권제에 의해서만이 아니라 다른 많은 도전을 받았기에 서양의 역사란 그 도전의 역사라고 해도 좋다. 가령 영국에서는 18세기에 애국적 자본주의와 칼빈주의가 부권제를 어느 정도 변화시켰다. 그러나 이러한 변화가 독일에는 없었다. 19세기말 그로스와 로렌스는 이에 대립했으나 베버가 보기에 그것은 너무나 극단적이었다.

그러나 베버와 로렌스는 합치하는 점도 있었다. 베버는 서양문화사를 점차 증대되어 가는 합리화의 불가역적인 과정이라고 보고 거기서 벗어나는 길은 카리스마적 인물의 분출에 의할 수밖에 없다고 보았다. 베버는 합리화가 군대와 수도원에서 시작되어 칼빈주의, 자본주의, 관료화로 나타났고, 이는 규율과 금욕주의로 스스로를 다스리고 개인을 비인격화하며 개인을 특별한 기능으로 구체화한다고 보았다.

로렌스도 이러한 역사인식에서 그것으로부터의 탈출을 시도했다. 즉 규율과 금욕을 부정하고 카리스마적 지도자가 되는 길, 치유신앙의 중심이 되는 길을 프리다를 통하여 지향했다. 그런 여성세계의 카리스마는 생의 창조, 관능성, 신생, 모권성에 있었다.

두 사람은 관료적이고 기계적인 합리화의 역사를 앵글로색슨의 청교도주의, 특히 미국의 백인문화에서 찾았다. 베버의 『프로테스탄티즘의 윤리』와 로렌스의 『미국 고전문학 연구』에서는 프랭클린이 공통적으로 논의되고 있고, 두 사람 모두 미국여행 경험을 대단히 중시했다. 또한 두 사람은 러시아를 여행했다. 베버는 톨스토이에 대해 책을 쓸 계획을 세웠고, 톨스토이는 로렌스에게도 대단히 중요했다. 톨스토이도 간디도 부권사회는 물론 모권사회에 대해서도 도전했다.

미국과 러시아와 함께 이탈리아도 두 사람에게는 공유되었다. 그곳은 미의 나라, 고대의 풍요한 나라, 합리화 이전의 나라였다. 반면 프랑스는 두 사람에게 무의미했다. 또한 각자의 나라, 즉 독일은 로렌스에게, 영국은 베버에게 각각 새로운 것을 더 이상 기대할 수 없는 나라였다.

그들은 유럽에 등을 돌리고 비유럽세계로 향했다. 그러나 로렌스가 모권제사회인 뉴멕시코, 에트루리아의 선사민족에 관심을 가진 반면, 베버는 과거의 문화민족이었던 중국, 인도, 고대 유대에 관심을 가졌다. 여하튼 두 사람 모두 그런 세계를 연구하여 유럽을 재조명하고자 했다. 그러나 로렌스는 언제나 탈출을 추구한 반면, 베버는 장점과 함께 단점도 찾아내었기에 그 어떤 탈출도 약속하지 않았다.

또한 두 사람은 가치의 다원성에 대한 인식을 공유했다. 그런데 베버는 현대 상황을 신조의 혼란이라는 점에서 고대의 다신교숭배에 비유하고 이를 비극적이라고 생각한 반면 로렌스는 이를 자연스러운 것으로 받아들였다. 그러나 로렌스는 정치세계에 대해서는 베버를 그대로 수긍하여 자유민주주의에 회의하고 영웅적인 지도자를 대망했다. 베버가 의회 민주주의에 기초한 점진적 사회주의를 처음에는 존경했다가 뒤에 멸시했듯이 로렌스도 페이비언 사회주의에 대해 같은 태도를 취했다. 두 사람 모두 정치에서 정의가 아니라 권력을 찾았다.

베버는 제국주의를 독일의 정치적 대의로 보았다. 1895년의 프라이부르크대학 취임강연에서 베버는 세계적 사명이 있기 때문에 비로소 독일은 도덕적인 중요성을 가지며, 외교만이 아니라 내정에서도 여러 과제를 갖는다고 말했다. 그는 비스마르크에 반대했으나 그렇다고 하여 이상주의를 주장하지 않고, 책임윤리와 심정윤리 사이에서 전자를 택했다. 그는 문화와 권력을 대립하는 것이라고 보았고, 국가의 경우 후자가 우선한다고 생각했다.

로렌스도 베버처럼 강력한 지도자의 경우 윤리문제나 잔혹성이나 야만성은 어쩔 수 없는 것이라고 보았다. 그런 점에서 두 사람 모두 칼라일과 일치했다. 그러나 두 사람 모두 독일황제는 경멸했다.

베버는 로렌스에 대해 거의 알지 못했고 그의 작품을 읽은 적도 없으나, 베버 사후 10년을 더 산 로렌스는 프리다로부터 베버에 대해 많은 이야기를 들을 수 있었음에도 전혀 모르는 것 같이 행동했다. 사실 프리다가 사랑한 그로스에 대해서도 로렌스는 그의 작품에 긍정적으로 표현한 적이 없었음을 우리는 앞에서 보았다.

로렌스는 베버에 대해 전혀 글을 쓴 바가 없으나, 비슷한 인물로 생각되는 작중 인물은 있다. 가령 『무지개』에 나오는 톰의 형 알프레드 브랑윈이었다. 영국인 중에서 베버에 대응되는 인물로는 러셀을 들 수 있다. 러셀 역시 베버처럼 귀족 조상으로부터 공적인 책임성과 함께 비범한 학문적 정치적 능력을 물려받았다. 물론 러셀은 평화주의자인 점에서 군국주의자인 베버와 달랐으나, 두 사람 모두 영웅적인 행동을 한 남성이라는 점은 로렌스에게 마찬가지여서 그는 두 사람을 모두 비난했다.

작가로서 베버에 대응될 만한 사람은 토마스 만이었다. 베버나 만이나 중산계급 출신으로 보수적이고 독일문화의 전통에 사로잡힌 사람들이었다. 만의 『베니스에서 죽다』에 대해 로렌스는 그 거대한 의식의 무게와 예술적 양심은 아무런 이익도 되지 않으며 죽음을 지향하는 점이 문제이며 진부한 형식주의라고 비판했다.

여하튼 베버는 자신의 도덕적 주장에도 불구하고 아내 외에 엘제를 비롯하여 몇 여자와 간통을 했다. 한편 로렌스는 실제 이상으로 성적 욕망을 갖는다고 항상 말했다. 그들 두 사람이 위선적이었음에 반해 그로스는 위선적이지 않았다. 그러나 그는 현실성이 없는 남자였기 때문에 그를 함께 사랑한 리히트호펜 자매로부터 모두 거절당했다.

베버와 로렌스의 사후 평가

1920년 베버의 죽음은 국민적 사건으로 수많은 지식인들이 애도했다. 그 중에서도 우리는 레벤슈타인Karl Löwenstein 1891~1973이 쓴 『현대에서 본 막스 베버의 정치이념』을 참조할 수 있다. 그는 베버가 독일을 위험에 빠뜨린 '독일적 이념'을 배척하는 기회를 주었다고 했다. 그러나 그 기회는 사실 1945년까지 역사가 되지 못했다. 베버는 프로이센 체제를 중단시키고자 했으나 이는 바이마르 헌법 하에서 시험적으로 중단되었을 뿐이었고, 그 완전한 실현은 1945년 이후에야 가능했다. 또한 베버가 주장한 연방제도 그가 죽고 난 뒤에야 채택되었다. 이처럼 독일의 현대사는 베버를 추인한 것이었다.

반면 로렌스의 죽음은 하나의 사건에 불과했고 그에 대한 추도도 지극히 개인적인 것으로서 그로스의 경우와 같았다. 그 애도가 죽은 자들에 대한 사회, 특히 경찰, 군대, 법률가의 사과를 요구한 점에서도 로렌스와 그로스는 같은 입장이었다(그로스의 경우 그 셋은 아버지 한 사람에게 집약되었다).

베버가 지도자로서 질서를 약속한 반면 로렌스는 생명, 감성적인 기운, 대지와의 접촉이라는, 즉 지도자의 질서와는 전혀 반대되는 것을 약속했다. 두 사람 모두 돌연사여서 사후 많은 유저가 나왔다. 그러나 독일에 나치스가 대두하고 영국도 전쟁에 말려들어 두 사람에 대한 평가는 전후로 미루어졌다. 로렌스는 나치의 대두에 기여했다는 비판을 받기도 했는데 이는 전혀 근거 없는 것이 아니었다.

베버는 전후 미국을 비롯하여 전 세계에서 마르크스, 프로이트, 니체와 함께 고전의 반열에 올랐다. 로렌스도 전후에 그 영향력이 더욱 커졌고, 특히 대학생들에게는 베버보다 더욱 유명했다. 그러나 1960년대 초에 그 평가도 변하기 시작했다. 베버의 경우 1964년 그 탄생 100주년을 기념한 모임에서 베버를 찬양한 파슨즈를 하버마스가 야유하면서 베버가 총통제를 도입했고, 나치스 이데올로그였던 칼 슈미트의 선구자였다고 비판했다. 이어 레이몽 아롱이 베버는 정치와 학문 모두에서 권력지향적이었다고 비판했다. 그리고 볼프강 몸젠이 니체, 홉스, 마키아벨리와 함께 베버도 국수주의적이고 제국주의적이었다고 비판했다. 마르쿠제는 베버의 모든 기본가치를 부정하고 마르크스주의를 대체했다. 사실 당시 유럽의 독재자였던 드골이 베버를 가장 충실하게 계승한 사람이었다.

한편 1970년 다보스에서 열린 로렌스학회에서도 로렌스에 대한 찬양보다도, 그가 성에 너무 집착했다는 식의 비판이 들끓었다. 그 1년 전인 1969년에 밀렛이 『성의 정치학』에서 로렌스를 페미니즘에 반한다고 공격했다. 그 후 로렌스에 대한 다양한 재평가가 이루어졌다. 그러나 한국에서는 여전히 그러한 재평가에 어둡다.

1930년대의 엘제와 프리다

엘제와 프리다는 1930년대에 더욱 더 멀어졌으나 각자 자유로운 사랑은 계속했다. 막스 베버도, 에드가 야페도 죽은 뒤 엘제는 하이델베르크로 돌아와 알프레드 베버와 다시 동거했다. 알프레드 베버는 하이델베르크대학교 교수이자 사회학연구소소장이자 추밀원 고문으로서 당시 나치스에 끝내 타협하지 않은 드문 지식인이었다.

로렌스가 죽은 뒤 프리다는 타오스로 돌아와 안젤로 라바리와 동거했다. 라바리는 1925년부터 3년간 로렌스와 프리다가 가끔씩 빌렸던 별장의 주인인 군인이었다. 라바리는 처와 이혼을 하고 프리다와 함께 뉴멕시코로 가서 그림을 그렸다. 그는 알프레드 베버와는 전혀 다른 사람이었으나 어느 정도의 융통성을 갖는 점에서는 공통되었다. 즉 두 사람은 자매의 그 전 애인이나 남편들보다 뛰어난 사람들이 아니었지만 자매를 만족시키는 정도는 그 앞의 누구보다도 뛰어났다.

엘제는 알프레드 베버를 위해 독서를 하고 낭독을 하며, 여러 서적에 대해 보고하고 프랑스어와 영어를 번역을 하며, 그의 문장을 간결하게 다듬고 이탈리아에서는 함께 미술관을 찾는 등, 희생적으로 모든 정신적인 지원을 했다. 그래서 그는 그녀에게 저서를 헌정했고 그녀는 다시 하이델베르크 지성계 사교의 꽃이 되었다. 알프레드 베버가 1958년 죽기까지 그러했다.

반면 프리다는 희생을 거부하고 라바리의 보호자이자 관리인으로 살았다. 형식상 라바리와 프리다가 공동으로 행한 사업은 로렌스의 유산에 대한 것이었다. 로렌스 작품의 출판, 판권, 영화화, 드라마화 등은 방대한 사업이었다. 그리고 해가 지남에 따라 로렌스의 명성은 더욱 높아져서 미망인인 프리다를 찾는 사람들도 많아졌고 프리다 자신도 로렌스에 대한 많은 저작을 쓰게 되었다.

막스 베버에 대한 열기도 마찬가지였으나 엘제는 그의 미망인이 아니었다. 베버 사후 미망인인 마리안 베버는 엘제와 함께 하이델베르크 지성계의 여왕이 되었다. 1924년 베버 생존시에 시작된 일요모임은 1944년까지 이어졌다. 특히 나치시절 대학교에서는 이미 하이델베르크 정신이 사라진 반면 그 일요모임에서는 그 정신이 이어졌다. 사실 누군가가 강의를 하고 이어 토론을 하는 모임은 대학의 수업 그대로였다. 알프레드 베버, 루드비히 쿠르티우스, 야스퍼스, 토마스 만 등이 함께 자리했다.

7장 덩컨, 라반, 비그만

알마, 덩컨, 골드만, 살로메

20세기 초엽의 사랑 중에는 프리다와 로렌스의 관계와 유사한 알마 말러와 코코슈카Oskar Kokoschka, 1886~1980의 관계가 있었다. 알마도 프리다처럼 1879년생이었으나, 프리다와 달리 당시 예술가들이 꿈꾼 빈에서 화가의 딸로 태어났다. 그녀는 1902년 당시 빈에서 최고의 음악가였던 말러와 결혼하여 예술가들 사이에서 출세하려 했으나 말러가 1911년에 죽는 바람에 소원을 이루지 못했다. 말러 생존에도 그는 그녀에게 작곡을 하지 못하게 했고, 그녀를 철저히 지배했다. 심지어 고통 속에서만 아름다움을 발견할 수 있다고 믿은 그는 그녀가 언제나 슬픈 표정으로, 추한 모습으로 언제나 금욕적으로 지내기를 요구했다.

말러가 죽은 뒤 그녀는 집단적 양식을 강조한 바우하우스 건축가 발트 그로피우스Walter Gropius, 1883~1969와 결혼했으나 곧 작가 프란츠 베르펠과 사랑에 빠져 다시 그와 결혼했다. 그로피우스는 너무나 남성적인 사람이었던 반면 베르펠은 말러와 같은 정신적 타입이었다. 그러나 베르펠은 그녀보다 10년이나 어려서 그녀를 지배하려고 하지는 않았고, 또한 말러와 달리 그는 그녀의 천재성을 인정했다. 이는 로렌스가 프리다의 천재성을 인정한 것과 유사했다.

그러나 그 뒤 그녀가 사랑한 7세 연하의 화가 코코슈카는 그녀가 바란 말러와 같은 약한 남자 타입이 아니라 너무나 강한 남자였다. 코코슈카가 알마를 지배하려고 한 반면 알마는 그런 그에게 저항했다. 그는 알마의 의상까지 간섭하여 그녀의 귀족 취향을 바꾸려고 했다. 그럼에도 그녀가 그를 택한 이유는 프리다가 그러했듯이 위대한 재능을 개발하여 사회를 재생하고자 한 의도가 그녀들에게 있었기 때문이었다. 1911년부터 1913년 사이에 로렌스 부부가 뮌헨 교외 볼프스라트하우젠에 머물렀을 때 알마와 코코슈카도 자주 그곳에 머물렀고 루 살로메도 빅톨 타우스크와 그곳에서 사랑을 나누었다.

그러나 프리다나 알마도 정치적으로는 모두 보수적이었다. 특히 알마는 사회생활의 구조를 변화시키려고 하는 조직적 시도를 경멸했다. 1918년 빈 혁명에 베르펠이 관여하자 그녀는 혁명에 반대하고 그를 '구출'하고자 했다. 알마와 함께 살면서 그는 정치를 우선하면 정신이 노예가 된다고 말했으나, 1917년부터 1918년 사이에 공산당의 음모에 관여하여 반역죄로 체포되었다. 당시 그는 그로스의 영향 하에 있었으나, 그를 벗어나 알마의 쾌적한 집과 비혁명적인 예술을 받아들였다. 그 뒤 그로스에 대해 그가 쓴 소설 『바르바라』 등은 사실 그가 그로스를 존경한 과거와는 시각이 다른 것이었다. 즉 그가 그로스를 비난하게 된 것은 알마의 영향이었다. 알마는 프리다와 함께 현대예술에 정치적 보수주의라는 영향을 미쳤다.

또 프리다와 같이 그녀는 자신이 실현할 수 없었던 정신적인 것에 대한 강력한 동경을 품었다. 그녀는 인도의 애니 베산트Annie Besant, 1847-1933에게 산스크리트어를 배우고자 했고, 그 뒤에는 간디와 함께 인도에서 일할 생각도 했다. 그러나 프리다나 알마는 그들 자신의 예술을 창조하지는 못했다. 대신 그들의 예술을 창조해준 사람은 이사도라 덩컨이었다.

1912년 뉴욕에는 2명의 여신이 있었다. 이사도라 덩컨, 그리고 아나키스트 엠마 골드만이었다. 덩컨에 비해 골드만은 프리다와 공통성이 거의 없었다. 그녀는 1869년 리투아니아의 유대인 가정에서 태어나 1881년 페테르부르크로 옮겨 노동자로 일했다. 체르니셰프스키 Nikolay Gavrilovich Chernyshevsky, 1828~1889의 소설 『우리는 무엇을 할 것인가』*What Is to Be Done? 1863*를 읽고 그 주인공 베라 바브로바나를 자신의 모델로 삼은 그녀는 바브로바나처럼 협동조합 재봉점을 시작하고 혁명가와 결혼했다. 그 뒤 미국과 유럽에서 그녀의 파트너가 된 알렉산더 버크만Alexander Berkman, 1870~1936은 그 소설의 주인공인 혁명가 라크메토프를 자신의 모델로 삼았다. 이처럼 혁명적인 그녀는 프리다나 알마, 심지어 덩컨과도 분명히 달랐다.

골드만은 버크만의 카네기 철강회사 사장 암살계획을 도왔다. 즉 매춘부로 돈을 벌어 권총을 살 돈을 벌었다. 그 암살의 성공 뒤 독일계 미국 아나키스트인 요한 모스트Johann Most, 1846~1906가 버크만을 머리가 이상하다고 비웃자 그녀는 그에게 채찍을 휘둘렀다. 그 뒤에 이어진 여러 폭탄사건의 경우에도 그녀는 경찰의 혐의를 받았다. 1920년 그녀는 미국에서 쫓겨나 러시아로 갔으나, 그곳에 개인의 자유가 없음에 크게 실망했다. 그녀에게 혁명이란 무엇보다도 먼저 개인의 해방문제였다.

그녀는 1895년 루 살로메Lou Andreas-Salomé, 1861~1937가 살던 빈에서 프로이트 강의를 듣고 니체와 입센을 읽었으며 휘트먼이 양성적인 사람이었다고 강의했다. 성에 거의 무관심했던 아나키스트

크로폿킨과 달리 그녀는 그로스처럼 성해방을 주장하고 성적 소유욕은 극복할 수 있다고 믿었고, 연하의 약한 남자들을 사랑했으며, 1916년 산아제한을 주장하여 체포되기도 했다.

루 살로메는 어려서 혁명가를 꿈꾸었으나 젊어서 니체 등과 사랑을 했다. 그러나 그들과는 물론이고 결혼한 뒤에도 성적 교섭을 회피했다. 이어 빈에서 프로이트 그룹에 참여했고 1897년에는 라이너 마리아 릴케와 사랑했다. 당시 그녀가 36세, 릴케가 22세였다. 그들의 관계도 프리다-로렌스, 알마-베르펠의 그것과 같았다. 루는 릴케에게 초기시의 인공적인 감상적 예술에서 벗어나 자연적인 예술을 창조하도록 이끌었다. 그러나 그도 그녀의 수많은 연인 중의 하나에 불과했다.

덩컨과 발레

최근 TV에서 본 다큐멘터리 <몸짓의 언어, 춤>이라는 제목의 다큐멘터리에 처음 나오는 것은 발레다. 그것도 뉴욕에서 활약하는 한국인 발레리나의 이야기다. 문애령이 편저한 『서양무용사』라는 책의 1부 '무용사 개괄'의 내용도 발레의 역사다. 인간 노력의 대명사로 광고에까지 등장한 특이한 발도 발레리나의 것이었다. 그래서 그런지 어린 여자아이들이 발레를 배우는 것이 한국 유아교육의 필수가 된 지도 오래되었다.

위에서 소개한 책은 발레ballet라는 말이 '춤춘다'는 뜻의 이탈리아어 발라레ballare에서 비롯되었고, 그 기원은 르네상스 이탈리아 왕실에 있었다고 하며[1] 그 역사를 길게 소개하는데, 그 발레가 무슨 목적으로 만들어졌는지에 대해서는 전혀 언급이 없다. 다른 책들도 대체로 마찬가지이다. 궁중 발레는 왕을 비롯한 특권 지배층이 괴로움을 잊기 위한 기분 전환, 즉 카타르시스와 현실 도피를 위한 것이자, 왕을 지상의 신으로 예찬하여 왕을 비롯한 지배층에게 수많은 백성을 철저히 복종시키기 위한 것이었다는[2] 정도의 설명을 읽을 수 있는 책들도 거의 없다. 사실 기독교는 풍속을 문란케 한다는 이유로 춤을 추방하여 유럽은 오랫동안 춤이 없는 곳이었으나, 발레를 발명하여 춤을 춘다는 인간 본성을 그나마 그런 식으로 충족시켰다.

『천재는 어디로』[3]라는 책으로 소개된 '무용의 신' 니진스키 Vaslav Nijinsky, 1890~1950도 그런 발레를 춘 러시아의 대표적인 남자 발레무용수발레리노, ballerino였다. 러시아에서 발레가 발전한 것은, 20세기 초까지 그곳에서 가장 지독한 전제정치가 행해진 것과 관련이 있다. 발레를 거부하면서 모던댄스를 창시한 덩컨도 자서전에서 "발레는 본질적으로 러시아 황제의 품위에 어울리는 표현"[4]이라고 했다. 그래서 그녀는 러시아 혁명이 일어났던 날 밤, "무섭도록 열광적인 기쁨으로 춤을 추었다. 내 가슴은 인간이었다는 이유 때문에 고통을 당하고 고문당하고 죽어간 그 모든 사람들이 해방됐다는 기쁨으로 터질 것 같았다"[5]고 했다. 반면 니진스키와 같은 발레 무용수들은 순간 숨을 죽였는지도 모르지만 그들은 다시 화려하게 부활했다.

몬테베리타의 덩컨

혁명 후 러시아 아이들이 새로운 자유와 신체의 편안함을 느끼고 그것을 나타낼 수 있는 춤을 배워야 한다고 생각한 덩컨은 1921년에 러시아 혁명정부의 제안으로 모스크바에 무용학교를 세웠으나[6] 그 학교의 운영은 결국 실패했다. 그런 덩컨이 발레의 전통이 가장 짧았던 미국에서 등장한 것도 어쩌면 필연적인 것이었는지도 모른다. 미국에서 그녀가 빈민지역에서 무료공연을 한 뒤에 쓴 다음 주장은 그녀의 춤이 민주주의와 무관하지 않음을 보여주기에 지극히 감동적이다.

> 사람들은 뺨에 눈물을 흘리며 꼼짝 않고 앉아서 구경을 했습니다. 이스트사이드에 사는 사람들의 가슴속에 묻혀있던 삶과 시와 예술이 한꺼번에 터져서 나온 것입니다. 그들을 위해 거대한 원형극장을 세우십시오. 원형극장이야말로 극장의 민주주의입니다. 발코니나 특별석이 없는 원형극장은 모든 사람들이 똑같은 시야를 얻게 되는 것입니다. 극장 맨 위층 관람석을 보십시오. 그렇게 해놓고 그들에게 예술이나 음악 감상을 하라구요?
>
> 단순하고 아름다운 극장을 세우십시오. 치장은 필요없습니다. 값싸고 번지르르한 장식품은 필요 없습니다. 인간의 영혼으로부터 나온 훌륭한 예술은 형식이 필요없습니다. 나의 무용세계에는 특별한 의상도 장신구도 없습니다. 인간 영혼의 감동으로부터 나온 아름다움만이 있을 뿐입니다. …
>
> 위대한 음악은 더 이상 소수 교양인의 점유물일 수는 없습니다. 그것은 대중들에게 자유롭게 주어져야 합니다. 그들에게 있어서 공기나 빵과 같은 필수품인 것입니다.

> 그것을 인류의 정신을 황홀하게 하는 포도주인 것입니다.[7]

우리가 유럽이나 미국에서 보는 오페라극장을 비롯한 극장들은 화려함의 극치이다. 그 내부는 몇 층 높이로 층층이 작은 방들로 만들어져 있다. 그 박스는 과거에 귀족과 부자들의 관람석이고 땅바닥은 서민들이 앉아 보던 곳이었다. 박스에서 귀족들은 먹고 마시고 사랑을 나누고 추악한 정치까지 했다. 그들은 무대와 서민석을 내려다보지만 서민과 출연자들은 박스를 올려다보아야 한다. 즉 감시와 존경이라는 계급의 체제가 극장에서 분명히 드러난다.

20세기 이후 민주화로 인해 시대가 바뀌었지만 극장의 구조나 관객의 계층성 그리고 거기에서 공연되는 음악, 오페라, 무용의 레퍼토리는 거의 그대로다. 덩컨 같은 선구자들이 있었지만 그녀가 죽은 지 100년이 다 되어가는 지금도 변한 것은 거의 없다. 특히 대한민국 같은 서양모방의 최첨단국가에서는 덩컨이 그렇게도 싫어한 발레가 여전히 춤의 대명사로서 수많은 아이들을 그것의 노예처럼 만들고 있다.

덩컨의 춤

이 책의 7장에서는 덩컨, 라바, 비그만 등으로 시작된 모던댄스가 몬테베리타에서 비롯되었고, 그들이 3장에서 다룬 그레저나 4장에서 다룬 그로스와 정신적으로 통한다는 것을 긍정적으로 설명하면서도 나치와 연관되기도 했다는 부정적인 점을 비판적으로 살펴보고자 한다. 그레저나 그로스에게도 비판할 점이 없지는 않았지만 적어도 나치와 직결되지는 않았다.

7장은 제목처럼 라반을 중심으로 모던댄스를 살펴보려는 것이지만, 한국에서는 모던댄스의 대표가 덩컨으로 여겨지고 있으므로[8] 그녀에 대한 이야기부터 해보자. 라반은 덩컨보다 한 살 아래로 발레를 비롯한 전통 무용에 반발했다는 점에서는 마찬가지이고, 이 책의 주제인 몬테베리타와도 전혀 무관하지 않기 때문이다.

덩컨은 1877년에 샌프란시스코의 가난한 홀어머니 밑에서 태어나 어려서부터 강압적인 학교교육이나 권위에 반항했다. "나는 어릴 때부터 교회나 교회의 권위와 관련된 것은 아주 싫어했다. 잉거솔과 다윈을 읽은 것과 이교적 철학이 이런 혐오감을 한층 강화시켰다."[9] 심지어 그녀는 결혼식이나 장례식에도 반대했다. 12살 때 그녀는 "여성의 지위가 노예나 다름없다는 것을 알고 분개"하고서 "결혼에 대항해서 싸우면서 살기로 결심했다."[10] 그때부터 그녀는 춤을 추었는데 그녀의 춤을 본 사람의 권유로 유명한 발레 선생을 찾게 되었다.

> 선생이 내게 발끝으로 서보라고 말하자 나는 왜 그러냐고 물었다. 그는 "그건 아름답기 때문"이라고 답했다. 나는 그건 오히려 추하고 자연에 위배되는 일이라고 대들었다. 세 번째 레슨을 끝내고 나는 다시는 가지 않았다. 그 선생이 춤이라고 부르는 이 딱딱하고 평범한 체조 같은 훈련은 오히려 춤에 대한 내 꿈에 방해만 됐다. 나는 그와는 다른 춤을 꿈꾸고 있었다.[11]

학교를 그만둔 뒤 그녀는 공립도서관에서 엄청난 독서를 했고 첫사랑도 했다. 그 뒤 판토마임 배우로 뉴욕 무대에 선 뒤 춤을 추었다. 그녀는 1900년에 유럽으로 건너와 파리에서도 인기를 끌었다. 자서전에 의하면 그녀는 "두 손을 가슴에 모으고 태양의 중심인 심장에 손을 얹"은 채 몇 시간씩 가만히 서 있을 때 "모든 움직임의 근원이 되는 샘을 발견해냈다. 힘의 원동력이 솟구쳐 나오는 분화구, 모든 움직임의 다양함 중에서 통일체를 찾아내고 무용의 창조를 위한 꿈이 어른거리는 것을 발견했다." 이를 그녀는 "내 유파의 창설 원리가 탄생한 것"이라고 했다.

"발레 스쿨에서는 학생들에게 척추의 기초가 되는 등의 중앙부분에서 무용의 원동력을 발견하라고 가르"쳐 "관절이 있는 인형", 즉 "영혼과는 아무런 관계도 없는 고도의 기술로 연마된 기계적인 움직임을 만들게"하지만 그녀는 "반대로 영적 표현의 근원을 추구"했다. 즉 "그 근원에서 나온 흐름이 몸의 모든 줄기를 흐르고 가득 채워서 진동하는 빛이 되고 그 원심력이 영혼의 모습을 반영하도록 하는 것이다."[12] 이처럼 그녀는 "발레의 적"으로 "발레를 거짓되고 터무니없는 예술로 생각했고 모든 예술의 범주에 넣을 수 없는 것으로 단정했"으며 "예술이나 인간의 감성에 위배되는 것"[13]으로 보았다.

그녀에게는 당대 최고의 발레리나인 파블로바의 춤이 "마치 강철이나 고무로 만들어진 것 같았고" 그 "목적은 육체를 정신으로부터 완전히 분리시켜 체조 같은 움직임으로 단련을 시키는 데 있"고 "정신은 오히려 이 혹독한 근육 훈련과 관계없이 초연한 상태로 견뎌나갈 뿐인 것 같았다." 이는 "육체는 지성과 영혼을 위한 수단이며 그것을 그대로 비쳐줄 수 있는 매체가 되어야 한다"[14]는 덩컨의 주장과는 완전히 반대되는 것이었다.

당시 그녀는 '영혼의 댄서'라고 불렸다. 이는 항상 독서를 했던 그녀가 궁극적으로 루소, 휘트먼, 니체가 자신의 무용 선생임을 깨달았다[15]는 점과도 관련되었다.

그녀의 춤은 당시 유행한 철저히 훈련된 기교 중심의 발레 무용과는 전혀 다른 것이었다. 특히 토우 슈즈(발레 슈즈)도 벗어던지고 타이즈도 입지 않은 채 맨발에 거의 반나체의 모습으로 춤을 춘 것은 당시 관객에게 충격이었다.

덩컨과 몬테베리타

덩컨은 그 뒤 유럽의 여러 도시를 순회 공연했는데 1902년 독일 뮌헨 공연에서 가장 강력한 지지를 얻었다. 그녀는 아나키스트 뮈잠과 그 동료들에 동감하면서 그들을 위해서도 춤을 추었다. 베를린에서는 베토벤의 <제7교향곡>에 맞추어 춤을 추었고, 바이로이트에서는 바그너 음악에 맞추어 춤을 추었다. 당시 독일은 '발레가 없는 나라'로 불려 육체 문화 운동이 활발했는데, 덩컨은 그 운동에 큰 영향을 주었고 독일 신무용의 탄생에 적지 않은 기여를 했다. 덩컨은 1904년 베를린에 무용학교를 설립하였고, 그 뒤 프랑스, 미국, 소련 등에도 무용학교를 만들었다. 덩컨은 미래의 춤은 자유정신이고, 그것은 과거의 어떤 여성보다도 새로운 여성의 몸, 가장 뛰어난 지성을 갖춘 가장 자유로운 여성의 몸에 있다고 1903년의 강연 「미래의 춤」에서 주장했다.[16]

몬테베리타의 창립자인 웨던코번 부부는 1906년 8월, 바이로이트를 찾아 <파르시팔>과 <탄호이저> 공연을 보았지만 그 하이라이트는 바커스 향연에서의 덩컨 춤이었다.[17] 다음 날 아침 부부는 덩컨을 만나 몬테베리타에 대해 이야기했고, 덩컨은 그들을 위해 그리스풍의 튜닉을 입고 아테네나 베를린에 무용학교를 세울 생각이라고 말했다. 덩컨은 뒤에 몬테베리타의 히로인이 되었지만 처음부터 몬테베리타의 가치관을 공유했다. 이는 덩컨만이 아니라 당시 유럽에 온 미국 무용가 모두에게 해당되었다. 그리스에서 덩컨은 채식주의를 실천했고, 학교와 여성의 힘에 대해 이다 호프만처럼 열광했다. 베를린에 있는 그녀의 학교에는 아마존 조각이 있었다.

그녀는 프리다와 같이 에로스적인 여성해방을 믿었다. 따라서 그것은 엘제나 알마나 마리안 베버가 생각한 여성해방은 아니었다. 그녀는 투명하거나 반투명의 옷을 입고 자신의 나체를 드러내며 춤을 추었고 많은 연인을 두었다. 그러나 최초의 연인이 너무나 육감적이었던 탓으로 뒤에는 정신적인 남성을 좋아했고 성적으로는 불능이었다. 그 중 가장 유명한 연인은 연하의 러시아 시인 세르게이 에세닌이었다.

그녀의 예술은 자연스러웠고, 고대 그리스의 정신을 부활시켰으며, 음악을 무용에 종속시킨 것으로 요약된다. 그 무용의 자연주의란 인공적인 기교주의의 고전 발레에 대한 반발이며, 자유정신의 찬가였다. 그녀는 또한 악보를 분석하거나 음표를 더듬거나 하는 일 없이 그 음악으로부터 받은 인상을 무용으로 표현했다. 그녀는 쇼팽이나 브람스, 베토벤의 교향곡조차 자기 멋대로 표현했다.

그러나 브란덴부르크는 덩컨의 지적이고 정적인 경향을 비난하고, 그녀의 '파형과 곡선'은 거울 앞에서 연구되었고, 중심으로서의 몸에서 나온 것이 아니라고 말했다.[18] <살로메>나 <세라자드>를 추지 않은 덩컨이 성이라는 관점에 보면 이상주의적이었음은 분명했다. 반면 덩컨도 모던댄서들을 비난했다. "그들 춤의 움직임은 모두 밑을 향하고, 언제나 지면을 기고 있다. 그것은 뱀의 지혜 외의 다른 어떤 것도 표현하지 않는다. 뱀은 그 배로 기어 다닌다."[19]

덩컨은 휘트먼이 "미국이 노래하는 소리를 듣는다"고 했듯이 자신은 "미국이 춤추는 것을 본다"고 했다.[20] 즉 자신의 춤은 미국의 자연에서 왔다고 하고 "위를 향해 노력하고 일을 통해 조화된 삶을 추구하는 미국의 영혼이 감동하는 울림을 보여주어야 한다"고 했다. 그래서 "관능적인 쾌락"으로 본 재즈 등의 대중음악과도 자신의 춤을 구별했다. 이 점에서 덩컨의 정신은 그로스나 로렌스나 라반보다 도리어 막스 베버를 닮았다. 그녀는 자서전의 마지막에서 다음과 같이 주장했다.

> 미국의 학교들이 스웨덴식 체조와 발레로 이른바 육체 훈련을 시키려든다는 것은 얼마나 우스꽝스러운지 모르겠다. 진짜 미국인은 절대로 발레댄서가 될 수 없다. 다리는 너무 길고 몸은 너무 유연하고 정신은 너무나 자유롭기 때문에 정식적인 우아함을 보여야 하고 발끝으로 걸어야 하는 이 춤에는 맞지가 않는다. (…) 아무리 엉터리 상상력을 발휘해도 자유의 여신이 발레를 추는 것을 상상할 수는 없는 노릇이다.
>
> 헨리 포드는 포드 시의 모든 어린이들이 춤을 추게 되기를 바란다는 얘기를 한 적이 있다. 그는 모던댄스를 인정하지 않았다. 그래서 아이들에게 구식의 왈츠나 마주르카, 미뉴에트를 추게 하라고 말했다. 그러나 구식의 왈츠나 마주르카는 병적인 감상주의나 로맨스를 표현하는 것이다. … 어째서 왈츠와 같은 거짓된 감상주의로 미국을 헤매는 것 같은 춤을 추게 한단 말인가? 오히려 그들에게 큰 걸음으로 높이 뛰어오르며 껑충거리며 고개를 들고 팔을 활짝 벌리고 앞으로 가면서 우리들 개척자들의 얘기를 춤추게 하고 우리들 영웅의 불굴의 정신을, 공정함을, 친절함을, 우리 정치가들의 순수함을, 우리 어머니들

의 사랑과 부드러움을 춤추게 하는 것이 옳지 않겠는가? 미국의 어린이들이 이렇게 춤출 때 그들은 아름다운 존재, 가장 위대한 민주주의라는 이름에 부끄럽지 않은 존재가 될 것이다. 그것이 바로 미국의 춤이 될 것이다.[21]

위 글을 읽어보면 덩컨이 몬테베리타의 정신과 완전히 합치했다고 보기는 어렵지만, 발레를 비롯한 빈 취향의 왈츠 등을 거부하고 자유로움을 추구한 점에서 상통하는 점이 컸음을 부정할 수 없다.

라반의 출생과 경향

모던댄스[22]의 창시자인 루돌프 라반[23]은 1879년, 헝가리의 프레스부르크에서 태어났다. 그곳은 지금 프라티슬라바Bratislava라고 하는 슬로바키아의 수도이지만 과거에는 헝가리의 수도 포조니Pozsony였다. 그가 태어나기 전 해인 1878년, 당시 슬라브 민족의 지도국을 자처한 러시아에 의해 양성된[24] 세르비아인 반란의 결과, 베를린 회의에 따라 보스니아와 헤르체고비나가 투르크 제국으로부터 오스트리아-헝가리 제국의 관리를 받게 되면서 최근의 대량 인종 학살로까지 이어진 문제가 발생하기 시작했다.

당시 그 지역은 여전히 투르크에 공물을 바쳐야 했고, 기독교 세력은 반역자들을 터키에 보낼 수 없었으며, 국가로서의 독립을 인정받지 못했다. 그래서 러시아에 종속되기보다는 오스트리아-헝가리의 지배를 받는 쪽을 택했다. 라반의 아버지는 1878년, 보스니아가 투르크로부터 오스트리아에 인도된 뒤 사라예보 사단 사령관으로 6천 명의 군대를 지휘했다. 그래서 라반은 소년 시절을 주민이 이슬람교도인 지역에서 점령군의 아들로 보냈다. 그러나 어려서부터 화려하게 살았다기보다 도리어 공포에 질려 살았다.

보스니아와 헤르체고비나는 1463년부터 1878년까지 투르크 제국에 속했다. 따라서 오스트리아의 점령은 이슬람(동양)에 대한 유럽(서양)의 승리를 뜻했다. 동시에 그것은 그곳에 사는 기독교도가 이슬람 전제로부터 해방된 것을 뜻했다. 당시 그곳의 면적은 3만 2천 평방킬로미터이고, 인구는 190만 명이었는데 90%는 농민이었다. 로마가톨릭교도와 이슬람교도는 각각 50만 명 정도이고 그리스정교도가 70만 명이었다. 오스트리아는 도로와 철도 건설 등 산업화에 노력했다. 징병 연령에 이른 보스니아인이 2년간 오스트리아군에 징집되어 보스니아 방위에 충당된 탓으로 라반 아버지의 부대는 그의 고향인 그라츠에서 폭동 진압에 종사하게 되었다. 1914년 보스니아 수도 사라예보에서 오스트리아 황태자가 암살되어 제1차 대전이 터진 것은 널리 알려진 사실이다.

라반의 아버지는 16세에 보병으로 입대하여 3년 뒤 장교로 임관된 뒤 직업군인으로 소장까지 진급하여 오스트리아-헝가리 제국의 귀족이 되었고 1907년 원수로 죽었다. 그는 자수성가한 사람이 대부분 그렇듯이 자녀들에게 자기처럼 노력하여 성공하기를 기대했다. 라반의 형제들은 의사나 변호사 같은 지적 직업의 명망 높은 시민으로 성공하여 아버지의 기대에 부응했다. 그러나 이 책에 나오는 대부분의 사람들처럼 라반은 그런 기대를 배신하고 자녀 중에서 예외적으로 예술가가 되었다. 아버지의 눈에 예술가란 참으로 쓸모없는 존재였고 따라서 라반은 있어서는 안 될 돌연변이로 보였다. 그러니 라반은 항상 가족으로부터 버려진 자식으로 취급되었다.

라반은 앞의 그레저처럼 1879년에 태어나 1958년에 죽었다. 그리고 그 둘의 어머니는 모두 크론슈타트의 의사 집안 출신이어서 서로 잘 알았다. 비록 라반의 어머니가 6세 연하(아버지들은 3세 차이)였어도, 거의 같은 세대로서 같은 노래와 이야기를 들려주면서 자녀를 비슷하게 키웠다. 그리고 같은 중산계급 출신이었다. 그의 아버지가 1897년 귀족이 되기는 했으나, 이는 육군에서 승진한 결과 자동적으로 주어진 것이어서 중요한 의미를 갖는 신분 변동이 아니었다.

라반은 어려서부터 춤, 그림, 음악, 연극 등에 두루 재능을 나타냈으나, 아버지는 아들의 예술에 대한 관심을 전혀 인정하지 않는 폭군이었다. 그래서 라반은 부친의 명령에 의해 '마리아 테레지아 육군사관학교'에서 1년간의 사관양성기간을 마친 1900년, 파리로 가출한 뒤로는 단 한 번도 고향 집으로 돌아가지 않았다.

여기까지 라반은 몬테베리타의 다른 반항자와 같았다. 그러한 어린 시절의 경험에서 가정을 경멸했음도 마찬가지였다. 그러나 동시에 그는 자기가 증오한 아버지처럼 부권적인 남성주의자로서 군대를 좋아했으며 특히 바람둥이로 유명한 점에서 다른 몬테베리타 사람들과 달랐다. 모든 여성에 대해 그는 폭군이었다. 심지어 여러 여성에게서 낳은 자녀에 대한 책임까지 거부하고 자신이 그러했던 것처럼 아버지 없이 살아가라고 했다. 또 군대를 좋아한 점은 뒤에 그가 나치와 관련되는 문제를 낳았다. 아버지를 싫어했지만 아버지를 그대로 닮았고, 아버지의 유산을 고스란히 누렸다. 특히 18세 이후 그는 귀족칭호인 폰von으로 불렸고, 아버지처럼 명령형 인간으로 평생 다른 사람들 위에 군림했다.

이 점에서 그는 평생 서민으로 살았던 그래저와 달랐고, 평생 혁명가라고 자처한 그로스와도 달랐다. 그래저는 시적인 의미에서 정치적이었으나, 라반은 그런 의미에서조차 정치에 관여하기를 거부했다. 도리어 그는 그의 귀족이라는 특권적 지위를 누리기 위해 자신의 에너지와 재능을 예술과 학문은 물론 모든 분야에서, 특히 인간관계에서 유효하게 사용했다. 그런 점에서 그레저나 그로스와 달리 그는 딜레당트적인 인간으로 빈의 특징인 연극적인 인간 그 자체였다.

또 그는 그로스처럼 정신적으로 쇠락하지도, 그레저처럼 침묵으로 살지도 않았다. 그로스나 그레저처럼 아버지를 거부하기는 커녕 아버지를 극도로 찬양했다. 군인의 삶은 예술가의 삶과 똑같이 그를 매혹했고, 그 자신은 펜싱과 사격과 승마를 즐겼다. 그리고 군사훈련에서 얻은 육체적 기쁨을 특히 좋아했다. 무용 지도자라는 그의 천직은 군인생활에서 온 것이었다.

라반 무용의 또 다른 뿌리

라반

보스니아 자연에서 보낸 어린 시절은 라반의 무용에 또 다른 뿌리가 되었다. 가령 초기 무용극에서 그는 적색을 한 동물의 영혼, 녹색을 한 식물의 영혼, 청색을 띤 백색의 수정 역을 연기했다. 그가 천지를 부모에 비유한 이유는 어려서 야산을 자유롭게 뛰어다녔을 때 자연이 자신의 물음에 답했다고 생각했기 때문이었다. 그는 식물에서 갈망을, 수정에서 무자비한 아집의 강함을 보았다. 그리고 식물이 뿌리를 내리려는 것을 혐오한 땅의 기운을 느꼈다. 자연에 대한 이러한 공감은 D. H. 로렌스가 『새, 짐승, 꽃』*Birds, Beasts and Flowers*, 1923에서 보여준 것과 같았다. 이처럼 라반이 보스니아를 동물과 식물 그리고 돌의 나라로 본 것은, 앞에서 본 그의 군인 찬양과 모순처럼 보이지만, 신비로운 풍경에 대한 숭배는 제국주의에서 공통으로 나타났다.

라반은 고모부가 브라티슬라바 시의 전임 건축기사였던 탓으로 여러 공공건물의 열쇠를 가졌고, 그 중에는 시립극장의 열쇠도 있어서 라반은 어려서부터 극장에 자유롭게 출입하면서 연극에 관심을 가졌다. 또 어려서부터 그림선생으로부터 예술창조를 하나의 일로여기고 청렴하고 견실하게해야 한다는 것을 배웠다. 그래서 그의 생활과는 달리 예술에서는 인공적인 장식을 철저히 배격하고 건강한 기쁨의 자연스러운 표현을 중시했다. 마찬가지로 그는 현대 도시를 증오하고 자연을 사랑했다. 이는 몬테베리타의 사람들과 공통된 점이었다.

또한 라반은 어려서부터 과학과 공상과학소설에 빠졌으나 사관학교를 다니던 20대 초에 기계로부터 벗어났다. 이는 그와 같은 세대였던 아서 케스틀러Arthur Koestler, 1905~1983나 로베르트 무질도 공통으로 경험한 것이었다. 그들은 과학에 의한 기계와 기술이라는 잘못된 미궁으로부터 영혼을 재생하는 방법은 예술밖에 없다고 생각했다.

그 무렵 라반은 제국의 여러 가지 전통무용을 연출하게 되면서 투르크 지역의 수피춤sufi dance, Whirling Dervishes이라는 선회旋回무용, 즉 흰 드레스를 입고 긴 모자를 쓰고 빙글빙글 도는, 소위 회전 춤의 종교적 제의의 성격에 관심을 가졌다. 그리고 그것을 어떤 종파에도 속하지 않는 디오니소스주의, 즉 망아忘我적인 자기인식과 자연인식을 지향하는 종교에 포함시켰다.

동시에 그는 파리와 뮌헨에서 많은 여성과 관계했다. 최초의 아내였던 풍경화가 마르타는 두 명의 아이를 남기고 1907년에 죽었다. 이어 1910년에 재혼한 가수 마야 레드러와 1919년까지 살면서 5명의 자녀를 두었으나 그 사이 다른 여성들 사이에서도 아이들을 낳았다. 그는 그 여성들은 물론 자녀들도 버렸지만 그는 그녀들에게 처음부터 자신은 책임을 지지 않는다고 말했고, 따라서 여성들은 그를 원망하지 않았다.

1907년 그는 파리에서 뮌헨으로 옮겨 사육제나 슈바빙 생활과 관련된 춤과 축제를 기획하면서 모든 예술에 관심을 가졌다. 그리고 몬테베리타에서 나온 에로티시즘과 모권제 논의에도 참가하면서 8백 명이 대도시와 자연의 대립을 묘사하는 대규모 무용공연을 했다. 라반은 퇴폐적인 대도시 생활에 매료되었고, 자기 예술의 주제로 그 퇴폐에 대한 풍자를 즐겨 다루었지만 그것과 대립되는 자연을 중심으로 한 건전한 문화의 회복에 대한 소망도 컸다.

이는 그의 자서전 제2부인 '흔들리는 신전'(무용수에 의해 세워진 기도의 궁전)에서 어느 예술가가 연 무도회가 끝난 뒤 그가 슈바빙을 떠나 바이에른의 시골에서 농민과 그들이 추는 소박한 군무 속에서 도덕적인 건전함을 발견하기에 이르는 과정을 묘사한 것에서 볼 수 있다.

당시 뮌헨은 새로운 무용과 무용사상의 중심이었으나 라반은 더욱 새로운 변화를 추구해 1913년부터 몬테베리타를 찾았다. 그는 무용수들이 자연 속에 융화되어 그 속에서 노동을 하면서 춤추기를 바랐다. 라반은 무용수들이 예술만이 아니라 무엇인가 건강한 일, 그 중 가장 좋은 것은 농업이나 원예 등으로 그런 일을 할 필요가 있고, 그것이 그들의 예술에 건전함과 강력함을 준다고 말했다.[25] 1913년에는 덩컨 부부도 몬테베리타로 라반을 찾아왔다.

달크로즈, 페로테, 비그만

1912년 초여름, 드레스덴 부근의 야외 사나토리움에서 치료를 받던 라반은 헤레라우의 '자크-달크로즈 연구소'의 젊은 교사인 슈잔느 페로테Suzanne Perrottet를 만났다. 그 연구소를 세운 달크로즈Émile Jaques-Dalcroze, 1865~1950는 당시 유럽 무용운동의 최초 개척자였다. 그는 주네브음악원에서 오랫동안 음악을 가르치면서 아이들의 리듬감을 발달시키는 '운동'이라는 것을 생각해냈다. 즉 몸의 움직임을 통하여 음악을 경험하고 학습하는 방식인 유리드믹스Eurhythmics를 창안하였다. 음악 자체의 흐름과 신체에서 나오는 흐름과의 연관성에서 출발한 음악교육 방법인 그것은 음악 교육만이 아니라 근대 체조를 만든 계기가 되었다. 그리스적인 느낌을 주는 우아한 동작을, 개인이나 집단이 클래식 음악에 맞추어 하는 그것은 음악을 신체 언어로 번역한 것으로, 연기자의 대부분이 사춘기 소녀였기 때문에 그 효과는 시적이었고 영감에 가득 찼다. 새로운 연극 체험인 그것은 덩컨을 비롯한 그리스풍 무용가나 '영혼의 무용가'라는 당시 사람들의 춤의 경향과 같은 것이었다.

달크로즈

달크로즈의 '운동'이라는 생각은 축제극festspiel으로 나아갔다. 시민생활을 소재로 한 일종의 시민극인 그것은 스위스의 프랑스어권에서 인기를 끌어 시민축제나 애국적이고 역사적인 행사에서 자주 공연되었다. 그 축제극의 성공으로 인해 그는 독일의 드레스덴 근교의 헬레라우Hellerau라는 새로운 전원도시에서 음악과 리듬을 연구하도록 초청받았으며 그의 이름을 딴 연구소가 세워졌다. 그 연구소에서 배운 사람들 중에는 에르네스트 블로흐*Ernest Bloch*, 폴 클로델*Paul Claudel*, 세르게이 디아길레프*Serge Diaghilev*, 그랜빌 바커*Granville Barker*, 바슬라프 니진스키*Vaslav Nijinsky*, 마리 램버트*Marie Rambert*, 조지 버나드 쇼*George Bernard Shaw* 등과 같은 다양한 전공의 예술가들이 있었다.

달크로즈는 1919년 파리와 모스코바에 달크로즈 스쿨을 오픈하여 작곡가인 스트라빈스키*Stanislavski*, 세르게이 라흐마니노프*Sergei Rachmaninoff*, 레너드 번스타인*Leonard Bernstein*, 현대 무용가인 덩컨, 마사 그레이엄*Martha Graham*, 도리스 험프리*Doris Humphrey*를 포함한 많은 공연 예술가들에게 지대한 영향을 주었다.

달크로즈는 1900년경의 인공적인 의상과 구두, 표정이나 머리형을 부정하고 자유, 건강, 자연스러움을 강조한 '영혼의 춤'을 창조했다. 그러나 그의 제자들은 화려함과 스캔들이나 개성을 금지당했다. 실제로 그 연구소는 그 성적 결벽이나 음악의 템포나 정감과 몸의 움직임을 종속시키고 조화시켜야 한다는 엄격함 때문에 수도원과 같았다.

따라서 그의 완전하게 조화로운 세계에서 제자들은 자신을 표현하는 부조화를 탐구할 수가 없었다. 즉 모든 리듬을 전통적인 박자로부터 취한 달크로즈는 충분히 현대적이지 않았다. 그래서 페로테는 리듬을 규칙적이지 않고 밀려오고 나가는 파도나 바람에 흔들리는 나뭇잎처럼 자연 속에서 찾아야 하는 것이라고 생각했다. 주네브의 칼방파 약국집에서 태어나 어려서부터 자매들과 함께 음악을 평생의 과업으로 한다고 결심한 페로테는 달크로즈로부터 정확한 듣기를 비롯하여 많은 것을 배웠지만, 자신의 반항적 감정과 자기 속에 흐르는 부정의 의지를 표현하기 위해 새로운 스승인 라반을 찾아야 했다.

그녀는 어린 시절, 사람들은 몸에 대해서는 무조건 수치스러워 했다고 회상하면서, 자신은 헐렁한 옷을 입고 들판을 달리는 것에 의해 자연의 근원과 위력을 느꼈다고 하면서 아이들을 그렇게 하도록 가르쳤다. 무용가도 그 자신의 몸속에서, 가장 깊은 무의식의 감정으로부터, 그리고 자신을 둘러싼 풍경 속에서 춤의 리듬을 발견해야 한다고 주장했다. 관객에게 키스를 보내는 듯한 전통적 발레를 경멸한 그녀는 절대적인 무용, 즉 음악과 연극의 지배로부터 자유로운 춤을 추구하여 관객을 도발해야 한다고 주장했다.

라반은 인간이 본래 축제적인 존재라고 생각했고, 그 축제인 것의 근본은 사치가 아니라 도리어 그 반대로 '무욕'無慾이라고 생각했다. 즉 인간은 축제적 앙양에 필요한 자기의 에너지와 시간을 완전히 취해야 한다는 것이었다. 이것이 모든 결정에 가장 우선해야할 것이었다. 사회체제에 매몰되지 않고 이러한 자신의 최소 요구를 만족시키기 위해서 인간은 하나의 공동체에 속할 필요가 있으나, 그것은 어디까지나 '개인주의자의 공동체'여야 한다고 라반은 생각했다. 바로 몬테베리타였다.

1913년, 라반은 몬테베리타에 '생활예술학교'를 열어 음악, 연극, 무용을 가르쳤다. 그 학교의 교사 중에는 라반의 제자인 페로테와 비그만도 있었다. 그 때 라반을 처음 만난 비그만은 언제나 학생들에게 멋대로, 음악도 없이 춤추게 했다. 생활예술학교에는 전문가를 지망하는 학생만이 아니라 취미나 치료법으로 관심을 갖는 사람들이나 이웃 가정에서 온 학생들도 있었다. 라반은 춤에 대한 새로운 생각을 대담하게 실천하고, 몸의 개별적이고 상호적인 잠재 가능성을 철저하게 탐구했다. 비그만은 라반식의 무용 표기법의 발전에도 기여했다. 페로테는 작곡과 연주 양면에서 라반을 도왔다. 그 밖에도 많은 제자들이 그를 도왔으나 언제나 무보수였다. 그들에게는 창조적인 일에 참여하는 것이 보수였다.

비그만[26]은 1886년 하노버의 부유한 가정에서 태어났으나 보통 그런 출신이 갖는 취향을 전혀 갖지 않고 자선 바자와 같은 사회활동을 했고, 두 번 약혼을 했으나 모두 파기했으며, 혼자 방에 처박혀 눈물을 흘리기도 했다. 그러나 자신의 몸, 자신의 움직임이 얼마나 적확하게 자신의 분노와 고민을 표현하는지를 알고 자신의 비참함을 극복하고자 했을 때 그녀의 운명은 결정되었다고 할 수 있다.

양친의 뜻에 반해 그녀는 1910년 달크로즈의 무용연구소에 들어가 그곳의 교사였던 슈잔느 페로테와 알게 되었다. 그곳에서 2년을 공부한 뒤 1년간 로마에서 살았다. 1913년 달크로즈가 베를린에 있는 그의 연구소에서 가르치라고 권했으나, 그녀는 라반을 만나 달크로즈의 세련된 전통을 포기하고 완전히 자유로운 창조적 실험으로 나아갔다.

 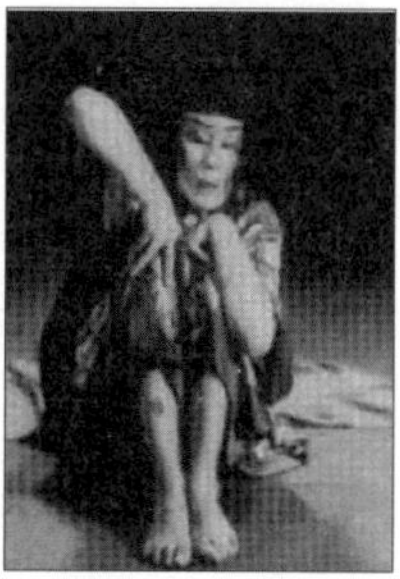 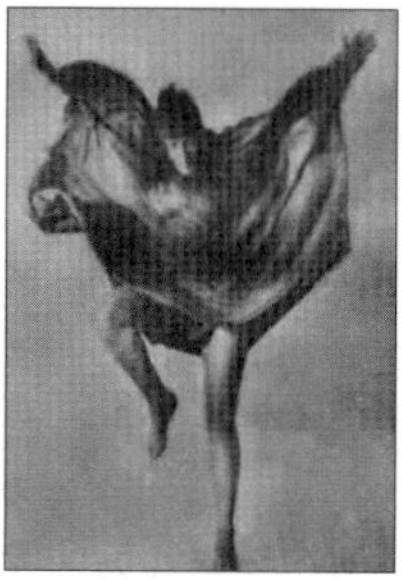

비그먼

모던댄스와 발레가 다른 점은 전자의 무대가 극장이 아니라 야외 들판이라는 점이었다. 그 야외는 몬테베리타에서 시작되었다. 비그만은 자기 인생의 결정적인 7년을 보낸 곳이 몬테베리타라고 말했다. 그녀는 평생 몬테베리타를 사랑하여 재충전의 장소로서 몇 번이나 그곳을 찾았다.

놀데는 일찍부터 비그만을 찬양하고 그녀를 모델로 삼아 그림을 그렸으며 비그만이 1913년 몬테베리타에 가도록 권했다. 또한 그녀가 흥미를 가진 가면이나 의례적 춤을 그리기 위해 남양제도를 찾기도 했다. 비그만은 언제나 자신의 경력이 1913년 몬테베리타에서 시작되었다고 말했다. 그리고 그녀는 그 60년 뒤인 1973년 몬테베리타에 가던 도중 죽었다. 그녀는 그 60년 동안 대부분의 여름을 몬테베리타에서 보냈다.

라반은 비그만을 독일에서 가장 위대한 무용가라고 했다. 그녀가 1913년부터 추기 시작한 '마녀의 춤'은 라반으로부터 영감을 얻어 만들어진 페미니즘적이고 표현주의적인 작품이었다. 그러나 그녀는 라반의 노선을 완전히 따르지는 않았다. 가령 그가 머리칼을 자르라는 지시를 거부했고 나체 목욕을 하지도 않았다. 그녀는 중산계급의 여성에서 벗어나지 않았다.

1916년 페로테는 라반의 아이를 낳았지만 같은 해 라반은 그의 다른 여성 제자인 두샤 페레스카를 사랑했다. 러시아인과 독일인의 혼혈인 그녀는 고등교육을 받았고 이혼 경력도 있었으나 무용 공부를 계속하기 위해 스위스로 와 라반에게 배워야 한다고 확신했다. 그녀는 당시 라반의 최대 관심사였던 운동문자 표기법 제정의 가장 좋은 협력자가 되었다.

이는 19세기 문화에서 음악이 차지한 제1예술의 지위를 무용이 계승하는 데 가장 중요한 요소였다. 그러나 라반이 그 표기법에 성공했는지는 의문이다. 그것은 과학적이고 추상적인 작업으로, 그가 자연스럽게 만든 축제나 무의식이라는 관념과는 먼 정밀함과 고정 및 체계라는 방향으로 나아가야 하는 것이었다. 그가 과학과 전혀 무관하지는 않았지만, 그의 과학은 갈릴레이로 상징되는 근대과학 이전의 마술적 과학이었다.

그런 과학에 관심을 갖는 사람들은 몬테베리타에 많았다. 가령 루돌프 슈타이너는 조화와 유동, 결정結晶과 원, 색채에 관하여 '영기적'靈氣的, 아스트랄적인 사고를 했다. 라반, 비그만, 페로테는 색채의 상징성을 유효하게 사용했다. 뒤에 무용창작가로 라반과 작업한 바우하우스의 조각가이자 디자이너이자 무용가인 오스카 슐레머Oskar Schulemmer, 1880~1943[28]도 숫자와 '우주적 인간'에 대해 동일한 관심을 가졌다. 그런 차원에서 라반은 융과도 협조했다.

특히 로이스Albert Karl Theodor Reuss, 1855~1924가 중요했다. 1885년부터는 런던의 사회주의자동맹에 들어갔다가 윌리엄 모리스와 충돌하여 그곳을 나온 뒤 1896년부터 3년간 런던의 프리메이슨 회원을 지내기도 한 그는 1902년 켈너Carl Kellner라는 부자가 창설한 동방성당기사단이라는 프리메이슨단의 지도자로서 이다 호프만에게도 영향을 미쳤다. 1920년 그가 그 단체의 강령을 사유재산

폐지, 자유교육, 성교육, 그리고 모권제라고 명시하자 그로스, 그레저, 라반은 이를 지지했다.

1906년 로이스가 낸 『링검 요니』*Lingam-Yoni; oder die Mysterien des Geschlechts-Kultus*는 성적 마술에 대한 책이었다. 1917년, 로이스는 몬테베리타에 '신비적 진리 지부'Verita Mustica Lodge를 창설했고, 라반도 거기에 참여했다. 그들은 '반反국가회의' 이름으로 제1차 대전의 참상을 고발하는 시위를 했음은 앞에서 말했다. 이는 그들이 증오한 부권적 사회 타도를 위해 모든 힘을 모으고자 한 것이었다.

라반은 태양을 주제로 삼은 스위스의 시인 오토 볼그렌바의 태양 찬양시를 무용으로 만든 <태양에 바친다>를 상연했다. 정교하게 만들어진 이 작품의 1부에서는 저무는 석양에 대한 장중한 의식이 집행되었다. 이어 한밤중에 열린 2부에서는 악마들이 관객의 아래쪽에서 불을 피우고 그 주위를 돌며 춤을 추었고, 이어 풀로 만든 가면을 쓴 괴물들이 가면을 불 속에 던졌다. 그리고 다음날 새벽에 열린 3부에서는 여성 집단이 호수 옆 언덕을 올라 관객이 기다리는 초원에 도착하는데 바로 그때 밝아지면서 여성들이 입은 옷을 통해 태양 빛이 빛났다. 이는 태양의 힘과 아름다움의 드라마이자 태양 숭배의 의식이었다. 라반은 무용과 종교 및 문화의 이론 형성에서 로이스의 영향을 받았다.

라반, 그레저, 그로스

1913년 라반이 그의 제자들과 함께 몬테베리타에 왔을 때 그곳의 가장 유명한 사람은 우리가 앞에서 본 그로스였다. 그는 독일 부권제와 싸운 투사이자 여성의 옹호자였다. 라반이 그로스를 어떻게 생각했는지는 알 수 없으나, 두 사람 모두 몬테베리타에 왔을 때는 자신의 급진적인 사고를 실험하려고 했었다는 점에서 서로 공통되었다. 당시 라반은 페미니즘적인 모던댄스를 창작하고자 했다. 그 후 매년 여름을 라반은 몬테베리타에서 보내면서 제자들과 일을 하면서 춤을 추었다.

한편 라반과 그레저는 위에서 보았듯이 같은 고향, 같은 신분 출신이었지만 서로 다른 생각을 가지고 다른 삶을 살았다. 즉 1913년부터 1918년까지 몬테베리타에서 같이 지낸 것 외에 서로 관련 없이 살았다. 그 6년 동안에도 서로의 공통 이력을 서로 알았다거나, 면식이 있었다거나, 서로 이야기를 했다거나 한 적이 없다. 그 좁은 몬테베리타에서 그렇게 지냈다는 것이 동향을 존중하는 우리로서는 이해하기 어렵지만 그것은 그들이 특별해서가 아니라 우리가 특별한 탓이다.

하지만 그들에게는 종교관을 비롯하여 비슷한 점도 많았다. 라반은 "자기의 본능과 힘을 자각한다는 의지와 의욕은 이미 우리의 종교적 노력의 일부이다."[29]라고 했다. 그들은 자연적인 충동이 선이라고 생각했지만 모든 충동이 그렇다고는 생각하지 않았고, 특히 성적 도착倒錯에 대해서는 공감하지 않았다(이는 그로스와 두 사람이 다른 점이었다). 또한 두 사람은 종교와 예술의 종합으로 육체의 자연스러운 표현인 춤을 중시했고 각자가 무용가였다. 누구도 그레저를 무용가라고 부르지는 않지만 그는 나름으로 평생 춤을 춘 사람이었다. 이 점도 두 사람이 그로스와 다른 점이었다.

물론 라반은 전문 무용가로서 무용에 대한 이론을 남긴 점에서 그레저와 달랐지만 무용에 대한 생각도 비슷했다. 라반에 의하면 오늘날 뛰어난 인간이란 자기가 갖는 육체의 힘을 자연스러운 형태로 표현할 수 있는 사람이었다.[30] 따라서 과거의 종교와 예술이 현대에서는 춤으로 종합되어야 하지만, 현대인은 대부분 건강한 아이가 아니라, 막혀버린 피와 신경을 지닌 노인으로 인생을 시작해 끝난다고 그는 비판했다.[31] 이러한 라반의 견해에 그레저만이 아니라 몬테베리타 사람이라면 누구나 찬성했을 것이다.

나아가 라반은 몬테베리타의 사상을 누구보다도 효과적으로 행동으로 옮겼다. 그로스는 개념조작이나 웅변에서 마찬가지로 뛰어난 사람이었지만 라반의 조직력이나 예술적 재능은 갖지 못했다. 라반은 그로스나 그레저에 비해 신중하고 온건했다. 도리어 그레저에 대응된 헤세처럼 예술이라는 범주에서 창조적인 작업을 했고, 조직력이나 예술적 능력이 뛰어났다.

1919년까지는 몬테베리타에서, 그 뒤로는 유럽의 여러 도시에서 그는 몬테베리타의 경험과 시도를 춤과 연극이라는 위대한 예술로 승화시켰다. 즉 당시까지 지극히 일상적이고 지적인 성격을 일신하여 체조와 움직이는 합창대, 새로운 연극 등의 형식을 특히 젊은이들을 위해 고안했다. 이러한 라반의 활동을 통하여 몬테베리타는 독일문화에 중요한 기여를 했다. 적어도 1920~30년대에는 분명히 그러했고, 그 뒤로도 지금까지 그 영향력은 유지되고 있다.

1914년 브란덴부르크가 몬테베리타에 왔다. 라반과 비그만이 모던댄스의 지도자라고 확신한 그는 <수염을 기른 남자> 또는 <희생자의 승리>라는 무용극을 구상했다. 이는 딸에게 성욕을 품은 아버지의 욕망을 묘사한 것이었다. 그 주제는 원죄였다. 그 무용극의 아버지 역은 가면을 쓴 비그만이 맡았다. 그것은 몬테베리타가 증오한 한스 그로스를 전형으로 하는 독일 남성의 얼굴이었다. 그러나 쾰른시의 의뢰로 예정된 그 공연은 제1차 대전의 발발로 중단되었다.

1914년부터 새로운 무용운동은 유럽 전역에 널리 퍼졌다. 달크로즈 학교는 120개에 이르렀고 7천여 명의 학생들을 가르쳤다. 학생들은 육체적 훈련 이상의 리듬, 즉 육체와 정신의 조화를 녹인 일체감을 맛보았다. 몬테베리타의 생활예술학교에서는 학생의 몸속에 잠든 생명력을 깨웠다. 전쟁으로 몬테베리타에는 라반과 비그만이 남아 무용기보법을 연구했다.

다다

1916년, 취리히에서 다다가 탄생했다. 1916년 5월, 후고 발은 자신이 3개월 전에 개업한 카바레 볼테르Cabaret Voltaire에서 "우리 카바레의 목적은 전쟁과 국수주의의 장애를 뛰어넘어 다른 이상들을 추구하려고 살아가는 소수의 독자적인 정신의 소유자들이 있다는 사실을 환기시키려는 데 있다"[32]라고 결론을 맺은 다다 선언문을 읽고, 마분지로 만든 기괴한 제복을 입고 관객들 앞에서 취리히 다다운동의 시작을 알리는 '음성시Sound poem' 「카라와네」Karawane를 발표했다.

후고 발

라반과 그의 제자들이 다다 창립 공연에 앞장섰고, 한스 아르프Hans Arp와 한스 리히터Hans Richter가 배경 막을 그렸다. 비그만은 다다의 초기 퍼포먼스로서 낭독된 니체의 구절에 맞추어 '영혼의 춤'을 추었고, 페로테는 피아노와 바이올린으로 쇤베르크와 사티의 음악을 연주했다. 그리고 카차 불프Katja Wulff는 칸딘스키와 휠젠베크의 시를 낭독했으나 관객의 소동으로 인해 끝내지 못했다.

그 후 다다의 창립자인 후고 발과 에미 헤닝스Emmy Hennings, 1885~1948는 몬테베리타에서 많은 시간을 보냈다. 라반은 다다로부터 큐비즘, 동시묘사법, 미래파 등이 꽃피었음을 인정하면서도 다다의 근본이 '힘의 쇠약과 왜곡되어 굴절된 심리뿐'이라는 이유에서 거리를 두었다.

독일에서 노동자의 아들로 태어난 발은 독일에서 공부하고 연극 활동을 하다가 스위스로 가서 아나키즘, 특히 바쿠닌 사상에 젖었다. 취리히에서 그는 한스 아르프, 리하르트 휠젠베크Richard Hülsenbeck, 1892~1974, 트리스탄 차라Tristan Zara, 1896~1963, 마르셀 장코Marcel Janco, 1895~1984, 에미 헤닝스를 비롯한 젊은 예술가들과 함께 다다 운동을 일으켰다. 다음과 같은 아르프의 글은 당시의 분위기를 잘 전해 준다.

> 세계대전이란 대살육극에 지긋지긋하여진 우리는 취리히에서 미술에 몰두하였다. 멀리서 대포소리가 쾅쾅 울리더라도 우리는 노래하고 그림을 그리고 콜라쥬를 만들고 시를 쓰는 데 힘을 쏟았다. 우리는 천국과 지옥 간의 균형을 이루는 새로운 질서, 그리고 당대의 광란을 치유하는 초보적 예술을 모색하고 있었다. 우리의 어렴풋한 예감으로는 무력에 미쳐 날뛰는 도당들이 언젠가는 인간들을 무지몽매하게 만들 목적에서 예술을 이용해버릴 것이라는 생각이 들었다.[33]

마르셀 장코는 "예술이 보다 정당하게 우리들 사회 내에서 존재할 수 있을 조건을 확보할 수 있으리라는 희망을 우리는 상실하였다. 이러한 문제를 의식하는 우리들은 보다 무거운 책임감을 느꼈다. 인류의 고통과 인간성의 타락을 접하여 우리는 망연자실하고 경악하였다"고 했다.[34] 또 "우리는 우리의 '문화'에 대한 확신을 잃었다. 카바레 볼테르에서 우리는 부르주아에게 충격을 주고, 그들의 예술을 파괴하기 시작했으며, 상식, 여론, 교육, 제도, 박물관, 좋은 맛 등 모든 편재하는 질서를 공격하고 있다"고 주장했다. 트리스탄 차라는 "새로운 예술가는 항의한다. 새로운 예술가는 이미 설명적·상징적인 복제複製를 그리는 것이 아니다. 그는 돌이나 나무나 쇠로 직접 창조한다. 특급기관차와 같은 새로운 예술가의 유기체는 순간적인 감동을 싣고 모든 방향으로 향할 수 있는 것이다."라고 선언하였다.

다다이즘은 제1차 대전 중, 스위스에 망명 온 작가들이 일으킨 반문명, 반합리주의 예술 운동으로, 전쟁의 살육과 파괴에 대한 증오와 냉소를 기본 정신으로 하여, 모든 문화적 가치, 전통적 가치, 이성에 대한 신뢰를 부정하며 예술 형식의 파괴와 부정을 주장하고 기성의 모든 사회적 속박으로부터 해방되어 개인의 원초적인 욕구에 충실하려고 했다.

제1차 세계대전이 끝나자 취리히에 있던 다다이스트들은 독일, 프랑스 등 자기 고향으로 돌아가 다다를 계속했다. 독일 출신 다다이스트들은 베를린, 하노버, 쾰른 등으로 돌아갔고, 이중 베를린 다다와 쾰른 다다가 유명했다. 베를린에서는 라울 하우스만, 게오르그 그로츠Georg Grosz, 1893~1959, 존 하트필드John Heartfield, 1891~1968 등이 주로 작업했다. 취리히와는 달리 베를린 다다는 정치적 작업을 주로 했고, 혁명적 요소를 강조했다. 하우스만은 아상블라주assambleuse 회화를, 하트필드는 포토몽타주 작업을 주로 했다.

이들이 했던 작업을 보면 바이마르 공화국과 나치 독일을 비판한 작업들이 많았다. 게오르그 그로츠는 바이마르 공화국의 지배층을 구성하는 출판업자들, 민족주의자, 군주제 지지자들, 성직자 등을 대표하는 이들을 위선자, 도덕적인 불감증을 가진 자들로 묘사했다. 하트필드의 경우는 아예 총통 각하를 비아냥대는 풍자물을 대놓고 제작하였다.

베를린 다다에는 그로츠적 요소가 강했다. 휠젠베크는 그로스와 프란츠 융에 의해 1916년에 창간된 <자유거리>라는 잡지의 편집에 가담했는데 그 8호의 다다 특집에서 갈등은 모든 인간의 안에 있는 자기와 타자로부터 필연적으로 생긴다는 그로츠의 사고에 근거하여 그것이야말로 인간 고뇌의 원천이라고 했다. 이는 프로이트파나 융파가 사용한 여러 범주의 상위에 놓여졌다.

파리에서는 1920년대 초현실주의가 승리했다. 그 추진자인 블레즈 상드라르과 기욤 아폴리네르는 그로츠의 영향을 받았다. 상드라르의 소설 『모라바지누』*Moravagine, 1926*는 그로츠를 모델로 한 주인공이 스위스의 정신병원 인턴이 된 1900년에 시작한다. 그는 병원 의사들이 자신의 권위를 위해 정신의학을 악용하는 것에 반기를 든다. 그리고 위험한 강간범인 모라바지누를 자유롭게 해주고, 모든 곳에서 격리되고 억압된 천재의 힘을 세상에 해방한다.

상드라르의 친구인 스티챠Emil Szittya, 1886-1964도 1924년 『광기』*Klaps*라는 소설을 썼다. 내용은 파푸스Papus와 펑크Funk라는 두 사람의 의사가 운영하는 정신병원 이야기다. 그들은 환자들을 학대하고 착취한다. 환자 중에는 마약중독자도 있고 자살자도 나온다. 여기서 정신분석학은 종래 개신교의 지위를 계승하여 악마에 의한 혼의 기계화를 낳으므로 더 이상 인간해방의 과학이 아니게 된다. 그것은 그로스를 추방시킨 자들의 정신분석학이다.

디데리히스의 보수적 문화사회주의

어렴풋한 기억이지만 우리에게도 축제와 공동체가 희망이었던 시절이 있었다. 당시 우리는 미국식으로 원자화되는 우리의 초라하고도 이기적인 삶을 극복하고 우리의 사회주의적 공동체를 만들기 위해 그렇게 노력했다. 그러나 언제부터인가 그러한 축제와 공동체는 대학에서도 사라지고 대학마저 이기적인 취직준비처가 되어버렸다. 그리고 지금 그런 축제와 공동체를 그리워하면 시대착오적이라는 욕을 먹는다. 이는 제2차 대전 후 독일에서도 마찬가지였다. 왜냐하면 그것과 유사한 소위 인민집회극Thingspiel이 파시즘의 독특한 극형식이었기 때문이었다.

이는 루카치가 파시즘 예술이란 "모든 반동적 경향들의 절충적 종합"이라고 한 것의 유일한 예외였다. 배우와 관객 사이의 전통적 구분을 지양한 그것은 "독일 민족의 육체와 정신과 영혼에 호소하는 것"으로 극에 참여하는 모든 사람들이 단 하나의 신화적 공동체로 융화되도록 하는 것이었다.[35] 1933년에는 베를린의 그뤼네발트에서 6만 명의 관객 앞에서 1만 7천 명의 돌격대원들이 공연을 했다. 고대 그리스 비극과 중세의 신비극과 바로크의 축제극이 바이마르 시대의 프롤레타리아극과 표현주의극이 융합한 그 공연을 위해 고대 그리스의 원형극장과 자연 무대를 종합한 400개의 인민집회극장건설이 계획되었다. 물론 극소수만이 완공되었으나 1936년의 올림픽 경기장을 비롯하여 성공적으로 공연된 작품도 많았다.

이러한 파시즘 예술은 나치에 의해 별안간 시작된 것이 아니었다. 앞에서 본 디데리히스가 활동을 개시한 1905년 이래 그가 개인과 공동체의 창조성을 강조한 것은 그런 나치적인 것과는 무관한 것이었으나, 그는 그때부터 개인주의에 반대했음을 주목할 필요가 있다. 1909년부터 그가 편집한 잡지 <행동>은 개인주의의 만연에 의해 독일적 가치와 독일인의 삶이 분열된 것을 조정함에 그 목적을 두었다. 그는 만일 우리가 집단에 대한 정체성이나 충성심을 상실하고 대중 속에서 하나의 개인으로 타락한다면 우리는 자신의 과거와의 연결이나 미래를 위해 활동하는 능력을 상실하리라고 생각했다.

디데리히스

1905년부터 그는 관중도 참여하는 축제의 창조에 관심을 두었다. 그는 춤을, 개인만이 아니라 집단의 자기표현, 또 현재만이 아니라 과거와 영원의 자기를 표현하는 목적에 가장 가까운 예술형식이라고 생각했다. 그래서 디데리히스는 라반의 공동체 무용극 작품을 찬양했다.

그의 춤에 대한 관심은 철학적 충동과 관련되었다. 가령 그는 예수를 하나의 신화로 보는 학문과 현세적 종교를 창조하고자 했다. 그래서 베르그송Henri Bergson, 1859~1941의 저술을 번역해 출판하고 베르그송이 전개한 창조적 진화론의 진보적 종교와 그 독일판인 에른스트 헤켈의 일원론을 선전했다. 또 마이스터 에크하르트Meister Eckhart, 1260?~1327와 미국의 초월주의자들 저작도 간행했다. 그들 모두 경직화된 기독교를 해체하고 더욱 일반적인 현대종교를 추구한 사람들이었다.

디데리히스는 또 독일인에게 비기독교 종교를 알리는 책도 출판했다. 가령 1910년에는 리햐르트 빌헬름Richard Wilhelm의 『중국의 종교와 철학』*The Religion and Philosophy of China*을, 이어 1912년에는 『우파니샤드』를 출판했다. 이러한 책들은 그레저를 비롯한 몬테베리타 사람들 모두에게도 읽혔다.

1918년 제1차 대전과 러시아 혁명의 위기를 맞아 디데리히스는 대중의 독재를 위협적이라고 주장하고 노동자는 농촌으로 돌아가야 한다고 주장했다. 그는 베를린의 대자본가나 고급관료의 '남성쇼비니즘'을 비난하고 비부권적인 남서 독일인은 독립 국가를 세우자고 역설했다. 전후 그는 군인계급을 공격했다는 이유로 고소당했다.

당시 그의 주장은 나치의 그것과는 달랐다. 그가 『제3제국의 도래』*Das Kommen des Dritten Reiches*라는 글을 썼지만 그 제3제국이란 입센Henrik Ibsen, 1828~1906에서 빌려온 말로서 그것은 인간발전의 제3단계를 의미했다. 그에 의하면 부권적이고 전제적인 아버지 신 야훼를 인간정신에 의해 타도한 우리는 성년에 이르러 피안에서 우리의 내부로, 대지 쪽으로 향하고 있고, 우리가 경험의 배후에 느끼는 신은 입법자가 아니라 마이스터 에크하르트가 말한 생성의 신, 속죄하지 않는 신으로서 바로 우리가 그 신이 되어야 한다. 디데리히스는 괴테와 로댕이 그렇게 말했다고 보았으나, 그레저나 라반도 그렇게 생각했다.

그에 의하면 우리는 우리가 동식물 등과 깊이 관련되어 있음을 자신 속에서 느낄 수 있는 하나의 신성, 영원하고 분할될 수 없는 하나로서 책임을 지고 미래를 창조할 수 있다. 나아가 신은 개개인을 구하는 것이 아니라, 오로지 공동체만을 구제한다고 보았다. 그리고 언제나 운동하는 신은 리듬 그 자체로서 춤춘다고 했다.

디데리히스는 사회에 대한 개인적 책임을 요구했다. 즉 모든 사람에게 희생정신과 창조성을 요구했다. 그러나 그가 말한 책임은 사실 중산층=교양시민계급에 대한 문화적인 것이었다. 또 그는 사회를 붕괴로부터 구하기 위해 예술의 역할이 크다고 보았다. 1919년 그는 독일의 종교, 철학, 신문, 의회가 모두 조잡하게 되어, 믿을 수 있는 것은 예술뿐이라고 했다. 이는 니체에서 비롯된 몬테베리타의 브란덴부르크, 비그만, 라반의 사상이기도 했다.

정치적으로 그는 사회주의자였으나 어디까지나 유기적 사회주의, 보수적인 문화사회주의를 주장했다. 즉 전통가치를 지키는 공동체적 사회주의였다. 따라서 사회주의의 적은 우익적 반동이 아니라, 자유주의적인 주관주의이자 개인주의라고 본 그는 인간이 종교적 공동체 생활 속에서 내적 조화를 발견해야 한다고 주장했다.

제1차 대전이 끝난 1918년 R. 플랑크Planck라는 목사가 비스마르크 이후의 토지 투기를 비난하며 자기 아버지 칼 크리스천 플랑크Carl Christian Planck가 1881년에 쓴 책 『어느 독일인의 유언』을 옹호하는 글을 디데리히스의 잡지 <행동>에 발표했다. 이 글을 디데리히스는 1920년에 다시 출판했는데, 당시 바이마르 정권도 토지 투기 문제를 해결하지 못했다. 그래서 플랑크는 뒤에 나치스가 이 문제를 해결해주기 바랐다.

1920년 이후 이러한 주장은 공공연히 제기되었다. 즉 칼 크리스천 플랑크가 말했듯이 개인주의적인 로마법을 폐기하고, 토지를 공유재산으로 하되, 개별적 이용을 위해서만 각 가족에게 위탁하는 게르만법을 도입하자는 것이었다. 토지 문제는 그 전부터 독일에서 가장 중요한 문제였다. 특히 미국의 반도시적인 토지세 개혁자 헨리 조지Henry George의 주장이 널리 지지되었다.

그러나 바이마르 시대에는 자연보호운동이 산업주의의 원칙과 조화되는 방향으로 변했다. 이 시기에 천연기념물의 보호와 보존, 경관의 보호와 보존이 처음으로 헌법에 의해 각주의 의무로 규정되었다(바이마르 헌법 제150조 1항). 그래서 경제와 자연보호와 향토보호가 하나로 취급되었다. 그 구체적인 입법은 나치스가 1934년 '예술적, 문화적, 자연적 기념물의 보호를 위한 법률', 즉 향토보호법Gesetz Zum Schutze von Kunst-, Kultur- und Naturdenkmalen: Heimatschutzgesetz을 만듦에 의해 실현되었으나, 전쟁경제로 방향을 바꾼 산업주의로 인해 아무런 효과도 거두지 못하고 끝났다.

만년에 디데리히스는 자신의 적을 '미국화, 원자화'라고 하고 당시 독일인이 뿌리 없는 풀처럼 미국식 도시취미, 유행, 센세이션과 같은 외부적 자극에 젖어 있음을 개탄했다. 디데리히스는 나치 집권 이전에 죽어 라반처럼 나치라는 비난은 면했지만 만일 그가 라반처럼 나치시대에도 살았다면 마찬가지로 나치에 동조했을지도 모른다.

1920-30년대의 라반

제1차 대전이 끝나자 라반의 개인주의자 공동체는 해체되었다. 비그만은 독립 예술가로 자신의 길을 갔고, 라반은 몬테베리타를 떠나 슈투트가르트에서 일을 했다. 1920년, 몬테베리타가 해체되었을 때 그로스는 죽었고, 그레저는 모습을 감추었다. 반면 라반은 그 뒤 16년간 착실하게 상승했다. 1919년 전쟁이 끝나자 라반은 개인주의적 공동체를 해체하고 몬테베리타를 떠나 다시는 돌아오지 않았다.

그는 제자들과 함께 여러 도시에서 무용단을 만들고 회의를 조직했으며 바이로이트를 비롯하여 여러 극장에서 연출을 했고 논문과 책을 출판했다. 1920년대 라반은 위에서 본 디데리히스와 같은 생각을 하고 춤을 새로운 예술로 주장하고 낙원의 꿈은 축제로 성취된다고 말했다. 그는 축제를 미신이나 강령술降靈術로 보는 것을 개탄하고, 춤이 문화형성에 중요한 역할을 한다고 주장했다. 댄서란 사고, 감정, 의지 중 어느 것 하나만을 선택하여 그 만행에 몸을 맡기지 않고 그 모두를 조화시키는 새로운 인간이라고 그는 말했다. 즉 자신은 사고만의 사상가도, 감정만의 몽상가도, 의지만의 권력자도 되고 싶지 않고, 단지 세계를 다시 육체-영혼-정신의 조화 그 자체인 댄서로 가득 채우고 싶다고 했다. 이는 사실 앞에서 본 그레저의 생각이기도 했다.

라반도 디데리히스와 같이 개인주의를 문화의 위협으로 보았다. 그는 자서전에서 미국 원주민을 만났던 이야기를 했다. 그는 백인사회에서 성공했으나 공동체에서 분리된 개인에게는 영혼이 없어졌음을 알고 다시 원주민 부족으로 돌아갔다.

여기서 우리는 이러한 사고가 결국 나치와 연결되었음을 주의해야 한다. 나치는 무식하게 시작하지 않았다. 그 최초의 지지기반은 신뢰할 만한 교양시민계급으로서 그들의 생각은 1914년 이전부터 독일에서는 일반적인 것이었고, 그들은 정신과 정치를 결합시키고자 하였고 자연신비주의, 태양숭배, 신지학은 1870년경부터 정치와 결부되었다. 그들은 독일인이란 본래 어두운 숲 속에서 살아 태양을 동경했기 때문에 태양숭배자인 반면, 유대정신은 사막에서 비롯되었기에 삭막하고 천박하며 유대인들은 태양을 기피한다는 이야기를 듣고 자랐다.

이러한 보수적 민족주의는 1918년 이전에 교육기관에 널리 퍼져 자본가, 관료, 지주, 농민, 노동자만이 아니라, 산업화와 관료화에 저항한 중산시민에게도 영향을 미쳤다. 그러나 이러한 민족주의를 '신낭만주의'라고 불러(그 명명자는 헤세였다) 사회적으로 널리 퍼뜨린 자는 디데리히스였으나, 그 자신은 나치가 아니었다. 그는 정신의 귀족주의자이기는 했어도 인종차별주의자는 아니었다.

1920년, 라반은 그의 첫 작품 『무용가의 세계』*Die Welt des Tänzers*에서 무용을 사고와 감정과 의지의 융합이라고 주장했다. 인간은 추상적 사고의 지배에 저항하여, 신체-영혼-정신에 의한 춤으로 세계를 가득 채워야 한다고 주장한 그는 무용은 창조성이고, 인간의 가장 중요한 창조행위는 언제나 무용가의 정신에서 생긴다고 했다.

1923년 잡지 <청년>Junge Menschen의 무용 특집호는 라반을 최고의 '무용형성가'Tanzformer로 다루었다. 이미 무용가로서는 비그만에 미치지 못하고, 이론가로서도 불완전하다는 평이 있었음에도 그는 최고의 이론가이자 조직자로 인정되었다.

이어 1927년 라반은 비그만과 슐레머와 함께 마크데부르크에서 무용회의를 열었다. 거기서 라반은 문학이 이성을, 그리고 음악이 감정을 표현함에 대해 무용은 충동을 표현한다고 주장했다. 그러나 그곳에서 공연한 <돈 판>에서 돈 판 역을 한 라반은 마지막 장면에서 부상을 입어 무용가로서의 경력을 끝냈다. 그 뒤 그는 무용 표기법에만 열중했다.

나치당 기관지는 1928년 매춘, 바, 스트리퍼, 병病, 마르크스주의, 유대인, 현대예술, 흑인재즈 등의 도시문명을 비판했다. 이에 동의한 라반과 디데리히스는 그 해결책으로 도시의 인간을 그들의 고향으로 보내어 농업에 종사시켜야 한다고 주장했다. 여기서 라반과 디데리히스는 과거에 그로스를 정신병원에 수용시킨 그 아버지 한스 그로스로 부활했다. 나치는 모든 현대예술을 매도했다. 특히 하인리히 만을 평화주의라는 이유로, 막스 라인하르트를 유대인이라는 이유로 비판했다.

물론 나치와 몬테베리타 사이에는 차이가 있었다. 특히 폭력의 인정과 사용 유무가 있었다. 그러나 많은 예술가들이 폭력으로 죽거나 쫓겨나는데 라반과 비그만은 나치 치하에서 영광을 누렸다. 라반은 나치가 집권하기 전인 1930년에 이미 인종차별적인 발언을 했다. 즉 당시 유행하는 춤은 타민족의 것이니 백인의 춤을 만들어야 한다고 주장했다. 또한 오스트리아에는 독일적인 것이 없어졌다고 했으며, 히틀러가 오스트리아를 병합한 것을 찬양했다. 나아가 미국 여행 중에는 흑인은 춤을 창작할 수 없고 흑인춤이란 단지 백인춤의 타락일 뿐이라고 주장하며 그것이 흑인의 열등성을 증명한다고 했다.

1929년 잡지 <합창과 무용>은 라반의 50세 생일을 맞아 특집호를 꾸몄고, 1930년 뮌헨의 무용회의에서는 예수회 사제가 라반의 공동체사상과 기독교의 그것이 유사하다고 했다. 그러나 좌파는 그의 무용론을 무용에 의한 구제라는 도그마에 혼입된 도착적 에로티시즘, 사이비 종교적인 엑스타시, 현학적 마술이라고 비난했다. 그러나 그의 초대형 무용 공연에 당시의 대중은 박수를 쳤다.

디데리히스가 1930년에 죽은 뒤 청년 운동 출신의 한스 체러 hans Zehrer가 <행동>을 편집하면서 행동그룹은 나치에 접근했다. 동시에 1930년 라반은 베를린의 '프로이센 국립극장' 총감독에 취임하면서 극장의 스타 시스템을 비판하고 전문직 시스템을 도입했다. 즉 무용가는 물론 무용건축가, 무용선전가에 이르는 14개

분야의 무용전문직을 채용한다는 것이었다.

1932년 나치가 권력을 잡은 뒤 그는 1934년, 괴벨스의 선전부에 속한 독일 무용직업자단체인 '독일 무용무대'의 총감독이 되었다. 그는 바그너에 대한 충성을 맹세하면서 춤을 하나의 전문 직업으로 바꾸어 무용계의 지휘관이 되었다. 마치 아버지가 군대의 지휘관이 되었듯이. 1936년경 그는 이론적으로도, 실제 조직 면에서도 독일 무용계의 지도자가 되었다. 그는 국제적인 형식주의는 프랑스적인 것이라고 비판하고, 형식 대신 표현을 강조하는 비그만의 무용이 독일적인 것이라고 주장했다. 비그만은 라반을 따라 신화적 지도자와 결부된 새로운 연극의 필요성을 주장했다. 즉 연극은 위대한 국민적 사건을 신화로 표현해야 한다는 것이었다.

나치 집권 후 비그만은 라반과 함께 나치에 협조했다. 1935년의 『독일 춤 예술』에서 비그만은 라반처럼 새로운 연극의 필요성을 주장하고, 그 연극은 신화와 연결되어야 하며, 어떤 민족도 신화, 공통의 운명, 지도자를 필요로 한다고 했다.

이와 함께 라반은 나치가 선전한 바그너 숭배에 젖었고, 바그너의 아들 지크프리트 바그너는 라반이 아버지의 의도에 완전히 합치한다고 했다. 1934년 그와 비그만이 쓴 『독일 무용 축제극』 *Deutsche Tanzfestspiele*이라는 책은 자신들의 독일 표현주의 춤이 세계 최고라고 주장했다. 같은 해 라반은 '독일 무용무대'의 총감독으로 일했다.

그러나 라반도 비그만도 나치정권의 전폭적인 지지를 받은 것은 아니었다. 몬테베리타 사람들을 비롯하여 그들의 친구 중에는 유대인이 많았고 정부는 그들을 대부분 타락한 예술가로 판단했다. 그럼에도 그들은 1936년 베를린 올림픽에서 중요한 역할을 담당했다. 올림픽 역사상 최초로 예술행사가 열렸고, 그 무용 부문을 라반이 담당하여 <죽은 자의 한탄>이라는 무용극을 비그만이 상연했다.

특히 라반은 비그만과 함께 1936년 베를린 올림픽에서 활약했다. 개막축제에서 라반은 무용부문을 맡고 비그만은 『사자의 개탄』이라는 무용극을 상연했다. 라반은 30개국에서 온 1천 명의 무용단으로 『봄바람과 새로운 기쁨』라는 제목 아래 니체의 『짜라투스트라는 이렇게 말했다』에서 뽑은 텍스트와 니체적인 테마의 네 가지 윤무로 구성했다. 이는 올림픽을 위해 새로 만든 '제국경기장'의 야외무대에서 공연될 예정이었다. 마사 그레이엄 등은 그 초청을 거부했으나 15개국에서 온 무용가들은 2만 명의 관중 앞에서 공연할 예정이었다. 그러나 괴벨스는 그것이 경기와 결부되어 재연될 수 없다고 결정했고, 라반에 대해서는 국가에 적대적이라는 선고와 함께 연금 조치가 내려졌다. 1937년 그는 연금 3개월 만에 프랑스로 탈출해 다음 해 영국으로 망명했다.

영국의 라반

1938년 1월, 라반은 더틴턴 홀로 갔다. 데번셔에 있는 그곳은 엘름허스트Elmhirst 부부의 농업 기업체로서 '신교육협회'의 사상에 근거한 진보적인 학교를 가지고 있었다. 1914년에 설립된 '신교육협회'는 신지학과 관련되었고, 엘름허스트Leonrd Elmhirst는 인도에서 타고르와 함께 그 학교의 방향을 상의했다. 라반과 제자들은 몬테베리타에서 타고르의 시를 낭독했고 그것에 맞추어 춤을 추었기 때문에 그 학교는 그들에게 알맞았다.

더틴턴 홀은 농업기업체이자 대규모의 실험장이었고 동시에 버나드 리치Bernard Leach 등이 작업한 도자기 제작소이었다. 마가레트 바Magaret Barr 무용단과 같은 예술사업도 육성했다. 1933년 그곳에 온 쿠르트 요스Kurt Jooss는, 에센의 폴크방그 학교의 교사였던 지그리트 레다와 22명의 학생들과 1934년 합류하여 압도적인 힘의 무용단을 세워 바는 그곳을 떠나야 했다. 라반은 그곳에서 『운동의 언어』를 저술해 엘름허스트 부부에게 바쳤다.

라반은 영국에서 베를린 시절 제자인 리사 울만Lisa Ulmann, 1907-1985과 만났다. 1935년, 노동자교육협회의 후원을 받아 프리머스에 운동예술단을 창설한 그녀는 라반에게 가장 필요한 존재였다. 그녀는 영국 교육부를 설득하여 전문적인 기술교육 속에 라반의 '운동분석 기본분류법'을 채택하도록 했고, 그의 운동예술 스타지오의 교사용 3년차 과정이 '체육' 교사 채용시 유력한 자격이 되도록 했다. 또 '모던댄스 휴일 코스'가 1940년에 시작하게 했다.

1942년 경영 컨설턴트인 F. C. 로렌스가 라반과 함께 산업계의 직업훈련과 인재선발에 운동 분석을 응용하여 업무의 '동적 질'의 측정방법을 제공하는 '라반-로렌스 산업리듬'을 고안했다. 이는 초기에 성공을 거두었고, 물리요법과 정신요법, 특히 교육에 응용되었다. 또 리사 울만은 1946년 맨체스터에 운동예술 스타지오을 창설했고, 1953년에는 이를 셔리 주의 어덜스턴으로 옮겼다.

이처럼 영국에 망명한 후 라반은 무용예술만이 아니라 교육(춤과 운동에 대한 그의 방법이 아동교육에 좋다고 영국 교육부가 인정했다)과 산업(그의 방법이 공장 현장의 능률 향상이나 관리자 선발 및 교육에 유효하다고 인정되었다)의 명사가 되었다. 물론 그의 무용운동의 기보법과 같은 초기 업적도 여전히 여러 나라에서 주목되었다. 1939년 그의 제자는 라반이 춤을 단지 미적인 차원이 아니라 윤리적이고 형이상학적인 차원으로 승화시켰고, 끝없이 변화하고 서로 침투하는 삶의 여러 형태의 시각화로서 생각한 점에서 위대한 스승이라고 말했다.

그러나 1938년부터 20년간 그는 잊힌 과거의 인물이었다. 그는 와랴라이로로 시작해 황태자를 연상하게 하는 루돌프를 지나 센트 야논 아츠디라로 끝나는 10개의 긴 이름을 자랑했지만 1950년대에 그와 페로티의 아들이라고 자처하는 자의 자살로 충격을 받았고 1958년에 죽었다. 그리고 비그만은 1973년 몬테베리타로 돌아오는 여행 도중에 죽었다.

영미의 몬테베리타

19세기말 영국에서 몬테베리타에 버금가는 것은 스트라우드 Stroud 부근 크로스월드 힐즈Crossworld Hills의 톨스토이 농업공동체인 휘트웨이Whitway이었다. 그것을 세운 사람들은 런던 교외의 크로이돈Croydon에서 온 사람들이었다. 톨스토이를 존경한 켄워시 John C. Kenworthy, 1883~1940는 '크로이돈 형제애교회'의 목사이자 '형제애 출판사'의 편집인이었다. 1894년에 세워진 그 교회는 공동체를 세우기 전에 상점과 세탁소와 의상실을 운영하여 '노동교회'라고도 불렸다.

1898년에 세 사람이 땅을 샀지만 즉각 매매서류를 불 질러 소유자가 없는 땅으로 만들었다. 퀘이커교도를 포함한 12명이 그곳에 살면서 의복을 나누고 어떤 맹세나 약속도 하지 않았다. 첫 해 겨울 돈이 떨어져 그들은 감자와 나물로 연명했다. 그 뒤 많은 사람들이 떠나고 또 새로 왔다. 그 중 그레저를 연상하게 하는 사람이 모라비아 출신으로 톨스토이를 찾기도 한 셀타크Francis Seldak, 1873~1935였다. 간디도 휘트웨이를 방문했다.

또 하나의 운동은 1881년 데이비슨이 만든 윤리적 사회주의 단체인 '신생활 동지회'Fellowship of the New Life였다. 프로이트를 영국에 알린 엘리스와 G. B. 쇼도 그 회원이었고, 그 모임으로부터 페이비언협회가 생겼다. 페이비언협회나 사회민주동맹Social Democratic Federation은 몬테베리타와 같은 새로운 사회운동이었다.

19세기말 사상가로서 몬테베리타 정신에 가장 가까운 사람은 카펜터Edward Carpenter, 1844~1929 였다. 그의 『문명: 그 원인과 구제』 *Cultivation* : Its Cause and Cure, 1888은 간디에게 가장 중요한 영향을 준 책이었다. 영국의 시인이자 사회사상가인 카펜터는 20세에 케임브리지를 졸업하고 그곳의 연구원을 지낸 뒤 26세에 그곳 교회의 부목사가 되었다. 그러나 그는 언제나 셸리, 워즈워스, 휘트먼과 같은 시인과 신학자들의 영향을 받았고, 1873년 이탈리아 여행 후에는 그리스 조각에 심취했다. 1874년 교회를 떠나 대학의 성인교육에 종사한 뒤 1883년 셰필드 부근의 시골에 땅을 사서 노동자 가족과 함께 살면서 야채와 과일을 키우며 채식주의자로 지냈다.

카펜터

1888년에 그가 쓴 『문명: 그 원인과 대책』은 톨스토이와 간디 모두에게 영향을 미쳤다. 바로 그해 간디는 런던에 도착했지만 그 책을 읽었는지 안 읽었는지는 알 수 없다. 설령 읽지 않았다고 해도 솔트가 낸 <채식주의자> 잡지의 가을 호에서 솔트가 그 책을 평했기 때문에 그 내용을 알고 있었을 것이다. 당시 서양문명에 심취했던 간디가 그 책을 읽었다고 해도 쉽게 동의하지는 않았을 것이지만, 간디가 1908년 『천국은 네 안에 있다』를 쓰기 훨씬 전에 그 책을 읽었을 것임은 틀림없다.

카펜터의 책은 톨스토이가 1893년에 쓴 『천국은 네 안에 있다』보다 5년 전에 나왔고, 톨스토이보다 훨씬 이교적인 책이었으나, 두 사람은 서로 존경하고 서로의 생각을 잘 알고 있었다. 채식주의자라는 점에서 두 사람은 같았고, 그 점은 간디도 마찬가지였다. 현대 의학에 대한 톨스토이와 간디의 비판은 카펜터의 이 책에서 비롯되었다. 카펜터는 고대 그리스나 아메리카 인디언 그리고 아프리카인들을 예로 들어 건강이란 전체적이고 신성한 것이고, 단순한 질병의 결여가 아니라 더욱 적극적 존재인데, 의학은 질병을 물신화하고 그 주위에서 춤을 춘다고 비판했다. 물론 카펜터의 영향은 의학 이상으로 문명 전반에 걸친 것이었다. 카펜터는 윌리엄 모리스와 친했고 1883년에는 헨리 하인드먼Henry Hyndman의 사회민주연맹에 참가했으며 신생활 동지회의 창설 멤버이기도 했다.

영국에서는 로렌스 외에도 T. S. 엘리엇이 추상화, 원자화, 획일화, 대중화에 반대하는 보수적인 이론을 전개했으나 가장 독창적인 주창자는 역시 로렌스였다. 그러나 그는 여성의 절대적 자립, 국가에 의한 모자의 보호, 그리고 그 결과 생기는 결혼제도의 폐지를 주장하지는 않았다. 왜냐하면 그것은 기독교 사회의 근본적 결합 형태이기 때문이고, 만일 그것이 파괴되면 국가가 압도적인 지배력을 갖는 기원전 상태로 돌아가리라고 생각했기 때문이었다.[36] 이처럼 결혼제도를 찬양한 로렌스는 로마 가톨릭을 찬양하고 G. B. 쇼를 현대의 회의주의자로 야유했다. 마찬가지로 로렌스를 높이 평가한 리비스는 버지니아 울프 등을 비판하고 전통적인 향토작가들을 칭찬했다.

영문학에서 로렌스처럼 몬테베리타에서 영감을 받았으면서도 로렌스처럼 보수화되지 않은 사람으로는 조지 오웰을 들 수 있다. 그가 몬테베리타적인 방랑자였음은 그의 『파리 런던 방랑기』나 『카탈로니아 찬가』에서 충분히 읽을 수 있다. 또한 헤밍웨이나 헨리 밀러를 들 수 있고, 더 거슬러 오르면 상드라르를 들 수 있다.

몬테베리타는 19세기말 미국 샌프란시스코에서 몬타레 반도 카멜에서 그대로 재현되었다. 그곳 예술가들도 고대 그리스 숭배, 사회주의, 성, 소박한 삶을 예술과 연결시켰다. 그들은 토지 공유제를 주장한 헨리 조지를 존경했다. 당시 그는 유럽의 크로폿킨 정도의 광범한 존경을 받았다. 1870년대 그는 산업주의와 토지투기의 위험성을 경고하며 캘리포니아에 욕심, 허위, 타락의 역사가 시작된다고 말했다.[37]

또한 몬테베리타의 그레저 같은 인물로 미국에는 조지 뮤어John Muir, 1903~1970 와 그리즐리 아담스Grizzley Adams, 1812~1860 가 있었다. 뮤어는 1868년 캘리포니아에 온 방랑자였고 아담스는 캘리포니아 산 속에서 자유로운 생활을 하던 자였다. 당시 그곳의 분위기를 쓴 소설로는 잭 런던Jack London, 1876~1916 의 『불타는 햇빛』*Burning Daylight, 1910*과 『달의 골짜기』*Valley of the Moon, 1913*가 있다. 런던은 일부 몬테베리타인처럼 게르만 인종우월설과 니체적인 금발의 야수 숭배를 표명했다.

몬테베리타와 캘리포니아를 연결한 매개는 이사도라 덩컨과 그레저와 같은 아나키스트 방랑자인 그 오빠 레이먼드 덩컨이었다. 그는 간디를 존경하고 아일랜드 독립을 지지했다. 캘리포니아는 대학생들의 반항을 통해 1960년대에 다시 몬테베리타와 연결되었다.

8장 톨스토이, 간디 그리고 우리

톨스토이와 몬테베리타

이제 마지막 장에 이르렀다. 여기서 우리는 몬테베리타의 스승이었던 톨스토이와 그의 계승자로서 간디를 몬테베리타 정신에 충실했던 사람으로 설명하고 우리의 문제를 고민해보고자 한다. 몬테베리타의 스승으로는 앞에서 말했다시피 톨스토이 말고도 많다. 노자나 예수, 베토벤이나 횔덜린, 슈티르너나 크로폿킨, 소로나 에머슨, 휘트먼이나 디킨슨 등도 있다. 니체도 있고 마르크스도 있다. 그러나 그 누구보다도 톨스토이가 그들의 스승이었다.

톨스토이는 언젠가 "나는 작가가 되지 않았으면 춤추는 사람이 되었을 것"[1]이라고 했다. 톨스토이가 춤을 추었다면 덩컨처럼 맨발로 춤을 추었을지 모른다. 그가 맨발로 다니는 것을 좋아했으니 말이다. 덩컨도 톨스토이를 좋아했지만 무용가 중에서 톨스토이를 가장 좋아한 사람은 러시아가 낳은 가장 위대한 무용가인 니진스키였다. 그는 "나는 톨스토이다. 내가 그를 사랑하니까."[2]라고 말했다. 그가 톨스토이를 좋아한 이유는 자연에 대한 공감 때문이었다. 톨스토이는 자연에 대한 공감에서 글을 썼고 니진스키는 자연에 대한 공감에서 춤을 추었다. 이는 덩컨이나 라반이나 비그만 같은 모던댄서의 경우도 마찬가지였다.

톨스토이는 음악을 좋아했지만 동네 아줌마들의 민요 가락에도 덩실덩실 춤을 추고 눈물을 흘렸다. 특히 그는 집시 음악을 좋아했는데 "생명을 약동하게 해주는" 음악, 사람들의 가슴에 "왕성한 정력을 불어넣어준" 음악이라고 보았다.[3] 즉 집시 음악은 언제나 자유를 갈망한 톨스토이에게 가장 감동적인 자유의 이정표였다.

흔히 톨스토이를 1880년경 50세 초반의 '전향' 전후로 나누어 그 후를 톨스토이주의라고 부르고 그 앞과 구별하지만 도리어 나는 아나키즘이라는 점에서 그의 삶과 사상을 일관된 것으로 이해한다. 가령 40대에 쓴 『전쟁과 평화』도 그 작품에 대한 일반적인 평가인, 특히 한국에서 흔한 소위 '민족을 수호하기 위한 위대한 전쟁 서사시'이기는커녕, 전쟁을 고발하고 전쟁에 반대한 작품으로 본다. 『전쟁과 평화』에 등장하는 100명 이상의 주인공들 중에 가장 인상적인 사람은 할리우드판 다이제스트 영화에 등장하는 주인공들이 아니라, 카라타에프 같은 평범한 러시아 사람들이다. 그의 영향으로 가장 중요한 주인공인 피에르가 데카브리스트라는 민중저항조직에 가담하는 것으로 소설은 끝난다.

우리나라에도 대하소설이 유행하기는 하지만 방대한 『전쟁과 평화』를 읽기란 쉽지 않다. 특히 부르기도 대단히 어렵고 비슷비슷한 수백 명의 러시아 사람들의 이름 때문에 상당한 집중력 없이는 금방 헤매기 마련이다. 게다가 아무리 반전소설이라고 우기면서 그 가치를 인정한다고 해도 전쟁소설이라는 점은 분명하기에 나 역시 읽기를 좋아하지도 않고 따라서 남에게 권하지도 않는다. TV도 영화도 없이 소설이 유일한 오락거리였던 19세기 유럽에서도 그 전부를 읽기란 지겨운 일이었다는 증언이 남아 있다. 특히 톨스토이가 조롱한 나폴레옹을 프랑스인은 읽고 받아들이기가 쉽지 않았다. 톨스토이가 전개한 반反영웅적 민중주의는 당시의 러시아는 물론 유럽 지식인들에게도 받아들이기 힘든 것이었다.

뒤이어 쓴 『안나 카레니나』는 결혼과 이혼에 대한 보수적인 태도로 인해 그 문제에 대해서만큼은 이미 상당히 진보적이었던 지식인들의 반발을 샀고, 그런 평가는 지금도 마찬가지이다. 물론 톨스토이가 비판한 본질이 귀족사회의 사치와 방종이었음을 무시해서는 안 된다. 그러나 소설에 나오는 톨스토이의 분신인 레빈의 시골생활을 좋아하기는 해도 역시 방대한 분량인 그것을 읽기란 쉽지 않다. 여하튼 톨스토이는 『안나 카레니나』를 쓴 뒤에 찾아온 그 정신의 위기도 민중과 같이 일하는 것으로 극복할 수 있었다. 그러나 이를 톨스토이의 개인적인 종교적 참회라는 측면에서만 보아서는, 당시 민중에 대한 관심이 진보적인 청년 지식인들에게 상당히 일반적이었고, 톨스토이가 그 영향을 받았다는 점을 무시할 수 있다. 이는 그 뒤 71세에 쓴 『부활』 에 대한 평가에서도 마찬가지이다.

나아가 톨스토이의 종교적 참회는 교회=국가의 부정과 직결되었음도 강조할 필요가 있다. 그것이 전쟁의 부정으로, 이어 양심적 병역거부라는 무저항운동으로 나아갔다. 톨스토이는 그것이 불법이라는 이유로 재판을 받아도 무저항으로 일관하라고 말하며, 재판은 나쁜 결과밖에 초래하지 않기 때문이라고 했다. 그는 어떤 혁명적 방법보다도 부정적 무저항이 참된 진보를 위해 가장 좋은 방법이라고 주장했다. 또한 당시의 노예제를 폐지하기 위해서는 토지를 국유화할 것이 아니라, 지방자치의 소유로 하자고 주장했다. 이는 톨스토이가 국가에 대해 철저한 불신감을 가진 탓이었다.

1910년 82세로 죽기까지 만년의 톨스토이는 『부활』 같은 소설과 함께 방대한 논문을 썼다. 문학인들에게 톨스토이 작품 중에서 『부활』을 가장 좋아한다고 말하면 대부분 웃는다. 특히 끝 부분의 성경 인용을 지적하면서, "인생 소설이지요, 교훈담이지요."라고들 하며 문학적 가치는 없다고들 한다. 반면 문학적 가치가 높다는 비평도 있으나 여기서 그것을 설명할 필요는 없겠다. 가령 러시아 평론가는 『부활』이나 『전쟁과 평화』 또는 『안나 카레니나』에서 어떤 부분의 묘사가 정말 뛰어나다고 하나, 솔직히 말해 나로서는 그것을 제대로 이해하기 어렵다. 아마도 19세기 러시아는 물론 20세기 러시아를 살아보지도 못한 탓이리라. 이는 어떤 한국 소설에 대해 러시아 사람들이 제대로 이해할 수 없는 것과 마찬가지이리라. 그러나 톨스토이 작품 중에서 『부활』은 재판과 감옥의 비판이라고 하는 주제로 인해 국제적인 보편성이 높다.

톨스토이의 종교·예술·교육론

『부활』을 제외하면 만년의 여러 논문 중에서 특히 주목되는 것이 종교론과 예술론이다. 그는 그리스도의 가르침이 교회에 의해 타락되었다고 비판하고, 오로지 이성에 근거하여 영혼불멸, 부활, 대속代贖, 삼위일체, 그리스도의 신성 같은 것을 부정했다. 그에게 신이란 사랑이고 생명이며 인간이 자신의 내부에서 자각하는 이상이었다. 기독교 교리 중에서 그가 인정한 것은 예수의 산상수훈뿐이었고, 그것도 원래의 열 개를 다섯 개로 줄인 것이었다.

그리고 그 핵심은 악에 대한 절대적인 무저항이었다. 간디를 이어 마틴 루터 킹으로 이어지는 그 무저항은 악에 대한 투쟁을 포기하는 것이 아니라, 악으로 악에 저항해서는 안 된다는 것이었다. 무저항과 함께 가장 중요한 또 하나는 원수에 대한 사랑인데 이는 『부활』에서처럼 사람을 재판하지 말라는 의미를 담았다. 그 밖에 다른 세 가지는 분노하지 말고, 아내에게 충실하며, 맹세하지 말라는 것이었다. 특히 맹세란 권력이 그 명령을 개인에게 양심에 근거하여 강요하기 위한 수단이 되기 때문에 금지한 것이었다.

그는 신의 나라를 세우는 데 핵심적 주체는 자유로운 개인이고, 모든 사회체제는 억압적이기 때문에 악이라고 주장했다는 점에서 종교와 정치를 함께 보았다. 내가 톨스토이의 글 중에서 그의 교육론과 함께 종교론에 가장 감동한 것은 1970년대 말에 자유교육과 함께 해방신학을 접하면서였다. 그러나 자유교육이나 해방신학은 이미 그 1세기 전에 톨스토이가 다 말한 것이었다. 그리스도에 가장 가깝게, 그 진보성을 최초로 말한 사람이 바로 톨스토이였다. 톨스토이는 타인의 노동으로 생활하고 스스로 땀 흘려 생활비를 벌지 않는 것은 자연의 법칙 자체에 반하는 것이며, 모든 개인의 불안과 불행의 요인이자, 사회악의 중요한 원인이라고 보았다. 그 점에서 종래의 노예제도나 농노제도와 마찬가지로 자본주의도 악이라고 보았다. 그러나 현재의 악정에서 생기는 모든 악은, 그 악정에 항의하고자 하는 사람이 권력을 갖기 위해 모든 노력을 기울이는 데에도 원인이 있다고 보았다. 그래서 톨스토이는 교회와 함께 국가도 없어져야 한다고 주장했다. 톨스토이는 부와 사치에 대한 유산계급의 무한대 욕망이, 모든 노예제도, 부자연스러운 생활조건, 교회와 국가가 지배계급의 이익을 위해 만든 모든 편견과 교의를 뒷받침하고 있음을 끊임없이 폭로했다.

따라서 그가 의식주를 포함한 생활의 간소화를 주장한 것은 당연한 귀결이었다. 톨스토이의 발자취를 찾아 떠난 나의 여행 마지막은 생가를 방문한 것이었다. 가장 감동적이었던 것은 그의 방이나 무덤이 너무나 작고 초라하다는 점과 그곳에서 낫을 들고 일하는 모습을 그린 레핀의 그림이나 사진을 보았을 때였다. 특히 삼천리 방방곡곡에 수십만 개나 있을 그 흔한 비석조차 없는, 십자가조차 없는, 톨스토이라는 이름조차 없는 작은 묘지 앞에서 나는 전율했다. 나아가 자신이 먹는 간단한 식사의 재료라도 스스로 얻고자 너무나 열심히 밭에서 일했고, 자신의 옷이나 신발까지도 스스로 기웠다는 점에 놀랐다. 그런 철저한 자급자족의 정신이 그의 민중 사랑이었다. 농민을 위해 장화를 깁고 난로를 설치했다. 굶주린 사람들을 위해 식사를 마련하고 죄 없는 사람들을 위해 탄원했으며 사형제도에 반대했다. 이런 지식인은 물론 농민도 지금 러시아에는 없다. 마치 톨스토이 이전인 듯 카튜샤와 안나만이 보였다. 톨스토이 학교가 있었지만 역시 톨스토이 자신의 학교와는 달랐다.

톨스토이의 『교육론』은 1966년에 처음 번역된 후 지금까지 재판된 것을 보지 못했다. 우리 교육계에서는 철저히 무시되어 왔다. 교육에 대해 수많은 책들이 쏟아져 나왔으나, 솔직히 말해 나는 톨스토이의 『교육론』 이상의 책을 보지 못했다. 그래서 이 기회에 그 책에 대한 관심을 촉구한다. 아마 톨스토이가 21세기 한국의 교육을 보았다면 자신이 가장 반대하는 교육의 사례로 한국 교육을 들었을 것임에 틀림없다. 우선 그는 규칙으로 묶는 교육에 대해 아동의 본성을 해칠 뿐만아니라, 아동이 아니라 교사 중심 교육이라는 점에서 가장 싫어했다. 그리고 그에게 가장 나쁜 교육은 하강식, 주입식의 획일적 강제교육이었다.

교육은 아동에게 지식이 아니라, 삶에 대한 관심을 열어주고 삶 속에서 아동이 경험하는 고뇌를 교사가 함께 해결하고자 노력하는 것이어야 한다. 따라서 톨스토이의 학교에는 교과서도, 수업료도 없고, 체벌은 물론 벌칙조차 없이 아동에게 절대적인 자유가 부여되었다. 이런 것도 우리에게는 오로지 비현실적인 이상일 뿐인가? 톨스토이는 여전히 우리에게 남인가? 그렇다면 교과서에는 물론이고 어디에서나 차라리 이상이니, 교육이니, 인간이니 하는 말을 지워버리는 게 정신건강상 좋지 않겠는가?

내 친구 톨스토이

언젠가 나의 글을 읽었다는 어느 교사가 나에게 '평준화'에 반대하느냐고 물어왔다. 나는 지금 실시되고 있는 초중등학교의 '평준화'에 반대하기는커녕, 도리어 대학까지 등급 없이 '평준화'하기를 바라지만, 인간성과 개성의 '평준화'에는 명백히 반대한다고 답했다. 내가 아는 한 인간의 평준화에 찬성한 인간은 히틀러나 무솔리니나 스탈린이나 박정희 같은 끔찍한 독재자들밖에 없다. 아니, 어쩌면 한국의 교육당국이 그럴지 모른다. 물론 입으로는 인간교육, 개성교육을 말한다. 그러나 사실은 철저한 무개성, 무인간 교육을 강요하고 있는 것이 아닌가? 교육당국만이 아니다. 한국 사회 자체가 그런 것이 아닌가? 그래서 나는 인간과 개성의 평준화, 획일화에 저항한 사람들을 좋아한다. 바로 톨스토이다.

나는 『내 친구 톨스토이』2015에서 톨스토이를 "반항하는 자유인, 자치하는 자연인"이라고 보았다. 그를 '도덕에 미친 사람'으로 보는 일반적 견해와 달리 그는 첫 작품 『유년 시절』부터 만년작 『부활』까지 시골과 도시, 자연과 인공의 대비를 주제로 삼았다. 그 속에서 각각 살기에 당연히 자유로운 사람과 자유롭지 못한 사람, 좋은 사람과 나쁜 사람, 선인과 악인을 구별했다고 보았다.

그에게는 국가도 교회도 학교도 기계도 문명도 폭력도 전쟁도 모두 자연에 반하는 인공이었다. 그는 자연인, 자유인, 자치인이었다. 그는 국가에 속했지만 국가를 거부하고, 결혼했지만 결혼을 거부하는 모순 속에서 살면서 죽을 때까지 인공적 제도의 굴레에서 벗어나려고 끊임없이 노력했다. 그래서 평생 아웃사이더이자 이방인, 국외자이자 소외자, 반항인이자 거부자였다. 그에게 가장 가까운 사람들은 러시아의 특권층이 아니라 사막의 게릴라나 방랑하는 집시들, 또는 순례하는 노숙자들이었다.

그런 톨스토이의 삶과 생각은 <마태복음> 5장 39절의 악에 대한 무저항, 즉 "악한 사람을 대적하지 말아라."라고 한 비폭력의 가르침에서 나왔다. 톨스토이에 의하면 참된 종교는 종교적 규칙은 물론 법률, 신화, 주술을 전혀 필요로 하지 않고 부정하는 것이다. 따라서 국가는 폭력에 의해 존립하는 폭력 자체이므로 비판되고 거부된다. 국가가 국가인 이상 더 좋은 국가나 더 나쁜 국가가 있는 것이 아니므로 국가를 더 좋게 하려고 하는 노력 자체가 무의미하고, 가능한 한 국가와 무관하게 사는 것이 좋다.

국가와 관련된 톨스토이의 비판이 가장 분명하게 드러나는 것은 재판에 대해서이다. 죄인을 재판한다는 법원은 악을 악으로 갚는 잘못을 저지를 뿐 아니라 법원이 악인을 만들어낸다고 그는 본다. 사랑을 모르기 때문에 행복을 모르고, 행복을 모르기 때문에 이성적인 생활을 할 수 없어서 악을 저지른 인간은 불행한 존재일 뿐이지 처벌되어야 할 대상이 아니라는 것이다. 톨스토이에게 그러한 악보다 더 나쁜 것은 거짓의 선이고 거짓의 사랑이다. 즉 위선이다.

그 위선의 정형이 법원이다. 법원은 사람들을 악으로부터 지킨다고 말하지만 이는 사랑의 힘을 믿지 않고 폭력에 대해서는 폭력으로 맞서기 때문에 가능한 것이고, 언제나 국가에 봉사함에도 선을 수호한다고 하는 것은 위선이다. 게다가 범죄는 개인적이고 일시적인 것이지만 위선은 조직적이고 영구적인 반면 그 책임은 분산적인 것이기 때문에 범죄보다도 더 나쁘다. 나아가 위선은 사랑에 대한 생각을 왜곡시킨다. 법원에 의해 선과 사랑이 지켜진다고 생각하는 것은 결국 선과 사랑을 무력하게 만든다.

교회나 사회개량가에 대한 톨스토이의 비판도 같은 입장에서 내려진다. 즉 조직이나 제도로 인간을 행복하게 만들 수 있다고 생각하는 것은 사랑에 대한 불신에서 나온다. 일단 그렇게 생각하게 되면 조직과 제도는 더욱더 견고하게 되어 사랑 따위는 필요 없다고 생각하게 된다는 것이다. 톨스토이에 의하면 이야말로 자살행위이다. 생명의 본질이 사랑이라면 사랑 외의 것을 필요로 하는 모든 유혹에서 벗어나야 하거늘 현대 사회는 도리어 거꾸로 나아가고 있고, 이를 더욱 가속화시키는 것이 과학이라고 톨스토이는 비판한다. 19세기에 와서 과학은 급격하게 변화하여 자연력 대신 기계를 사용하고자 하는 과학기술로 변모했다. 그것은 인간의 욕망을 부추겨, 사랑이 아니라 욕망이 생명의 본질이고 삶의 원동력이라고 보는 오해를 낳았다.

과학을 찬양하는 사람들은 종교가 필요 없다고 말하지만 톨스토이에게 과학은 인류 문화 중에서 가장 파괴적인 것으로서 과학의 시대는 마침내 종교 시대의 종언을 뜻했다. 과학은 선악의 판단이 불가능하므로 새로운 가치기준을 제공하는 것은 권력이다. 여기서 과학은 인류를 분열시키고 구분하며 차별을 고정화하는 도구에 불과하다. 이는 다윈의 진화론이 사회 상식에 초래한 생존투쟁과 적자생존인 것을 보면 분명하다.

간디

몬테베리타에 대한 이야기를 마치면서 그곳 사람들과 같은 생각을 하면서, 같은 삶을 살아온 사람으로 나는 언제나 간디를 떠올렸다는 고백을 하지 않을 수 없다. 유럽에서 만난 많은 사람들이 자신들이 가장 존경하는 인물이 간디라고 하는 이야기를 들은 적이 있다. 한국에서는 누구일까? 이왕이면 한국인이 좋겠지만 불행히도 나에게는 간디에 비할 만한 사람이 없다. 그런데 20여 년 전부터 오로지 간디를 찾아간 몇 번의 인도여행에서, 간디 동상은 수없이 많은데도 간디가 말한 길과 다른, 어쩌면 그 반대의 길을 가고 있는 인도인이 너무 많아 실망했다.

특히 서양에 나와 있는 인도인 중에 그런 사람이 너무 많았다. 간디 비판은 이미 그가 살아 있을 때부터 힌두 우익을 비롯하여 이슬람, 공산주의자 등 여러 곳에서 제기되었다. 심지어 네루를 비롯하여 그를 이었다는 후배들도 그러했다. 그러니 그가 죽은 지 반세기 이상이 지난 지금 인도인이 그를 존경하고 그 길을 따르기는커녕 그 반대의 길을 간다고 해도 크게 이상할 것은 없을지도 모른다.

그의 비폭력주의란 영국이 지배하는 인도여서 가능한 것이었지, 지금 북한이나 과거의 조선을 비롯한 다른 식민지 또는 나치 등 전체주의에서는 불가능했다는 이야기도 가정이기에 확인할 수는 하지만 전혀 틀린 말이 아니다. 인도가 아닌 한반도나 다른 식민지에서 간디만 한 사람이 없어서 비폭력운동이 없었다고 할 수 없다. 모두들 나름의 독립운동과 민주화운동을 했을 터이니 꼭 간디만을 높이 평가할 이유도 없다.

간디

그러나 나는 간디를 존경하고 그의 길을 따르고자 한다. 그런데 그의 길이라는 게 이 책에서 말하는 몬테베리타의 자연주의와 너무나도 흡사하여 놀랍다. 간디가 19세기말 채식주의자였던 것[4]과 몬테베리타 사람들이 그러했던 것부터 일치하고, 그 위에 신지학神智學의 영향을 받은 점도 일치한다.[5] 힌두교에 대한 간디의 새로운 인식도 런던 시절에 가능했는데,[6] 그 방식이나 시기도 몬테베리타 사람들의 경우와 거의 일치했다. 또 서양의 실리주의적 문명에 대한 반대인 자연요법이나 톨스토이주의도 일치한다. 간디가 톨스토이의 눈으로 에펠탑을 비판했듯이 몬테베리타 사람들도 만국박람회를 비판하고서 그들의 자연주의를 시작했음은 이미 앞에서 설명했다.

그러나 간디가 서양문명에 대한 저항을 실천한 것은 남아프리카 체류 기간(1893~1914)인데 그곳에서의 21년이라는 기간도 몬테베리타의 20세기 초기 20년과 묘하게 일치한다. 당시 간디가 존경한 톨스토이와 카펜터는 몬테베리타에서도 존경받았다. 그러나 가장 중요한 일치는 힌두교 경전과 자연요법이다. 특히 자연요법은 간디의 『자서전』*Autography*에 지루할 정도로 상세히 소개되었다.[7] 이는 몬테베리타에서도 마찬가지로 가장 중요한 것으로서 앞에서 보았듯이 헤세 등이 몬테베리타에 자주 드나든 것도 그 자연요법 때문이었다. 간디가 아슈람에서 스스로 지은 초가 오두막도 몬테베리타의 그것과 유사했다.

이 모든 것이 서양문명에 대한 긍정에 이은 부정이라는 점이 더욱 중요한 일치점이다. 런던에 유학했을 때까지 간디는 서양문명을 예찬한 식민지의 식민화된 예비 엘리트였다. 런던에서 지낸 3년 동안에도 그는 인도 문명에 대해 새로운 눈을 갖게 되었지만 여전히 서양문명을 예찬했다. 그런 생각과 생활은 인도에 돌아온 뒤에도, 그리고 남아프리카로 가서도 얼마까지 이어졌다. 그가 서양문명에서 완전히 벗어난 것은 나이 40세가 넘어서였다. 그 상징인 저술 『인도의 자치』*Hindu Swaraj, 1910*는 그의 나이 41세에 나왔다. 그것은 정치적 민족주의의 선언이자 동시에 비대화하고 경직화된 제국주의적 서양문화와 결별한다는 선언이었다. 죽기 직전의 톨스토이가 그 책에 심취했듯이 몬테베리타 사람들에게도 심취될 수 있는 책이었다.[8]

특히 그에게는 서양의학, 서양법, 서양교육, 서양정치, 서양종교로부터의 해방이 중요했다. 간디는 의사든, 변호사나 판사든, 교사든, 정치인이든, 종교인이든 간에 과도하게 전문화된 자들이 사람들을 예속시키는 동시에 제국주의적인 점을 특히 비판했다. 정치권력으로서의 제국주의는 물론이고 생활 구석구석에 깊이 파고든 체제나 제도에 대한 의존을 간디는 가장 강력하고도 근본적으로 비판했다. 이런 점은 몬테베리타에서도 마찬가지였다. 간디나 몬테베리타에서나 궁극적으로 추구한 것은 새로운 인간이었다.

간디는 자신의 몬테베리타로 톨스토이농장과 아쉬람을 만들었다. 그곳 사람들은 학교, 교회, 식이요법, 침구 등 모든것을 스스로 만들고 육체노동에 헌신했다. 그는 자신의 집안이 지배계급이었음을 부끄러워하고 특히 상속재산을 포기하기 위하여 이름을 바꿀 생각도 하고 가족을 돌보지 않았다. 이는 지배계급인 아버지에 대한 반항을 특징으로 한 몬테베리타 사람들의 고뇌와도 일치했다. 간디는 몬테베리타 사람들처럼 에로스적 페미니스트이지는 않았으나 남녀평등은 물론 여성적인 가치의 우월성을 인정했다. 그는 활동 멤버가 남성이 아니라 여성일 때가 더 좋다고 말했고, 자신이 여성적이라고 느꼈고, 제자들에 대하여 모자관계이기를 바랐다.

더 큰 차이는 간디가 초월신을 믿었고 금욕주의자였으며 정치가였던 반면, 몬테베리타 사람들은 철저히 반정치적이었고 신을 부정했으며 본능적 욕망을 인정했다는 점이다. 그러나 그의 정치는 자신이 만든 톨스토이농장이나 몬테베리타의 이상을 현실과 연결시킨 것이라는 점에서 크게 다르지 않았다.

몬테베리타 사람들 중에서 간디와 유사한 사람은 그레저다. 그레저는 간디처럼 정치에 나서지는 않았지만 간디가 사티아그라하는 본래 불의에 맞서는 단독행위라고 했듯이 홀로 서양 제국주의에 맞선 점에서 간디와 다르지 않았다. 물론 금욕주의에 반대한 그레저와 달리 간디는 금욕주의자였다.[9]

간디와 카프카와 몬테베리타

카프카는 몬테베리타 사람은 아니었지만 그로스를 통하여 그들에게 공감했다. 그런데 카프카는 그들과 달리 욕망을 거부한 점에서는 도리어 간디와 유사했다. 카프카의 작품 중에서 카프카를 가장 잘 보여주는 작품은 『굶는 광대』이다. 그런데 1948년 간디가 마지막 단식을 할 때 "죽고 싶으면 죽으라"는 매도의 소리가 그의 귀에게까지 들려왔다. 이에 네루는 간디가 살아 있는 동안 그런 소리를 해서는 안 된다고 화를 냈으나 이는 어쩌면 그도 같은 생각을 한 것인지 모른다.

『굶는 광대』는 주인공이 죽은 뒤 한 마리의 표범이 광대가 있던 우리를 점령하여 열기, 자유, 도전, 식욕을 발산하면서 당당하게 걷는 것을 보고 관중들이 행복해 하는 장면으로 끝난다. 지금 인도도 핵무장을 하고 경제대국으로 서서히 발돋움하여 관중들을 열광시키고 있다.

카프카는 권력을 비판하는 글을 썼으나 그 자신이 직접 권력과 싸우지는 못했다. 그러나 간디와 몬테베리타 사람들, 가령 그로스나 그레저는 권력에 대항해 싸웠다. 그들은 소극적이거나 수동적이지 않고 적극적 능동적인 인간으로 공적인 반응을 야기하고자 행동을 했다. 또한 그들은 사회적으로 보장된 그들의 신분이나 생활을 거부했다. 이런 그들에게 통상적인 사고는 효력이 없다. 가령 그들의 기이한 복장이나 식이요법에 대해 우리는 웃을 수 있으나 그것은 별 의미가 없다. 그들이 고기를 먹지 않거나 양복을 입지 않는 것도 세상에 대한 반항으로서 우리에게 중요한 메시지를 준다.

전혀 수입이 없고 무직이며 예상하지 못한 사태에 대한 그들의 완전한 무방비상태에 대해서도 마찬가지이다. 간디의 경우 그 보기는 자신의 보험증서를 남아프리카에서 실효失效시킨 것이었다. 그는 그 일로 형제들의 비난을 받았다. 그 뒤로는 간디가 유명인이 되었기에 자신을 굶는 상태에 둘 수는 없었다. 그러나 어떤 공적인 일이라도 사람들에게 일일이 호소하여 받은 돈으로 했다. 그렇지 않으면 그 일이 부패한다고 생각했기 때문이었다. 그래서 언제나 그의 일은 불완전하고 의존적이었다.

간디와 달리 그레저는 언제 어디서나 현실에 대해 무력감을 느꼈고 자신의 기록을 남기려고 하지 않았다. 사실 간디도 그레저와 마찬가지로 실패했다. 인생의 마지막 몇 달 동안 그는 민족상잔을 보았고 그가 죽은 뒤로 그의 바람은 모두 수포로 돌아갔다. 그의 죽음을 지킨 후계자이자 후배인 네루조차 그의 노선을 따르지 않았다.

그럼에도 간디는 역사에 중요한 의미를 갖는다. 즉 인간의 삶의 방식이 단지 개인에게만이 아니라, 정치와 국가의 운명을 좌우하는 성자라는 존재가 있을 수 있음을 인류에게 보여주었기 때문이다. 그런 간디에 비하면 그레저는 초라하지만 그가 간디와 같은 생각을 하고 같은 삶을 추구했음은 부정할 수 없다. 문제는 서양에서 그레저는 간디가 되지 못했다고 하는 점이며 이것이 바로 서양의 한계이다.

아울러 우리에게는 우리의 한계 문제가 있다. 일제 36년간 간디는 물론 그레저 같은 사람도 우리에게는 없었던가? 우리는 이를 일제의 간악한 지배 때문이라고 할 것인가? 그럼 지금 우리는 우리의 간디, 아니 그레저라도 두고 있는 것일까? 모두들 돈에 미쳐 인간성에 대해서는 생각하지도 못하고 있는 것이 아닌가? 그런 상황에서 이 책의 몬테베리타 이야기가 소위 신비주의 나체마을의 원조나 성해방의 고전처럼 소개되거나 컨트리 라이프의 원조처럼 이해된다면 나는 이 책을 쓰지 않는 편이 낫겠다고 생각한다.

이 책의 의의

몬테베리타의 주인공들인 그로스나 그레저와는 달리 라반과 비그만은 모던댄스를 창시한 예술가들로서 전통문화의 유지와 공동체의식의 부활을 희망했다. 앞에서 보았듯이 어쩌면 당연한 결과로서 그들은 결국 나치스와 연결되었으나, 20세기를 더욱 객관적으로 보고자 하면 그것을 무조건 부정할 수는 없고, 객관적이고도 비판적으로 재검토할 필요가 있다.

이 책은 이처럼 개인주의자와 집단주의자라는 서로 모순된 입장의 자연주의 방랑자들과 그들이 함께 살았던 몬테베리타, 그리고 그들의 사상과 예술을 우리나라에 처음으로 소개하는 책이다. 물론 단순한 소개가 아니라, 우리의 입장과 현실에서, 우리의 역사에서 열정과 냉철을 공유하며 평가하고자 하는 것이다. 그러나 무엇보다도 우리에게도 방랑이 필요하다는 것을 알리고 싶어, 당장 존재를 위한 방랑을 떠나라고 권하기 위해 이 책을 쓴다.

그래서 우리의 천박하고 삭막한 사막에 사랑과 정열과 진리와 창조의 몬테베리타를 만들자고 이 책을 쓴다. 척박한 취직고시학원으로 변한 우리의 대학과 장식 취미 상업으로 변한 우리의 예술에 인간이 숨 쉴 수 있는 최소한의 대화공간을 만들고자 이 책을 쓴다. 방랑의 정신, 자유의 정신, 자치의 정신이 없는 학문이나 예술은 이미 진선미와는 무관한 타락이다. 아니 무엇보다도 우리의 생명이 숨 쉬는 자연을 배신하는 범죄이다. 자연 자체는 물론 모든 자연적인 것을 없애는 야만이다.

최근 한국인의 행복지수는 세계에서 102위이고, 한국인이 그렇게도 닮으려고 하는 미국인의 행복지수는 152위라는 발표가 있었다. 그런 수치까지 인용할 필요도 없이 우리는 언제나 불행하고 불안하며 불쾌한 존재라고 느끼고 있다. 행복하지도, 안정되어 있지도, 유쾌하지도 않다. 그래서 언제나 미치겠고 죽고 싶다는 말을 그야말로 입에 달고 있으며, 사실 정신병자도 많고 자살자도 점점 늘고 있다. 우리 모두 언제 미칠지 모른다. 나도 예외가 아니다.

19세기말 유럽에도 자신들이 불행하고 불안하며 불쾌한 존재라고 느끼는 사람들이 있었다. 막스 베버는 이를 '철망에 갇힌 상태'로 표현했다. 그리고 그 원인을 마르크스는 자본주의 탓이라고 보았고, 프로이트는 '인간의 본능을 부인한 문명 탓'이라고 보았다. 그러나 그들 자신은 '본능 해방'도 '문명 파괴'도 거부하고 '객관성'이니 '과학적 중립성'이니 운운하며 해방과 파괴를 위한 도덕적 정열을 억제했다.

그런 그들이 서양에서는 물론 우리에게도 객관적인 과학을 수립한 대학자들로 남아 대단한 존경을 받고 있다. 하지만, 그들의 책을 아무리 읽어보아도 미치겠고 죽고 싶다는 느낌이 가시기는

커녕 더욱 커진다. 이는 그들이 그야말로 해방과 파괴를 위한 도덕적 정열을 억제하고 철망의 문명을 수호하고자 했기 때문이다.

그런 보수적 태도가 도리어 불행의 원인이라고 생각해 그런 것들을 깨끗이 버리고 근본적으로 새로운 삶을 모색한 사람들이 당연히 있기 마련이었다. 그들은 장발에 수염, 이상한 자루 옷 반코트에 반바지, 샌들이나 맨발의 방랑자들로 알프스 산골 호숫가 몬테베리타 언덕에 오두막을 짓고 스스로 가꾼 야채로 자급자족하며 밤에는 호숫가에 모여 나체로 춤을 추고 사랑을 느끼는 사람끼리라면 서슴없이 함께 잤다.

그러나 지금 우리가 그렇게 할 수 있는가? 아니 우리가 그렇게 하기는커녕 그런 사람들이 주위에 있다면 용납하겠는가? 나체춤, 결혼과 무관한 성관계는 물론, 장발이나 수염부터 이상하게 생각하는 나라가 아닌가? 나처럼 얼굴에 수염을 조금 남겨둔다고 해서 직장과 집안이 시끄럽고, 지나가는 사람 모두가 눈총을 주는 나라가 아닌가? 심지어 무엇보다도 자유와 개성을 중시한다는 대학에서도 그 모양이 아닌가? 도대체 우리의 대학이 자유와 개성을 아는가?

20세기 초 몬테베리타에서 새로운 삶을 모색한 자연주의자들에게도 대학교수 베버나 프로이트는 적이었다. 반대로 대학교수 베버나 프로이트는 자연주의자들을 위험한 불순분자라고 욕했다. 지금 우리는 그런 인공주의자 대학교수 베버나 프로이트에 젖어 있으나(그렇다고 그들이 말한 만큼대로도 우리는 살고 있지 못하고, 심지어 그들도 수염은 기르고 있었지만 아무런 헛소리를 듣지 않았으며, 특히 지금 우리의 대학교수들보다 훨씬 관대하고 유식하고 똑똑했지만) 그들이 살았던 19세기말에 이미 그들을 비판하고 거부한 사람들이 있었다는 것을 이 책은 우리나라에서 처음으로 소개하고자 한 것이다.[10]

막스 베버는 현대 사회과학을 상징하고 지그문트 프로이트는 현대 인문과학을 상징한다. 마찬가지로 그들의 대학이 있는 하이델베르크와 빈은, 특히 19세기말의 이 두 곳은 유럽 지성의 보금자리로서 빛났고, 지금도 이런 이유로 한국의 유학생은 물론 관광객조차 끊이지 않고 있다. 그러나 언제부터인가 그곳에는 지성의 인공주의에 반발하는 자연주의자들이 생겨났다. 물론 언제나 대학을 비롯한 문화에 반발하는 반문화가 있기 마련이지만 특히 19세기말에는 심각한 반발이 생겨났다. 이 책에서 다루는 몬테베리타가 바로 그것이었다. 이는 하이델베르크와 빈에 반대되는 것이다. 지성과 문화와 대학과 도시와 인공에 반대되는 곳이었다. 아니 그 모든 것을 부정하는 곳이었다.

우리는 왜 방랑하지 않는가?

행복지수가 152위인 미국은 정말 불행하고 불쌍하기 짝이 없는 나라인데 그들이야 그렇다 쳐도, 우리는 왜 그들을 닮으려고 야단인가? 앞으로 완벽하게 닮게 되면 우리는 더욱 더 불행해지는 것이 아닌가? 그런데도 왜 우리는 변하지 않는가? 우리는 왜 방랑하려고 하지 않는가?

변한다는 것은 쉬운 일이 아니다. 가령 우리는 20세기 전반에는 민족의 독립, 후반에는 산업화와 민주화라는 변화를 위해 노력했다. 그러나 사실 변화란 단지 정치적 경제적인 차원만이 아니라, 모든 사회적 문화적 차원, 가령 사랑, 결혼, 교육, 재판, 사법제도, 시민도덕 등의 근본적인 변화가 있어야 가능하다. 아니 인간의 근본이 바뀌어야 한다.

가령 지금과 같은 물질주의적 결혼이나 교육을 우리는 언제까지 계속할 것인가? 모두들 남들이 그러니 어쩔 수 없다고 한다. 재판과 사법제도 역시 물질주의와 함께 관료주의와 권위주의에 젖어 있는 것을 그냥 둘 것인가? 나는 법학자로서 지난 30여 년 사법의 민주화, 법제의 민주화를 위해 꽤나 많은 글과 책을 썼고, 최근 나의 주장이 배심재판을 비롯한 사법개혁으로 조금은 반영되는 듯하다. 그러나 그것이 한국사회의 고질병인 연고로 이루어진다면 아예 하지 않는 것이 낫다. 사랑이나 결혼이나 교육을 비롯한 시민도덕의 문제는 여전히 더욱 심각하다.

가령 우리의 사랑은 돈과 도덕이 결정한다. 특히 기혼자의 사랑은 언제나 돈을 둘러싼 불륜이라는 평가를 면하지 못한다. 미혼자의 사랑도 돈이 중심이며 적어도 성관계가 수반되면 결혼이나 혼인빙자간음이라는 평가를 면하지 못하고, 심지어 최근에는 사랑과 성희롱 또는 성폭행이라는 것이 구별될 수 없는 지경이 되어버렸다. 또 모든 결혼은 마치 성관계가 없는 순수한 남녀의 결합처럼 이야기하지만 사실은 대부분 그렇지 않음을 모두들 알고 있다. 게다가 재산이나 사회적 지위에 따라 사랑은 계급적으로 형성되며, 그것도 성형수술 등으로 철저히 왜곡되기 마련이다.

특히 가장 개인적이고 내밀한 감정의 표현인 사랑이 한국에서는 철저히 사회적이고 가족적인 행위로 오도된다. 모든 사랑의 문제에 가족이 동원되고 직장에서 평가되며 심지어 법이 관여하여 감옥까지 갈 수 있다. 우리의 사랑은 이 책이 보여주는 몬테베리타에서처럼 지성적, 도덕적, 사회적 엄격함 속에서도 자유롭고 아름답게 꽃피고 질 수는 없는 것일까? 결혼에 이르지 못하거나 결혼으로 구속되지 않는 한 사랑은 존재할 수 없는 것일까? 이 물질주의적이고 속물주의적인 모든 삶의 방식을 도대체 어떻게 극복할 수 있을까?

교육도 돈 놓고 돈 먹기의 야바위꾼 놀이가 되어버렸다. 아주

어려서부터, 정말 갓난 아기 때부터 돈으로 판매하는 지식 상인에게 맡겨져 모든 거리는 학교와 학원의 다중 교육 판매사회로 변했다. 그들에게 배우는 아이들은 성적이 좋으면 좋을수록 가장 이기적인 성공의 신화에 젖어, 일류대학, 일류직장, 일류결혼, 일류인생을 추구할 뿐이다. 그러나 대부분의 아이들은 그 치열한 경쟁에서 당연히 실패하여 어려서부터 이류, 삼류, 사류, 그리고 그 이하 이하의 실패자로 살아간다. 그들에게도 일류를 모방한 이류, 삼류, 사류의 대학, 직장, 결혼, 인생이 있지만, 그들에게 찍힌 실패라는 낙인은 어떤 고상함의 추구도 허용하지 않는 쓰레기 같은 나날만을 허용한다.

나는 스스로 미쳤다는 소리도 들어보았고 주변에도 그런 사람들을 많이 보았다. 그래서 정신과 의사도 꽤 많이 보았다. 그 정신과 의사들의 아담 같은 이가 프로이트이다. 그는 자신이 어디까지나 '정신병을 치료하는 의사'라고 했으나, 정신병이란 사회적·문화적 환경에서 나오는 것이니 그것을 치료하기 위해서는 '사회적·문화적 변혁'이 필요하다고 생각하는 의사들이 당연히 있을 수 있었고, 실제로도 있었다.

물론 우리나라에는 거의 없는 듯하고, 우리의 정신과 의사라는 사람들은 무조건 '정신을 차려라' '미치지 마라'라고 정신적인 매질만 하는 고리타분한 도덕선생 같지만, 20세기 초 독일에는 근본적인 사회변혁이 필요하다고 생각하는 정신과 의사들이 있었다. 즉 그런 잘못된 사회에서는 감수성이 강하면 강할수록 당연히 더욱 더 미치기 마련이니 감수성이 강한 정신과 의사는 자신부터 치료해야 한다고 생각했다. 물론 우리나라에는 그런 정신과 의사도 없다.

그러나 20세기 초 최초의 정신과 의사들은 이 세상을 떠나 진리를 찾아 산으로 들어갔다. 단 프로이트는 감수성이 둔했는지 아니면 산이 싫었는지 아니면 산이나 집이나 마찬가지라고 생각했는지 그렇게 하지 않고 거대한 저택에 머물렀다. 베버도 마찬가지였다. 사실 마르크스도 마찬가지였다. 그들 누구도 산으로 들어가지 않았다. 그렇다고 미치지도 않았다. 그냥 그럭저럭 잘 먹고 잘 살고 잘 쓰다가 죽었다. 권력도 돈도 명성도 꽤나 많았다. 마르크스는 좀 처졌지만 그래도 운동권에서는 알아주는 편이었고, 특히 20세기 마지막까지, 한반도에서 화려한 영광을 누렸다.

20세기 초 베버나 프로이트나 마르크스도 함께 산으로 들어갔다면 20세기가 더 좋아지고 21세기는 더욱 행복하고 안정되며 유쾌하게 되었을까? 누구도 그렇다고 말할 수 없겠지만 이제 우리도 그들에 반대한 사람들의 이야기를 들어볼 정도의 여유는 생긴 것이 아닐까? 또는 누구나 미칠 수밖에 없는 세상에서 전혀 미치지 않는 엉터리 정신과 의사나 사회과학 예언자의 말을 백년이나 들어온 것은 이제 그만두거나 적어도 잠시 접어두고, 그들과 다른 이야기도 들어 보아야 하지 않을까? 베버나 프로이트나 마르크스를 아무리 읽어도 미치는 것은 마찬가지이기 때문이다.

이런 책을 읽지 않아도 이미 진리를 찾아 스스로 산에서 사는 사람들이 많으리라.[11] 그런 분들에게는 이 책의 이야기가 다른 나라 선배들의 다른 사색이나 경험담으로 읽히기를 빈다. 또한 페미니즘, 생태주의, 반전주의, 정신분석, 다다, 초현실주의, 모던댄스 등을 공부하는 사람들에게는 그것이 대학연구실이나 화실 또는 무용실에서가 아니라 산 속에서 시작된 것임을 알려주는 계기가 되어 그들에게 그 막힌 공간을 뛰쳐나가 산 속으로 가는 계기가 되기를 빈다.

또 이 책이 헤르만 헤세, D. H. 로렌스, 프란츠 카프카, 라이나 마리아 릴케, 이사도라 덩컨, 칼 구스타프 융 등을 공부하는 사람들에게도 그들이 난해한 잡소리를 한 것이 아니라 산 속에서 진실을 탐구하고 모색했음을 알리는 계기가 되기를 빈다. 또한 간디를 좋아하고 연구하는 사람들은 간디의 진실실험과 이 책의 몬테베리타가 기막히게도 여러 가지로 일치하여 가령 헤세와 간디는 물론이고 카프카와 간디와 로렌스와 덩컨의 비교도 가능하다는 사실에 흥미를 느낄 수 있기를 빈다. 왜냐하면 그 모두 서양문명에 대한 거부, 권력과 자본에 대한 거부를 주장한 사람들이기 때문이다.

한국에서는 웬일인지 이러한 비교가 불가능하다고 생각하는 사람이 많지만, 특히 전문가라는 대학교수 중에 그런 사람들이 많지만, 그들의 표면이 아니라 본질을 이해하고 전공의 좁은 벽을 뚫고 나가면 누구나가 쉽게 알 수 있는 것에 불과하다. 이 세상에 크게 새로운 것이란 거의 없다. 또한 대학이라는 이름 아래, 박사니 뭐니 하는 권위에 대해 어려워 할 필요가 없다. 특히 외국 유학병에 걸린 이들이 유학국의 난해한 언어들을 자기도 모를 정도로 더욱 난해하게 번역하는 것으로 권위를 세우려는 짓에 현혹될 필요는 전혀 없고, 우리의 병을 고치는 데 조금이라도 유용하게 사용하는 것으로 충분하다. 요컨대 카프카나 릴케에 대해 서로가 모르는 헛소리를 할 필요 없이 우리를 미치게만 하지 않게 도움을 주면 충분하다는 것이다.

무엇보다도 나날이 불행과 불안과 불쾌를 느끼는 사람들에게 새로운 삶을 '전체적'으로 모색하는 자극제가 되기를 빈다. 우리도 세상살이가 힘들다고 공동체운동 같은 것을 하고 있다. 그러나 우리의 공동체운동이란 동창생을 비롯해 서로 마음이 맞는 사람들이 정년퇴직 후에 부부 단위로 시골에 똑같은 전원주택을 짓고 취미 삼아 가볍게 유기농법으로 농사를 지으며 건강을 보살펴가면서 정답게 사는 것을 말하는 것이 아닌지 모르겠다.

그것이 과연 '새로운 삶의 모색'일까? 게다가 서로 마음이 맞지 않아 쉽게 깨어지지는 않는지 모르겠다. 이 책에서 말하는 공동체란 사실 철저히 개인주의적인 것이고, 어떤 공동체주의-집단주의에 입각한 것이 아니다. 그 공동체를 만든 이유는 세상이 싫어서 세상과 전혀 다른 새로운 세상을 만들기 위해서이지 아는 사람끼리 오순도순 정답게 살고자 한 것이 아니었다. 따라서 그 구성원인 개인은 모두 새로운 인간이어야 한다. 즉 자본주의적 세상을 버리고 반자본주의적인 삶의 방식을 취하는 것이다. 다시 말해 우리 모두 이 세상의 방랑자가 되어야 한다.

무엇이 문제인가?

나는 다시 강조한다. 문제는 서양이냐 동양이냐가 아니라, 진리냐 아니냐, 진실이냐 아니냐의 문제이다. 진리나 진실을 따지지 않고 동양이니 서양이니 하는 구별에 근거하는 모든 논의는 허구이다. 특히 서양=물질, 동양=정신이라고 하는 이분법적 도식만큼 웃기는 헛소리가 없다.

사랑의 자유나 남녀평등 즉 가족관계나 인간 관계에서의 상하 불평등 문제는 서양보다 동양에서 더욱 문제가 많았다. 따라서 우리는 서양을 비판하되 동양도 비판해야 한다. 서양을 비판해야 하는 점이 있다고 안이하게 동양을 긍정하는 것만큼 바보짓이 없다.

나는 우익적인 보수주의자만이 아니라 좌익적인 진보주의자들도 한국에서는 모두 효자 효녀이고 자상한 아버지 어머니이며 남편 부인인지에 대해 의문을 가지고 있다. 물론 이는 정치적으로 좌익적인 진보주의자라는 사람들이 대단히 권위주의적인 가부장주의자이거나 철저히 배타적인 남성배척주의자인 것보다는 나을지 모르지만 말이다. 여하튼 효도와 가부장주의의 결합으로 인한 한국의 독특한 가족중심주의는 온갖 문제를 낳는 근본적인 요인임에도 한국 사회는 그것에 대한 철저한 반성이 있을 수 없는 풍토이기도 하다.

그로스와 같은 남성에 대한 근본적인 부정의 사상은 프로이트에 의한 것이 아니라 몬테베리타에 의한 것이었다. 즉 프로이트가 아이의 공상이라고 본 오이디푸스 콤플렉스는 몬테베리타에서, 아이의 공상이 아닌 어른들의 역사적 현실로 비판되고 거부되었다. 그리고 1913년, 36세의 그로스는 아버지가 그를 위험한 정신병자라고 주장했기 때문에 체포되어 금치산자 선고를 받고 정신병원에 수용되었다. 또 아버지는 몬테베리타에 있는 손자를 키우기에 며느리는 적임자가 아니라고 주장하고 그녀로부터 떼어 자기가 키우게 해달라고 요구하는 청원서를 제출했다. 몬테베리타에 모인 자연주의자들의 가족만이 아니라 그곳 주민들도 그들을 싫어했다.

이 책에서 소개하는 몬테베리타의 사람들은 간단히 말해 실패자들이다. 심지어 당시에는 미친놈 취급을 당해 실제로 정신병원에 끌려가기도 했다. 그것도 타인들이 아니라 가족들에 의해서 말이다. 그런 경우 가족의 사랑은 우리의 정서에서 보면 대단히 감동적인 것일 수도 있다. 특히 사회성이 빈약하고 정신에 문제가 있는 가족에 대한 희생적인 사랑이라는 이유로 말이다.

지금 우리 주변에도 이 책에서 소개하는 몬테베리타 사람들 같은 사람들이 있으면 우리는 그렇게 반응할지도 모른다. 아니 실제로 그런 분위기가 있다. 세상이 싫다고 산 속으로 가는 사람들에게 한 편으로 부러워할지 모르지만 다른 한편으로는 질시하는 경향이 있는 것이다.

자연주의와 공동체의 문제점

여기서 우리는 근본적인 물음을 재검토할 필요가 있다. 먼저 자연주의라는 것이 왜 필요할까? 가령 자연이 너무나도 아름다운 곳, 자연에 아무런 문제가 없는 곳, 인공적인 요소보다 자연적인 요소가 더욱 더 많이 남아 있는 곳, 인간과 자연이 하나인 곳에서 자연주의라는 것이 굳이 필요할까? 지금 한국이 그렇다면 한국에 자연주의라는 것이 꼭 필요할까? 분명히 말하지만 삼천리 금수강산이라는 우리의 자연을, 아름답다고 노래하는 것, 저 중국의 도연명으로부터 송강 정철에 이르는 동양식 또는 한국식 자연예찬은 적어도 이 책에서 말하는 자연주의와는 무관하다.

지금 한국에는 그 무엇보다도 개인의 자유, 사회가 문화라는 이름으로 개인에게 강요하는 억압으로부터의 해방, 강제의 타파를 위해 자연주의가 필요하다. 자연이 극도로 파괴되고 있으며 우리의 삶이 전혀 자연스럽지 못하고, 인간에게 가장 자연스러운 자유와 자치가 전혀 인정되지 못하고 있기 때문이다.

내가 말하는 자연주의는 일반적으로 말하는 자연주의와는 다르다. 지금도 그렇지만 과거에도 그러했다. 옛날 농사를 짓던 시절을 그리워하며 그 때가 무슨 무릉도원이라도 되는 양 꿈꾸는 사람들이 있지만 옛날의 봉건적 사회구조는 지금보다 더 자연스럽지 못했다. 민중의 자연주의, 즉 양반이라는 자들의 음풍농월이 아니라 자연스러운 인간의 자유를 노래하는 자연주의가 필요했으나 그마저도 표현을 인정받지 못했다.

이 책에서 소개하는 몬테베리타는 오스트리아-헝가리 제국 출신 청년들이 스위스에 만든 공동체이지만, 이는 어디까지나 독일적인 현상임을 주의할 필요가 있다. 당시 독일에서는 유난히 자연인과 자연주의에 관한 관심이 컸고 특히 작가들 사이에서 그러했다. 이는 당시의 영미나 프랑스에서는 보기 어려운 독일적인 현상이었다. 그 이유는 분명했다. 즉 당시 독일이야말로 인간을 구속하는 철망의 강도가 가장 높았고, 그것과의 싸움이 가장 치열했기 때문이었다.

나는 19세기의 독일보다 21세기의 한국에 그런 자연주의가 더욱 필요하다고 생각한다. 그러나 그것이 인간의 본능을 완전하게 노출하는 그로테스크한 모습으로 나타나는 것에 대해서는 저항이 있다. 가령 영화 <올드 보이> 같은 식이다. 사회적 강제를 희생자의 내면으로 깊이 추적하고 그 강제를 없애기 위해 폭행이나 섹스와 같은 파괴적인 방법을 사용하려는 태도에 대해 나는 반대한다. 이 책의 주인공 중에서도 아나키스트 그로스가 택한 방법이었다.

반대로 내가 이 책에서 가장 중시한 그레저는 자신만의 조용한 간소화로 그 자연주의를 실천했다. 그는 아무것도 소유하지 않고 밖에서 계속 걷고, 밖에서 잠자고, 언제나 웃으며 노래하는 것이었다. 친구가 없는 것은 아니나 그가 평생 사랑한 노자나 소로처럼 책도 좋은 친구였고 곁에 사람이 없는 경우 굳이 사람을 찾아가지도 않았다. 도리어 그는 모든 사람들이 자신이 그렇듯이 자유롭기를 기대했다.

이 책에는 또 다른 자연주의자들도 나온다. 라반이나 비그만 같은 무용가들이다. 그들의 자연주의는 집단무용으로서의 축제가 상징하는 공동체주의였고 따라서 전통문화와의 연결을 강조했다. 그러나 그것이 뒤에 나치와 연결되었다는 점 말고도 공동체주의 그 자체에 문제가 많았다. 특히 문명 자체가 아니라 문화란 이름으로 강요된 사회로부터 확보해야 할 자유로서의 자연주의를 부정하는 측면이다.

자연주의와 함께 생각해볼 또 하나의 문제점은 공동체에 관한 것이다. 한국에도 이런저런 공동체가 있지만 흔히들 마음이 맞지 않아 헤어지고 결국은 공동체가 해체된다고 한다. 혹시나 그런 고민에서 이 책을 선택한 분이 계신다면 이 책은 그런 점에 전혀 도움이 되는 바가 없음을 분명히 미리 말씀드려야 하겠다.

가령 몬테베리타 공동체가 해체된 이유는 사람들의 마음이 맞고 안 맞고의 문제와는 아무런 상관이 없었다. 해체되기 전이나 해체된 뒤에나 그 구성원 사이에는 사실상 공동체 구성원으로서는 아무런 관련이 없었다. 공동체에 대한 충실도도 그 구성원에게 요구되는 의무가 아니었다. 사실 그런 의무가 있었다면 적어도 몬테베리타 구성원 중에는 공동체를 만들고자 한 사람들이 아무도 없었으리라. 그 사람들은 무엇보다도 의무나 강제를 가장 싫어한 사람들이었다.

가령 이 책의 주인공들을 다시 살펴보자. 그로스는 그 공동체에 왔다갔다하는 사람이었지 거기에 정주한 적이 없었다. 그레저는 처음에는 마음에 안 들어 불참했다가 나중에 참여했는데 토지를 구입했으면서도 농사를 짓기는커녕 혼자 구석에 오두막 같은 곳을 짓고 거의 혼자 살다가 그곳에 온 어느 부인과 함께 살았다. 라반과 비그만은 그야말로 춤 선생이어서 그곳에 정착하지 않고 주로 여름을 제자들과 함께 보내며 춤을 추었다.

그 네 사람은 몬테베리타를 대표하는 사람들이지만, 서로 친했다거나 이야기를 나누었다는 기록은 전혀 남아 있지 않고, 서로가 서로에 대해 언급한 글도 전혀 남아 있지 않아 서로 모르고 지냈다고 보는 것이 정확할 지도 모른다.

물론 몬테베리타 마을이 그리 넓지 않고 그 마을 중앙에 작은 광장이 있으며 호숫가의 카페나 길거리에서 만날 가능성도 충분히 있었으나 그들이 함께 만나 이야기를 했다고 보기 어렵다. 왜냐하면 몬테베리타 사람들은 뜻을 같이 하기에 함께 공동체를 이룬 것이지 서로 다정하게 살겠다고 공동체를 이룬 것이 아니기 때문이다. 물론 그들 각자에게는 그들과 대화하는 상대가 있었으리라고 생각되지만 그 숫자는 지극히 제한되어 있고, 대부분의 시간은 혼자서 사색하거나 독서하거나 집필을 하면서 보냈으리라고 짐작된다.

생태적 공동체를 꿈꾸는 사람들이 많아졌다. 소로가 살았던 19세기 초에도 요사이 한국처럼 공동체 운동이 유행했다. 소로도 그런 운동에의 참여를 권유받았으나, 그는 차라리 '지옥에서 독신생활'을 하겠다며 거절했다. 사실 월든 호수 숲 속에서 그는 혼자 살았다. 뿐만 아니라 평생 독신으로 살았다. 공동체의 삶을 반드시 지옥으로 느끼지는 않았겠지만 공동체 생활은 거부했다. 소로와 달리 많은 사람들이 '천국의 기숙사'를 꿈꾸고 있다. 소로 이전에도 이후에도 그런 꿈은 이어지고 있다. 소로가 거부했듯이 그 꿈을 실현하는 현실은 그리 쉽지도 아름답지도 않다.

맺음말

이제 아스코나의 몬테베리타에서 톨스토이의 농장이나 간디의 아쉬람에 이르는 길고도 먼 여행을 끝낼 때가 왔다. 그동안 우리에게 전혀 알려지지 않은 그레저나 그로스를 헤세나 카프카나 로렌스, 덩컨이나 라반과 연결하는 등, 20세기 예술과 사상이라는 거대한 화산의 마그마로 몬테베리타를 위치시키고자 노력한 이 책의 시도에 대해 다양한 평가가 있을 것으로 생각한다. 그 시도가 무모한 것일지라도 그 화산의 폭발을 직접 보기는커녕 수십 년 전 분출한 마그마가 응고되어 이룬 용암만을 바라보고 있는 우리에게 그 폭발의 모습이나 소리라도 재현해보고자 노력했다. 특히 다양한 예술과 사상의 전문영역이라는 장벽을 뚫고자 분투했고, 그러한 전문화에 대한 반항으로 나름의 대안적 삶을 모색하고자 했다. 그것은 내가 오랫동안 추구해온 자유-자치-자연이라고 하는 삶이다. 가장 자유로운 개인이 자치하는 사회를 자연 속에서 추구하는 삶이다. 20세기 초 몬테베리타에서 살았거나 그들과 비슷한 대안을 추구했던 사람들의 삶이다.

2017년 8월 10일, 충북 제천의 어느 농촌 마을에서 숙박업 등록도 하지 않고 누드동호회원을 상대로 숙박업을 하던 업주가 형사 입건되었다. 업주는 홈페이지에서 국내 유일의 자연주의(나체주의) 촌이라고 선전하며 2008년부터 그곳을 열었는데, 마을 사람들이 그곳에 선산도 있다는 이유 등으로 반대하여 결국 3년도 안 되어 폐쇄되었다. 그 후 2017년에 다시 장사를 하다가 저지된 것이다. 한편 2012년에는 전남 장흥에서 군수가 국내 최초의 '누드촌' 개설을 내걸었다가 실패했다.

어느 경우나 장삿속으로 행해진 것이어서 누드촌 자체의 의미가 충분히 부각되지 못했지만, 한국에서 과연 누드촌이 가능할지에 대해 의문을 던진 것은 사실이었다. 외국에서와 같은 누드촌이 불가능한 이유는 도대체 무엇일까?

이 책은 누드촌 이야기이다. 100년도 훨씬 전, 스위스에 있었던 누드촌 이야기다. 그러나 그것은 장사 속으로 만들어져 돈을 받고 일시적으로 나체로 지내게 한 것이 아니라, 언제나 마음이 내키면 스스로 나체로 살았던 곳이었다. 함께 벗는 것도 아니고 누구나 벗고 싶으면 벗는 것이었다. 게다가 그들의 자연주의는 누드촌만이 아니라 채식주의, 반문명주의, 반전주의, 아나키즘, 예술창조 등을 함께 하는 것이었다. 그러니 그들은 평소 서울 강남의 고급 아파트에 살다가 외제 자가용을 타고 며칠 누드촌에 와서 벗고 놀다가 돌아가는 것이 아니라 몇 년 동안 자연 속에 살면서, 몸의 벌거벗음만이 아니라 문명과 정치와 사회로부터도 벌거벗었던 사람들이었다. 특히 그들은 국가나 전쟁에 반대했다. 그러니 그들이 한국의 누드동호회원들보다 훨씬 위험했다. 따라서 그런 누드촌이 한국에 가능할 것 같지 않다.

<캡틴 판타스틱>

<남쪽으로 튀어>

2016년 <캡틴 판타스틱>이라는 영화가 개봉되었다. 누드촌 이야기는 아니지만 언제 어디서나 벗고 다니는 것을 자유롭게 하는 한 가족의 이야기다. 물론 그들도 이 책에서 말하는 스위스 누드촌의 사람들과 같은 성향의 사람들이다. 비슷한 생각을 가진 일본인 가족의 이야기를 다룬 일본 소설로 『남쪽으로 튀어!』가 있고 그것을 한국 배경으로 바꾼 영화도 있었지만 어느 것이나 누드와는 무관하다. 역시 동양에서는 아무리 반체제를 주장해도 누드는 안 되는 모양이다. 이런 이야기로 시작하는 이유는 이 책의 대부분을 10여 년도 더 전에 썼다가 출판을 미루어왔는데, 그것이 그동안 앞에서 말한 이런저런 일이 생긴 것과도 무관하지 않다고 생각되기 때문이다.

이 책을 쓰면서 나는 동양에서 효도라고 하는 것이 반체제를 막는 가장 근본적인 요인임을 다시 느꼈다. 효도가 나쁘다는 것은 물론 아니다. 부모와 자식 간의 사랑은 근본적인 것이고 지극히 자연스러운 것이며 당연히 존중되어야 한다. 그러나 그것이 모든 인간적 도리의 절대적 근본으로 강요되어 아버지의 사상이나 행동을 무조건 존중하고 계승하고 모방해야 한다고 강요되는 것은 반인간적인 것이기 때문에 문제다. 반대로 아들이 아버지를 거부하고 아버지와 다르게 새롭게 살아가는 것은 모든 문명 발전의 근본 원칙이다. 효도만이 아니라 군사부일체로 묶인 체제와 문화의 발전도 앞 세대에 대한 비판과 반대 없이는 새로운 세대의 등장도 불가능하다.

이 책의 집필을 본격적으로 시작한 것은 1999년 도시 생활을 청산하고 시골에 들어온 뒤이다, 이 책을 읽은 사람이라면 누구나 짐작할 수 있듯이 이 책에 등장하는 3명의 주인공 중에서 내가 특별히 관심을 둔 사람은 '위대한 법학자'의 아들이자 그 아버지에게 철저히 반항한 그로스였다. 그로스의 아버지는 지금 대한민국 법학부의 교수들이고 학생들이며, 법률가이자 정치가들이다. 그로스의 조국이었던 오스트리아의 사정도 크게 변하지 않았을 것이다. 지금도 그의 아버지는 '위대한 법학자'로 기억되고 모두들 그를 존경하며 따르고 있지만 그의 아들 그로스는 철저히 잊힌 인물이다. 그러니 대한민국에서 지금까지 그가 소개된 적이 없었음도 지극히 당연한 일이다.

19세기부터 유럽의 200년은 최근 한국처럼 그 '위대한 법학자'를 비롯한 군인들이 지배하는 세계였다. 그 사이 우리는 집약적으로 산업화를 이룩했지만 많은 부작용을 낳았다. 이 책은 그런 부작용에 대한 진지한 검토를 위해 20세기 초에 그 '위대한 아버지'에게 반항한 사람들의 이야기를 살펴본 것이다. 2017년 우리는 다시 민주주의를 시작하였다. 그러나 정치적 민주주의 이전에 더 근본적으로 고민해야 할 문제점은 없을까? 더욱 자유롭고 자치하며 자연 속에서 살아야 할 필요는 없을까? 핸드폰 파시즘이라는 새로운 전체주의적 획일주의가 지배하는 우리의 일상에 위험은 없을까? 핸드폰과 자가용을 버리고 함께 서로 살아 있는 개성적인 얼굴을 바라보면서 열심히 자신들의 이야기를 나누며 걷는 삶을 되찾아야 하는 것이 아닐까?

주

제1장 세기말 유럽

1. 이하 '그레저' '그로스'라고 하는 경우에는 이 두 사람을 말하고 그레저의 형제나 그로스의 아버지를 말하는 경우 풀 네임으로 표기한다.
2. 헤르만 헤세, 임홍배 옮김, 『나르치스와 골드문트』, 민음사, 1997, 299~300쪽.
3. 같은 책, 300~301쪽.
4. 이 영화는 융과 그의 환자인 사비나 슈필라인(Sabina Spielrein)의 관계에 초점이 맞추어져 있다. 그녀는 러시아에서 망명하여 융의 치료를 받고 뒤에 의사가 되었다. 본래 일부일처제를 믿은 융은 그로스의 일부다처제 주장과 환자 치료는 환자와의 사랑에 의해 가능하다는 말에 설득당해 그녀를 사랑하게 되었으나 헤어졌다는 것이 영화의 줄거리다. 사비나와 헤어진 뒤 융은 환자였던 토니 울프(Toni Wolff)와 40년간 관계를 이었을 뿐 아니라 수많은 여성을 사랑했다. 가령 1911년 바이마르 학회 여성 멤버 5명 중 융은 4명과 성관계를 맺었다고도 한다. Richard Noll, *The Aryan Christ*, Random House, 1997, p. 94.
5. 크리스토프 퇴겔, 최미연 옮김, 『프로이트』, 생각의나무, 2009, 4쪽.
6. 같은 책, 58쪽,
7. 미셸 옹프레, 전혜영 옮김, 『우상의 추락』, 글항아리, 2013, 638쪽. 프로이트와 니체의 사상은 서로 다르지만 반민주주의라는 점에서는 유사했다. 니체의 그런 점에 대해서는 박홍규, 『반민주적인, 너무나 반민주적인: 박홍규의 니체와 니체주의 비판』, 필맥, 2008과 『니체는 틀렸다』, 푸른들녘, 2017 참조. 니체는 이 책에 나오는 그레저나 그로스 등에게도 중요한 스승이었으나 나는 그 점에 대해 비판적이다.
8. 융의 사상이 권위주의적이어서 한국 등 동아시아에서 인기가 높은지도 모른다.

9. 플로리안 일리스, 한경희 옮김, 『1913년 세기의 여름』, 문학동네, 2013, 192쪽.
10. 한넬로레 슐라퍼, 김선형 옮김, 『지성인의 결혼』, 문예중앙, 2012, 46쪽.
11. 같은 책, 100~101쪽.
12. 미국의 인디언 마을과 소로의 미국 동부, 인도, 중국의 귀주, 동남아시아 북부, 러시아 등에서의 방랑에 대해 나는 글을 쓴 적이 있다. 그 밖의 유럽 방랑은 모차르트와 베토벤, 몽테뉴와 루소, 니체와 바그너, 고야와 페러, 도미에와 클림트, 밀레와 반 고흐, 콜비츠와 발라흐, 카프카가 살았던 곳, 르네상스 이탈리아, 그리스, 멕시코, 쿠바, 모로코 등이었다.
13. D. H. 로렌스, 남미경 옮김, 『미스터 눈』, 을유문화사, 1985, 116쪽.
14. 피터 왓슨, 박병화 옮김, 『저먼 지니어스』, 글항아리, 2015, 52쪽.
15. 아돌프 히틀러, 황성모 옮김, 『나의 투쟁』, 동서문화사, 2014, 150쪽.
16. 같은 책, 151쪽.
17. 윌리엄 존스턴, 변학수 외 옮김,『제국의 종말 지성의 탄생』, 글항아리, 2008, 189쪽.
18. 세기말 빈을 안내하는 책 중에 칼 쇼르스케(Carl E. Schorske, 1915~2015)가 쓴 『세기말 빈』(Fin-de-Siècle Vieena)과 윌리엄 존스턴(William Johnston, 1936~)이 쓴 『제국의 종말 지성의 탄생』(The Austrian Mind)이 있다. 한국에서는 그 번역판들이 각각 2007년, 2008년에 나왔지만 원저들은 훨씬 더 빨리 1961년, 1972년에 각각 나왔다. 이처럼 오래된 책들인데도 세기말 빈을 아는 데는 필수적인 책들도 꼽힌다. 특히 쇼르스케의 책은 한국에서 여러 출판사에 의해 여러 번 나왔다. 그러나 그 책들은 최근의 연구 성과, 특히 과거의 화려함에 대한 비판적인 견해를 반영하지 못한다.
19. Capua는 이탈리아 아피아 가도의 고대 도시.
20. 존스턴, 앞의 책, 205쪽.
21. 아르투어 슈니츨러, 최석희 옮김, 『윤무』, 지식을만드는지식, 2011, 132쪽.
22. 로베르트 무질, 안병률 옮김, 『특성 없는 남자』, 북인더갭, 2013, 54쪽.
23. 같은 책, 56쪽.
24. 정미희 편, 『나찌미술』, 미진사, 1989, 179쪽 재인용.
25. 같은 책, 186쪽.
26. 같은 책, 180쪽.
27. 같은 책, 181쪽.

28. 같은 책, 112쪽.

29. 같은 책, 202쪽.

30. 앨런 재닉, 스트브 툴만, 석기용 옮김, 『빈, 비트겐슈타인, 그 세기말의 풍경』, 이제이북스, 2005, 103쪽.

31. 같은 책, 118쪽.

32. 같은 책, 121쪽.

제2장 몬테베리타

1. 당시 유럽에서 산발적으로 나타나던 특정한 혁명적 좌파 세력이 자신을 아나키스트라는 하나의 이름으로 자각하게 됐고, 이로서 아나키즘은 본격적으로 하나의 정치세력으로서 등장하게 되었다. 따라서 바쿠닌을 "아나키즘의 아버지"라 부르기도 한다. 그의 주요 이론은 아나르코-집산주의였다.

2. P. A. 크로포킨, 김유곤 옮김, 『크로포킨 자서전』, 우물이깊은집, 2003, 366쪽.

3. 신지학(神智學, Theosophy)은 19세기에 헬레나 블라바츠키를 중심으로 설립된 신지학 협회에서 비롯된 밀교, 신비주의적인 사상 철학 체계이다. 모든 종교, 사상, 철학, 과학, 예술 등의 근본적인 하나의 보편적인 진리를 추구하는 것을 목표로 하고 있다.

4. 『바가바드 기타』는 성스러운 신에 대한 기타(Gita:歌頌)라는 뜻이며, 『마하바라타』 속에 편입되어 있는 하나의 시편(詩篇)으로, 700편의 노래로 이루어졌다. 기원전 4~2·3세기경에 성립된 것으로 여겨지는 그것은 후대 힌두교도들에게 최고 성전(聖典)으로 존중되어왔다.

5. 조이스는 1904년 더블린을 떠나 스위스에 왔다. 그는 취리히에서 영어교사가 되고자 했으나 여의치 못해 포라라는 작은 마을에서 영어교사를 하다가 이탈리아의 트리에스트로 가서 10년을 살았다. 그 뒤 제1차 대전 중 1915년에 그는 다시 취리히로 돌아와 4년 반을 살면서 『율리시즈』를 썼다. 1917년과 1919년에는 휴양 차 로카르노를 찾기도 했다. 1933년 딸의 정신 치료 차 융을 만나기도 했던 조이스는 1940년 말 취리히에서 죽었다.

6. 대프니 듀 모리에, 이상원 옮김, 『대프니 듀 모리에』, 현대문학사, 2014, 357쪽.

7. 같은 책, 359쪽.

8. '달'은 예술가가 추구하는 이상 또는 영국에서 유통되던 가장 낮은 단위의 화폐

인 '6펜스'는 물질적인 재화를 의미한다.

9. 게르하르트 하웁트만, 강두식 옮김, 『소아나의 이단자』, 서문당, 1973.
10. 같은 책, 11쪽.
11. 같은 책, 123쪽.
12. 메소포타미아 신화의 여신으로 가나안 지방에선 '아스타르테'로, 성경에서는 '아스다롯'으로 불렸다. 그리스에서는 아프로디테와 동일시되었다. 하늘의 신 아누, 또는 달의 신, 신(Sin)의 자식이라고 한다. 태양의 신 샤마쉬의 여동생이며, 풍요의 신 탐무즈의 연인이다.
13. 같은 책, 17쪽.
14. 같은 책, 18쪽.
15. 같은 책, 18쪽.
16. 정규화, 『게르하르트 하웁트만 생애와 작품』, 범우사, 2002, 300쪽.
17. 같은 책, 22쪽.
18. 7명 중에서 특히 중요한 그레저, 그로스, 라반이 모두 동유럽 출신이라는 점이 눈에 띈다. 이는 19세기 아나키즘의 선구자들이 바쿠닌이나 크로폿킨을 비롯한 러시아 아나키스트들이라는 점과도 관련된다.
19. 몬테베리타 사람들과 간디의 유사성에 대해서는 이 책의 마지막 8장에서 다시 언급한다. 톨스토이는 몬테베리타 사람들에게 가장 중요한 스승이었다.
20. 박홍규, 『윌리엄 모리스 평전』, 개마고원, 2007, 45~46쪽.
21. 자연주의(naturalism)라고 하면 일반적으로는 예술과 철학에서 과학의 영향으로 나타난 사상이자 운동을 말한다. 즉 실제의 사물과 현상을 자연 세계의 범위 안에 있다고 보고, 초자연적인 존재나 힘을 신뢰할 수 없는 가설이라고 생각하는 견해다. 그러나 여기서 말하는 자연주의는 18세기 낭만주의 사조가 활기를 띠면서 환경위기 극복의 대안으로 나타난 생태적 낭만주의(Ecological romanticism)와 같은 사상을 말한다. 생태적 낭만주의는 사회제도의 개선이나 변혁보다는 자연에 대한 인간의 감성을 제고시키고, 이를 통해 개인의 가치관 변화와 그에 따른 실천적 변화를 이끌어 내는 것이 환경 문제의 근원적 해결에 도움이 된다고 여겼다.
22. 채식과 동물애호는 관련되지만 동물애호는 애완동물을 키우거나 가축을 사육하는 것과는 무관하다. 아시시의 프란치스코는 애완동물과 가축의 사육, 승마 등을 금지했다. 그러나 다른 동물이나 인간에게 피해를 주는 동물에 대한 처벌

은 인간에 대한 경우와 마찬가지로 당연시했다. 즉 프란치스코는 동물을 애호했다기보다도 동물을 인간과 평등한 존재로 보았다. 몬테베리타에서도 마찬가지였다.

23. Hans Gross, "Degeneration und Deporation", *Politische-anthropologische Monatsschrift*, Leipzig, August 1905.
24. Ernest Jones, *Free Associations: Memories of a Psychoanalyst*, Hogarth Press, 1959, p. 174.
25. 반정신의학이라는 용어의 창시자인 쿠퍼에 의하면, 1960년대까지의 정신의학은 신체의 질병에 관한 의학 모델을 무비판적으로 정신의학의 영역에 전용해서 '광기'를 뇌의 질병으로 간주했다. 그 결과 정신병으로 진단된 환자들은 정상인들과 분리 또는 격리되어 과학적인 치료하는 명목 아래에 소외되고 억압받았다. 그러나 정신병이란 실체나 사실이 아니고, 정신병자란 가족이나 사회 내부의 가치기준이나 행동규범에서 벗어난 존재에 불과하며, 사회적 안정을 지키기 위해 '정상(正常)'과 '이상(異常)'을 구별해야 한다는 사회의 암묵적 요청에 근거한 것이라고 쿠퍼 등은 주장했다.
26. 심리적인 원인으로 신체에 일어나는 병적인 증상으로 병의 진단과 치료에 심리적인 배려를 필요로 한다.
27. 베르벨 레츠, 김이섭 옮김, 『헤르만 헤세의 사랑』, 자음과모음, 2014, 176쪽.
28. 부버에 대해서는 박홍규, 『마르틴 부버』, 홍성사, 2012, 이 책의 162쪽 아래에서는 란다우어의 삶과 생각에 대해서 설명하고 있다.
29. '우주론 서클'은 페미니즘을 뛰어넘는 존재였고 그것은 사회를 경멸하거나 사회와 떨어져 일종의 문학적 밀교주의를 형성했음을 주의할 필요가 있다. 이러한 태도는 니체의 정신적 귀족주의를 잇는 토마스 만에게서도 나타났다. 가령 『베니스에서 죽다』의 주인공 구스타프 폰 아쉔바흐는 베네치아 여행에서 부딪힌 현실을 견디지 못하고 죽음을 맞는다. 호프만스탈이나 릴케처럼 '창조적 복고'에 몰두한 '우주론 서클'은 제1차 대전 후 바이마르 공화국과 대립하였고, 결국 게오르게는 히틀러를 "그분은 불이나니/ 진정한 상징을 민족의 깃발에" 운운하며 '새로운 영도자'라고 칭송하는 정도로 타락하기도 했다.
30. F. 프라시나 편, 최기득 편역, 『현대회화의 원리』, 미진사, 1989, 234쪽.

3장 그레저와 헤세

1. 복음서에서는 예수의 직제자 12명을 사도(使徒)라고 한다.
2. 이 소설은 작가가 취리히에서 '완전한 인간성을 위한 동맹'(Bundes für volle Menschlichkeit)의 창시자인 요한네스 굿차이트(Johannes Guttzeit, 1853~1935)를 만나 집필한 것으로 굿차이트는 그레저의 스승이었던 디펜바흐(Karl Wilhelm Diefenbach, 1851~1913)의 친구였다. 시인이자 자연철학자인 그는 예수를 최초의 자연인으로 보았다. 소설에서 주인공은 기독교인으로 나오는 점에서 무신론자인 그레저와 다르지만, 그 밖의 점에서는 완전히 일치한다.
3. 하웁트만, 송동준 옮김, 「사도 Space」, 『독일단편문학대계』, 일지사, 1971, 431쪽.
4. 두 사람은 1880년대 말에 공동창작을 하여 환경의 세밀 묘사를 특징으로 하는 소설 『파파 햄릿』(*Papa Hamlet, 1889*)과 자연주의의 대표작이라 불리는 희곡 『젤리케 일가』(*Die Familie Selicke, 1890*)를 써서 당시의 문학운동, 특히 하웁트만에게 절대적인 영향을 주었다. 홀츠와 결별한 후 슐라프는 점차 인상주의적인 작품으로 전환하여 서정시와 새로운 세계관을 나타내는 장편소설을 발표하였다.
5. 알로이스 프린츠, 이한우 역, 『헤르만 헤세』, 더북, 2002, 144쪽.
6. 이에 대한 상세한 설명으로는 김종대, 『독일 청년 문학과 청년 문화』, 문학과지성사, 1990.
7. 한나 아렌트는 이를 전체주의의 기원으로 보았다. 한나 아렌트, 『전체주의의 기원』,
8. 홍순길, 『헤세 문학과 이상정치』, 목원대학교출판부, 1996, 16쪽.
9. 같은 책, 15쪽.
10. 헤르만 헤세, 김이섭 옮김, 『수레바퀴 아래서』, 민음사, 1997, 7쪽.
11. 같은 책, 8쪽.
12. 같은 책, 72쪽.
13. 황현수, 『지식인과 정치』, 을유문화사, 1990, 210쪽.
14. 헤르만 헤세, 최혁순 옮김, 『사랑을 모르는 사람을 위하여』, 을지출판사, 1993, 147쪽.
15. 헤르만 헤세, 정서웅 옮김, 『크눌프』, 예하, 1993, 57쪽.
16. 같은 책, 63쪽.
17. 같은 책, 100쪽.
18. 같은 책, 283쪽.

19. 헤르만 헤세, 전영애 옮김, 『데미안』, 민음사, 1997, 218쪽.

20. 황현수, 앞의 책, 23~24쪽.

21. 토마스 만은 그 뒤에도 「프리드리히와 대동맹」(Friedrich und die grosse Koalition, 1915)이나 『비정치적 인간의 고찰』(*Betrachtungen eines Unpolitischen, 1918*)과 같이 독일을 옹호하는 글을 계속 발표했다. 특히 "나는 군주제를 원한다"고까지 말한 뒤의 책에 대해 막스 베버의 친구였던 야스퍼스(Karl Jaspers, 1883~1969)는 극찬을 한 반면 루카치는 "전쟁을 수행하는 독일과 일체가 되어 데카당스와 병에 대한 공감, 밤과 죽음에 대한 공감을 변호하는 전쟁의 책"이라고 비판했다. 황현수, 앞의 책, 79~81쪽.

22. 황현수, 같은 책, 32~33쪽.

23. 같은 책, 77쪽.

24. 한편 프란츠 융과 그라프는 독일군에 입대했고, 트로버그의 정신병원에서 나온 그로스는 오스트리아군에 징집되었다. 로렌스는 영국을 떠날 수 없어 정치적 박해를 받았다. 베버 형제는 전시경제의 호경기에 휩싸였으나 전쟁은 그들의 신념을 더욱 굳게 했다. 즉 그 앞의 벨 에포크와 결별해야 한다고 주장했다.

25. 그래서 그것은 "희극으로 시작해서 비극으로 끝났다"고도 한다. 크리스 하먼, 임성윤 옮김, 『패배한 혁명』, 풀무질, 2007, 183쪽.

26. 러시아를 뜻한다.

27. 신상전 편, 『독일의 정치시』, 제3문학사, 1990, 104~106쪽.

28. 헤르만 헤세, 최혁순 옮김, 『사랑을 모르는 사람을 위하여』, 을지출판사, 1993, 143쪽.

29. 같은 책, 147~149쪽.

30. 같은 책, 149~151쪽.

31. 같은 책, 151~152쪽.

32. 같은 책, 154쪽.

33. 같은 책, 155쪽.

34. 같은 책, 157~158쪽.

35. 같은 책, 159쪽.

36. 같은 책, 171쪽.

37. 같은 책, 173쪽.

38. 같은 책, 174쪽.

39. 같은 책, 175쪽.

40. 같은 책, 175쪽.

41. 같은 책, 176쪽.

42. 같은 책, 177쪽.

43. 같은 책, 189쪽.

44. 같은 책, 190쪽.

45. 같은 책, 191쪽.

46. 같은 책, 194쪽.

47. 같은 책, 199쪽.

48. 같은 책, 212쪽.

49. 같은 책, 215~216쪽.

50. 같은 책, 220쪽.

51. 같은 책, 223쪽.

52 헤르만 헤세, 전영애 옮김, 『데미안』, 민음사, 1997, 8쪽.

53 같은 책, 9쪽.

54. 같은 책, 20쪽.

55. 같은 책, 46쪽.

56. 같은 책, 123쪽.

57. 같은 책, 183쪽.

58. 같은 책, 218쪽.

59. 같은 책, 254쪽.

60. 그 중에는 하웁트만, 토마스 만이나 라이나 마리아 릴케도 있었다.

61. 플리비에의 최고 걸작은 제2차 대전 후 동독에서 15만 부 이상이 팔린 『스탈린그라드』(Stalingrad)였다.

62. 헤르만 헤세, 김누리 옮김, 『황야의 이리』, 민음사, 1997, 44~45쪽.

63. 헤르만 헤세, 임홍배 옮김, 『나르치스와 골드문트』, 민음사, 1997, 299~300쪽.

64. 같은 책, 338쪽.

65. 같은 책, 339쪽.

66. 같은 책, 347쪽.

67. 같은 책, 351쪽.

68. 헤르만 헤세, 이인웅 옮김, 『동방 순례』, 이유, 2014, 320쪽.

69. 홍순길, 앞의 책, 154~155쪽.

70. 홍순길, 앞의 책, 177쪽 재인용.

71. 헤르만 헤세, 이염임 옮김, 『유리알 유희』, 2권, 민음사, 2011, 146~147쪽.

72. 헤르만 헤세, 전영애 옮김, 『헤르만 헤세 대표 시선』, 민음사, 2007, 260~261쪽.

4장 그로스와 카프카

1. 이 책에 인용된 정초일(푸른숲, 1999) 번역서 외에 이재황(문학과지성사, 1999), 김창협(은금나라, 2006), 김보희(보성, 2008)의 번역서가 있다.
2. 프란츠 카프카, 정초일 옮김,『아버지께 드리는 편지』, 푸른숲, 1999, 7쪽.
3. 같은 책, 34쪽.
4. 같은 책, 63쪽.
5. 같은 책, 76쪽.
6. 같은 책, 137쪽.
7. 같은 책, 41~42쪽.
8. 같은 책, 142쪽.
9. 같은 책, 210쪽.
10. 이주동은 『카프카 평전』(소나무, 2012, 536쪽)에서 "오토 그로스는 끊임없이 독백하듯 중얼거리거나 카프카에게 자신의 새로운 이론을 알려준다며 창세기의 성경 구절을 하나하나 분석적으로 설명하려고 했다"고 하지만 그 설명의 내용에 대해서는 말하지 않는다.
11. 카프카의 대학졸업 시의 지도교수는 1904년 프라하 대학교에 온 알프레드 베버였다. 카프카는 그의 강의를 듣지는 않았지만 그를 높이 평가한 브로트를 통해 그에 대해 잘 알았다. 특히 오스트리아의 황제 중심의 관료 체제가 독재적 노예화를 초래할 것이라고 경고한 베버의 비판적 사고에 카프카는 동의했다.
12. Helmut Binder, *Das Kafka-Handbuch*, vol. 1, Stuttgart, 1979, p. 292.
13. 이주동은 『소송』의 집필에 아들 그로스가 아닌 아버지 그로스의 영향이 컸다고 하지만(앞의 책, 108쪽) 의문이다.
14. Anton Kuh, *Juden und Deutsch*, Berlin, 1920, p. 16.
15. Max Brod, Rebellisch Herzen, Berlin, 1957, pp. 76~78.
16. 이주동은 베르펠이 그로스가 모르핀 중독자이고 군대에 적대적이라는 이유에

서 잡지 발간에 반대했다고 하지만(앞의 책, 537쪽) 의문이다. 제1차 대전 참전 이후 베르펠도 군대에 적대적이었다. 여하튼 잡지 발간 계획은 무산되었다.

17. 한글 번역은 없다. 영어 번역으로는 *The Pure in Heart*, tr. G. Dunlop (New York, 1931.)가 있다.
18. 위의 책, p. 323.
19. Ida Hoffman-Oedenkoven, *Beiträge zur Frauenfrage*, Winnenden-Würtemberg, 1915.
20. 헤르만 헤세, 변창희 옮김, 『수채화가 머무는 시인의 마을』, 포도원, 1993, 165쪽.
21. 한국에서는 그로스에 대한 설명을 보기 어렵지만, 설명을 하는 경우에도 문제가 많다. 가령 김덕영은 『막스 베버, 이 사람을 보라』(인물과사상사, 2008)에서 "그로스는 1910년 … 섹스공동체를 건설"했으나 "지역 주민의 반대에 부딪혀 결국 1914년에 해체"(328, 342쪽)되었다고 하지만 그 연대는 각각 1915년과 1920년의 오류이고, 그가 섹스공동체를 건설했다거나 그것이 주민 반대로 해체했다는 것은 전혀 근거가 없는 이야기다. 또 김덕영은 그로스와 엘제는 "성적 관계"(330쪽)를 맺었다고 하는 반면 엘제는 베버의 "연인이 되었"고 베버와 엘제는 "사랑에 빠졌"(334쪽)으며, 베버는 미나 토블러에게 "강력하게 끌렸다"(334쪽)고 한다. 왜 똑같은 성적 관계를 이렇게 다르게 표현하는가? 또 베버가 아스코나로 프리다 그로스를 방문한 것을 그의 "진면모를 여실히 보여주는 일화"(342쪽)라고 하지만 그 진면모가 무엇이지는 알 수 없다.
22. 최근까지 한국에서 나온 베버 관련 책들은 하나같이 찬양 일변도이다.
23. 키어런 앨런, 박인용 옮김, 『막스 베버의 오만과 편견』, 삼인, 2010.
24. 같은 책, 17쪽.
25. '거의'라고 한 이유는 독일의 대중적 전기인 로로로 판의 베버 전기가 번역되어 있기 때문이다. H. N. 퓨겐이 쓴 『막스 베버』(박미애 옮김, 서광사, 1994)에는 베버가 1919~1920년에 엘제와 "열렬하고 격정적인 사랑에 빠져 있었다"(163쪽)고 단 한 줄만 언급한다.
26. 어떤 시대의 대표적인 문화인 중 법학자가 포함되는 경우는 거의 없다. 하지만 세기말 오스트리아는 예외적이다. 거기에 나오는 법학자는 오이겐 에를리히, 안톤 멩거, 한스 켈젠 그리고 한스 그로스다. 나는 법학자를 높이 평가하지는 않지만 적어도 서양에서는 법학자들이 사회변화에 차지하는 몫이 크다고 할 수 있고, 이를 역사에서 무시하는 것은 역사가 법을 모르는 역사가들에 의

해 쓰이는 탓이라고 할 수 있다.

27. 존스턴, 앞의 책, 159쪽.
28. 가령 S. S. 반 다인의 소설에서 한스 그로스의 책이 범인과 탐정에게 공통의 교과서로 사용되었다. 즉 범인에게는 교활한 범죄 실행 방법으로, 탐정에게는 범죄 해결방법으로.
29. 베버와 에를리히의 법사회학은 상이하다. 에를리히는 재판규범에 불과한 국가 제정법에 대하여, 현실에서 사회를 규율하는 행위규범으로서의 '살아있는 법'의 탐구에 몰두한 반면 베버는 역사 속의 법을 탐구하고자 했다.
30. 로렌스의 소설 『미스터 눈』에서 요한나는 동물원의 동물에 대한 그로스의 감정이입과 동물을 자유롭게 조종하는 힘에 대해 이야기한다.
31. 그녀는 당시 D. H. 로렌스의 스승인 위클리 교수의 부인이었고, 그 뒤 그로스와 헤어지고 로렌스의 부인이 되었다.
32. Frieda Lawrence, *The Memoirs*, Heinemann, 1961, p. 83.
33. 디어드리 베어, 정영목 옮김, 『융』, 열린책들, 2008, 250쪽.
34. 이주동은 그로스가 심리학과 학생이었고 학자의 길을 가라는 아버지의 뜻을 어기고 빈에 가서 심리연구가인 E. 요네스에게 능력을 인정받아 프로이트 중심의 연구클럽에 들어갔고 자살했다고 하지만(앞의 책, 108~109쪽) 의문이다. 그가 빈이 아니라 그라츠와 뮌헨에서 의학을 공부한 것은 아버지의 뜻에 따른 것이었고 프로이트 연구 클럽에 들어간 적이 없었고 자살이 아니라 기아로 죽었기 때문이다.
35. 토마스 만, 홍성광 옮김, 『베네치아에서의 죽음』, 열린책들, 2006
36. 토마스 만, 홍성광 옮김, 『베네치아에서의 죽음』, 열린책들, 2006, 9~11쪽. 소설의 제목은 '신의 검'을 뜻하므로 그렇게 번역되기도 한다. '최후의 심판'을 뜻하기도 하는 그것은 바그너 오페라 <니베룽의 반지>에 나오는 보탄의 검인 노퉁이다. 「글라우디스 데이」의 주제는 슈바빙을, 우리가 앞에서 본 빈처럼 향락의 도시로 보고 '신의 검'으로 '최후의 심판'을 내린다는 것이다. 이는 헤세와 마찬가지로 토마스 만이 슈바빙=몬테베리타와 다른 길을 갔음을 뜻한다. 「글라우디스 데이」의 주인공인 중세 네덜란드의 화가인 보스(Hieronymus Bosch, 1450~1516)는 자신을 '신의 검'으로 이해하고, 골동품상 블뤼텐츠바이크와 대립한다. 뮌헨의 남국적 분위기를 거부하며 그것을 가짜라고 느낀 보스는 골동품 상점의 그림을 다 태우라고 요구하지만 골동품상에게 쫓겨난다. 그

러나 실제의 보스가 그러했는지는 의문이다. 보스의 출생 외에 그 생애는 거의 불명하기 때문에 보스가 뮌헨에 갔다고 볼 수 있는 근거는 거의 없다. 보스가 네덜란드 출신이라는 점에서 토마스 만은 그를 자신과 같은 엄격한 도덕을 가진 북쪽 화가로 보고 남쪽의 반도덕적 정서와 대립했다고 묘사했지만, 도리어 그 반대로 보스를 이 책의 그로스처럼 타락 이전의 아담이 가졌던 순수한 상태에 성적 난교를 통해 도달하고자 한 '자유정신형제회'에 속했다고 보는 견해도 있다. '치료로서의 성'을 주장한 노먼 브라운은 『사랑의 육체』(*Love's Body, 1966*)에서 보스의 걸작 <지상의 쾌락의 동산>을 자기 학설이 실천된 보기로 지적하기도 했다. 월터 S. 기브슨, 김숙 옮김, 『히에로니무스 보스』, 시공사, 2001, 10쪽.

37. 토마스 만, 앞의 책, 13쪽.
38. 왓슨, 앞의 책, 733쪽.
39. 같은 책, 732쪽.
40. 같은 책에서 정영목은 "의학박사 학위를 받았다"고 번역하지만 의문이다.
41. 베르니케가 발견한 베르니케-코르사코프 증후군 (Wernicke-Korsakoff syndrome)은 비타민 B1(티아민)의 결핍으로 발생하는 신경계 질환이다. 알코올 중독자에게 흔히 일어나는 병이며 그 외에도 비타민 B1을 넣지 않은 수액 주사를 오랫동안 맞은 중환자실 입원 환자나 위 우회 수술을 받은 사람 등에게서도 볼 수 있다.
42. Leipzig: F. C. W. Vogel.
43. 한스 그로스는 성을 범죄의 중요 요소로 보았고, 범죄의 배후에 숨은 자기파괴적인 동기에 관심을 가졌다. 가령 그는 아나키스트의 사형에 반대했는데, 이는 사형이 그들에게 용기를 줄지 모른다고 두려워했기 때문이었다.
44. 당시 아버지 한스 그로스가 루드비히 비스방거에게 편지를 보내어 그로스가 어리석은 연애로 인해 4년 전부터 모르핀을 복용했다고 하면서 치료를 부탁했으나 빈 방이 없다는 이유로 거절당해 부르크횔츠리에 입원했다. Emanuel Hurwitz, Otto Gross: Paradise-Sucher zwischen Freud und Jung, Suhrkamp Verlag, 1979, p. 135.
45. 베어, 앞의 책, 251쪽.
46. 그 중에 뒤에서 설명하는 레기나 울만(Regina Ulamn)이 있었다. 그로스는 자신의 정신분석에 의해 그녀의 재능을 끌어낼 수 있다고 믿었고 그녀를 임신시킴

으로써 결혼 생활은 끝이 났다. 그로스는 자신의 창조능력이 아내 때문에 고갈되었다고 주장하고, 그녀가 학문에 대한 관심이나 정열이 없다고 비난했다.

47. Frieda Lawrence, 앞의 책 p. 83.

48. Lawrence, *Mr. Noon*, Cambridge, University Press, 1984, p. 127.

49. 이 연구소는 매년 1500명에서 2000명의 환자를 최신의 과학적 방법으로 치료하는 진료소이자, 동시에 임상정신의학을 가르치는 교육기관이고, 또한 현미경사진과 같은 첨단 기술을 구사하여 화학적, 해부학적 연구를 하는 연구기관이었다.

50. 현대 정신의학의 아버지라는 평가를 받는 크레페린은 북부 독일 출신으로 1891년부터 12년간 하이델베르크대학교에서 교수를 지냈다. 그가 정신병을 외인적인 것과 내인적인 것으로 구분한 것은 현대 정신의학의 기본개념이 되었으나, 그는 정신분석학에 대해서는 반대했다. 그래서 의사들이 환자와 사적인 대화를 나누는 것도 허용하지 않았다. 크레페린은 육체적으로는 물론 도덕적으로도 건강했고, 금주운동가이자 반에로스주의자였다. 그는 생식이나 욕구의 완화라는 목적을 위해서만 성교가 가능하다고 보았다. 특히 알코올이 민족 전체의 건강을 해치는 '대적'(大敵)이라고 본 그는 금주운동에 의해 국민의 신체를 보전하는 것이 의사의 가장 중요한 책무라고 주장했다. 이는 뒤에 히틀러의 『나의 투쟁』에 그대로 반영되었다. 크레페린은 정신병환자의 단종을 분명히 주장하지는 않았으나, 그의 제자들은 그것을 적극적으로 주장했다. 반면 크레페린은 장애자를 안락사해야 한다고 주장했다. 그가 정신의학연구소를 세운 것도 당시 영국이나 프랑스에 비해 정신의학이 후진이었던 독일이 세계의 중심이 되기 위해서라는 국가주의적 목적에 의한 것이었다. 크레페린은 비교정신의학의 창시자라고도 불린다. 이는 그가 1903~1904년의 동남아시아여행의 결과였는데 그 여행은 식민지에서도 정신병이 존재하는지를 조사하는 제국주의적인 조사였다.

51. 스위스의 의사인 융은 목사의 아들로 태어나 가문의 전통을 이어받지 않고 바젤대학교와 취리히대학교에서 의학을 공부하고 부르크횔츠리 정신병원에서 일하면서 병원의 원장이었던 오이겐 블로일러(Eugen Bleuler, 1857~1939)의 연구를 응용해 심리학 연구를 시작하였다. 정신분열증이라는 말을 만든 블로일러는 당시 유명한 정신과의사로 융의 연구에 큰 도움을 주었다. 당시 융은 골튼(Francis Golton, 1822~1911)의 언어연상 테스트 연구에 의해 심리학계에서 유

명했다. 이는 실험자가 피실험자에게 일련의 단어를 말하면 피실험자가 그것으로 처음 연상되는 단어를 답하고 그 사이의 초수를 기록하는 것으로 초수가 길어지는 단어들을 연관시키면 어떤 관념의 집합을 발견한다는 것이었다. 1906년 융은 『언어연상연구』를 출판하여 프로이트에게 보냈는데 프로이트는 그 책을 절찬했다. 그래서 1907년 빈으로 프로이트를 찾아갔고 프로이트와 함께 정신분석학 연구를 했지만 프로이트의 성욕중심설을 비판하고 독자적으로 연구하여 분석심리학설을 수립하였다. 그는 인간의 내면에는 무의식의 층이 있다고 생각하였고, 개체로 하여금 통일된 전체를 실현하게 하는 자기원형이 있음을 주장했다. 그는 자신의 경험으로부터 심리치료법을 개발하여 이론화하였고 심리치료를 받는 사람들에게 '개체화' 라는 자신의 신화를 발견하는 과정을 통해 더 완전한 인격체가 될 수 있다고 생각하였다. 그는 취리히연방공과대학교(ETH Zürich)의 심리학 교수, 바젤대학교의 의학심리학 교수로 재직하였으며 85세의 나이로 세상을 떠났다.

52. 프로이트는 1908년 2월 25일 융에게 보낸 편지에서도 그렇게 썼다.
53. 그로스는 융에게 아버지에 대한 평생의 동성애적 집착으로 인해 어려서부터 강박에 쫓기듯 자위행위를 했고, 아버지를 두려워한 반면 어머니를 사모하고 부모의 성관계에 화를 냈다고 했다. 이로부터 융은 환자들이 자기 운명을 이끄는 상상의 악마로부터 해방되기 위해 싸운다고 했는데, 1948년 이 논문의 마지막 수정 시에 '운명'을 '원형'으로 바꾸었다. 이는 1908년에 융이 집단무의식 이론으로 나아갔음을 보여준다.
54. Jung, *The Psychology of the Unconscious*, New York, 1922, p. 99.
55. 같은 책, p. 128.
56. 같은 책, p. 115.
57. 우리나라에서도 152년이 지난 2013년에 번역되었다. 요한 야콥 바흐오펜, 한미희 옮김, 『모권 - 고대 여성지배의 종교적 및 법적 성격 연구』, 나남출판, 2013.
58. 요한 야콥 바흐오펜, 한미희 옮김, 『모권』, 1권, 나남, 2110, 114~115쪽.
59. 같은 책, 121쪽.
60. Emanuel Hurwitz, 앞의 책, p. 264.
61. 같은 책, p. 274.
62. Hurwitz, 앞의 책, p. 90.
63. 같은 책, p. 91.

64. 슈티르너와 란다우어의 책은 한국에 번역된 적이 없다.

65. 『대뇌의 2차 기능』 외에 『프로이트 성개념의 요인과 크레펠린 조울증과의 관련성에 대해』(Die Freud'sche Ideogenitaetsmoment und seine Bezihung zum Manisch-Depressiven Irresein Kraepelins), 『정신병질적 열등자들』(On Psycopathic Inferiorities), 『정신병에 의한 저능에 대하여』(Ueber psychopaetische Minderwertigkeiten) 등이 있다.

66. 칼 구스타프 융, 정명진 옮김, 『칼 융의 심리 유형』(부글북스, 2014)는 영어판 중역이다.

67. 같은 책, 166쪽.

68. 같은 책, 167쪽.

69. Frida Lawrence, *Memoirs and Correspondence*, ed., W. H. Tedlock, 1961, p. 102. 이 책에서 프리다는 그로스를 옥타비아(Octavia)라고 불렀고 그가 제1차 대전 때 군의관으로 전사했다고 썼다.

70. Marianne Weber, *Max Weber: Ein Lebensbild*, Heidelberg, 1950, p. 414. 이 책은 우리나라에 초역판이 나와 있다. 초역판이기 때문인지 이 부분은 생략되어 있다.

71. 같은 책, p. 421.

72. Eduard Baumgarten, *Max Weber: Werk und Person*, 1964, pp. 644~648.

73. 헤레로는 반투에 속하는 민족으로 대부분 나미비아에 거주하며 농업과 상업 등에 종사한다.

74. "Anmerkung zu einer neue Ethik", "die Einwirkung der Allgemeinheit auf das Individuum" *Aktion*, 1913.

75. Franz Jung, Der Weg nach Unten, Neuwied am Rhein, 1961.

76. 카프카는 체코인인 23세의 예젠스카를 빈에서 처음 만났다. 그가 그녀에게 「화부」의 체코어 번역을 허락한 탓으로 시작된 만남이었다. 그러나 당시 프라하에서는 그녀가 마약과 동성애에 빠졌다는 소문이 났고 저명한 구강병과 의사인 아버지와 사이가 좋지 않았다. 18세에 그녀는 은행원이자 방종한 끼가 있는 에른스트 폴락과 문학계에 모습을 드러냈다. 아버지는 이를 죄악으로 간주하여 그녀를 정신병원에 가두었지만, 1917년 성인이 된 그녀는 9개월 만에 그곳을 빠져나왔다. 빈에서 폴락과 결혼한 그녀는 생계를 위해 체코어를 가르치며 프라하의 잡지들에 기사를 쓰고, 카프카의 작품을 비롯해 번역을 했다.

1931년 공산당원이 된 그녀는 모스크바에서 저항했다는 이유로 1936년 당에서 제명되었다. 나치 독일이 체코를 점령한 뒤 저항활동을 하던 그녀는 1940년에 체포되어 1944년에 사망했다. 유대인이 아니었는데도 그녀는 연대의 의미로 노란별을 달고 다니다가 죽었다. 그녀는 몬테베리타에 살지는 않았지만 그곳의 여성들과 같은 페미니스트였고 자유로운 성과 사랑을 누렸고 카프카의 문학을 비롯하여 당대 문화를 누구보다도 깊이 이해했다. 그녀에게 카프카가 보낸 편지는 감동적이지만, 우리나라에서 다섯 번이나 번역될 필요가 과연 있었을까?

77. 박홍규, 『우리는 사랑하는가』, 필맥, 2004, 89~94쪽.

5장 릴케와 로렌스

1. Keith M. May, *Nietzsche and Modern Literature*(Macmillan, 1988)은 니체의 귀족주의 영향을 받은 현대 작가로 릴케와 로렌스 외에 예이츠와 토마스 만을 논의했다.
2. 볼프강 레프만, 김재혁 옮김, 『릴케, 영혼의 모험가』, 책세상, 1997, 417쪽.
3. 라이너 마리아 릴케, 고원·김정란 옮김, 『릴케 전집』, 3권, 책세상, 2000, 128~133쪽.
4. 라이너 마리아 릴케, 전동열 옮김, 『릴케 전집』, 13권, 책세상, 2000, 161쪽.
5. 같은 책, 162쪽.
6. 같은 책, 172쪽.
7. 같은 책, 173쪽
8. 같은 책, 174쪽
9. 라이너 마리아 릴케, 『릴케 전집』, 1권, 책세상, 2000, 435쪽.
10. 릴케 글, 로댕 그림, 김재혁 옮김, 『황홀의 순간』, 생각의 나무, 2002
11. 릴케의 유일한 장편 소설이자 대표작으로 일기 형식을 갖추었다. 덴마크 출신인 28살 청년 말테의 시각으로 쓴 이 소설은 시인으로 성장해가는 릴케의 내면을 보여주는 작품으로 평가된다.
12. 레프만, 앞의 책, 560쪽.
13. 라이너 마리아 릴케, 장미영 옮김, 『릴케 전집』, 10권, 책세상, 2000, 162쪽.
14. 같은 책, 163~164쪽.

15. 같은 책, 75쪽.
16. 같은 책, 177쪽.
17. 같은 책, 21쪽.
18. 김주연, 『독일시인론』, 열화당, 1983, 215쪽.
19. 라이너 마리아 릴케, 전동열 옮김, 『릴케 전집』, 3권, 책세상, 2000, 106~107쪽.
20. 조두환,『라이너 마리아 릴케』, 건국대학교출판부, 2001, 31쪽.
21. 『릴케전집』, 13권, 앞의 책, 278쪽.
22. 볼프강 레프만, 김재혁 옮김, 『릴케』, 책세상, 1997, 268쪽.
23. 장미여, 오 순수한 모순, 욕망,

 그리도 많은 눈꺼풀 아래

 누구의 것도 아닌 잠.
24. 장미의 시인이라는 이름답게 릴케의 시에 250번이나 등장한다는 장미란 유럽에서 "절대자인 신, 일상과는 다른 것에 대한 동경, 자기실현의 상징" 등을 뜻한다고 한다. 물론 기독교의 유일신을 뜻하는 것이겠다.
25. 같은 책, 206쪽.
26. F. R. Leavis, *D. H. Lawrence: Novelist*, 1955, Penguin, p. 55.
27. 로렌스는 『아들과 연인』을 3회에 걸쳐 고쳐 썼다. 제1원고는 1910년부터 1911년, 제2원고는 1912년 봄부터 6월, 제3원고는 1912년 7월부터 11월에 썼다.
28. D. H. 로렌스, 이인규 옮김, 『채털리 부인의 사랑』, 2권, 민음사, 2003, 285쪽.
29. 같은 책, 1권 9쪽.
30. 나는 로렌스를 오리엔탈리스트 작가라고 보지만 한국에서는 내가 쓴 다음 논문 외에 이에 대한 연구는 물론 언급조차 없다. 박홍규, 「로렌스의 오리엔탈리즘」, 영남대 인문과학연구소, 『인문연구』, 69호, 2013, 351~378쪽. 한편 로렌스의 작품을 오리엔탈리즘적 입장에서 분석한다는 권성진의 『탈식민 정치학』(동인, 2014)은 로렌스가 남녀의 주종관계에 비판적이었다고 보는 통설적 견해를, 제국주의의 정치적 주종관계를 비판하는 입장인 탈식민주의로 재해석한다는 것이지만, 정작 로렌스 작품 자체의 오리엔탈리즘적 요소에는 전혀 관심이 없다. 게다가 이 책은 기독교적 관점에서 쓰였는데, 로렌스는 기독교와 무관했다.
31. 이재우, 『D. H. 로렌스』, 건국대학교출판부, 1996, 128쪽.
32. D. H. 로렌스, 『채털리 부인의 연인』, 2권, 앞의 책, 283쪽.

33. 같은 책, 2권, 287~288쪽.
34. 같은 책, 1권, 7쪽.
35. 같은 책, 1권, 18쪽.
36. 케이트 밀렛, 김전유경 옮김, 『성정치학』, 이후, 2009, 477쪽. 이 책의 원저는 1969년에 나왔다.
37. D. H. 로렌스, 『채털리 부인의 연인』, 1권, 앞의 책, 10쪽.
38. 같은 책, 1권 11쪽.
39. Frieda, 『내가 아니다』, 1935, p. 5.
40. 그녀는 독일 장교와 결혼한 여동생 요한나(Johanna)가 찾아와 화려한 사교생활에 대한 이야기를 듣고 남편 몰래 레이스 공장주인 윌 다우슨(Will Dowson)과 정사를 벌였다. 그녀는 아이들과 함께 당시 독일령이었던 메츠로 부모를 자주 찾아갔는데, 1907년 봄에는 뮌헨에 사는 언니 엘제를 찾아가 그곳에서 그로스를 만났고 그로부터 프로이트에 대해 처음으로 들었다. 그는 그녀가 만난 최초의 채식주의자이기도 했다.
41. 메츠는 1552년 프랑스령이 된 뒤 독일에 대한 요새 도시로 발전했으나, 보불전쟁이 끝난 1871년 이후 독일령이 되었다가 제1차 대전 이후 1918년에 다시 프랑스령으로 환원되었다. 따라서 로렌스가 프리다와 함께 그곳에 살았을 때에는 독일령이었다. 이와 관련된 이야기가 알퐁스 도데의 「마지막 수업」이지만, 그곳은 본래 독일인이 대다수인 지역이었다.
42. 이 시는 김기태 역편, 『디좋의 영광』, 태학당, 1993, 24~25쪽에도 번역되어 있으나 부정확하다.
43. 이재우, 앞의 책, 30쪽 재인용.
44. 로렌스, 황의방·진영종 옮김, 『무지개』, 상권, 한길사, 1992, 142~143쪽.
45. 같은 책, 상권, 147~148쪽.
46. 같은 책, 328~330쪽.
47. 같은 책, 하권, 137쪽.
48. 같은 책, 146쪽.
49. 같은 책, 상권, 51쪽.
50. 같은 책, 58쪽.
51. 로렌스는 막스 베버의 동생인 알프레드 베버를 이 때 만났다.
52. 『사랑에 빠진 여인들』은 『무지개』를 잇는 소설이지만 제1차 대전 중에 집필된

탓으로 폭력으로 가득 차있다. 프리다를 모델로 한 어슐라는 성인이 된 금발의 두 딸을 데리고 있는 독일 교수에게 댄스 상대로 유혹을 받는데, 이는 몬테베리타의 근본사상인 남성주의에 대한 혐오감을 단적으로 보여준 것이다.

53. D. H. Lawrence, *Twilight in Italy*, Cambridge University Press, 1994, p. 201.
54. 같은 책, p. 202.
55. 같은 책, p. 147.
56. 같은 책, p. 153.
57. 버트런드 러셀, 송은경 옮김, 『러셀 자서전』, 상권, 사회평론, 2003, 417~418쪽.
58. 같은 책, 421쪽.
59. 버트런드 러셀, 이명숙·곽강제 옮김, 『서양의 지혜』, 서광사, 1990, 431쪽.
60. 같은 책, 432쪽.
61. Graham Holderness, *D. H. Lawrence: History, Ideology and Fiction*, Gill & Macmillan, 1982, pp. 174~198.
62. D. H. 로렌스, 황의방·진영종 옮김, 『무지개』, 상권, 한길사, 1992, 162쪽.
63. 같은 책, 상권, 163쪽,
64. 같은 책, 상권, 167쪽.
65. 같은 책, 상권, 169쪽.
66. D. H. 로렌스, 『사랑하는 여인들』, 앞의 책, 654쪽.
67. 같은 책, 690쪽.
68. 같은 책, 662쪽.
69. 같은 책, 667쪽.
70. 같은 책, 752쪽.
71. 『미스터 눈』의 한글판(남미경 옮김, 을유문화사, 1985)에는 이런 점에 대해 전혀 언급이 없다.
72. 같은 책, 150쪽.
73. 같은 책, 152쪽.
74. 같은 책, 196~197쪽.
75. 같은 책, 197쪽.
76. Hurwitz, 앞의 책, p. 116.
77. D. H. 로렌스,『채털리 부인의 연인』, 1권, 앞의 책, 265~266쪽.
78. 로렌스는 1926년부터 『채털리 부인의 연인』을 쓰기 시작했다. 1927년 다시 제

2원고를 썼고 1928년 제3원고를 썼으며 마지막으로 개인적으로 출판하기 위한 보급판을 썼다. 우리나라에서 종래 읽힌 것 중에는 상당 부분 삭제된 판도 있었다.

79. D. H. 로렌스,『채털리 부인의 연인』, 1권, 266~267쪽.
80. 2권 20쪽.
81. 2권 25쪽.
82. 2권, 27쪽.
83. 2권, 93쪽.
84. 같은 책, 166~167쪽.
85. 같은 책, 73쪽.
86. 김정매, 『한국에서의 로렌스 수용』 (한신문화사, 1989)은 1930년부터 1987년까지의 수용사를 설명한다.
87. F. R. Leavis, *D. H. Lawrence: Novelist*, Penguin, 1955.
88. D. H. 로렌스, 정성호 옮김, 『로렌스의 성과 사랑』, 범우사, 1978.
89. 같은 책, 123쪽.
90. D. H. 로렌스, 『무지개』, 하권, 앞의 책, 327쪽.
91. D. H. 로렌스, 손영주 옮김, 『사랑에 빠진 여인들』, 을유문화사, 2014, 160~161쪽.
92. 『캥거루』, 앞의 책, 2권, 48쪽.
93. 같은 책, 2권, 231쪽.
94. 같은 책, 227쪽.

6장 베버와 로렌스

1. 앨런, 앞의 책, 15쪽.
2. 같은 책, 16쪽.
3. 같은 책, 17쪽.
4. 막스 베버, 전성우 옮김, 『직업으로서의 정치』, 나남출판, 2007, 135쪽.
5. 앨런, 앞의 책, 40쪽.
6. 막스 베버, 이상률 옮김, 『유교와 도교』, 문예출판사, 1990, 165쪽 이하.
7. 앨런, 앞의 책, 44쪽.
8. 같은 책, 68쪽. 이 부분의 정확한 언급은 막스 베버, 김덕영 옮김, 『프로테스탄티

즘의 윤리와 자본주의 정신』, 길, 2010, 12~13쪽.

9. 김덕영, 앞의 책, 39쪽.

10. 가령 H. N. 퓨겐, 박미애 옮김, 『막스 베버 : 사회학적 사유의 길』, 서광사, 1994.

11. 베버만이 아니라 모든 외국 학자나 문인 등에 대한 한국 연구자들의 태도가 비판이 없는 찬양 일변도의 사대주의이다. 그것은 한국의 외국 문물의 역사가 짧은 탓이기도 하지만, 한국의 독특한 계급적이고 권력적이며 집단주의적인 대학문화 탓이기도 하다.

12. D. H. 로렌스, 김진욱 옮김, 『아론의 지팡이』, 생각하는백성, 1996, 162쪽.

13. 『아론의 지팡이』와 『캥거루』는 1922년 로렌스가 오스트레일리아에서 쓴 소설로 당시의 백호주의를 반영한다.

14. 『아론의 지팡이』, 앞의 책, 443~444쪽.

15. D. H. 로렌스, 김진욱 옮김, 『캥거루』, 1권, 백성, 1999. 163쪽.

16. 같은 책, 164쪽.

17. 로렌스의 정치의식에 대한 탁월한 연구로 평가받는 Peter Scheckner, *Class, Politics and the Individual : A Study of the Major Works of D. H. Lawrence* (Fairleigh Dickinson University Press, 1985)에도 이러한 문제점에 대한 분석은 없다.

18. 민중에 대한 로렌스의 태도는 유교와 관련될 수 있지만 이에 대한 검토는 없다.

19. 석지현, 『밀교』, 현암사, 1981, 102쪽.

20. 조일제, 『D. H. 로렌스 문학연구』, 한국문화사, 1995, 301쪽.

21. 강정석, 『D. H. 로렌스의 문학사상』, 조선대학교출판부, 2002, 288~308쪽.

22. 외국인이 자신을 무시했어도 그것을 무시하고 자신의 사상적 관점에서 외국인의 문학이나 사상을 높이 받든다는 태도도 오리엔탈리즘이라고 할 수 있으나, 이 문제는 이 글에서 다루지 않고 별도의 논문에서 다루도록 한다.

23. D. H. 로렌스, 『채털리 부인의 연인』, 2권, 앞의 책, 226쪽.

24. 가령 김인수, 「D. H. Lawrence와 Christianity」, 『경상대 논문집(인문 사회)』, 19권, 1980, 43~54쪽.

7장 덩컨, 라반, 비그만

1. 문애령 편저, 『서양무용사』, 눈빛, 1995, 11쪽.

2. 마리 후랑소와즈 크리스뚜, 도정임 옮김, 『17세기 궁중발레』, 삼신각, 1990, 7쪽.
3. 로몰라 니진스키, 이덕희 옮김, 『천재는 어디로』, 까치, 1981.
4. 이사도라 던컨, 구희서 옮김, 『이사도라 던컨』, 민음사, 개정판, 1986, 233쪽.
5. 같은 책, 348쪽.
6. 같은 책, 370쪽.
7. 같은 책, 269~270쪽.
8. 1968년에 제작된 카렐 라이츠 감독의 <맨발의 이사도라>가 덩컨의 대중화에 크게 기여했다. 그 영화에서 덩컨 역을 맡은 바네사 레드그레이브는 최고의 연기를 했다.
9. 던컨, 앞의 책, 291쪽.
10. 같은 책, 37쪽.
11. 같은 책, 41쪽.
12. 같은 책, 93쪽.
13. 같은 책, 176쪽.
14. 같은 책, 177쪽.
15. 같은 책, 97쪽.
16. Gordon McVay, *Isadora and Esenin*, Michigan University Press, 1980, p. 6.
17. 덩컨의 자서전에는 몬테베리타에 대한 언급이 없다. 이는 자서전 자체가 덩컨의 화려한 연애 편력과 같은 이야기를 중심으로 대중적 흥미 본위로 쓰여진 탓이기도 하다.
18. Brandenburg, *Der Moderne Tanz*, 1917, p. 200.
19. Edward Wagenknecht, *Seven Daughters of Theatre*, Oklahoma University Press, 1964, p. 142.
20. 던컨, 앞의 책, 235쪽.
21. 같은 책, 355~356쪽.
22. 이를 번역하여 '현대무용'이라고 하지 않는 이유는 현대무용이라고 하면 라반에서 비롯되는 현대적 무용 외에 발레 등도 포함되기 때문이다.
23. 라반의 생애에 대해서는 뮤리엘 토파즈, 신상미 역, 『라바노테이션: 움직임기록법의 실제 1』, 대한미디어, 2001 참조.
24. 톨스토이는 『안나 카레니나』의 마지막에서 그 부분 집필 시의 애국심과 공격정신의 앙양에 대한 혐오를 보여주었다.

25. Rudolf Laban, *Ein Leben für den Tanz*, Leipzig, 1935, p. 108.
26. 비그만에 대한 참고서적으로는 제환정, 『불멸의 춤, 불멸의 사랑』, 김영사, 2002; 정의숙, 『몸짓의 빛 그 한 순간의 자유』, 성균관대출판부, 2004; 막달레나 쾨스터, 천미수 역, 『나는 미치도록 나에게 누군가가 필요하다』, 들녘, 2004; 김신일, 『모던댄스의 탄생에서 현대까지』, 금광, 2006 등이 있다.
27. Emil Nolde는 비그만을 모델로 하여 <무희> Die Tänzerin을 그렸다.
28. 뉴욕현대미술관(MoMA)에 있는 그의 대표작인 회화 「바우하우스의 계단」이 보여주듯이 20세기 전위미술을 대표하는 슐레머는 무용가로서도 유명하다. 그의 무용 대표작인 삼화음 발레(Das Triadische Ballett)는 입방체, 원추, 구체라는 세 가지 기하학 기본형을 사용한 독특한 의상과 로봇과 같은 기계적인 움직임의 무용으로 형태와 색과 빛으로 구성된 새로움 무대공간을 창조했다.
29. Rudolf Laban, *Das Kindes Gymnastik und Tanz*, Oldenburg, 1926, p. 52.
30. 같은 책, p. 74.
31. 같은 책, p. 10.
32. 한스 리히터, 김채현 옮김, 『다다』, 미진사, 1985, 33쪽.
33. 같은 책, 45쪽.
34. 같은 책, 45쪽.
35. 볼프강 보이틴 외, 허창운 옮김, 『독일문학사』, 삼영사, 1988, 499쪽.
36. Lawrence, *Phoenix*, vol. 2, 1968, p. 501.
37. Henry George, *Our Land and Land Policy, National and State*, 1871.

8장 톨스토이, 간디 그리고 우리

1. 레프 톨스토이, 한국외국어연구소 옮김, 『먼 길을 함께 가는 친구에게』, 청암, 1993, 250~251쪽.
2. 바슬라프 니진스키, 이덕희 옮김, 『니진스키, 영혼의 절규』, 푸른숲, 2002, 230쪽.
3. 『톨스토이 전집』, 8권, 66쪽. 신구문화사, 1972,
4. 간디가 몬테베리타 사람들과 달리 태어나면서부터 채식을 한 것은 사실이지만, 채식의 유효성을 확신하고 확고한 채식주의자가 된 것은 런던 유학시절(1888~1891)부터라고 할 수 있다. 런던 시절 간디가 만난 찬드라도 몬테베리타의 방랑자들처럼 세계를 방랑하는 방랑자였다.

5. 실제로 간디는 독일과 영국의 신지학자들과 교류했다.
6. 간디는 2명의 영국인 신지학자들로부터 『바가바드 기타』 연구를 도와달라는 부탁을 받고 에드워드 아놀드가 영어로 번역한 그 책을 처음으로 접했다. 간디는 그 전 인도에서 힌두교에 대해 알았지만 그 내용을 철학적으로 인식하게 된 것은 영국에서 서양의 개혁사상과 함께 영어 번역을 통해서였다.
7. 간디는 쿠네와 유스트 등의 책을 읽고 그들의 권유에 따라 자신의 정원에서 키운 밀가루로 빵을 만들었고, 냉수욕과 진흙치료를 하는 반면, 약품이나 수술을 거부했다. 간디는 자연요법의 효과가 가장 좋았던 사람이었다. 허약하고 쉽게 피로했고 두통과 편식으로 고통 받던 그는 자연요법 이후 하루 20시간까지 일할 수 있는 건강한 몸을 갖게 되었기 때문이다. 게다가 그 전에는 남에게 말도 걸지 못했으나 자연요법 이후 정치적 지도자로 나설 수 있었기 때문이었다.
8. 톨스토이와 달리 몬테베리타 사람들이 간디의 책을 읽었다는 증거는 없다.
9. 간디와 베버는 별 관련이 없다. 두 사람은 서로에 대해 몰랐고 서로에 대해 언급한 바도 없다. 그러나 간디나 베버는 인도에 대한 관심을 공유했다. 베버는 인도만이 아니라 중국이나 유대에도 관심이 컸다.
10. 물론 서양에서는 이전부터 소개되었으나 그것도 최근이다. 먼저 독일에서는 아나키즘 연구자인 울리히 린제(Ulrich Linse)의 *Barfüßige Propheten: Erlöser der zwangziger Jahre*(Berlin, 1983)과 *Oepax und Anarchie: Eine Geschichte der ökologischen Bewegungen in Deuschland*(Deutscher Taschenbuch Verlag, 1986) 등이 선구적인 연구였다. 미국에서는 마틴 그린(Martin Green)에 의한 *The Mountain of Truth: The Counterculture begins Ascona 1900~1920*, 1986과 *The von Richthoven Sisters: The Triumphant and the Tragic Modes of Love* (Basic Books, 1974)이 있다. 이러한 연구들은 각각 특징을 가지고 있다. 즉 독일의 연구는 아나키즘사상사 연구, 미국의 연구는 문학사적 연구라는 점이다. 이는 각 연구자가 전공하는 분야에 따른 특징이기도 하다. 반면 나는 그 둘을 융합하고 그 이상을 추구하는 것이라고 할 수 있다. 따라서 당연히 그 두 사람의 업적에 의존하는 바가 크다.
11. 도사나 성자나 예언자 같은 사람들은 언제 어디에나 있었다. 그들이 사실은 사상가이기는 커녕 사기꾼이 아닌지를 정확하게 알 수 있는 사람은 그다지 많지 않다. 허기야 명백한 대학교수나 목사니 스님이니 신부 수녀니 하는 종교인 중에도 사기꾼과 다름없는 사람들이 많다. 이 책에서 다루는 20세기 전후에 독일어권에서도 그런 사기꾼들이 많았고, 이 책에 나오는 그레저는 그 선구자라고

할 만한 사람이다. 그를 사기꾼의 한 사람으로 볼 가능성도 없지 않지만, 그 외의 명백한 사기꾼들과 그는 어느 정도 구별되는 바가 있는 것이 사실이다. 그래서 그를 간디와 같은 성자로 보는 사람도 있다. 그러나 간디까지 포함하여 누가 사기꾼이냐 성자냐 하는 구별은 참으로 어려우리라.

저자 소개

박홍규

영남대학교 법학과와 동대학원을 졸업하고 일본 오사카 시립대학교에서 법학박사 학위를 받았다. 하버드대학교, 노팅엄대학교, 프랑크푸르트대학교에서 연구하고, 오사카대학교, 고베대학교, 리츠메이칸대학교 등에서 강의했다. 영남대학교에서 1991년부터 2018년까지 노동법 등을 가르쳤고 현재 명예교수로 있다. 『법은 무죄인가』로 한국백상출판문화상을 받았다. 주요 저서로 『내 친구 빈센트』, 『자유인 루쉰』, 『꽃으로도 아이를 때리지 마라』, 『조지 오웰』, 『아나키즘 이야기』, 『자유란 무엇인가』, 『철망 속에서도 희망을』, 『함석헌과 간디』 등이 있다.